Kim Dong Ha

*China's MZ Generation
and Future*

중국
MZ세대와
미래

김 동 하

박영사

일러두기

1. 본문의 중국어 표기는 첫째, '국립국어원'에서 정한 '중국어 표기법'을 적용하였으며, 둘째, 1992년 한중 수교 이후 한국 내 주요 언론에서 사용한 표기법을 준용하였고, 셋째, 적당한 용례(用例)가 없는 경우에는 독자가 읽기에 편할 것이라고 판단되는 표기법을 채용하였다. 따라서 중국어 발음 혹은 한자음으로 통일하지 않고, 필자의 기준에 따라 혼용·표기하였다. 그 예로 중국 정치 지도자 '邓小平'은 '덩샤오핑'으로, 무역을 관장하는 중앙부처인 '商务部'는 한자음 '상무부'로 표기하였다.

2. 일부 동일한 사안에 대하여 공포하는 기관(기구)에 따라 통계 수치가 다르게 공표되는 경우가 있는데, 본문에서는 통계 수치를 일치화하지 않고 원문의 통계를 원용하여 출처를 밝혔다.

3. 본고에서 인용한 논문, 단행본, 기사 등의 지은이에 대해서는 '저자'라고 기술했으며, 본인(작가 김동하)을 의미할 때는 '필자'라고 서술했다.

4. 중국 법정화폐인 위안화(인민폐)는 본문에서 원화로 환산하여 표기 하지 않았다. 일부 원화 표기 부분은 참고자료 인용 당시 환율이 적용된 것이다. 최근 3년간 환율을 보면 1위안=170~200원 수준 이다. 참고로 2021년도 중국 대졸 초임 평균 월급은 5833위안으 로, 같은 해 평균 기준환율(1위안=177.56원)을 적용하면 103만 5,707 원 수준이다.

5. 용어 정의: 치링허우(70后. 1970~1979년 출생자), 바링허우(80后. 1980~ 1989년 출생자), 주링허우(90后. 1990~1999년 출생자), 링링허우(00 后. 2000~ 2009년 출생자). 이외 밀레니얼 세대, Z세대, 85后, 95 后, 05后 등은 본문에서 설명한 것을 기준으로 삼았다. 중국의 MZ 세대는 바링허우, 주링허우, 링링허우를 모두 포함한다.

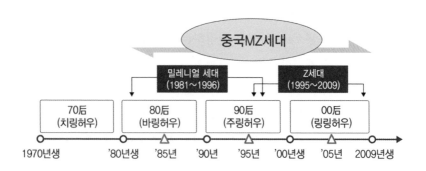

머리말

　민간 연구소에서 연구원 생활을 하다가 부산외국어대에 교편을 잡은 지 벌써 15년째이다. 2022년 8월 24일에는 한중수교 30주년을 맞이했다. 그동안 연구하고, 가르치고, 경험했던 것을 이제는 체계적으로 정리할 시기가 다가왔다. 필자가 연구원 신분일 때부터 전공해온 중국경제 분야는 2019년에 출간한 「현대중국경제사」를 통해 정리할 수 있었다. 부산외국어대에서 만난 필자의 또 다른 연구 분야는 지역학(중국)이다.

　지역학은 특정 지역이나 국가의 정치, 경제, 사회, 문화 등의 다양한 분야를 분석하고 통합적으로 이해하는 학문이다. 또한 특정 지역의 특수성과 보편성을 총체적으로 아우를 수 있는 융합적 사고를 위하여 정치학, 경제학, 사회학, 문화인류학, 언어, 문학, 법학 등 다양한 분과학문의 학제적(inter-disciplinary) 교류를 바탕으로 한 융합학문이다.

　미래를 예측하는 방법으로는 양적인 방법과 질적인 방법이 있다. 계량적 미래예측법은 과거에 집행된 계획의 결과를 통해 어떤 변동의 양태(樣態)를 짐작하려 한다. 이러한 변동의 모양과 형태가 앞으로도 재현될 것이라는 전제 아래 시계열분석, 회귀분석 등 연구법을 활용한다. 역사적 유추는 대표적인 질적인 미래예측 방법이다. 1943년 독일의 정치사회학자 플레히트하임(Ossip K. Flechtheim)이 논문 '역사의 미래로의 확장'에서 미래학을 역사학의 한 분야로 도입하고 예측방법론을 체계화하였다. 이러한 지역학을 통해서 중국의 미래를 관찰하고자 하는 필자의 결과물이 본서이다.

중국은 전 세계의 어떤 국가도 실행하지 않았던 1가정 1자녀라는 가족계획 정책을 1979년부터 2010년까지 32년간 강력하게 실행했다. 이러한 산아제한 정책을 위반하면 공무원과 국유기업 종사자는 파면·해고되었고, 민간기업 직원은 당시 근로자 평균연봉의 절반이 넘는 벌금을 물어야만 했다. 이렇듯 형제자매 없이 독생자녀로 자라난 인구가 1억 8천만명으로 현재 중국 인구의 12.7%를 차지하고 있다.

2022년에 인류학자 최초로 노벨상을 받은 스반테 페보(막스플랑크 진화인류학연구소장)가 아니더라도 이들 '독생자녀'라는 특별한 계층이 현재 중국 사회에 영향을 끼치고 있고, 미래 중국 사회 형성에도 영향력을 행사할 것을 전망할 수 있다. 이러한 지역학 관점에서 독생자녀들의 특성과 향후 추세를 분석하여 중국의 미래를 예측하고자 했다.

이를 위해 먼저 전 세계 계층별 특성을 살펴보았으며, 유럽, 일본, 한국, 북한의 계층별 특징을 요약했다. 중국 독생자녀들 관련하여서는 국내에서 발표된 바링허우(80后. 1980년대 출생자), 주링허우(90后. 1990년대 출생자), 링링허우(00后. 2000년대 출생자) 관련 논문, 기사, 연구 리포트 등을 분석하였다. 해당 한국 문헌이 중국 혹 기타 외국 자료를 기반으로 작성되었을 경우, 원문을 다시 찾아 보충하였으며, 후속 리포트가 있을 경우 콘텐츠를 본고에 보완하였다.

본고 작성에 필자가 가장 노력을 기울인 연구 방법은 361편에 달하는 중국 석·박사학위 논문 내에서 추출한 설문조사 결과의 분석이다. 2004년 중국 작가 공샤오빙이 처음으로 문학계에 바링허우라는 개념을 도입했을 때, TIME지가 같은 해 2월에 'New Radicals'라는 제목으로 중국의 자유분방한 신세대 문학 작가들을 다루면서 바링허우의 부상을 전 세계에 소개했을 때, 당시 바링허우에 대한 평가를 알고자 그 시대로 거슬러 올라갈 수는 없을 것이다. 그래서 시기별 중국 학위논문에서 이루어진 설문조사 결과를 찾아서 분석하기로 한 것이다.

이를 위해 중국 최대 학술 데이터베이스인 중국지망(China National Knowledge Infrastructure: www.CNKI.net)에서 각각 키워드와 학위논문 제목으로 80后(755/177편), 90后(811/154편), 00后(78/12편), 独生子女(독생자녀. 280/235편)를 검색한 결과, 2022년 12월 말 기준으로 총 2,502편(일부 중복 논문 포함)의 초록(abstract)을 확인했다. 이중 본고 작성에 참고할 수 있는 설문조사 결과를 포함한 석·박사 학위논문 361편을 선정하여 전체 내용을 열람하고 설문조사 분석 결과를 본고 작성에 인용하였다.

그 결과 2008년 5월, 쓰촨성 원촨 대지진이 발생하자 자발적으로 참사 현상으로 뛰어가서 자원봉사를 펼친 바링허우들 일부가 고유한 가치관을 가진 채 본고에서 소개할 '샤오펀훙', '펀칭', '쯔간우' 같은 신애국주의 청년으로 등장한 것을 확인할 수 있었다. 이는 바링허우, 주링허우, 링링허우에 대한 가치관(국가·노동), 소비행태, 직업관, 결혼관에 대한 다양한 계층별 시기별 설문조사 결과를 분석하지 않고서는 도달할 수 없는 결론일 것이다.

중국의 MZ세대는 밀레니얼 세대(1981~1996년간 출생자)와 Z세대(1995~2009년간 출생자)를 의미하는데 정확히 중국의 계층 구분법인 바링허우, 주링허우, 링링허우를 포함한다. 본고는 매장 매절마다 결론을 내어 중국 MZ세대들을 통해서 본 중국의 미래에 대해 단정적으로 예측하지는 않았다. 또한 필자의 이러한 노력만으로 거대 중국의 미래를 온전하게 볼 수는 없을 것이다. 그러나 본고 곳곳에 예측된 필자와 여러 전문가의 의견들을 통해 미래 중국 모습 중 한 조각을 독자 여러분께 제공할 수 있을 것으로 믿는다.

2023. 3. 31
남산동 연구실에서 지은이

차례

Kim Dong Ha

*China's MZ Generation
and Future*

MZ

MZ

중국 MZ세대와 미래
China's MZ Generation and Future

계층의 분류

계층의 분류

세대(世代; Generation)라는 개념은 라틴어로 '낳다(Generāre)'라는 어원에서 찾을 수 있으며 생물학의 생합성, 복제, 또는 출산으로 알려진 자손을 출산하는 것을 의미하기도 한다.[1] 세대에 대한 연구는 20세기에 들어서면서부터 심도 있게 시작되었다.

Kertzer(1983)[2]의 구분에 따르면 세대의 개념을 네 개의 유형으로 나눌 수 있다. 첫째, 가족관계·친족계보에서의 위치를 따지는 용법으로 조부모와 부모, 자녀가 함께 사는 가정을 3세대로 구성된 가정을 의미한다. 둘째, 생애주기 단계에서의 위치로 연령을 의미하는 명사와 세대 개념을 같이 사용한다. 셋째, 특정한 역사적 시기에 함께 생존한 사람들을 지칭한다. 넷째, 상대적으로 비슷한 시기에 태어난 동년배 집단을 강조하는 세대 개념이다. 또한 특정 기간 출생하여 인생발달 단계에 동일한 사건과 이벤트를 경험하여 비슷한 가치관과 신념을 가

---

1) Wohl, Robert(1979), The generation of 1914, Cambridge, Harvard University Press.

2) David I. Kertzer(1983), Generation as a Sociological Problem, *Annual Review of Sociology* Vol.9, pp.125~149.

지게 된 사람들이라고 정의하기도 한다.3)

본고에서 다루는 중국의 독생자녀 계층(바링허우, 주링허우, 링링허우)은 단순히 연령상의 차이보다는 동일한 시대에 태어나 동일한 사회에서 생활하고 문화를 경험하여 유사한 의식구조나 정서, 행동을 하는 동년배 집단으로서 보고 분석하려 한다.

X세대

X세대는 1964년부터 1981년 사이에 출생한 집단으로 그 용어의 사용은 1991년 초에 나온 더글라스 코프랜드(Douglas Coupland)의 소설 「Generation X」에서 인용되었으며, 대중 미디어에서 이 용어를 사용하면서 학계와 일반인들에게서도 흔히 쓰이게 되었다. X세대는 풍요롭고 자유로운 사회적 분위기의 유년기를 보내고 여가를 중시하며 개성 있는 패션을 추구하는 가치관을 형성하였다. X세대는 물질적으로 어려움 없이 자라 맘에 드는 물건을 그 자리에서 사버리는 충동적인 성향을 보이지만, 여러 상점을 돌아다니며 가격을 비교하는 모습도 보인다.4)

제일기획은 '2635 우리 시대의 미드필더'에서 X세대는 과거와 같이 타인을 의식하지 않고 자신의 개성을 표현하기 위해 브랜드를 추구하며 유행을 따르는 경향을 보였으나, 충동적이고 과도한 소비 대신 합리적인 소비를 추구하며 할인쿠폰을 적극 활용하는 실용적인 소비성향을 보인 것으로 분석하였다.5)

---

3) 서용구·박명현(2014), 『2030 미래에 답이 있다』, 이서원.
4) 박재흥(1995), 신세대의 일상적 의식과 하위문화에 관한 질적 연구, 「한국사회학」, 29호, pp.651~683.
5) 제일기획(2005), 「우리 시대의 미드필더, 2635세대」.

Isaksen(2002)은 X세대의 특징으로, 다양한 성격의 구성원으로 이루어진 세대이며, 개방적이며 실용적인 반면 종교, 민족성, 문화, 언어, 성 정체성, 인종과 성적 취향의 관점에서 사회적 다양성을 수용한 세대라고 하였다.6) 세계 2차대전 종전 후 안정된 분위기에서 출생률이 급격하게 늘어난 베이비 붐 세대(1946~1964년생)가 X세대 바로 전 세대이다.

Y세대

Y세대는 연구자마다 차이는 있으나 대체로 1980년 이후에 태어난 세대를 뜻하는 말로, 1993년 미국의 「Ad Age」라는 잡지에 처음 등장하였다.7) 이후 1982년 이후 태어난 세대를 간혹 Y세대라고 부르기 시작했으며 암시적으로 X세대를 계승하는 세대라고 하였다. 우리나라에서는 1990년대 말부터 이 용어를 사용하게 되었으며 Y세대가 기존 세대와 달리 개인주의 성향이 강하고 경제적 풍요 속에서 개방주의적인 가치관을 가지고 있고, 정보화의 선도계층이자 소비와 유행의 주역이라고 하였다.8)

Y세대의 또 다른 명칭은 에코세대이다. 에코세대란 말은 에코부머(Echo Boomers)세대에서 파생되어진 것으로 베이비붐 세대의 자식 세대이다. 출생률이 현저히 증가했던 시대의 메아리(Echo)가 돌아온 자식 세대들을 가리킨다.

---

6) Isaksen, Judy L.(2002), Generation X. St. James Encyclopedia of Pop Culture.
7) Advertising Age(1993), 'Generation Y', August 1993 editorial.
8) 예지은·진현(2009), 신세대 직장인의 특성에 관한 연구, 「인적자원개발연구」 12권 2호, pp.67~68.

2014년 소비자행태조사(2014)9)에 따르면, 경제력 있는 Y세대는 자신의 만족을 위해서라면 과감하게 소비하는 성향으로 신제품을 먼저 구매하거나 계획에 없던 물건을 충동적으로 구매한다. 반면, 경제력 없는 Y세대는 용돈, 아르바이트, 인턴십 등으로 번 돈으로 소비가 이루어진다. 때문에 최소의 비용으로 최대 만족을 얻으려는 욕구가 강해 실속을 추구하는 합리적인 소비를 하는 양극화된 소비행태를 보인다.

〈표〉 한국의 세대별 주요 특성

계층/ 출생년도	베이비 부머 (1955~1963년)	X세대 (1964~1981년)	Y세대 (1980~1999년)
청소년기	고속성장시대, 성장주의, 국가주의, 권위주의	산업화의 수혜시대, 두발 및 교복자율화, 소비주의	민주화 정착, 국제화, 정보화
가치관	권위주의적, 집단주의, 가족지향	탈권위주의적, 자기중심적, 개인주의, 자유	개성, 다양성, 오락성, 즐거움
라이프 스타일	젊음과 건강에 대한 욕구 교육중시	소비 지향적 여가중시	컴퓨터문화
소비특성	합리적	합리적, 실용적 소비	인터넷 활용, 감각적 마케팅·스타일·디자인 영향
소비행태	평균소비성향 하락	충동구매, 외모중시	충동구매, 합리적 소비 동시 진행

자료: 박혜숙(2016), 신세대 특성과 라이프 스타일 연구-Z세대를 중심으로, 「인문사회21」 7권 6호,
pp.753~767. 참고하여 필자 보완.

---

9) 한국방송광고진흥공사(2014), 「2014년 소비자행태조사 보고서」.

밀레니얼 세대, 세대의 기준점

밀레니엄(millennium) 시대란 천년의 끝 무렵(1999년, 2000년)으로, 밀레니엄 세대는 이즈음에 태어난 세대를 일컫는다. 이를 다시 알파벳 순서에 따라 세분한 것이 X세대(1960~1970년대), Y세대(1980~1999년), Z세대(2000년 이후)인 것이다. 이후 많은 연구자, 미디어, 작가들은 밀레니얼 세대(Millennial Generation)라는 용어를 사용하면서 나름대로 그 의미를 부여하고자 했다. 일반적으로 보면 1980년부터 2000년대 초반에 출생한 세대가 '밀레니엄 세대'이며, 인구통계학자들은 1980년대 초반부터 1990년대 중반 또는 2000년대 초반까지의 출생자, 그중에서도 1981년생부터 1996년생까지를 밀레니얼 세대로 분류한다.

미국의 사회과학 싱크탱크 및 여론조사기관인 Pew Research Center가 1981년생부터 1996년생까지를 밀레니얼 세대로 정의하며, 그 이유로 9·11 테러, 2003년 이라크 침공, 2008년 미국발 금융위기, 인터넷의 급격한 발전 등의 정치적, 경제적, 사회적 이유를 들었다.[10] 이후 많은 기관과 전문가들이 이를 인용하면서 밀레니얼 세대는 1981~1996년생이 일반화 되었다.

밀레니얼 세대라는 용어를 처음 쓴 작가는 미국의 윌리엄 스트라우스(William Strauss)와 닐 하우(Neil Howe)인데, 1991년에 출간된 '세대: 미국 미래의 역사 1584－2069(Generations: The History Of America's Future, 1584 To 2069)'에서였다.

---

10) Pew Research Center(2019.1.17.). Defining generations: Where Millennials end and Generation Z begins. https://www.pewresearch.org/fact－tank/2019/01/17/where－millennials－end－and－generation－z－begins/

Z세대

Z세대는 밀레니엄 세대의 뒤를 잇는 세대이다. 세대를 가르는 정확한 기준은 없다. 학자들은 일반적으로 1990년대 중반에서 2010년대 초반까지 출생한 세대를 Z세대로 분류하지만 언제까지를 Z세대의 끝으로 간주할 지에 대해 통일된 의견이 없다.

Z세대를 규정하는 특징은 '디지털 원주민(Digital native)'이다. 2000년 초반 정보기술(IT) 붐과 함께 유년 시절부터 인터넷 등의 디지털 환경에 노출된 세대답게 신기술에 민감할 뿐만 아니라 이를 소비활동에도 적극 활용하고 있다. 옷이나 신발, 책, 음반은 물론 게임기 등 전자기기의 온라인 구매 비중이 모두 50%를 넘는다. 소셜미디어를 적극 활용, 신중하게 구매하는 경향도 강하다. X, Y세대가 이상주의적인 반면 Z세대는 개인적이고 독립적이며, 경제적 가치를 우선시하는 등 이전 세대와 다른 소비패턴을 보인다고 분석했다.11)

글로벌 트렌드 분석기업 WGSN 분석에 따르면, Z세대는 '8초 순간 집중력'이 뛰어나고, 이들의 두뇌는 더욱 빠른 시간 안에 더 많은 정보를 소화할 수 있고, 인지를 요하는 문제에 능하다고 한다. 2001년 9·11 테러 이후에 자라난 세대로 세계 경제 불황을 겪고, 평생 테크놀로지와 접촉하면서 자랐다. Z세대는 인종, 성별, 종교, 사회경제적 지위와 민족성이 한데 뒤얽히고 정체성이 더 모호해지는 새로운 시대의 주인공으로 가장 편견없는 세대로 여겨지기도 한다. 특히 Z세대는 평등을 중시하는 것으로 분석되었는데 이들 중 73%는 동성애 결혼, 74%는 트랜스젠더 평등권에 찬성하고, 3분의 2는 무엇이 남성성과 여

---

11) 최인영(2015), Z세대를 위한 커뮤니케이션 디자인 학문의 교육 목표에 관한 연구, 「한국디자인문화학회지」 21권 3호, pp.675~683.

성성을 정의하는 지에 대한 경계를 허물고 있다. 예측이 쉽지 않은 Z세대의 라이프 스타일이 소비문화의 중심으로 부각되면서 전 세계적으로 Z세대에 대한 나라별 분석과 연구가 진행되고 있다.[12]

〈표〉 전세계 및 중국 세대별 인구 구성 비교

세대명	베이비붐 세대	X세대	Y세대	Z세대
출생연도	1946~1965	1966~1980	1981~1994	1995~2009
전 세계	11.7억 명(15%)	14.2억 명(18%)	17.4억 명(22%)	18.5억 명(24%)
중국	3.61억 명(26%)	3.47억 명(25%)	3.14억 명(22%)	2.64억 명(19%)

주: 괄호안 비중은 전세계 혹 중국 인구 중 해당 계층의 인구 비중을 나타냄.
자료: 한국무역협회(2022), 중국 Z세대의 소비로 본 성향 분석, 「KITA Market Report(2022.2.17.)」.

Z세대 용어의 중국 내 등장

중국 연구자들은 Z세대(Z世代)가 인터넷 유행어라고 규정하고 있다. 또한 Z세대는 인터넷이 만든 세대(网生代), 인터넷 세대(互聯网世代), 2차원 세대(二次元世代), 디지털 미디어 토착민(数媒土著) 등으로 불리고 있다. 중국 학자들은 Z세대를 1995~2009년 출생자로 본다. 즉 주링허우 후반부와 링링허우 세대인 셈이다.

중국 학계에서 Z세대라는 용어가 처음 등장한 것은 1999년에 발행된 학술지 「中国青年硏究」에 실린 '최신계층-Z세대의 생존상황'에서이다. 동 학술지에서는 Z세대를 1980~1984년에 출생한 청년들로 보았는데, 지금의 80허우 전반기 계층인 셈이다. 그러나 이후 다수의 중국 연구논문에서는 Z세대를 1995~2009년 출생자로 정의하고

12) https://www.wgsn.com/en/blogs/understanding-gen-z

있다.13)

중국에 처음으로 인터넷이 들어온 시기는 1994년 4월 20일이다. 베이징에 있는 IT단지인 중관촌에 있는 교육과학연구시범 네트워크(NCFC)는 미국 Sprint사 통신망을 통해 64K 속도의 국제전용선 인터넷을 개통했다. 이로써 중국은 세계에서 77번째로 인터넷이 개통된 국가가 되었다. 따라서 중국의 Z세대는 태어나면서 인터넷과 함께한 세대이다. 실제 중국 Z세대의 특징도 태어나자 인터넷 시대에 접어든 세대로 디지털 교육을 받았으며, 이동통신과 스마트 기기 사용에 능숙한 세대로 규정하고 있다.

중국에 4세대 이동통신이 개통된 것은 2013년 12월 4일이다. 중국은 자체 표준인 TD-LTE 방식을 채용했으며 인터넷 속도는 100Mbps가 가능했다. 이는 이들 Z세대가 손 인의 인터넷 망인 스마트 폰으로 쇼핑, 게임, 오락이 가능해진 시대에 진입했다는 것을 의미한다. 그 결과, 중국 Z세대는 무엇보다도 체험을 중시한다.

중국의 Z세대는 완전히 현대화된 중국에서 태어난 첫 세대다. 이 시기 중국의 특징 중 하나는 대다수가 디지털로 서로 연결된다는 것이다. 이와 같은 타고난 연결성과 국제 정보에 대한 즉각적인 접근성은 Y세대를 비롯한 중국의 이전 세대들과 Z세대를 구별 짓는 뚜렷한 차이점이다.

RTG 컨설팅그룹 Marc-Olivier Arnold에 따르면 양적, 질적 및 관찰 조사방법을 혼합한 방법론을 이용해 중국 Z세대의 사회문화적 거시 동향들을 조사한 바 있다. 이는 2015년 12월, 중국 1선도시들에서 Z세대 1000명을 대상으로 이루어진 조사이다. 이 조사에는 물질주의

---

13) 敖成兵(2021), Z世代消費理念的多元特質, 現實成因及亜文化意義,「中國青年研究」6期, pp.100~106.

에서 마음 챙김, 전통적 사랑의 실험 및 자기 표현의 재정의로 이동한 동향들을 분석했다. 그 주요 결과는 다음과 같다.[14] Z세대 중 64.7%가 오프라인보다 온라인에서 가장 가까운 친구들과 상호작용하는데 훨씬 더 많은 시간을 보낸다. 61.9%는 재정 성과는 더 이상 성공의 주요 지표가 아니라고 생각한다. 72.1%는 동성 결혼에 반대하지 않는다. 94.4%는 브랜드라면 지속가능하고 환경에 유의해야 한다고 주장한다. 56%는 전통은 더 이상 자신의 생활에서 중요하지 않다고 주장한다.

니트족

2020년 기준으로 학교도, 직장도 다니지 않는 우리나라 니트족(NEET·Not in Employment, Education or Training) 청년 규모가 170만 명을 넘어 사상 최대를 기록했다. 니트족 청년은 전체 청년 중 14%를 넘어섰다. 이 중에서도 구직활동까지 내려놓은 청년 비중이 높아졌다. 청년 10명 중 1명은 일도, 공부도, 심지어는 일을 하려는 노력까지도 하지 않는 것으로 드러났다.

한국노동패널의 '코로나19 충격이 청년 니트에 미치는 영향에 대한 연구'에 따르면 2020년 미혼 청년(15~34세) 중 니트족 규모는 172.3만 명에 달했다. 전년도보다 14.5만 명(9.2%) 늘었다. 구직활동을 포기한 청년이 전체 니트족 증가세를 이끌었다. 2020년 비 구직 니트는 128.2만 명으로, 전년도보다 16.6만 명 늘었다. 비 구직 니트가 청년 인구에서 차지하는 비중도 10.5%로 처음으로 10%를 넘었다.

---

14) 연합뉴스(2016.3.7.). https://www.yna.co.kr/view/AKR20160307148000009

비 구직 니트족은 2010년(97.2만 명)에서 2016년(97.9만 명)까지는 100만 명 내외로 유지됐지만 2017년부터 증가세로 돌아섰다. 증가세라 해도 2016년부터 2019년까지의 연평균 증가 폭은 4.6만 명에 불과했다. 2020년 증가 폭이 최근 추세보다 4배 가까이 늘어난 것은 COVID-19 충격의 영향으로 파악된다며 청년 인구는 감소했는데 비 구직 니트가 증가한 건 이례적이라고 남재량 한국노동연구원 선임연구위원은 지적했다.[15]

연령별로는 25~34세, 학력별로는 대졸 이상에서 취업 포기 현상이 두드러졌다. 25~29세에서 비 구직 니트 증가율은 2020년 24.8%에 달했다. 30~34세(13.4%)에서의 증가율도 10%를 넘었다. 4년제 대학 졸업 이상에서의 증가율은 21.5%로 가장 높았다. 이는 공무원이나 중견기업 이상으로의 구직을 시도하다 포기한 인원이 늘어난 것으로 풀이된다.

또 다른 조사에서는 COVID-19 이후 청년층에서 은둔형 외톨이(히키코모리)가 늘었다는 결과가 나오기도 했다. 한국청소년정책연구원이 18~34세 청년 3520명을 대상으로 한 조사에서 3.4%가 외출을 거의 하지 않는다고 답했다. 이정희 중앙대 경제학부 교수는 '구직이 되지 않으니 이를 능력 부재로 여겨 아예 포기하고 부모에게 의존하는 청년이 늘었다. 은둔 생활자가 늘어나는 것도 이와 관련 있다'고 설명했다.[16]

---

15) 남재량(2021), COVID-19 충격이 청년 니트(NEET)에 미치는 영향에 대한 연구, 2021년 한국노동패널 학술대회.
16) 중앙일보(2021.11.26.).

MZ세대의 등장

2019년부터 우리 사회 곳곳에서 등장한 용어 중 하나가 바로 MZ세대이다. 2018년 11월, 대학내일 20대 연구소에서 발간한 책 「트렌드 MZ 2019」에서 MZ세대라는 명칭을 사용하기 시작하였다. 이후 언론에서 성장기에 디지털 문화를 향유하여 해당 문화에 익숙한 세대를 일컫는 말로 주로 쓰기 시작한다. 이 책에서는 밀레니얼 세대에 대해 1980~2000년생 또는 1982~2004년생이라는 의견을 채택한 후, 1985~2004년생을 밀레니얼 세대로 보고, Z세대는 1995~2004년생으로 밀레니얼 세대의 하위그룹으로 정의했다. 이 세대 정의는 2019년 기준으로 만15~만34세, 만15~만24세와 일치한다.

미국의 싱크탱크 및 여론조사기관인 Pew Research Center에 따르면 2021년을 기준으로 76세 이상의 노인층을 사일런트 세대, 1946년부터 1964년 사이에 태어난 사람들을 베이비붐 세대, 그리고 1965년부터 1980년까지의 세대를 X세대, 그리고 지금의 20~30세대(1991~2001년생)로 설명되는 밀레니얼 세대(M세대), 그리고 포스트 밀레니얼 세대인 Z세대가 있다.[17]

우리나라 여러 문헌에서 언급된 MZ세대 기준을 보면 밀레니얼 세대(1981~1996년생)와 Z세대(1997~2012년생)를 아우르며 기존 베이비붐 세대(1955~1964년생)나 X세대(1965~1980년생)와 규모와 특성 면에서 차별화를 보이면서 한국사회의 세대 변화를 주도하고 있다. 통계청 조사에 의하면 2019년 기준으로 총인구 5,100만 명 중 MZ세대(15~39세)

---

17) Pew Research Center. (2020). As Millennials Near 40, They're Approaching Family Life Differently Than Previous Generations. https://www.pewsocialtrends.org/2020/ 05/27/as - millennials - near - 40 - theyre - approaching - family - life - differ - ently - than - previous - generations.

는 약 1,700만 명으로 국내 인구의 약 34%를 차지하여 가장 큰 세대 집단을 구성하고 있다.[18)

우리나라 MZ세대는 주요 기업 구성원의 60%를 차지한다. 이들은 사내 게시판, 소셜네트워크서비스(SNS), 직장인 커뮤니티 등 채널을 다양하게 이용하고 있다. 베이비붐 세대의 자녀세대라 할 수 있는 밀레니얼 세대는 아날로그와 디지털의 과도기를 겪었기에 정보기술(IT)에 능통하고 X세대와 Z세대의 특성을 공유하고 있다. 20세기에 태어난 마지막 세대인 Z세대는 디지털 환경에서 자라 디지털 네이티브(디지털 원주민)로 불리기도 한다. 디지털 환경에 익숙한 이들 MZ세대는 집단보다 개인행복, 소유보다 공유, 상품보다 경험을 중시하는 소비 특성을 보이며, 스마트폰과 SNS를 기반으로 유통시장에서 강력한 영향력을 발휘하는 소비 주체로 부상하고 있다.

Z 다음은 알파

알파 세대(alpha generation)는 Z세대에 이어 2010~2024년 사이에 출생한 세대를 뜻한다. 호주 사회학자 마크 맥크린들(Mark McCrindle)이 새로운 시작을 표현하기 위해 그리스 알파벳 첫 글자를 사용해 만든 용어다. 알파 세대는 갓난아기부터 초등학교 저학년 아이들인데 이들은 40대에 접어든 밀레니얼 세대의 자녀들이어서 '미니 밀레니얼'이라고도 불린다. 2025년 알파세대는 22억명에 이를 것으로 전망된다. 청소년기부터 디지털 기기를 접한 밀레니얼 세대가 '네이티브 디지털'로 불리듯이 2010년 이후 출생한 알파세대는 스마트폰 없는 세상을 상상

---

18) 장영주(2021), 남한 MZ세대 북한 '장마당' 세대, 뭐가 다를까?, 여성조선(2021.10.12.).

하지 못하는 세대다.

마크 맥크린들 연구소장[19]은 알파 세대를 스크린 세대(screen—age)라고 불렀다. 알파 세대는 의도하지 않게 젖꼭지를 물면서부터 엔터테이너 및 교육 보조장치로 스마트 폰 앞에 앉혀졌기 때문이다. 이들은 교육의 게임화 덕분에 디지털 리터러시(디지털 기술 이해와 활용능력)가 최고조에 이른 세대이다. 이들이 태어나기 시작한 2010년에 아이패드가 출시되고, 인스타그램이 만들어졌다.

완벽한 디지털 환경 속에서 자란 이들은 스마트폰과 유튜브가 친밀하다. 알파 세대는 소비시장에서 그들의 부모를 통해 영향력을 행사하고 있다. 많은 밀레니얼 부모들이 장난감은 물론 게임, 신발, 의류, 식품 등 다양한 상품 구매에서 자녀와 함께 결정하고 있기 때문이다. 소비를 통해 자신을 드러내고자 하는 밀레니얼 부모는 알파 세대를 위한 프리미엄 제품 구매에 돈을 아끼지 않는다.

---

19) https://mccrindle.com.au/article/topic/generation—alpha/generation—alpha defined/

중국 MZ세대와 미래
China's MZ Generation and Future

천 유로 세대(Generazione mille euro)

유럽의 젊은이들

유럽의 젊은이들

천 유로 세대(Generazione mille euro)

천 유로 세대(Generazione mille euro)는 La Generación de los mil euros 라는 제목의 스페인 신문 El País에 실린 조사에서 영감을 받아 안토니오 인코르바이아(Antonio Incorvaia)와 알레산드로 리마사(Alessandro Rimassa)가 쓴 자전적 소설이다. 또한 이 책은 2006년 6월에 출판되기 전에 동명의 웹사이트를 통해 온라인으로 배포되기도 했다. 일본, 독일, 오스트리아, 한국, 네덜란드, 그리스, 포르투갈, 프랑스에서도 발매되었고, 2009년 이탈리아에서는 BUR에서 페이퍼백으로 출판되었다. 또한 이 소설을 근거로 2009년에는 영화 'Generazione mille euro'가 만들어졌다. 마시모 베니에 감독의 영화로 알레산드로 티베리, 발렌티나 로도비니, 캐롤리나 크레센 티니, 프란체스코 만델리가 주연을 맡았다.1)

---

1) 안토니오 인코르바이아·알레산드로 리마사[김효진:역](2006), 『천 유로 세대』, 예담출판사.

작가들은 2005년 10월 25일 스페인 일간지 엘 파이스(El País)에 소개된 기사에서 한 독자가 만들어낸 '밀레우리스티(Milleuristi, 천 유로로 사는 사람들)'라는 신조어에 주목했다. 일반적으로 25~35세에 해당하는 젊은이들로 대학을 졸업하고도 안정된 직장을 구하지 못해 혼자서는 집세를 부담할 수 없고, 빠듯한 돈으로 생계를 꾸려야 하는 세대를 지칭하는 말이었다.

1974년생인 안토니오와 1975년생인 알레산드로 역시 비슷한 처지로 둘 다 대학에서 건축학과 경제학을 공부했지만, 서른이 넘은 지금까지 일정한 직업을 갖지 못한 채 각자 웹 에디터와 프리랜서 작가로 근근이 생활을 이어오고 있는 중이었다. 주위 친구들 역시 일자리를 제공해주지 않는 사회에서 미래를 꿈꾸기는커녕 막막한 현실 앞에 좌절하여 동병상련의 길을 걷고 있었다. 그 순간 이들은 어떤 통로로 어떤 방식으로든 끓어오르는 이 시대 젊은이들의 마음을 표출해야 할 필요성을 느꼈다. 그러기 위해서는 한 배를 타고 가는 친구들과 터놓고 마음을 공유할 만한 하나의 장이 필요했다. 그래서 천 유로 세대 홈페이지를 개설했고, 탁상공론의 칼럼보다는 유쾌한 감성에 냉철한 의식을 담은 소설로 '천 유로 세대'의 심경을 대변하기로 했다.

2005년 12월 13일부터 홈페이지에 소설을 올리기 시작했고, 누구나 다운로드할 수 있도록 무료로 공개했다. 빠른 속도로 입소문이 퍼지기 시작해 2만여 명의 젊은이들이 소설을 다운받을 정도로 큰 호응을 얻었다. 그러자 신문과 라디오 등 매체의 인터뷰 요청이 쇄도했고, 프랑스의 르몽드, 영국의 가디언 등 유럽의 언론들이 앞 다투어 이들의 이야기를 전했다. 뜨거운 관심 속에 2006년 5월 이탈리아 리쫄리 출판사에서 단행본으로 출간되었고, 영화로까지 만들어진 것이다.

소설의 내용은 다국적 기업의 마케팅 사무실에서 임시 노동자로 일

하는 에밀리아 지방에서 도시로 온 27세 클라우디오(Claudio)의 이야
기다. 그는 박람회에서 베이비시터이자 안주인으로 일하는 로셀라
(Rossella), 우체국에서 정규직을 위해 기자로서의 경력을 포기한 일레
시오(Alessio), 부유하고 건강한 마테오(Matteo)와 삶과 가정을 공유한다.
이탈리아 밀라노를 배경으로 한 이 영화는 불안정한 프로젝트 작업과
소수의 경제적 자원(한 달에 1,000유로) 사이에서 일상과 미래를 걱정하
는 오늘날 젊은이들의 이야기이다.

클라우디오는 대학 졸업 후, 한 다국적기업의 핸드폰 관련 마케팅
부서에서 주니어 어카운트로 일하고 있다. 일은 만족스럽지만, 월 급
여 1,028유로의 단기계약직이라는 위치에는 미래에 대한 어떠한 확신
도 보장도 없다. 이런 클라우디오와 집세와 생활비 그리고 걱정까지

∥ 천 유로 세대 영화 포스터 ∥

자료: 이태리 씨네마 아키브(http://www.archiviodelcinemaitaliano.it).

함께 나누는 세 명의 친구들이 있었다. 끊임없이 이력서를 집어넣고 면접을 보면서도 베이비시터 알바를 뛰며 고군분투하는 로셀라, 영화 기자의 꿈을 버리고 우체국 공무원을 선택한 알레시오, 빵빵한 부모님을 스폰서로 두고 있는 한량 마테오가 그 주인공들이다. 각기 다른 상황에서도 이들의 머릿속에는 나름의 이상과 꿈 그리고 희망이 자리하고 있다. 지갑 사정과 지출 한도를 맞추느라 열심히 계산기를 두드리며 매일 같은 전쟁을 치르면서도 이들은 더 나은 미래를 위한 꿈을 포기하지 않는다.

밀라노의 높은 집세를 감당할 수 없어 동거 생활을 하는 4명의 젊은이들이 좌충우돌 벌이는 일상의 소소한 사건사고가 14장의 챕터에서 시트콤처럼 이어진다. 이들을 연결하는 것은 사회에 대한 냉철한 풍자와 주인공들의 재치 있는 유머. 얼마 안 되는 돈으로 생활하면

▌ 천 유로 세대 한국어 번역본 표지 ▌

자료: 예담출판사(www.yedamco.co.kr).

서도 스타일은 구기면 안 되겠고, 어떻게든 지혜롭게 가계를 꾸려가는 데 최선을 다하는 모습이 인상적이다.

이 소설이 출간된 후 '천 유로 세대'는 수행한 작업의 유형과 교육 및 전문 훈련에 관계없이 한 달에 평균 1000유로를 버는 세대적 계층적 특징을 의미하는 신조어가 되었다.

중국 MZ세대와 미래
China's MZ Generation and Future

단카이 세대
하류사회
호리에몬, 일본 젊은이들이 기성 세대를 보는 시각
I형(내향형)으로 몰려가는 일본 젊은이들

일본의 계층 특징

일본의 계층 특징

단카이 세대

단카이는 '덩어리'라는 뜻의 일본어 '団塊'를 말한다. 일본 경제기획
청 장관을 지냈던 사카이야 다이치(堺屋太一)의 소설 '단카이의 세대
(1976년)'에서 비롯된 말로 전후 1947~1949년에 태어난 베이비붐 세대
를 뜻한다. 680만 명으로 일본 전체 인구 중 5.4%를 차지하는 거대
인구 집단으로 1960년~1970년대 학생운동을 경험했다. 1964년 도쿄
올림픽 이후 1970~1980년대 일본의 고도성장을 이끌어 낸 주역으로
평가받는다. 이들은 2007년부터 본격적으로 은퇴하기 시작하면서 일
본경제에 대한 우려가 제기된 바 있다. 단카이 세대가 75세가 되는
2025년이면 일본의 65세 이상 인구 비율은 30%로 오를 전망이다.

일본식 종신고용제라고 할 수 있는 연공서열제, 즉 일본식 자본주
의라고 할 수 있는 '신뢰 자본주의'가 붕괴하는데 정년을 제대로 채우
기 어렵게 된 첫 번째 세대가 단카이 세대인 셈이다. 1990년대 이후
일본 경제가 내부 공황과 함께 만나게 된 저성장 기조는 윗 세대가 사

회적 권력을 완전히 독점할 때 발생하는 현상이 무엇인지 극명하게 보여준다. 젊은 세대의 경제적 독립이 지체되는 이른바 '실버 스푼 신드롬'이 단적인 예이다. 부모 세대에서 독립할 수 없을 때, 사회 전체의 세대 간 불균형이 한 집안의 불행으로 구조화하는 것이다.1)

일본은 2019년 기준 65세 이상 노인 인구가 전체 인구의 28%에 달해, 이탈리아 23%, 포르투갈 22.4%, 독일 21.6% 등 다른 유럽 국가들보다 고령화가 훨씬 많이 진행되었다.

2021년에는 일본의 65세 이상 인구 비중이 총인구의 29.1%에 달해 일본 및 세계 기록을 경신했다. 2020년 1억 2500만 명의 일본 인구는 전년보다 51만 명이 감소한 반면 65세 이상의 고령자는 22만 명이 증가한 3640만 명에 이르렀다. 전년보다 0.3%포인트가 늘어난 고령자의 총인구 비중 29.1%는 유엔 데이터 최고 기록이며 2위 이탈리아의 23.6%보다 5%포인트 이상 높다. 한국은 이 비율이 2020년말 기준 16.4%이다.

일본의 고령자 중 여성이 2057만 명으로 남성보다 474만 명 많았다. 또 이 65세 이상 고령자 가운데 일을 하는 노동 활동 고령자는 906만 명으로 17년 연속 증가했다. 906만 명은 일본 전체 노동활동 취업인구의 13.6%를 점했다. 이 취업자들은 고령자 총인구의 25.1%에 해당됐다. 한국은 이 비율이 33%가 넘는다.2)

---

1) 우석훈·박권일(2007), 『88만원 세대』, 레디앙미디어. 165쪽.
2) 동아일보(2021.9.19.).

하류사회

　'하류사회 – 새로운 계층집단의 출현'은 일본의 마케팅 정보지 편집 장을 지낸 미우라 아츠시(三浦展. 1958년생)가 2005년에 출간한 책 제목 이다. 미쓰비시종합연구소에서 마케팅 전문가로 활약한 저자는 가족, 소비, 도시문제를 중심으로 단행본들을 출간한 바 있다. '하류사회'는 2004년부터 2005년까지 다양한 계층의 일본인 8800명을 대상으로 한 설문조사 결과를 61개의 <표>와 26개의 <그림>으로 풀어 설명한 소비자 수요 및 계층 조사 리포트로 볼 수도 있는 서적이었다. 그럼에 도 불구하고 일본 사회에 처음으로 '하류사회'라는 정의를 제시했고, 87개의 도표 사이 사이에 서술된 일본 사회의 부정적인 구조로의 변 화에 대한 자기고백으로 주목을 받게 된 책이다.3)

　1970~80년대 일본의 고도성장은 거품경제를 만들었다. 1980년대 말까지 주가와 부동산이 연일 뛰어오르며 최고치를 갱신하자 소비자 들은 돈을 써댔고, 기업들은 주식과 부동산으로 돈을 벌려고만 했다. 그러다 1990년 새해 첫날부터 닛케이지수가 하락하기 시작했다. 곧 부동산 가격도 계속 떨어졌다. 소비자들이 움츠러들기 시작하자 상 품이 팔리지 않게 되고, 경영이 어려워진 기업들은 문을 닫았다. 실 업자들이 거리로 쏟아져 나왔다. 그들은 모두 한 때 잘 나가는 '중류' 였다.

　그로부터 15년이 흘러 2005년이 되었다. '잃어버린 10년'을 지나온 '중류'는 어떤 변화를 겪었을까. 안정된 중산층 가정에서 자란 그들의 자녀들은 어떤 생각을 가지고 어떤 라이프 스타일로 살아가고 있는가 를 저서는 설명하고 있다. 저자에 따르면, 소득에 따른 격차뿐만 아니

---

　3) 원서는 三浦展(2005), 『下流社会 – 新たな階層集団の出現』, 光文社(2005.9)이다.

라 계층의식의 양극화도 심해졌다. 중류가 사라지고 '하류'가 증가한 것이다. 저자는 일본이 하류가 주류가 된 '하류사회'가 되었다고 주장한다.

일본의 하류로 전락한 중류는 더 이상 상승하려는 의지도 능력도 없다고 본다. 이 사실을 소비자분석을 중심으로 한 여론조사방식을 통해 밝힌 미우라 아츠시는 마케팅 분석가이다. 그가 만든 조어(造語) '하류사회'는 최근까지도 일본 사회를 읽는 대표적인 키워드 중 하나가 되었다.

저자의 연구목적은 하류사회를 살아가는, 하류사회의 중심에 있는 젊은 세대의 가치관과 생활방식, 소비패턴의 변화를 추적하는 것이다. 그가 말하는 '하류'는 생활에 특별히 부족함은 없지만 중류가 되고자 하는 의욕이 없는, 중류에서 내려온 혹은 떨어신 '중의 하'를 말한다 (상, 중의 상, 중의 중, 중의 하, 하로 나누어 조사). 특별히 33~37세 남자들 가운데에는, 이전 세대가 스스로를 '중산층'이라고 자부했던 사람들이 많았던 것과는 달리, '하'와 '중의 하'라고 생각하는 사람들이 48%로 급격히 늘어났다. 그들의 생활수준이 실제 '하'인 것과는 별개로 계층의식이 낮은 데에는 물론 일본의 거품경제 붕괴와 낮은 성장률에 있을 것이다.[4]

일본 사회의 문제점은 30대 초반 젊은 세대의 하류화 경향이다. 저자는 일본에서 이미 '하류'가 40%를 차지하며, 20~34세의 프리터, 쉽게 말해 아르바이트직 근로자들이 400만 명을 넘는다고 밝히고 있다. 미우라가 말하는 하류는 하층민만을 뜻하는 게 아니라 물질적인 궁핍보다 희망과 의욕의 부재라는 의미를 내포하고 있다는 점이다. 재산이 많진 않으나 매년 소득이 늘어 생활 수준이 향상될 것이라는 희망

---

4) 미우라 아츠시, 이화성 역(2006), 『하류사회』, 씨앗을 뿌리는 사람. 5~8쪽.

이나 중산층으로 올라가겠다는 의욕이 사라진 사회는 더 많은 하류를 양산해 낼 수밖에 없다.

거품경제의 붕괴에 이은 1990년대의 '잃어버린 10년'은 일본 젊은 이들의 의식을 바꾸기에 충분했다. 학교를 졸업하고 사회에 뛰어들어도 일자리가 없는 그들은 경제 위기에서도 중산층의 품위를 유지할 수 있는 부모 밑에 있다면 부모에 의지하여 살아갈 수 있겠지만, 그렇지 못하다면 프리터로 근근이 살아가야 했다. 극단적으로는 니트족이나 히키코모리(ひきこもり·은둔형 외톨이)가 되기도 하여 사회적 문제를 야기했다.

미우라 아츠시는 젊은층을, 여성은 며느리계(부유·중산층 자녀), 밀리언에이제계(커리어 우먼), 카마야츠 여자계(기술을 익혀 취업을 희망하는 여성), 갸루계(저소득자와 결혼하여 파트타임으로 일하는 여성), 보통 여사무원계로, 남성은 젊은 관리직계(고소득·출세지향), 로하스계(고학력·소득, 슬로우라이프), SPA계(화이트컬러), 프리터(아르바이트만으로 생계를 유지하는 사람)계로 나눴다. 대부분 하류를 이루는 그들은 선호하는 음식점, 자동차, 시계, 옷, 사는 곳이 다를 뿐만 아니라 미래에 대한 꿈과 심지어는 자녀들에게 대한 기대가 다르다. 이들이 30대가 넘으면 다른 계층에 비해 생활 만족도가 추락하고 의욕이 사라진다. 같은 세대지만 연간수입에 현격하게 차이가 날 뿐만 아니라 더 이상 무언가를 희망하지 못하는 상태가 된다. 문제는 고도성장기에 형성된 그들의 의식과 라이프 스타일이 변하지 않는다면 하류에서 결코 벗어날 수 없다는 것이다.

하류의식을 지닌 젊은이는 상승에 대한 의욕도, 상승하려는 의지도 없다. 개인적으로도 문제지만 사회적으로도 큰 문제이다. 이에 대해 저자는 '기회악평등'을 주장한다. 열심히 일해도 성과를 인정받지 못했던 '결과 불평등'을 극복하기 위해 '성과주의'를 도입했지만, 양극화

사회에서 일방적인 성과주의는 격차를 더욱 벌어지게 할 뿐이라는 것이다. '하류사회'는 젊은이들에게 기회를 불평등하게 주자고 주장한다. 소득이 적은 자에게는 더욱 기회를 주자는 것이다. 입시 가산점, 도쿄대학 수업료 무료화, 대학수업 인터넷화, 자금 원조(지방에서 도쿄로 진학했을 때)뿐만 아니라 상류의 '노블레스 오블리주'를 주장한다.[5]

또한 저자는 하류화 방지를 위해 개인 차원에선 커뮤니케이션과 대화 능력을 키워야 한다고 주장한다. 자기다움만을 고집해 다른 사람들과의 커뮤니케이션을 피하고 사회 적응을 거부하는 젊은이는 낮은 계층에 속할 가능성이 높다는 것이다. 따라서 하류화를 막는 지름길은 사회 곳곳에 막혀 있는 대화의 물꼬를 트는 것이다.[6]

단카이 주니어 세대

저자는 조사를 통해 이른바 단카이 주니어 세대로 불리는, 현재 30대 초반이 중심을 이루는 젊은 세대의 하류화 경향을 주장했다. 이 세대, 특히 남자 중에서 생활수준이 '중의 하' 혹은 '하'라고 말하는 사람들이 많다. 계층의식은 단순히 소득과 자산뿐 아니라 학력과 직업 등으로도 규정된다. 게다가 거기에는 자기 자신 말고도 부모의 소득과 자산, 학력과 직업 등도 반영되어 있다. 하류라는 것은 단순히 소득이 낮은 계층만을 말하는 것이 아니다. 커뮤니케이션 능력, 생활능력, 노동의욕, 학습의욕, 소비의욕 등 한마디로 인생에 대한 의욕이 낮은 자들을 뜻한다. 그 결과, 소득이 증가하지 않고 미혼인 채로 있을 확률이 높다. 또한 그들 중에는 느릿느릿 걷고 대충대충 살아가는 사람들

---

5) 미우라 아츠시, 이화성 역(2006), 『하류사회』, 씨앗을 뿌리는 사람. 264~268쪽.
6) 동아일보(2007.1.24.), 앞서 보는 미래 — 미래학 20선, (16) 하류사회, 서진영.

도 적지 않다. 그렇게 사는 것이 편하기 때문이다.

단카이 주니어세대는 일본사회가 중류사회가 되고 나서 태어난 최초의 세대이다. 단카이 주니어 이후 세대는 뚜렷한 빈부격차를 겪지 않은 채 성장해왔다. 교외에 있는 신흥주택지에서 나이와 연간수입이 비슷한 사람들이 같은 집에 같은 차를 끌고 다니며 살고 있다. 모두들 나름대로 잘 살고, 그것이 평균적인 모습이다. 그래서 '하'에서 '중'으로 상승하려는 의욕이 근본적으로 낮다. '중의 중'에서 '중의 상'으로 가려는 의욕도 약하다. '중'에서 '하'로 떨어질지도 모른다는 생각은 해보지도 않았다.

그러나 단카이 주니어 세대를 중심으로 한 젊은이들이 앞으로 살아가야 할 사회는 지금까지와는 다르다. 같은 회사에 입사한 동기라도 30세를 넘으면, 월급이 2배나 차이 난다. 극단적으로 말하면, 일본 사

▌「하류사회」 표지 (원본 및 번역본) ▌

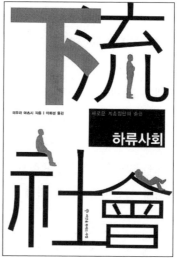

자료: 교분사 홈페이지(www.kobunsha.com), 씨앗을 뿌리는 사람 홈페이지(www.seedbook.com)

회에는 소수의 호리에몬7)과 다수의 프리터, 실업자, 무직자가 있다. 사회 전체가 상승하기를 멈추면 상승 의욕과 능력을 가진 자만이 상승하고, 그것이 없는 자는 하강한다.

호리에몬, 일본 젊은이들이 기성 세대를 보는 시각

21세기에 들어서면서 일본 전역을 흔들어 놓았던 호리에 다카후미(堀江貴文. 1972년생)는 당시 일본 젊은이들이 어떻게 기성세대를 보았는지 반영한다. 그는 일본 내 트위터의 팔로워 수 2위인 인물이었다. 1위는 소프트뱅크의 손정의 사장이다. 호리에를 따르는 팔로워는 76만 명에 달했다. 호리에는 일본인들 사이에서는 '호리에몬'으로 통한다. 22세기의 로봇으로 타임머신을 타고 20세기 지구에 날아온 만화 캐릭터 도라에몬(ドラえもん)에서 따온 애칭이다.

1972년생인 호리에는 2005년만 해도 일본 최고의 부자로 등극할 것이 유력시되던 인물이었다. SNS 회사인 라이브도어(Live Door)의 CEO였다. 파이낸셜타임(2011.4.26.)에 따르면 라이브도어 주식의 시가 총액은 2005년 7300억 엔(90억 달러)에 달했다. 호리에몬은 라이브도어 주식의 36.4%를 소유하고 있었다.

후쿠오카 출신인 호리에는 도쿄대 종교학과 재학 중이던 1996년, 학교를 그만두고 선배와 함께 설립한 '온 더 에지(On the Edge)'라는 IT 회사를 설립했다. 이후 회사 이름을 '라이브도어'로 바꾸었다. 일본 최

---

7) 호리에 다카후미(堀江貴文). 일본 기업인, 작가, 방송인이자, 분식회계를 저지른 금융사범. 만화 주인공 도라에몽과 이름 호리에를 합친 호리에몬이 별칭이다. 명문대 출신 IT 기업 CEO. 기성 질서에 대한 비판으로 대중적 인기 얻었고, 특히 경제난에서 희망 잃은 니트족 청년의 우상으로 부상했다.

고의 명문대인 도쿄대를 중퇴하고 창업하는 것은 예외적인 일이다. 도쿄대는 관료·외교관·기자의 산실로 알려져 있기 때문이다.

1996년은 인터넷이 막 비즈니스로 연결되기 시작하던 시점이다. 호리에는 홈페이지 제작 운영 관리와 같은 단순 업무를 통해 회사의 규모를 확대해 나갔다. 한편, 1년전인 1995년에는 중국 절강성 항저우에서 영어교사 출신 마윈(현 세계 최대 B2B 사이트 알리바바닷컴 창립자)이 차이나페이지닷컴을 창립하여 호리에와 같은 길을 이미 걷고 있었다. 호리에는 이후 라이브도어를 상장한 뒤, 주식과 투자로 들어온 돈을 가지고 M&A를 반복하면서 자산을 늘려갔다. 호리에의 라이브도어는 당시 야후 재팬을 누른 종합 포털이자 SNS로 대부분의 일본 청년이 가입했었다.

호리에가 전국적인 인물이 된 것은 2004년부터였다. 이 해에 오사카 긴테츠 버팔로즈 야구단 매입에 나섰다. 입찰 자격 때문에 매입에 참가하지 못했으나, 이를 통해 무명이던 라이브도어와 호리에는 한순간에 유명해졌다. 이후 호리에는 경영실적으로 승부를 보는 다른 일본 기업가와 달리, TV와 같은 엔터테인먼트를 통해 기업과 기업가로서의 가치를 늘려나갔다. 그는 야구단 매입에 나서면서 외국인에게 감독을 맡기겠다고 했다. 왜 잘하지도 못하면서도 늙은 일본인만이 높은 연봉을 받는 감독에 오를 수 있나?라는 말에 젊은이들은 공감했다. 일본의 20대는 세계 어느 나라 청년보다도 미래를 부정적으로 봤다. 1인당 국민소득 4만 달러에 육박하는 부자나라이지만 사회구조는 상명하복(上命下服) 체제로 이뤄졌기 때문이다. 50대, 60대가 사회 모든 분야를 주도하면서 20대, 30대는 활동 공간이 부족했다. 20대에 백만장자가 되는 미국식 성공스토리는 일본에서는 통하지 않았다. 이러한 상황에서 스타로 부상한 호리에에게 일본 젊은이들이 열광했다.

그는 다작 작가이기도 하다. 우리나라에서도 베스트셀러가 된 '다동력(2017)'에서부터, '배금(2012)', '부자가 될 방법은 있는데 넌 부자가 돼서 뭐하게?(2013)', '돈버는 것이 이기는 것이다(2004)', '진심으로 산다(2016)', '모든 교육은 세뇌다(2017)', '10년 후 일자리 도감(2019. 공저)', 가장 최근에 나온 '가진 돈은 몽땅 써라(2021)' 등 우리나라에 번역 출간된 것만 해도 7권에 달한다.

호리에의 핵심 메시지는 돈이었다. 갈 길을 일찍 알았기 때문에 대학도 중간에 그만두고 회사를 차렸다. 그리고 마침내 돈을 벌었다는 것이 호리에 저서를 관통하는 메시지이다. 학교 졸업과 함께 실업자가 된 젊은이들은 호리에처럼 될 수 있다는 희망을 가지게 됐다. 기업 문화를 찬양하는 기존 CEO와는 다르게 호리에는 일본 젊은이들은 착취당하고 있다고 거침없이 말했다. 그는 청년의 대변자가 됐다. 당시 젊은이들의 마음을 사로잡았던 호리에의 코멘트를 보자.

"사랑도 돈으로 살 수 있다. 사람의 마음도 돈으로 살 수 있다. 돈만 있으면 뭐든지 다 할 수 있다. 인간은 돈을 보면 달라진다. (달라지는 모습을) 옆에서 지켜보는 것도 재미있다. 여론이란 것은 믿을 게 못 된다. 투표는 귀찮기 때문에 한 적이 없다. 공익(公益)을 앞세우는 사람일수록 세금을 안 내는 경우가 태반이다. 샐러리맨은 현대판 노예에 불과하다. 기업 사장이야말로 현대의 귀족 계급이다. 대중의 7할은 멍청이에다 무능하기도 하다. 여자의 마음도, 사랑도, 돈으로 살 수 있다. 인터넷이라고 전부 첨단은 아니다. 구석구석 뒤처진 부분도 많다. 그런 분야에 구(旧)세대의 권력이 들어가 큰돈을 벌고 있다. 그런 곳을 개선하지 않으면 미래가 없다. 나는 도쿄대 합격 필승공부법을 알고 있다. 그냥 200페이지 책을 전부 외우면 된다. 복잡하게 생각할 것 없이 그냥 눈을 감아도 200페이지를 외울 정도의 머리가 있으면 일본 내 어떤 대학도 들어갈 수 있다. 복잡하지 않고 간단하게 생각하는 것이 포인트이다. 성공하는 기업이란, 딴생각 없이 원래의 경영 기본에 충실할 때 가능하다."

나이가 들었거나 안정된 생활을 하는 일본인이라면 예외 없이 호리에를 비판했다. 그러나 일본판 백수인 '니트족'은 호리에에게 박수를 보낸다. 2005년 2월, 호리에는 민영방송사 일본텔레비전(N-TV) 주식 40.1%를 확보하면서 최대주주로 떠올랐다. 이어 일본텔레비전 계열사인 후지TV 경영권 인수에 나섰다. IT기업이 TV방송국 경영권을 잡는 것은 쇼킹한 사건이었다. 결국 호리에가 N-TV 주식 전부를 후지TV에 팔면서 사태는 일단락됐다. 이후 호리에는 기성 질서를 무너뜨리는 하극상(下剋上)의 상징이 됐다. 60대 후반의 후지TV 회장이 청바지 차림의 호리에에게 머리를 숙이는 장면은 기성세대에게는 치욕으로 받아들여졌다. 반대로 젊은 층은 열광했다.

2005년 8월, 중의원 해산과 함께 이른바 우정선거(郵政選擧·고이즈미 총리가 강행했던 우체국 민영화가 쟁점이 돼서 중의원이 해산된 뒤 실시된 선거)가 실시됐다. 경제계는 기성 질서를 흔들어온 호리에의 정계 진출에 반발했다. 결국 호리에는 히로시마에서 무소속으로 출마하게 된다. 호리에는 유세 기간 동안 '개혁'이 새겨진 티셔츠를 입고 정치적 견해를 여과 없이 드러냈다.

"헌법에 천황이 일본의 상징이라고 쓰여 있지만, 내 판단으로는 위화감이 드는 발상이다. 역대 총리·내각·의회가 천황 문제를 꺼내지 않은 이유는 우익에 대한 공포 때문일 것이다. 북한은 경제원조를 통해 문을 열어야 한다. 햇볕 정책을 지지한다. 인터넷으로 인해 모든 부분의 스피드가 빨라졌기 때문에, 일본도 강력한 힘을 발휘할 수 있는 대통령제로 나가는 것이 좋다."

하지만 보수 성향의 지방도시 선거구에서 천황 문제를 언급하는 것은 잘못된 선택이었고, 상대방에게 패했다. 디지털 시대 젊은이의 영웅이지만 구정치인의 아날로그 네트워크를 당할 수 없었다. 선거가 끝나자 우호적이던 미디어들이 그에게 비판적인 방송과 기사를 내보내기 시작했다. 2006년 1월, 도쿄지검 특수부가 롯폰기힐즈에 있는 호리에의 집과 사무실, 라이브도어 본사에 들이닥쳤다. 혐의는 내부자 거래와 분식회계법 위반이었다. 라이브도어 주가도 급락했고, 호리에와 관련이 있던 모든 사람이 조사를 받았다. 호리에가 쌓아 올린 신화는 라이브도어의 몰락과 함께 막을 내렸다. 도쿄 증권 거래소는 2006년 4월 14일 라이브도어를 상장 폐지했다.

호리에는 2011년 6월 20일, 2년 6개월의 실형을 선고받고 수감됐다. 수감 당일 호리에의 모습은 인터넷을 통해 일본 전역에 방영됐다. 한 달 가입비 840엔, 한 달에 불과 4번밖에 발행되지 않는 '호리에 메일 매거진'은 수감 직후 1.3만 명의 독자를 확보했다. 수감 중에도 트위터를 통해 하루에 3~4개의 메시지가 76만 명의 팔로워에게 전달되었다. 이들 대부분은 10~30대였다.[8]

호리에의 중앙일보 인터뷰(2014.11.1)

2013년 3월에 석방된 호리에는 우리나라 언론(중앙일보)과 인터뷰를 했다. 그 일부를 보자.

■ 책에서 젊은이들에게 '밖(해외)'으로 뛰쳐나가라고 했습니다.

"다만 창업은 전혀 어렵지 않습니다. (취업하는 것에 비해) 창업을 하면

---

8) 월간조선(2011년 12월호), '일본의 안철수' 호리에 다카후미, 유민호.

왜 힘들다고 생각하는지 이해가 가지 않는데요. 당신은 뭐가 힘들다고 생각합니까."

■ 현실이 그렇잖아요. 창업은 실패를 각오해야 하는 것이고.

"잠깐. 그건 망한다고 단정하는 것이잖아요. 미안한 말이지만 나는 오히려 어떻게 하면 사업이 망할 수 있는지 그걸 모르겠습니다." 호리에는 자서전 「제로」에서 일본 정부 통계를 인용하며 "2012년 현재 일본에는 412만 개 이상의 기업이 있는데 그중 법인이 약 195만 개, 개인 사업체가 약 217만 개다. 그리고 일본의 취업자 수는 6300만 명이다. 단순 계산을 해보면 일하는 사람 15명 중 1명이 경영자다. 이런 숫자를 보고도 창업을 할 수 없다고 말할 수 있을까? 오히려 누구나 할 수 있다고 생각하는 게 맞지 않을까"라고 주장했다.

■ 일본 방송(후지TV)의 최대 주주가 된 이유는 무엇입니까.

"TV의 압도적인 영향력을 이용해 인터넷 포털사이트의 유료 회원 수를 늘리고 싶었습니다. 둘 다 미디어사업의 일환으로 관계가 있습니다. 시너지를 내는 것이죠."

■ 중의원 선거는 왜 나갔습니까. 정치를 하게 되면 사업에 타격을 받을 거란 생각은 안 했나요?

"고이즈미 준이치로 전 총리의 개혁 노선에 공감해서 개혁을 완수하려고 출마했습니다. 사업과 정치는 전혀 다른 문제예요. 정치는 내 개인적인 활동이고 회사와는 전혀 관계가 없어요. 정치를 하려고 방송을 인수했다는 말도 사실과 달라요."

■ 책에 '돈은 받는 게 아니라 버는 것이다'라는 말이 나와요. 일에서 보람을 찾으라는 말이라고 했는데 사실 직장인들이 보람을 찾을 순 있겠지만 경직된 조직문화 같은 게 더 문제거든요.

"조직문화가 경직된 회사라면 그런 회사는 그만두는 게 상책이죠. 뭘 그렇게 어렵게들 생각하는지 모르겠네요."

■ 우주사업은 엄청난 사업 같은데 잘 되고 있나요?9)

"아직 투자를 받는 단계예요. 비즈니스가 될까 안 될까 하는 건 아직 모릅니다."

■ 앞으로 사업을 어떻게 키워나갈 생각인가요?

"그세 무슨 소린가요? 사업을 확장하든가 작게 하든가 하는 것은 나한테는 아무 상관이 없어요. 많은 사람을 싼값에 우주에 보내는 게 목표지 사업이 크든 작든 그런 건 관계가 없다고요."

■ 기업가가 정치에 뛰어들 때 유념해야 할 점은 무엇이라고 생각합니까.

"유념? 무엇을 유념해야 한다, 어떻게 해야 한다 하는 룰은 없다고 생각해요. 개별적으로 그 사람이 하고 싶은 일을 하는 거죠. 일반적인 얘기가 있는 것은 아니에요."

---

9) 2005년에 인공위성 발사를 위한 민간 우주벤처기업 IST를 창립함. 2019년 5월에 소형 로켓 모모3호기를 발사하여 100㎞ 우주공간에 도달함. 2020년 6월 13일에는 모모5호기를 홋카이도에서 발사했으나 엔진정지로 실패한 바 있음. (연합뉴스. 2019.5.4.) (노컷뉴스. 2020.6.12.)

■ 지금 하고 있는 사업이 30개가 넘는다고 들었는데 가장 애착이 가는
  사업은 뭔가요.

"나는 '가장' '제일' 같은 말을 싫어해요. 첫 번째, 두 번째 하는 순
위를 붙이면 뭐랄까, 낙인을 찍어버리는 거잖아요. 이 사람은 이런 회
사를 하는 사람이다 하는 이미지가 생겨서 그 외의 일은 못 하게 되니
까요."

■ e메일 매거진을 만들고 있는데 구독자는 몇 명이나 되나요.

"1만 몇 천 명 되죠. 한 번에 다 쓰는 게 아니고 시간 날 때마다 쓰
니까 매거진 만드는 데 시간이 얼마나 걸리는지는 모르겠네요. 여러
일을 스마트폰으로 동시에 하는 거라 사무실에 나가서 일하는 것처럼
몇 시부터 몇 시까진 뭘 하고 그런 게 없어요."

■ 예전엔 롯폰기 힐스(도쿄의 부유층 아파트)에 살았는데 지금은 어디서
  살고 일하나요.

"집은 따로 없고 호텔방을 전전하며 살고 있어요."10)

경영학자가 분석한 호리에의 특성

경영학자(이지훈 세종대 경영학부 교수)가 분석하는 호리에는 다른 의미
이다. 호리에는 2013년 가석방으로 풀려난 뒤에도 다채로운 삶을 살
고 있다. 벤처 투자자이며, 일론 머스크나 제프 베이조스처럼 우주행
로켓 개발 사업을 벌이고, 메일 매거진 발행자, 회원제 인터넷 커뮤니
티 운영자, 맛집 찾기 앱 운영자, 베스트셀러 작가, 인터넷 방송 진행

---

10) 중앙선데이(2014.11.1.). IT 신화에서 감옥까지, 대학 가지 말고 사업 시작하라.

자, 뮤지컬 배우이기도 하다.[11]

이지훈 교수가 꼽는 추종자들이 보는 호리에의 매력은 다음과 같이 정리된다.

첫째, 그는 소속되지 않는 프리 에이전트의 삶을 산다. 그런 삶을 권장하며 '속하지 않는 용기'란 책도 냈다. 회사라는 조직은 산업혁명이 가져온 삶의 방식일 뿐 기술이 급속도로 발전하고 세계의 경계가 사라진 이 시대엔 맞지 않는다는 것이다. 스마트폰으로 언제 어디서나 모든 일을 처리할 수 있는 시대에 왜 사람들이 똑같은 장소에 똑같은 시간에 모여 일해야 하느냐고 반문한다.

호리에는 일할 때 프로젝트 단위로 팀을 만들어 한다. 이를테면 '호리에 다카후미 혁신대학교'(약칭 HIU)라는 회원제 온라인 커뮤니티를 운영한다. 회원늘이 자발적으로 자유롭게 여러 일을 벌이게 하고 호리에가 도와준다. 회원들이 벌이는 일 중 하나가 매년 개최하는 호리에몽 엑스포라는 축제다. 음식과 서브컬처, 음악을 버무린 일종의 성인 문화제. 2019년에는 2월 2~3일 이틀간 도쿄 롯폰기에서 개최했다. 행사의 독특함과 다양성, 프로그램의 방대함에 입이 벌어진다.

실험적 삶을 사는 유명인과 호리에 다카후미의 릴레이 토크쇼가 있고, 로봇 등 최첨단 기술을 소개하는 쇼도 있다. 행사 기간이 일본의 명절인 절분 기간임에 맞춰 액막이 풍습인 콩 뿌리기 이벤트를 호리에 다카후미와 연예인들이 함께 코믹하게 개최했다. 아마추어 패션쇼와 격투기, 200명이 참여하는 미팅 등 다양한 행사가 곳곳에서 벌어진다. 행사에 참여하는 식당에 가면 행사 기간 한정 특별 메뉴를 내놓는다. 여러 행사장을 돌아다니는 데는 DJ 시설을 갖추고 음악을 틀어주는 버스를 이용한다. 27곳에서 30건 이상의 이벤트가 벌어진다.

---

11) 조선비즈(2019.2.15), 이지훈의 CEO 열전 (2) 日 벤처투자자 호리에 다카후미.

호리에는 이렇게 일하는 편이 훨씬 효율적이므로 앞으로 회사 같은 상명하달식의 큰 조직을 만드는 일은 없을 것 같다고 말한다. 그는 이런 형태로 일하면서 깨달은 게 하나 있다고 말한다. 일이 제대로 돌아가려면 핵심 인원 2~3명과 필요에 의해 모인 행동 부대만 있으면 된다는 것. 하고 싶은 일만 하는 것이기에 '힘들지만 돈 때문에'라고 타협할 일도 없다는 것이다.

둘째, 그는 할 일을 고르는 삶을 추구한다. 인생에 주어진 시간은 한정돼 있으니 그 시간을 가슴이 두근거리는 일에만 바쳐야 한다는 것이다. 그러기 위해서는 하지 않을 일을 정하는 것이 중요하다. 집이 없고 호텔에서 살기에 청소나 빨래를 할 필요가 없다. 그는 자신이 열중하고 있는 프로젝트가 청소라면 열심히 하겠지만, 청소는 조금도 가슴이 두근거리지 않는 일이기에 인생을 살면서 할 일 목록에서 청소를 지워버렸다고 한다. 부자니까 가능한 일이라는 반론에 대해 그는 가사 대행 서비스를 이용하면 시간당 2500엔이면 가능하니 자신의 한 시간이 2500엔보다 가치가 높아지는 데 투자하라고 말한다. 옷을 선택하는 일도 친구에게 맡긴다. 옷을 고르는 걸 별로 좋아하지 않기 때문이다. 그가 일을 고르는 일차적인 기준은 재미이다. 재미가 일이 되는 삶을 산다. 맛집을 돌아다니는 것이 취미인 그는 이를 사업화해 데리야키라는 맛집 검색 앱을 만들었다. 호리에 본인을 비롯해 몇 명의 음식 전문가가 직접 돌아다니며 맛집을 발굴한다.

셋째, 그는 여러 직함을 가지는 삶을 추구한다. 산업과 산업을 가로막는 장벽이 무너지는 시대에 정년까지 한 가지 직업에 매진하는 것은 자신의 능력을 스스로 제한하는 일이라는 것이다.

호리에는 '다동력(多動力)'이란 책에서 1만 시간을 투자해야 비로소 한 분야에서 100명 중 한 명의 인재가 될 수 있다고 한다. 호리에 다

자료: http://expo.horiemon.com

카후미는 직함이 '사업가·컨설턴트·프로그래머·작가·해설가·방송
인·로켓개발자·음식점 프로듀서·온라인 커뮤니티 주최자' 이렇게 셀
수 없이 많다. 스티브 잡스는 점과 점을 연결해 나가면 어느새 선이
만들어진다고 했는데, 이 일 저 일에 빠져들기를 반복하는 사이에 흩
어져 있던 점과 점이 생각지도 못한 곳에서 이어진다고 호리에는 말
한다. 결국 호리에 다카후미가 말하는 삶은 자유로운 삶이라고 할 수
있다. 그는 기술의 힘이 이를 가능하게 한다면서 겁내지 말고 행동에
옮겨보라고 권한다.

레이와 시대에서도 인정받는 호리에

경제계 간부층에 특화된 인재 소개 컨설팅 서비스 업체 '경영자JP (KeieishaJP)'는 최근 기업 경영진을 대상으로 헤세이를 상징하는 경영자 및 리더에 대한 설문조사를 실시했다. 그 결과 헤세이(平成. 1989년 1월 8일~2019년 4월 30일)를 상징하고 새로운 연호 레이와(令和. 나루히토가 126대 천황으로 즉위한 2019년 5월 1일부터) 시대에서도 가장 활약이 기대되는 경영자에 소프트뱅크의 창업자 손정의 회장이 선정됐다. 일본 경제를 책임지는 기업 임원진 3명 중 1명은 손 회장의 경영 전략에 찬사를 보낸 것으로 나타났다.

헤세이를 상징하는 경영자는 누구인가에 대한 질문에 36% 기업 경영진들이 손정의 소프트뱅크 회장을 지목했다. 나이를 거듭해도 큰 도전을 계속하고 성장해 나간다는 점과 세계에서도 통하는 실력자라는 등의 이유가 선정 원인으로 꼽혔다. 이어 교세라의 창업자 이나모리 가즈오(稻盛和夫) 명예회장이 19%의 표를 얻어 2위를 차지했다. 아메바 경영의 도입과 일본항공 재건 등 헤세이 시대에 임팩트를 남겼다는 평가였다. 그리고 호리에 타카후미가 3위에 등장한 것이다. 그는 일본전산 회장 나가모리 시게노부(永守重信)와 함께 9%로 동률을 기록했다.12) 이제 일본 경영인들이 호리에를 미래에도 생존할 경영자로 인정한 셈이다.

---

12) 글로벌 이코노믹(2019.4.4.).

I형(내향형)으로 몰려가는 일본 젊은이들

단카이 주니어 세대들의 특성이 2022년 현재 일본 젊은이들에게서도 투영되고 있음이 드러났다. 2022년 5월 일본 경제산업성이 발표한 '미래인재비전백서'에 따르면 '장래의 꿈을 갖고 있다'는 일본의 18세 고교생 비율은 60%로 주요국 가운데 가장 낮았다. 중국과 미국 고교생의 96%와 94%가 꿈을 갖고 있다는 것과 대조적이었다. 한국의 18세 청소년도 82%가 꿈을 갖고 있었다.

'자신이 국가와 사회를 바꿀 수 있다'고 답한 일본의 18세 청소년은 18%에 불과했다. 미국과 중국은 66%, 한국이 40%였다. 중·고교 시절 미래의 진로를 결정한 일본 학생은 3.8%에 불과했다. 66%가 대학 졸업반 즈음에서야 장래 희망을 정했다. 미국과 한국 학생의 25.2%와 17.8%가 중·고교 시절부터 진로를 정한 것과 대조적이었다.[13]

2022년 5월 아사히신문이 독자들을 대상으로 실시한 설문조사 결과도 비슷하다. (청소년기 장래에) 유명해지고 싶었습니까라는 질문에 응답자의 73%가 유명해지고 싶지 않았다고 답했다. 눈에 띄고 싶지 않다(820명), 자신에겐 그럴 힘이 없다고 생각했다(564명), 유명해지면 행동에 제약이 심해질 것 같다(541명), 주목받는 것이 싫다(535명) 등의 이유였다. 유명해지는 건 이익일까요라는 물음에 70%가 이익이라고도, 손해라고도 보기 어렵다, 16%가 손해다라고 답한데서도 적극성을 잃어가는 일본인의 성향을 확인할 수 있다.

일본인들은 자신의 의견을 펼치는데도 소극적이다. 일본 최대 광고 기획사 덴쓰 계열의 덴쓰종합연구소와 이케다 겐이치 도시샤대 교수

---

13) 미래인재비전백서(未来人材ビジョン), 2022.5. 일본어 원문은 일본 경제산업성 홈페이지 참조. https://www.meti.go.jp/press/category_03.html

가 공동으로 실시한 세계 가치관 조사에서 불매운동에 참가한 적이 있다는 일본인은 1.9%였다. 77개 조사대상국 가운데 70위였다. 1위인 아이슬랜드인은 35.2%, 2위 스웨덴인은 23.5%가 불매운동에 참가한 적이 있었다. 미국인도 5명 가운데 1명 이상(21.5%)이 불매운동에 참여했다.

평화적인 데모에 참가한 적이 있다는 응답도 5.8%로 69위에 그쳤다. 15~29세 일본 젊은 세대 1500명을 대상으로 실시한 조사에서도 63.2%가 사회운동에 참여한 적이 없다고 답했다. 얼굴이나 이름이 드러나는데 저항감이 있다(22.2%)가 사회운동에 참여하지 않는 가장 큰 이유였다. 참가할 지식이 부족하다(21.6%)는 자신감 부족형이 뒤를 이었다. 20~30대 젊은 층의 경우 데모는 사회 전체에 폐를 끼치는 것이라거나 데모는 자기만족이나 개인적인 원한으로 참가하는 것이라는 응답이 50~60%에 달했다.14)

---

14) 한국경제(2022.11.30.), [정영효의 인사이드 재팬]
  https://www.hankyung.com/international/article/202211303684i

중국 MZ세대와 미래
China's MZ Generation and Future

88만원 세대

즉문즉답이 편한 한국의 MZ세대

공정이 만든 공개

MZ세대와 공정

X세대는 낀 세대인가?

MZ세대의 미래

MZ세대의 사회성

사회신분 상승 가능성에 대한 한중 젊은이들의 인식

한국의 계층 특징

한국의 계층 특징

88만원 세대

　계층간 특징을 다룬 책 중 2007년 8월에 나온 베스트셀러가 있다. '88만원 세대'이다. 저자는 서문에서 이 책을 10대·20대와, 젊은 시절에 낭만을 한껏 누렸던 사람들이 같은 사회 혹은 같은 국민경제 속에 살며 발생하게 되는 '불균형'에 관한 책이라고 밝혔다.[1] 다시 15년이 흘러 이제 그들(88만원 세대)은 30대의 삶을 살고 있을 것이다. 이 시대 일본에서는 20대에 '버블 세대[2]' 혹은 '비참 세대[3]'가 있었고, 이탈리아에는 '천 유로 세대'라고 불리는 20대들이 있었다.

---

1) 우석훈·박권일(2007), 『88만원 세대』, 레디앙미디어. 17쪽.
2) 버블세대는 일본에서 1980년대 중반 당시 경기호황이 본격화하면서 이들이 10대 중후반에 학업을 등지고 취업의 길로 입문하게 되는 세대를 말한다. 1964년에서 1970년 사이의 출생자들 대다수이다.
3) 비참(悲參)세대는 거품경제 붕괴 뒤 계속된 1990년대에서 2000년대 초반의 취직 빙하기를 거친 젊은 세대와 이 시절 구조조정으로 직장을 잃은 중장년 세대를 통칭하는 말이다. 이들은 일을 아무리 해도 부유해지지 않는 워킹 푸어(일하는 빈곤층) 세대이다. 정규사원이 되지 못하고 파견사원이나 계약사원, 프리터(프리＋아르바이터의 합성어) 등 비정규직 사원에 머무를 수밖에 없었다.

저자가 밝힌 '88만원 세대'의 유래는 2007년 당시 우리나라 전체 비정규직의 평균 월급 119만원에 진체 임금과 20대의 임금 비율인 74%를 적용하여 뽑은 숫자(88만원)에서 나온 것이다. 게다가 이 88만원은 세전(稅前)임금이다. 저자는 우리나라 20대를 '88만원 세대'로 명명한 것이다.

저자는 우리나라 20대들이 다른 나라와 달리 18세에 독립하지 못하는 이유를 비싼 주거비용에서 찾았다. 삶의 질 상승을 위해 대학을 진학해야하나 대출을 받아야만 하는 비싼 등록금이 존재한다. 2007년 한국의 최저임금은 3,480원이었고, 대학을 가지 않고 청소년이 직면해야 할 아르바이트 시장의 열악함을 꼬집었다. 화장품 회사의 1318 마케팅을 지적하면서 '13세에 기초화장을 18세에 색조화장을'이라는 전략 때문에 세계에서 소녀들이 가장 화장을 일찍 시작하는 나라기 되있으며, 가장 많은 화장품을 10대가 집단적으로 소비하는 나라가 되었음을 지적했다.[4]

우리나라의 20대를 작가는 경제적인 개념으로 'IMF 1세대'라고 정의하고 있다. 즉 1998년 IMF 경제위기 이후 세대인 것이다. 이들은 IMF 경제위기 이후 완전히 달라진 격변기를 경험한 이후에 사회 생활을 시작한 세대라는 지적이다. 또한 승자 독식(winner-takes-all) 시대에 살게된 세대이다. 저자는 2007년 당시 우리 사회는 20대를 '잘 모르겠다' '그럼에도 불구하고 전 세대와 뭔가 다르다' 정도로만 인식했다고 서술하고 있다.

저자는 2007년 당시의 20대가 사회에 진출하면서 겪는 어려움은 더욱 커질 것으로 전망했다. 적절한 기회가 없어질 것이며, 패자부활전이 어려울 것으로 보았다. 또한 당시 20대가 30대가 되면 새로운 20대를 공격할 것으로 보았다. 당시 40대와 50대가 누리고 있는 경제

---

4) 우석훈·박권일(2007), 『88만원 세대』, 레디앙미디어. 68쪽.

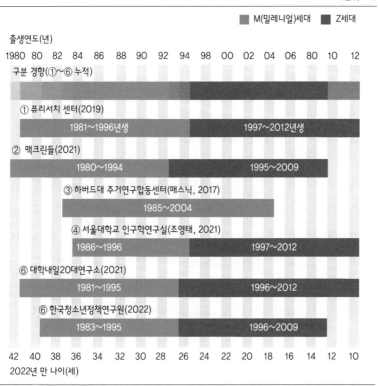

[그림] 주요 연구기관 및 연구자들의 MZ세대 분류

(단위: %)

■ M(밀레니얼)세대 ■ Z세대

출생연도(년)

1980 80 82 84 86 88 90 92 94 98 00 02 04 06 80 10 12
구분 경향(①~⑥ 누적)

① 퓨리서치 센터(2019)
1981~1996년생 / 1997~2012년생

② 맥크린들(2021)
1980~1994 / 1995~2009

③ 하버드대 주거연구합동센터(매스닉, 2017)
1985~2004

④ 서울대학교 인구학연구실(조영태, 2021)
1986~1996 / 1997~2012

⑥ 대학내일20대연구소(2021)
1981~1995 / 1996~2012

⑥ 한국청소년정책연구원(2022)
1983~1995 / 1996~2009

42 40 38 36 34 32 30 28 26 24 22 20 18 16 14 12 10
2022년 만 나이(세)

자료: 한국청소년정책연구원(2023), 「코로나19 시대 MZ세대의 사회성 발달 연구」. 연합뉴스(2023.1.
19.) www.yna.co.kr/view/GYH20230119000500044

적 혜택을 다음 세대에 양보하지 않으려는 것처럼 더욱 격렬하게 30
대(이전의 20대)는 자신의 것을 지키려 할 것으로 본 것이다.

저자는 '88만원 세대'가 가진 문제점을 푸는 방법으로 현재의 88만
원으로 충분히 살 수 있는 생활의 양식을 제시하거나, 그런 사회를 만
드는 방안을 제시했으나 현실성이 없다고 보았다. 또 다른 해법으로
는 이들의 소득이 높아지고 직업 안정성이 높아지는 방식으로 기준의

노동과 사회를 재구성하는 방법을 들었다. 스웨덴이나 스위스가 이런 방법을 택했다. 저자는 경쟁이 극대화되어 있으면서 시스템의 효율성은 극도로 떨어진 사회를 중남미형 경제로 불렀고, 한국은 이러한 중남미형 경제로 깊은 발을 내딛은 상태로 진단했다.

즉문즉답이 편한 한국의 MZ세대

7년차 현대차 직원이 대표이사와 부사장에게 메일을 보내 성과급 관련 불만을 토해냈다. 해당 사실은 현대차 직원들에 의해 직장인 익명게시판(블라인드)에서 이슈가 되었다. 2022년 6월 9일과 10일 블라인드에 올라온 글을 종합해보면 현대차 7년차로 추정되는 한 직원은 2022년 6월 3일 현대차 장재훈 사장, 이동석 부사장, 안현호 기술주임(노조위원장) 등에게 '해명 좀 해주세요'란 제목의 메일을 보냈다. 그는 '올해 실적이 잘 나오면 내년에 반영한다고 하고, 올해 실적이 잘 안 나오거나 우려스러운 상황이 있으면 올해 반영한다고 하고 매년 왜 말이 바뀌는지 해명 좀 해달라'고 적었다. 또 '작년에도 반도체 수급 문제 등 우려로 어필하더니 역대급 실적이 나왔는데 책임은 누가 지나요?'라며 감정적 표현도 여과없이 넣었다. 그러자 이동석 현대차 부사장은 직접 해당 직원에게 답장을 보내 상세한 내용을 남양연구소 연구개발지원실장(방삼열 상무)이 직접 만나 설명하도록 조치했다고 밝혔다. 이 글은 수 천회의 조회수를 기록하고 수 백개의 댓글이 달렸다. '연구원이 메일을 대표이사랑 부사장한테 저렇게 쓴 거야? 깡이 엄청나네, 형네 직원들 멋지다, 조직문화가 이래야 변화가 온다!, 사장한테 저렇게 보낼 수도 있구나, 노조보다 저 형이 훨 낫다' 등 대부분은 작성자를 응원하고 우려하는 댓글이었다.

현대차 젊은 직원이 대표이사에게 메일을 보내 항의하고, 다른 직원들이 이런 사실을 공론화시키려고 노력하는 것은 사원과 대리급 직원들을 중심으로 성과급에 대한 불만이 커지고 있기 때문이지만, 다른 한편으로는 MZ세대로 대변되는 이들의 가치관이 변화하고 있기 때문이다.

금융감독원 전자공시에 따르면 현대차 임직원 평균연봉은 2020년 8800만원에서 2021년 9600만원으로 9% 증가했다. 하지만 책임급 이상 직원들과 임원의 연봉이 높아졌을 뿐이고 사원, 대리급 연봉은 증가세가 미미하다는 게 MZ직원들의 주장이다. 2021년 사상최대 영업이익(현대차 6조6789억원, 178.9% 증가)을 거두고도 내어 놓은 임금인상은 기대에 못 미친다는 것이다. 2021년 장재훈 현대차 대표이사가 직원과 회사 모두가 공감할 수 있는 성과금 지급 기준을 만들겠다는 약속도 지키지 않았다고 비판했다.[5]

SK하이닉스도 이미 1년전에 이런 경험을 했다. 2021년 1월 29일, SK하이닉스 이석희 대표와 2만8000명 직원 전원에게 '채용설명회에서 담당자가 삼성전자만큼 준다고 했는데 왜 안 지켜지는 겁니까'라는 항의를 담은 이메일이 도착했다. 발신자는 4년 차 직원이었다. 그는 '회사가 발표한 성과급 산정 방식이 불투명하고 호실적에도 성과급이 적은 것을 이해하기 힘들다'며 앞선 질문에 대해 회사가 직접 답해달라고 요구했다. 성과급 지급의 기준이 되는 지수 산출 방식을 공개해달라며, 경쟁사와의 매출 격차는 인정하지만 그 외 다른 경쟁사보다도 낮은 성과급의 이유는 무엇이냐는 요구와 질문이 담겼다.

---

5) 뉴스저널리즘(2022.6.10), https://www.ngetnews.com/news/articleView.html?idxno=408520.

그 직후 온라인 직장인 익명게시판을 중심으로 직원들의 불만이 쏟아졌다. 급기야 최태원 SK그룹 회장이 SK하이닉스에서 받은 연봉을 반납하겠다고 밝히고, 이석희 대표가 사과까지 했다. 하지만 직원들은 삼성전자로 이직하겠다며 목소리를 높이자, SK하이닉스는 성과평가 기준을 직원들이 알기 쉽게 바꾸고 자사주도 지급하기로 했다. 문제 제기부터 수습책이 나오기까지 불과 일주일이 걸렸다. SK하이닉스가 불을 지핀 성과급 논란은 이후 삼성전자, SK텔레콤, LG에너지솔루션, LG전자 등으로 순식간에 확산됐다.

성과급 논란은 기존 세대와는 다른 MZ세대의 가치관과 행동 방식을 보여준 사례이다. 기성세대는 임금에 대한 불만이 있으면 노조가 조합원을 대상으로 조사와 공청회를 하고 회사와 만나 협상한 후 요구를 들어주지 않으면 파업을 선택했다. 하지만 디지털을 경험한 MZ세대는 소셜미디어와 온라인 게시판이라는 지름길을 활용한다. 이 길은 파급 속도도 빠르고 효과도 높다. 목표도 명확하다. MZ세대에게 'ㅇㅇㅇ 물러나라'는 식의 구호는 등장하지 않는다. SK하이닉스를 비롯한 기업들의 성과급 논란은 철저히 성과급 체계 개선에 국한됐다. 조대곤 KAIST 교수는 원하는 것을 명확하고 직설적으로 얘기하는 것이 MZ세대의 특징이라며, 온라인에서는 누구나 평등한 발언권이 있다고 생각하기 때문에 단체 대화방에서 상사가 있어도 할 말은 하는 경우가 많다고 했다.

본 도서에서 다룬 여러 국가들의 MZ세대 사례를 보면, 조직에 대한 충성심보다 자기 자신의 가치를 중시하는 세대이다. 아버지 세대와 같은 '평생 직장'이라는 관념이 약하고, 승진을 하기 위해 조직 내에서 희생하고 싶어하지도 않는다. 한 대기업 인사 담당자는 입사한 지 1년도 안 된 사원들이 배치 부서가 마음에 들지 않는다고 불만을

<表> MZ세대가 이전 세대와 달라진 점

항목	비중(복수 응답)
워라벨(work-life balance)을 중시하고 보장을 요구	62.1%
조직보다 개인의 이익을 우선시	59%
개인의 개성 존중 받기 원함	36.4%
자유롭고 수평적인 문화	24.4%
공평한 기회 중시	21.1%
명확한 업무 지시와 피드백	19.6%
개인성장을 위한 지원 요구	12.1%

자료: 중앙일보(2021.2.6.).

토로하는 경우가 많다고 한다. 더 나은 대우를 받을 수 있다면 이직은 당연한 선택이다. 최근 게임업계에서는 넥슨이 신입 사원을 비롯한 전 직원의 연봉을 800만원 인상하겠다고 발표(2021.2.1)하자, 곧바로 넷마블도 같은 금액을 올려주기로 했다. 엔씨소프트 역시 임금 인상을 검토 중인 것으로 알려졌다. 비슷한 일을 하는 다른 회사의 개발자보다 못한 대우를 받으면 참지 않는 젊은 세대를 다독이기 위한 선제 조치인 셈이다.

MZ세대는 중·고등학교 시절부터 주관적인 기준이 반영되는 수행 평가 등을 거치면서 평가와 보상의 기준에 대해 누구보다 민감하다. 치열한 입시와 취업 과정을 거치면서 공정성과 투명성에 대한 인식도 높다. 최근 삼성전자에서 불거진 성과급 논란에서도 반도체 사업부 직원들이 왜 우리가 상대적으로 돈을 적게 버는 스마트폰보다 적게 받아야 하느냐면서 절대적인 금액이 아닌 상대적인 평가 기준을 문제 삼았다.[6] 실제 국내 기업 451개사에 대한 설문조사 결과인 사람인 자

---

6) 조선일보(2021.2.24.), '2030 MZ세대 탐구(上) 상명하복 기업문화 뒤집다'.

료에 따르면 인사 담당자의 88.2%는 MZ세대가 회사에 원하는 것은 이전 세대와 달리 다른 것으로 인식하고 있었다.

공정이 만든 공개

'성과 배분 시 ○○부서라는 이유로 뒤로 밀려나는 이유가 무엇인 가요?' 2022년, 대한항공 직원 A씨가 조원태 한진그룹 회장에게 '조원태 회장님 상소문'이란 제목으로 보낸 이메일의 내용 중 일부다. A씨는 해당 이메일에서 실명과 소속, 근속 연수 등을 모두 밝혔고, 소속 부서원들까지 참조를 걸어 이메일을 보내 사내에서 화제가 됐다. A씨는 소속 본부에서 있었던 사직 사례와 대우 문제, 비정상적인 근무 행태, 급여 문제, 진급 시 소외되는 인사 차별 문제 등을 지적했다. A씨는 '직무전환제도가 있으면 뭐하나요? 해주질 않는데. 진급이든 성과급이든 기브 앤드 테이크를 명확히 해주시길 부탁드립니다. ○○본부의 수고를 알아 주셨으면 합니다' 등 내용을 적었다. 공정한 대우 및 보상에 대한 문제를 그룹 총수에게 직접 요청한 것이다. 대한항공의 다른 한 직원은 특정 대학출신 우대, 일부 부서 인사 편향, 불만을 제기하면 낙인찍힐까 쉬쉬하던 조직문화 문제 등을 모두 토로한 것이라고 말했다.[7]

2021년 1월, SK하이닉스에서 시작된 MZ 직원의 성과급 책정 기준 불공정성 논란에 따라 주요 기업들이 잇따라 성과급 개편안을 내놓고 있다. 그동안 '대외비'로 여겨왔던 성과급 책정 과정을 공개하고 부서 간 차등을 줄여 내부 갈등을 줄이는 쪽으로 이뤄지고 있다. 소통과 투

---

7) 동아일보(2022.9.6).

명성을 중요시하는 사회적 분위기와 소셜네트워크서비스(SNS) 등을 통해 직원 불만 등 기업 내부 사정이 외부에 빠르게 알려지는 것도 기업 변화에 영향을 미치고 있다. 성과급 상한선을 높이되 매출·영업이익이나 주가 상승률 등 경영지표를 반영하는 움직임도 나온다.

LG전자는 2022년부터 적용할 새로운 성과급 기준안을 최근 직원들에게 알렸다. 앞으로 성과급을 책정할 때는 사업부문별이 아닌 회사 전체 매출, 영업이익 달성도를 기본으로 적용하기로 했다. 본부별 성과급 지급 격차가 크게 줄게 됐다. LG전자는 2021년까지 본부별로 매출, 영업이익 등의 목표달성 여부, 다른 업체와 경쟁해 어떤 성과를 거뒀는지를 측정해 성과급을 지급했다. 2020년 가전제품이 잘 팔려 이익이 컸던 생활가전 사업본부는 기본급의 750%에 달하는 성과급을 받았지만, 아직 사업이 확장단계라 손익분기점을 맞추지 못한 자동차 부품 사업본부는 성과급 없이 100만~300만 원의 격려금만 받았다. 내부에선 같은 회사인데 보상 차이가 너무 크다거나, 더 많이 받을 수 있었는데 다른 사업부 적자 때문에 성과급이 줄었다는 불만이 나왔다. 새 기준을 적용하면 적자가 난 부서 직원들도 성과급 일정액을 받을 수 있다.[8]

SK하이닉스에 이어 삼성전자, 현대자동차, SK이노베이션 등 기업에서 성과급 논란이 이어졌다. MZ세대 직원들을 중심으로 '기준이 불투명하다' '늘 경쟁을 강조하면서 성과급을 줄 때만 경쟁사와 비교하지 말라고 한다' 등 불만이 나오자 기업들이 소통 및 성과급 개편에 나선 것이다.

SK하이닉스는 이익분배금 산정기준을 자체 측정했던 '경제적 부가가치(EVA)'에서 영업이익으로 바꿨다. '경제적 부가가치'라는 기준이

8) 동아일보(2021.10.8).

불투명하고 자의적이라는 불만이 높아서다. 2006년 이후 처음 성과급 체계를 바꾼 LG화학은 기본급의 '200%＋α'였던 성과급 상한을 최대 1000%로 늘리고 '경영지표성과'를 일부 반영하기로 했다. 배터리사업을 별도 회사로 분리한 SK이노베이션은 성과급 기준에 주가 상승률을 반영하는 방안을 검토 중이다. 주가에 반영되는 기업의 미래 발전 가능성 등을 임직원들도 공유하면서 사업을 할 때 염두에 둬야 한다는 게 회사 측의 생각이다. 직원 설득을 위한 소통에도 나서고 있다. 일방적으로 산정 기준을 통보했던 과거와는 다른 모습이다. 삼성전자는 2021년 6월 사장단이 직원들과 급여·성과급, 조직문화 등에 대한 이야기를 나누는 간담회를 진행했다. 현대차는 경영실적 및 경영환경을 토대로 임금, 성과에 대한 설명을 담은 자료를 배포했다. LG전자는 성과급 개편과정에서 노조 등 내부 구성원의 의견을 청취했다.

MZ세대와 공정

서울대 신재용 교수는 최근 저서 「공정한 보상」에서 MZ세대가 중시하는 공정을 다음과 같이 정리하고 있다. 화이트칼라 MZ세대는 1) 투명성과 공정성을 중시하며, 2) 손해를 본다고 생각하면 참지 않고 거침없이 표현하고, 3) 블라인드, 잡플래닛과 같은 익명의 직장인 플랫폼을 통해 정보를 공유하고 뭉쳐서 집단의 목소리를 내고 있다.[9]

누구나 불투명하게 평가받고 불공정하게 보상받는 것을 싫어하지만 MZ세대에게는 기성세대에 비해 공정이라는 가치가 다른 가치보다 상

---

9) 서울대학교 유튜브 채널(2022.2.14). [샤로잡다] MZ세대가 쏘아올린 성과급 논란, MZ가 말하는 공정은 무엇인가? 신재용 교수.
www.youtube.com/watch?app=desktop&v=aokUzG0XWY&list

대적으로 훨씬 중요하고, '이 정도면 우리 회사는 공정해'라고 느끼는 기성세대에 비해 MZ세대는 조직이 참을 수 없이 '불공정'하다고 느낀다. 그 가장 큰 이유는 불공정한 성과보상이다. MZ세대는 약 1700만 명(2019년 기준)으로 국내 인구의 34%가량을 차지하고 있는데, 이제 이들은 국내 주요 기업 임직원의 50% 수준으로 추산되며 일부 대기업에서는 무려 75%에 이른다.

▌신재용 교수가 보는 우리나라 MZ청년의 삶 ▌

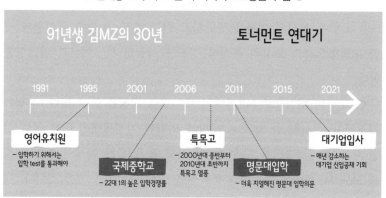

자료: 서울대학교 유튜브 채널(2022.2.14). [샤로잡다] MZ세대가 쏘아올린 성과급 논란, MZ가 말하는 공정은 무엇인가? 신재용 교수.

유례없는 저성장 시대, 노동시장에서의 치열한 경쟁, 끝 모르고 오르는 부동산 가격 속에서 MZ세대는 불안하고 미래에 비관적일 수밖에 없다. 커져가는 불확실성 속에서 MZ세대에게는 예측 가능성이 가장 중요한 가치가 됐다. 이들은 노력 대비 보상을 더 확실하게 예측할 수 있는 시험 기반 능력주의를 선호하고, 부당한 부모 찬스를 혐오하며, 정부의 사회 통합을 위한 약자에 대한 배려 정책에 곱지 않은 시선을 보낸다.

이런 MZ세대가 원하는 공정은 무엇일까? 신재용 교수가 생각하는 MZ세대의 공정은 노력에 대한 정당한 대가를 요구하는 실용적인 차원이다. MZ세대는 교환이라는 틀로 세상을 본다. 공정함을 간절히 원하는 속내에는 나는 당신들 세대 누구보다도 많이 노력했으니 그에 상응하는 대가를 받고 싶다는 바람이 있다. MZ세대에게 직장에서의 보상이란 본인이 제공한 노동(시간·노력·기회비용)에 상응하는 대가이며, 이 교환관계를 공정하게 가져가고자 하는 것이다. J. 스테이시 애덤스의 공정성 이론(Equity Theory), 즉 조직 구성원은 그들이 기여한 것과 그들이 받은 보상의 비율을 판단하고 이를 조직 내 다른 구성원의 것과 비교함으로써 보상의 공정성 정도를 가늠한다는 이론과 일맥상통한다.

신 교수는 배경으로 MZ세대의 토너먼트 경쟁을 들고 있다. 경쟁은 치열했지만 '시험 한 방'으로 대학에 입학한 기성세대에 비해 어린 시절부터 시작된 경쟁과 지속적이며 강도 높은 평가 속에서 학창 시절을 보낸 MZ세대는 공정성의 중요성을 이른 나이에 느꼈을 것이다. 대학 입학시험 이전부터 이들은 일상이 평가가 된 교내에서 그리고 교외에서 학업, 봉사활동, 경시대회 등 각종 스펙을 쌓기 위해 달려왔기 때문이다. 격심한 토너먼트 경쟁을 경험한 MZ세대는 자신이 투입한 시간과 노력을 올바르게 평가받기 위해 본능적으로 시스템의 공정성을 중요시 여기게 된 것이다.

IT기술 발달은 이들의 공정성 인식을 더욱 용이하게 했다. 디지털 네이티브로 불리는 MZ세대는 취업 사이트와 직장인 커뮤니티를 통해 자신의 노력과 성취에 대해 회사가 다른 회사에 비해 공정한 평가와 대우를 해주고 있는지 스마트폰만 몇 번 누르다 보면 알리고 알 수 있는 시대에 살고 있다. 이들은 생면부지의 사람들과 온라인으로 집단으로 연대해서 자기 목소리를 낸다.

　MZ세대 직원은 학점에 목숨을 걸고 대학을 다니다가 입사 후 평생 직장 개념이 무너지고 이직이 보편화된 회사생활을 하고 있다. 그들은 회사 내 중요한 인센티브인 승진에도 큰 관심이 없다. 따라서 MZ세대 직원들이 단기 평가와 이에 따른 보상에 관심을 갖는 것은 당연하다. 요즘 대학생들이 팀 프로젝트로 평가받는 것보다 개인의 성과인 시험에 의한 평가를 선호하듯 MZ세대 직원들은 회사에서 개인의 기여도에 따라 그에 상응하는 보상을 받기를 원한다. 조직 혹은 회사 전체 성과가 탁월해 연봉 대비 집단성과급 비율이 높더라도 MZ세대 직원들은 개인 공헌에 대한 고려 없이 모든 직원이 일률적으로 같은 지급률을 적용받는 것을 받아들이기 힘들다. 이들을 만족시키기 위해서는 개인의 성과 측정과 보상 간 연계를 강화해야 한다.[10]

X세대는 낀 세대인가?

　최근 기업의 중간 관리층인 X세대가 무너지고 있다는 위기감이 부상하고 있다. 'X세대(Generation X)'의 X는 '모르겠다'는 의미를 포함하고 있다. 종군기자 로버트 카파가 1950년대초 'X세대'라는 용어를 처음 언급한 후, 더글라스 코프랜드의 소설 'X세대(Generation X)' 발간(1991)을 계기로 확산된 바 있다. X세대의 대칭점에는 베이비 붐 세대가 있었다. 베이비붐 세대의 관점에서는 자신들의 가치관에 맞지 않는 이상한 사고방식과 행동을 보이는 다음 세대를 제대로 정의할 용어가 없어서 'X세대'라고 칭한 것이다.

---

10) 신재용(2021), 『공정한 보상』, 홍문사, 325쪽.

국내 전체 인구수 대비 베이비붐 세대(1955~1963년생) 비중은 15%, X세대(1964~1979년생) 26%, 밀레니얼 세대(1980~1996년생) 22%, Z세대 (1997~2004년생) 14%로 X세대 비중이 가장 높다(행정안전부, 2021년 기준). 기업 정보 분석 업체인 리더스인덱스의 2021년 발표 자료를 보면, 국내 30대 그룹의 197개 상장사 전체 임원 7,438명 중 X세대는 3,484명으로 47%를 차지하고 있다.11) 우리나라의 대표적인 IT기업인 네이버와 카카오를 보면 그 비중이 90%를 상회하고 있다. 리더스인덱스의 X세대 정의는 1969년~1978년생으로, 일반적인 서구 기준인 1965년~1982년생과 약간의 차이는 있으나, 1970년대생이 주축이라는 점에서 해석에 무리는 없다.

X세대는 앞 세대인 베이비붐세대에게는 철없는 어른, 뒷 세대인 MZ세대에게는 꼰대 소리를 듣는 상황에 처했다. 반면 이들은 조직에서 베이비붐 세대의 일까지 도맡아 처리할 뿐만 아니라 MZ세대가 거부하는 일까지도 처리해야 하는 등 업무 과부하 상태이다.

X세대는 아날로그 시대에서 디지털 시대로 넘어오는 격변기를 겪어낸 최초의 세대이며 이런 배경에서 새롭고 합리적인 것에 대한 수용도가 높다. 이러한 태도를 바탕으로 1990년대 한국 문화의 르네상스를 경험했다. 서태지 신드롬, 싱글족, 딩크족,12) 저녁이 있는 삶 등과 같은 새로운 생활 방식과 문화를 창출한 것이다. X세대는 대한민국 최초의 신인류라는 이름으로 불렸으며, 세대 구분의 첫 주인공이다. 베이비붐 세대가 이전 세대의 가치관을 이어받은 세대라면 X세대는 기성세대와는 다른 가치관을 형성했다. 정서적으로 선배 세대보다 후배 세대에 더 가까우며, 젊은 세대의 문화와 생활방식을 궁금해하

---

11) http://www.weeklytoday.com/news/articleView.html?idxno=434671
12) DINK(Double Income No Kids)족. 맞벌이 무자녀 가정이라는 의미다. 1980년대 후반경 처음 등장한 단어로 미국을 시작으로 나타난 새로운 가족 형태 중 하나이다.

고 흡수하려는 경향 보유한다.

Pew Research Center에 따르면 X세대는 정체성에 혼란을 겪고 있으며, 상대적으로 미래에 대한 불안감을 더 많이 보유하고 있다. '우리 세대는 고유한 특성이 있다'는 질문에 X세대 응답자 49%가 그렇다고 응답했는데, 이는 베이비붐 세대(58%), 밀레니얼 세대(61%)에 비해 낮은 수치이다. '은퇴 후 생활을 위한 충분한 금전적 여유가 없다'는 질문에 44%가 그렇다고 응답했는데, 이는 베이비붐 세대(40%), 밀레니얼 세대(35%)에 비해 높은 수치이다.13)

HR 및 리더십개발 컨설팅 업체인 DDI가 2018년 발표한 보고서에서 상대적 박탈감에 대한 증거를 찾아볼 수 있다.14) 지난 5년간 (2013~2017년) 평균 승진 횟수는 밀레니얼 세대 1.6회, 베이비붐 세대 1.4회인 반면 X세대가 1.2회로 가장 적은 것으로 나타났다. 이는 X세대와 밀레니얼 세대는 동일한 직책을 놓고 경쟁하는 상황에 있는 반면, 업무와 관련해서는 X세대가 상대적으로 더 과중한 업무 책임을 맡고 있기 때문이다. 또한 베이비붐 세대는 평균 6명, 밀레니얼 관리직은 평균 5명의 부하 직원을 관리하는 반면 X세대 관리직은 평균 7명으로 가장 많은 것으로 나타났다. 반면, 이직 생각은 상대적으로 적어 조직 충성도가 높은 것으로 나타났다. X세대 중 37%가 이직 생각을 하는 반면, 밀레니얼 세대는 42%로 더 높다.

X세대가 조직 내 다양성을 연결하는 역할을 수행할 수 있는 이유는 디지털 기술을 편리하게 사용하는 능력 때문이다. DDI의 2018년 조

---

13) Pew Research Center, Paul Taylor and George Gao(2014.6), Generation X: America's neglected middle child. www.pewresearch.org/fact−tank/2014/06/05/ generation−x−americas−neglected−middle−child

14) DDI, Global leadership forecast 2018. '25 research insights to fuel your people strategy'. https://www.ddiworld.com/research/global−leadership−forecast−2018

사에 따르면 X세대의 54%, 밀레니얼 세대의 56%가 자신이 디지털 상황에 익숙하다고 평가하는 것으로 밝혀졌다. 또한 소셜 미디어는 밀레니얼 세대보다 X세대가 주당 40분을 더 많이 사용했다.

X세대는 조직 활성화(revitalization)에 기여하는 역량과 특성을 보유하고 있다. 이는 조직에서 새로운 인재를 발굴하고 개발하며 새로운 아이디어를 실현하는 일에 구성원을 몰입하게 만드는 활동이다. X세대의 67%가 조직 내 협업 수준을 제고하고, 조직 간 벽과 부서 이기주의를 무너뜨리는 데 기여하고 있었다. X세대는 실질적으로 조직을 움직이는 핵심 집단임에도 불구하고, 정작 그들은 자신들의 중요성을 깨닫지 못하고 있었다. 베이비붐 세대와 MZ세대에 비해 상대적으로 소외되어 왔기 때문에 스스로의 중요성을 평가절하하는 경향을 보유한 것으로 판단된다.15)

[그림] 베이비붐, X 및 밀레니얼 세대의 인식 비교

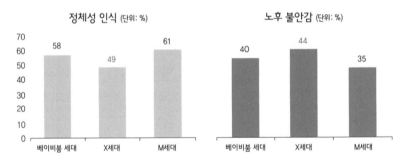

자료: Pew Research Center, Paul Taylor and George Gao(2014.6), Generation X: America's ne-glected middle child.

---

15) 조성일(2022.10.26.), 낀 세대(X세대)의 자존감을 높이자, POSRI Issue Brief, 포스코경영연구원.

MZ세대의 미래

지수영·안지현(2023)[16]은 한국 MZ세대를 위한 미래 기술 도출을 위해 COVID-19 이후 도드라진 MZ세대의 새로운 특성과 이를 둘러싼 환경의 변화를 다음과 같이 정리한 바 있다.

첫째, COVID-19 사태로 야기된 저성장에 따라 '짠테크'에 대한 관심이 증대되고 있다. '짠테크'란 돈에 있어 인색한 사람을 표현하는 단어인 '짜다'와 '재테크'의 합성어로 단순히 아끼는 것이 아니라 불필요한 소비를 줄여 낭비를 최소화하고 꼭 필요한 곳에 지출 하자는 의미의 신조어이다. 미래 불확실성으로 인해 MZ세대는 짠테크에 대한 관심이 높아졌으며 타 연령대 대비 MZ세대의 주요 연령층인 20대와 30대에서 높은 관심(30대 74.2%, 20대 56.8%)을 보이고 있다. 짠테크는 설문조사 참여 등을 통한 적립금 쌓기, 할인쿠폰 및 기프티콘 등 상품권 활용하기, 카드 또는 금융사 포인트 적립하기, 중고물품 판매 및 교환하기 등 다양한 형태로 실천되고 있다.[17]

둘째, 전기자동차, 비건(vegan. 채식주의) 시장 등 친환경 소비시장이 관심을 받고 있다. 2018년 이후 전기자동차 인지도는 증가하였으며 구매 의향은 48.3%(2018년)에서 67.7%(2022년)로 증가했다. 자동차 업계에서는 친환경 소비와 가성비를 중요하게 여기는 MZ세대가 전기차 시장의 주역이 될 것으로 본다. 전기차를 운전한 경험은 2018년 12.9%에서 2021년 24.4%로 2배 가량 증가하였으며 주로 20~30대 남성을 중심으로 증가하는 추세이다. 정부 보조금 지원과 다양한 신차

---

16) 지수영·안지현(2023), MZ세대를 위한 미래 기술, 「KISTEP 브리프(57)」(2023.1.6.), 한국과학기술기획평가원. pp.5-30.

17) 엠브레인 트렌드 모니터(2021.4.). https://www.trendmonitor.co.kr/tmweb/trend/detail.do?bIdx=2115&code=0601&trendType=CKOREA

출시, 적은 유지 관리비 등이 2030세대가 전기차를 선택하는 데에 영향을 미치고 있다.[18]

환경문제, 기후변화, 생태계 파괴 등 이슈로 비건 시장이 확대되는 추세이다. SNS를 통해 인플루언서가 홍보하는 트렌드(업사이클링, 플라스틱 사용 줄이기 등)에 반응하고, 자신의 가치관을 소비를 통해 표출하는 성향이 있는 MZ세대에서 채식주의 비율이 증가하는 추세이다. 다만 비건 제품에 대한 체감도는 62.0%로 높은 편이지만, 구매 의향은 39.6%로 낮게 나타나 적극적인 소비 행태로 이어지지는 않고 있다.[19]

셋째, 일과 삶의 균형을 유지하는 워라벨(work-life balance)이 더욱 중요시되고 있다. MZ세대는 자아 정체성 확립에 관심이 높으며 개인 중심의 행복을 추구하는 라이프 스타일을 선호한다. 비대면 업무와 재택근무가 늘면서 한 회사에 얽매이지 않고 여러 일을 동시에 맡는 '긱 워커'가 급증한 현상을 볼 수 있다. 탤런트뱅크, 크몽 등 인력매칭 스타트업을 중심으로 '긱 이코노미' 시장이 성장되고 있다. 긱 이코노미란 기업들이 특정 프로젝트나 업무별로 정규직이 아닌 임시직 형태의 고용을 늘리는 경제 현상으로, 긱(gig)은 미국에서 여러 재즈바를 돌며 잠깐씩 일을 봐주는 연주자(긱)에서 유래됐다. COVID-19 확산 이전 284조 원(2019년)이었던 긱 이코노미 시장은 2023년까지 23% 성장하여 521조 원에 달할 예상이다.[20] COVID-19 이후 국내 매출 100대 기업의 91.5%(2021년 기준)가 재택근무를 시행 중이며 향후에도 재택근무가 활용될 것이다. COVID-19 완화 이후에도 삶의 질에 대

---

18) 엠브레인 트랜드 모니터(2022.1.). https://www.trendmonitor.co.kr/tmweb/trend/allTrend/detail.do?bIdx=2308&code=0304&trendType=CKOREA
19) 엠브레인 트랜드 모니터(2022.5.) https://www.trendmonitor.co.kr/tmweb/trend/allTrend/detail.do?bIdx=2384&code=0404&trendType=CKOREA
20) 매일경제(2021.8.31.), https://www.mk.co.kr/news/business/10011159

한 높은 기대와 ICT 기술의 발전으로 스마트 워크에 대한 니즈는 유지될 것으로 예상된다. 근무 형태는 유연근무와 리모트워크(스마트 공유 오피스와 재택근무 등) 등 다양한 형태로 재편되어 조직별, 업무별 최적화가 진행될 것이다.

넷째, MZ세대를 중심으로 자아실현을 위한 가성비, 가심비, 가잼비, 욜로, 소확행 등 다양한 소비 패턴21)이 등장하고 있다. 각자 지향하는 바가 다르므로 MZ세대의 소비를 하나의 패턴이나 현상으로 정의하기 어렵다. 심리적, 정서적 웰빙을 증진시키는 소비에 집중하고, 이와 동시에 자신이 추구하는 가치를 창출하는 제품과 서비스를 소비한다. 백화점 문화센터의 직장인 수강생 증가, 서점, 영화관, 공연장, 전시장, 뮤지컬 등 티켓 결제 금액 증가 등이 그 방증이다. MZ세대들은 노래방, 주점 등과 같이 여가 시간을 일회성 유흥에 쓰기 보다는 자신을 발전시키고 계발(啓發)하는데 시간과 돈을 소비하고 있다. 이들의 소비 경향은 소유보다 경험을 더 중요시 한다.

다섯째, 인스타그램, 유튜브 등 SNS를 통해 타인의 이상적 자아에 노출된다. 물질 및 경험 소비의 공유가 SNS를 통해 보편화 되면서 타인과의 비교를 통해 자신을 평가하고 행복과 우울감을 느끼고 있다. 브랜드의 소비는 개인의 자아를 완성시키는 중요한 symbolic sign(상징기호)이며 브랜드를 통해 자기완성을 실현하려 한다. 실제적 자아와 이상적 자아의 차이를 줄이기 위해 명품과 하이엔드(최고사양) 브랜드 소비가 증가하였으며, 디지털 플랫폼에서 이를 전시하고 있다.

여섯째, 공정함과 사회에 대한 효율적·합리적 요구가 확산되고 있

---

21) 가심비는 가격 대비 마음의 만족을 추구하는 소비 형태로, 가격 대비 성능을 중시하는 가성비에서 파생된 말이다. 가잼비는 가격대비 재미(잼)의 비율을 의미하며, 욜로는 인생은 한 번뿐이다를 뜻하는 You Only Live Once의 앞 글자를 딴 용어로 현재 자신의 행복을 중시하며 소비하는 태도를 말한다.

다. 실행보다 계획이 중시되고 핵심보다 형식을 중시하는 조직의 모습에 MZ세대는 환멸을 느낀다. 미투 운동, 블라인드 어플리케이션 등을 통한 익명 소통을 통해 이슈 제기 및 비리 고발이 증가하고 있다.

이러한 MZ 특성의 변화는 이를 뒷받침하는 기술들이 있기 때문에 가능하다. 먼저 부캐(부 캐릭터) 생성을 위한 메타버스 기술이 있다. 부캐는 온라인 게임에서 원래 캐릭터가 아닌 또 다른 캐릭터를 의미한다. 현실 세계를 뜻하는 유니버스(Universe)와 가상을 뜻하는 메타(Meta)의 합성어인 '메타버스' 시장은 2020년 50조 원에서 2030년 1700조 원으로 커질 것으로 예상된다.[22] 메타버스 개념은 게임업계 외에 의료, 교육, 건축 등 다양한 산업으로 확대될 것이다. 이는 증강현실, 가상현실, 확장현실, 5G 기술 등이 등장했기 때문이다. 현실 세계에서 실현하기 어려운 것(취업, 창작물 제작, 성공이나 부를 과시하는 Flex 등)이 가능하여 인기를 끌고 있다. 경제적으로 불안감이 가장 큰 세대인 MZ세대는 리스크가 없는 가상 세계에서 단순한 게임과 놀이가 아니라 본인의 적성과 취미에 맞는 생산자 역할을 하고 있다.

실제 이러한 트랜드를 반영하여 CJ프레시웨이[23]는 메타버스 가상 공간에 본사 사무실 내부를 구현하여 시공간 제약없이 소통하고 임직원들은 랜선 회식을 진행한다. CJ올리브네트웍스도 메타버스 기반 커뮤니케이션 서비스 '브릿지 오피스'를 출시하였으며, 비대면 업무 환경에서도 효율적인 근무가 가능하도록 기능을 기획했다.[24]

또한 인공지능(AI) 기술의 발전으로 인한 AI와 인간의 상호작용(휴머노이드 등)도 증가하고 있다. 특히 COVID-19의 확산으로 기존 인간 직원을 통한 서비스가 비대면 방식으로 전환되면서 AI가 더 빠르게

---

22) 중앙일보(2021.3.22.), https://www.joongang.co.kr/article/24016857#home
23) 한국경제(2021.11.29.), https://www.hankyung.com/economy/article/2021112925351
24) 이코노미스트(2022.11.22.), https://economist.co.kr/article/view/ecn202211220041

<표> MZ세대를 둘러싼 미래 이슈

미래 이슈	주요 내용
MZ세대의 정치세력화	• 민주화 시대 세대 은퇴로 인한 좌우, 지방색에 치우치지 않는 정치 참여 • 자신의 의견을 드러내는 것을 주저하지 않음 • 실제적 이익을 위한 투표문화, 일상의 정치화
소득양극화 현상	• 소득격차로 주거·생활 안정에 위협을 느낌 • X세대, MZ세대 소득-자산 격차 확대
친환경 소비	• 전기차 확대, 비건(vegan) 시장의 성장 • 친환경 소비 확산, 친환경 경제로의 전환 확대
저성장 사회	• 1인 창업, 배달 등 확대, 부업과 투잡의 보편화 • 가상화폐의 등장, 역머니무브(불황시 은행으로 자금 이동) • 파이어족 유행(극단적 절약 후 조기은퇴로 경제적 자립) • 긴축 소비 트렌드: 짠테크/중고거래 확산
소비주의	• 대량의 재화·용역의 구입을 부추기는 사회경제적 변화 • 사치재 성격의 재화 수요증가, 소비증가에 따른 서비스업 수요증가 • 공유경제, 구독경제, 경제불황에 따른 편향적 소비 • SNS로 인한 과시 소비
지속가능한 소비	• 미닝아웃 소비의 증가(소비를 통해 자신의 신념 표출) • 지속가능소비 관심은 증가하지만, 실제 행동은 미비
공정한 사회	• 높은 경쟁 환경으로 인한 세대적 요구사항
근무형태 등 일자리 변화	• 빈번한 이직, 퇴사로 인한 구인·구직 양극화 • 비조직 노동의 증가, '긱' 노동자 증가 • 수평적 조직문화의 확대
디지털 격차 심화	• MZ세대, 디지털 원주민에도 불구하고, 떨어지는 문해력 • MZ세대와 고령층 간 디지털 격차 심화(인터넷뱅킹, 키오스크 등) • 디지털 노마드 증가(장소에 구애받지 않는 워킹 스타일)
전통적 미디어의 도태	• 서점, TV 시대의 종료, 유튜브 등 1인 미디어 시대 도래
저출산, 고령화 등 인구구조 변화	• 서울-지방간 양극화 심화 • 육아 휴직제도 개편, 고가의 육아템 시장 성장 • 비혼주의확산, 결혼·데이트 콘텐츠로 대리 만족
개인 행복주의	• 비혼주의 및 DINK(Double Income, No Kids) 가족 확산 • 가치갈등 심화와 공동체 약화 • 나를 위한 소비의 증가, 사회적 비교와 외로움, 브랜드를 통한 자기완성
일상의 디지털화	• 가상공간, 가상사회 활동 확대, 가상공간을 통한 집합 행동 증가 • 메타버스 등의 새로운 디지털 일상 공간 확대 • 젊은 세대의 디지털 범죄 증가

자료: 지수영·안지현(2023), MZ세대를 위한 미래 기술, 「KISTEP 브리프(57)」. pp.12-13. 참고하여 필자 보완..

인간의 역할을 대체하고 있다.

MZ세대의 사회성

한국청소년정책연구원이 발간한 '코로나19 시대 MZ세대의 사회성 발달 연구'에 따르면, 우리나라 MZ세대의 사회성은 X세대보다 높은 것으로 나타났다. M세대 보다는 Z세대 사회성이 높았다. 동 보고서는 2021년 6~7월간 국민 5,271명 대상으로 한 온라인 설문조사를 통해 계층별 사회성을 분석한 것이다. 이를 위해 생활태도, 행동양식 등 사회성을 측정할 수 있는 질문을 했다. 설문 대상과 계층 분류를 보면 13~18세(후기 Z세대·2004~2009년생) 중고생 1471명, 13~18세 학교 밖 청소년 400명, 대부분 대학생인 전기 Z세대(1996년~2003년생) 800명, 대부분 사회 초년생인 후기 M세대(1989년~1995년생) 800명, 전기 M세대(1983년~1988년생) 500명, X세대(1965년~1982년생) 1300명이었다.

연구팀은 '나는 쉽게 친구를 사귄다. 나는 친구 혹은 직장동료에게 먼저 말을 건다. 나는 문제나 논쟁거리가 있을 때 친구 혹은 직장동료들과 대화로 푼다. 나는 학교나 직장에서 정한 일은 내가 싫더라도 지킨다.' 등의 문장들에 대해 실천 빈도와 중요도를 물었다. 이어 답변 내용을 토대로 사회성 유형을 세 가지로 분류했는데, 평균과 유사한 패턴을 보이면서 전반적인 사회성 점수가 평균보다 높은 '일반패턴의 높은 사회성 유형(profile 1)', 평균과 유사한 패턴을 보이지만 전반적인 점수는 평균보다 낮은 '일반패턴의 낮은 사회성 유형(profile 2)', 평균과 다른 패턴을 보이는 '비일반패턴의 불안정한 사회적 행동 유형(profile 3)'이다.

가장 긍정적인 유형인 Profile 1 비율은 Z세대 학생 청소년에서 52%로 가장 많았고, 후기 Z세대인 대학생(49%), 전기 M세대(42%), 후기 M세대(20%) 순으로 나타났다. 이 유형에서 X세대의 비율은 19%에 그쳤으며, 학교 밖 청소년은 7%에 불과했는데, 이는 세대·집단 중 최하위권이다. 학교 밖 청소년 집단과 X세대의 경우 가장 부정적인 Profile 3 유형이 각각 51%와 42%로 가장 많았으며, Profile 2 유형이 43%와 39%로 그 뒤를 이었다.

사회성 발달과 온라인 활동 간의 정적 상관관계(온라인 활동 증가하면 사회성도 발달)는 X세대에서만 일관되게 나타났다. 이는 온라인 활동의

[그림] 우리나라의 세대별 사회성 유형 분포

(단위: %)

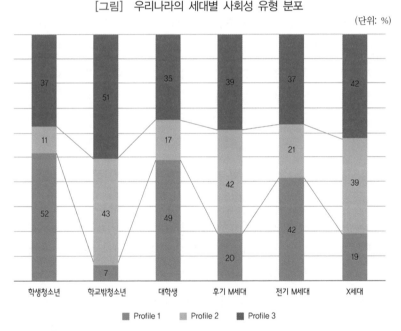

주: (profile1) 일반패턴의 높은 사회성 유형, (profile2) 평균과 유사한 패턴을 보이지만 전반적인 점수는 평균보다 낮은 일반패턴의 낮은 사회성 유형, (profile3) 평균과 다른 패턴을 보이는 비 일반패턴의 불안정한 사회적 행동 유형.
자료: 한국청소년정책연구원(2023), 「코로나19 시대 MZ세대의 사회성 발달 연구」.

일상성, 즐거움, 공동체 의식 등이 결코 디지털 네이티브로 태어난 MZ세대만의 전유물이 아니라는 것을 의미한다.[25]

한편, X세대는 모든 응답 세대 중 본인의 사회성을 가장 후하게 평가하고 있었다. '당신의 사회성은 10점 만점에 몇 점이라고 생각하느냐'는 질문에 대해 X세대는 평균 7.32점을 매겼다. Z세대는 연령대에 따라 6.97~7.29점을, M세대는 6.96~7.01점을 매겼다. 즉 X세대는 객관적인 평가에 비해 자신의 사회성을 과대평가하는 경향이 있음을 보여주었다.

후기 Z세대 중 학교 밖 청소년의 경우 모든 세대를 통틀어 가장 사회성이 떨어지는 것으로 나타났는데, 그 솔루션도 분석 결과에서 도출되었다. 즉 오프라인에서 다른 사람과 의견 및 정보를 주고받을 수 있는 수준의 느슨한 연결을 의미하는 '교류 자본'과 사회성 발달 간의 정적 상관관계(교류자본이 증가하면 사회성도 발달)가 학교 밖 청소년 집단을 중심으로 발견됐기 때문이다.

사회신분 상승 가능성에 대한 한중 젊은이들의 인식

이도경(2018)은 한국과 중국의 주링허우(90后, 1990년대 출생자) 세대를 대상으로 신분 상승(계층 이동)의 가능성을 묻는 설문조사를 진행했다. 1990~1999년 출생자를 대상으로 중국 211명, 한국 229명을 대상으로 실시되었으며, 모두 본과 이상 학력 소유자였다. 먼저 양국에서 본인이 기대할 직업을 잡을 가능성을 물었다. 이에 쉽다고 대답한 중국 측 응답자는 37.4%였는데 한국은 12.2%만 쉽다고 답해 큰 차이를 보

---

25) 한국경제(2023.1.19.) www.hankyung.com/society/article/2023011926887

였다. 이는 단순히 한중 양국의 취업 환경을 보여 주는 것이기도 하지만 아울러 양국 주링허우들이 보는 직업들 간의 장벽을 의미하기도 한다.

다음으로 졸업 후 본인이 획득한 직위에서 발전할 가능성을 물었다. 중국 측 응답자는 70.2%나 가능하다고 답을 했으나, 한국 측 응답자는 20.5%에 불과했다. 이는 단순히 처음으로 입사한 직장에서의 승진이 어려울 것이라는 답변이지만, 동시에 양국 주링허우들 본인이 선택한 직종, 기업의 발전 가능성을 보는 시각이기도 하다. 이와 관련하여 졸업 후 본인의 수입이 증가할 가능성을 물었는데 중국 측 응답은 67.7%가 증가할 것이라고 답한 반면, 한국 측 응답은 20.9%로 앞선 질문에 대한 답변 비중과 유사한 결과를 보였다. 따라서 이는 한중 양국 기업의 대우에 대해 미래 피고용인들인 젊은이들이 느끼는 온도차를 보여준다 할 수 있다.

다음으로 본인의 노력으로 사회적 지위가 높아질 가능성을 물었는데, 중국 측 응답자는 69.2%가 아주 크거나 클 것으로 긍정적인 답변을 한 반면, 한국 측 응답자는 23.6%에 그쳤다. 이는 한국 기업 내 신분(직위) 이동이 훨씬 더 어렵다고 느끼기 때문일 것이다.

본 연구의 핵심인 신분 상승(계층 이동)이 쉬운지에 대한 질문에 대해 중국 측 답변은 27.1%가 쉽다고 답을 했고, 한국 측 답변은 6.6%에 불과했다. 앞선 두 가지 질문(직위, 수입)이 비교적 기업 내 대우로 한정된다고 보이는 반면, 이번 질문은 한중 양국 전체 사회의 모든 계층(공무원, 군인, 정치가, 경제·기업인, 문화예술인, 교육가 등)의 신분을 의미했기 때문에 중국 측의 긍정적 답변 역시 27.1%에 머물렀다고 판단된다. 그럼에도 불구하고 중국 측 긍정 답변이 한국 대비 4.1배나 높은 것은 양국 사회가 갖는 다양한 차이점을 대변한다. 또한 한중 양국의

〈표〉 한중 대학생들의 신분 상승(계층 이동)에 관한 인식 조사

(단위: %)

	본인이 속한 사회에서 기대하는 직업을 획득할 가능성은?				
	아주 쉬움	쉬움	일반	어려움	아주 어려움
중국	6.6	30.8	34.6	27.0	0.9
한국	1.3	10.9	29.7	49.3	8.7

	졸업 후 본인의 직위에서 계속 상승 발전할 가능성은?				
	완전히 가능	가능	일반	불가능	완전히 불가능
중국	13.3	56.9	24.6	4.7	0.5
한국	1.3	19.2	41.9	32.8	4.8

	졸업 후 본인의 수입이 계속 증가할 가능성은?				
	완전히 가능	가능	일반	불가능	완전히 불가능
중국	10.4	57.3	27.5	4.7	0
한국	1.7	19.2	36.7	36.7	5.7

	본인의 노력으로 사회적 지위가 높아질 가능성은?				
	아주 큼	큼	일반	작음	아주 작음
중국	12.8	56.4	26.5	4.3	0
한국	2.2	21.4	37.1	32.8	6.6

	본인이 속한 사회는 신분 상승(계층 이동)이 쉬운가?				
	아주 쉬움	쉬움	일반	어려움	아주 어려움
중국	6.2	20.9	42.2	26.1	4.7
한국	0	6.6	20.5	54.6	18.3

	본인이 속한 사회에서 신분 상승(계층 이동)을 위해 개선되어야할 것은?		
	경제적 요인	교육 요인	사회 관계 요인
중국	20.4	43.1	36.5
한국	31	6.6	62.4

자료: 이도경(2018), 중한90后 청년계층상승과 유동의식비교연구, 절강대학, 학위논문. pp.13~33.

중위 소득을 보더라도 최상위층으로 소득이 집중되는 현상은 한국이 더 심해서 6.6%라는 한국 측 응답이 나온 것으로 판단된다.

끝으로 한중 양국 청년들이 꼽은 신분 상승(계층 이동)을 위해 가장 개선되어야 할 요인으로는 중국 측은 교육 요인을 첫째(43.1%)로 꼽았으나, 한국 측은 사회관계 요인을 첫 번째(62.4%)로 꼽아 차이를 보였다. 연구자가 설문에서 제시한 경제적 요인, 사회관계 요인, 교육 요인이 계층 이동을 방해하는 메커니즘은 부모 경제력에 의해 교육에 대한 불평등한 기회가 제공되고 또한 부모 사회관계 내 영향력에 따라 자녀들에게 불평등한 기회를 제공할 수 있는 체제를 의미한다.

한중 중위 소득 비교

| China's MZ Generation and Future

한중 양국의 경제적 차이점으로 꼽을 수 있는 것 중 하나는 중위(中位)소득이다. 중위소득은 개인 혹은 가구의 소득을 크기순으로 배열했을 때 중간의 위치에 해당하는 값을 말한다. 2020년 한국 근로소득자 상위 0.1%의 연평균 근로소득이 전체의 중간에 위치한 중위 소득자의 28.8배에 달했다. 국세청의 2020년 귀속 근로소득 1000분위 자료에 따르면 근로소득자 상위 0.1%(1만 9495명)의 1인당 연평균 급여소득은 8억 3339만 원이었다. 이는 중위 소득자의 연평균 소득 2895만 원의 28.8배에 달한다. 1년 전인 2019년 27.2배에서 확대됐다.[26] 2019년 상위 0.1%의 1인당 연평균 근로소득은 7억 6천 763만 원으로 1년 새 8.6% 늘었지만, 중위 소득자의 연평균 근로소득은 2824만 원으로 2.5% 느는 데 그쳤다. 상위 1%를 기준으로 삼아도 중위 소득자 대비 2019년 9.6배(2억 7044만 원)에서 2020년 9.9배(2억 8560만 원)로 연 근로소득 격차가 커졌다. 근로소득자 하위 20%의 경우

---

26) 중앙일보(2022.9.4.).

2019년 622만 원에서 2020년 614만 원으로 오히려 소득이 줄어들었다.

반면, 중국을 보면 2021년 전국 1인당 가처분소득 중위 값은 29,975위안으로 전년비 8.8% 증가했으며, 중위 값은 소득평균의 85.3%였다. 이 중 도시거주자의 1인당 가처분소득 중위 값은 43,504위안으로 7.7% 증가했으며, 중위 값은 소득평균의 91.8%였다.[27] 한국과 같은 기준은 아니지만 한국보다는 중위 값이 전체 소득 구성원에서 차지하는 비중이 높은 수준이다. 또한 '2021년 중국수입분배보고'에서 확인되는 중국 상위 1% 고소득층 비중 변화를 보면, 2000년 10% 이하에서 2019년 14% 수준으로 상승했으나, 이는 미국, 프랑스 보다는 낮고 영국과는 유사하며 독일보다는 높은 수준이었다. 이들 주요 자료를 기반으로 필자가 추산한 중국의 구간별 월소득 추산표(2019년 기준)를 보면, 중국 인구의 2.22%를 점유하고 있는 고소득층은 2021년 도시거주자의 1인당 가처분소득 중위 값(43,504위안) 대비 2.3배로 한국보다는 낮은 수준임을 알 수 있다.

[그림] 세계 각국 상위 1% 고소득층의 비중 변화(1900~2019)

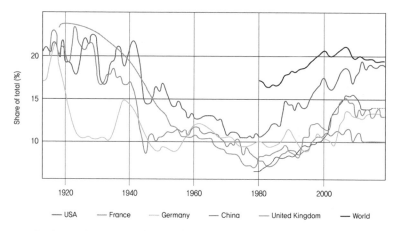

자료: 中國收入分配報告2021 : 現狀与国際比較(2021.9.17.).
　　 https://baijiahao.baidu.com/s?id=1711118987123712316&wfr=spider&for=pc

---

27) 国家統計局(2022.1.17.), 2021年居民収入和消費支出情況,
　　 http://www.gov.cn/shuju/2022−01/17/content_5668748.htm

〈표〉 중국의 구간별 월소득 추산표(2019년)

구분	월소득(위안)	인구(억 명)	비중(%)
극빈층 및 무소득층	1000 이하	5.6	39.97
저소득층	1000~2000	3.1	22.13
	2000~5000	3.8	27.12
중등 소득층	5000~1만	0.8	5.71
	1만~10만	0.4	2.85
고소득층	10~50만	0.25	1.78
	50~100만	500만 명	0.36
	100~500만	100만 명	0.07
	500만 이상	10만 명	0.01
합계		14억 110만 명	100%

주: 2021년도 기준 중국의 생산연령(16-59세) 인구비중은 62.5% 임.
자료: 국가통계국(2022.1.17), 「2021年居民收入和消費支出情況」. 中国收入分配報告2021 : 現状与
国際比較(2021.9.17.). 李実(2022.10.3) 月収入一万的人群到底有多少? 등 기존자료 참고하여
필자 추산.

중국 MZ세대와 미래
China's MZ Generation and Future

북한의 MZ세대는 장마당 세대
북한의 새세대
박찬모 평양과기대 명예총장이 소개하는 북한 신세대

북한의 새세대

북한의 새세대

북한의 MZ세대는 장마당 세대

북한 역시 한국사회가 겪고 있는 세대 변화와 유사한 상황을 경험하고 있다. 한국의 MZ세대와 같은 시기에 성장한 '장마당 세대'와 그 뒤를 이은 세대가 주인공이다. 장영주(2021)에 따르면 전통적으로 북한은 세대별 정체성을 가르는 기준을 항일혁명이나 한국전쟁, 사회주의 대중운동의 변화와 같은 20~30대에 겪은 역사적 경험의 관점에서 '혁명 1세대~4세대'로 구분해 왔다.1)

북한의 '혁명 1세대'란 일제강점기 김일성(1912~1994)을 따라 항일활동을 주도했던 북한의 건국 주역으로써 김일성 유일지배체제를 구축하는데 역할을 했다. 대다수가 사망하였으나 당대에 본인은 물론 후손들까지 당·정·군 요직에서 최고의 대우를 받는 북한 내 '성골'이다. '혁명 2세대'는 '조국전쟁 참전세대'로도 불리며 미 제국주의를 상대로 승리한 주역이라는 자부심을 가진 세대이다. 이들은 1950년대의

---

1) 장영주(2021), 남한 MZ세대 북한 '장마당' 세대, 뭐가 다를까?, 여성조선(2021.10.12.).

전쟁 후 복구와 1960년대의 천리마운동을 주도하며 성장하였다.

'혁명 3세대'는 북한의 공업화와 경제적 부흥기를 경험한 세대로써 1970~80년대에 걸쳐 김정일(1942~2011)의 지도에 따라 3대혁명 소조 운동과 3대혁명 붉은기 쟁취운동을 주도하고 이를 통해 북한 사회전 반에 걸쳐 세대교체를 촉진시켰다. '혁명 4세대'는 1960년대 이후에 태어나 사회주의 공업화 달성에 따른 정치경제적 안정기에 성장한 세 대이다. 이들은 1990년대에 이르러 고난의 행군 시기를 겪었기에 '고 난의 행군 세대'라고도 하지만 북한의 소위 '좋은 시절'에 대한 기억을 간직한 세대이며, 제2의 천리마대진군운동을 뒷받침한 세대이다.

과거 김정일 국방위원장은 북한의 혁명 3세대와 4세대에 대해 평가 하며 이들 세대가 과거 세대에 비해 물질적 혜택을 누린 반면 시련을 겪어보지 못한 것을 우려하고 코카콜라 대신 백두산 들쭉 단물을 먹 여야 한다고 강조하거나(1992), 과거 세대가 피흘려 세운 사회주의 제 도를 지켜내기 위해 새 세대에게 계급교양을 잘할 것을 지시(1994)한 바 있다.

1990년대의 냉전해체와 고난의 행군으로 인한 경제위기로 무상 배 급·치료·교육의 사회주의 시스템이 붕괴하면서 개인이 국가의 도움 없이 생존해야 하는 환경에 노출되었다. 북한 주민들은 생존을 위해 자생적으로 형성된 장마당에서 소규모 물자거래나 상행위를 통해 생 계를 이어갔다. 북한에서 혁명 4세대 이후의 5세대를 지칭하는 용어 는 발표되지 않았지만 이 시기에 출생하거나 아동기를 보낸 지금의 20~30대 청년들이 북한의 5세대에 해당하는 소위 '장마당 세대'이다. 이들 세대는 북한 전체인구의 14%에 해당하는 350만 명 정도로 추산 된다. 연령대로 보면 1984년생인 김정은 위원장도 장마당 세대에 속 한다.

장마당 세대는 체제보다 개인의 이익에 관심이 많다. 학교나 직장보다 돈벌이에 관심이 많은 이들 세대는 부모 세대와 차별화된 인식과 특성을 보이고 있다. 북한의 시장화가 진전되면서 집단의 이익이나 가치보다 개인의 부를 중시하거나 자신의 생존을 국가에 맡기지 않고, 자신의 운명을 체제에 걸지 않는 성향을 보인다. 자유분방한 행동방식을 보이고 휴대전화와 IT기기를 적극적으로 사용하며 정보유통에도 관심이 많다. 이들은 진학에 외국어대학이나 상업대학을 선호하고, 남한의 한류와 같은 외국문화의 수용에도 적극적이다. 성장기부터 자연스럽게 시장경제체제에 눈을 뜬 이들 젊은 세대는 북한 사회에 다양한 영향을 미치고 있다.

평양과학기술대학 박찬모 명예총장(전 포항공대 총장)에 따르면 평양

▌ 평양과기대를 방문한 노벨화학상 수상자 피터 아그레(2011년) ▌

자료: 박찬모(2022), 남북평화번영을 위한 평양과기대의 국제화, 제304회 스마트포럼 특강(2022.9.2.), 도산아카데미.

과기대 학생들의 자유분방한 대학 생활의 일면을 알 수 있다. 평양시 내 대학캠퍼스에서 교수를 앞질러 걷는다거나 인기있는 미혼 여교수에게 구내식당에서 점심을 청하는 데 주저함이 없다. 이는 사제지간의 엄격한 예절을 당연히 여기던 이전 세대 학생들에게는 생각도 할 수 없는 변화라고 한다.

최근 한국으로 탈북해오는 사람들이 말투나 행동들을 보게 되면 과거 세대와 달리 남한 사람들과 크게 구분이 되지 않는 경우도 많아졌다. 이들은 한국의 문화를 자세히 알고 있거나 표준어를 잘 구사하고 있는데 이는 북한 내에 한국산 문화콘텐츠가 보급되는 현상과 무관하지 않다. 새로운 세대들을 중심으로 휴대용 기기를 이용하여 남한 드라마를 시청하거나 다양한 미디어 콘텐츠 또는 유튜브 동영상을 USB에 담겨진 형태로 유통하는 현상이 벌어지고 있다.

북한 당국은 이러한 청년세대를 통제하기 위한 대책 마련에 골머리를 앓고 있다. 최근 북한은 관련 법을 신설하여 청년세대의 변화를 차단하고자 한다. 이는 이들 세대의 헤어스타일, 복장, 말투, 한류 등 외국 문화의 수용태도를 사회주의 체제에 대한 위협으로 인식하고 있기 때문이다. 인민들의 건전한 사상의식과 혁명의식을 마비시키지 않도록 북한식 머리모양을 유지할 것을 강조하고 있다. 여성은 단발머리, 묶음머리, 땋은 머리를 권장하고, 기름과 땀분비가 많은 남성 청소년의 경우 머리칼이 불결해지기 쉬우므로 상고머리나 패기머리와 같은 짧은 머리를 권고하고 있다. 특히 청년들의 염색한 머리나 남성 멀릿 헤어스타일(Mullet. 앞이 짧고 뒤가 긴 머리)을 금지하고 있다. 발목이 보이는 패션이나 스키니진을 금지하고 건전하고 고상한 옷매무새를 강조하고 있다. 특히 김정은 위원장은 이국적인 복장을 수용하는 청년 세대들을 사회주의애국청년동맹에서 단속하게 하고 이들을 노동교화소로 보내겠다는 결정을 했다고 한다.

북한 청년들의 한국식 말투에 대해서도 '괴뢰 말투와의 전쟁'을 선포하고 단속을 엄격하게 하고 있다. 북한이 지정하고 있는 괴뢰 말투는 한국 드라마에서 자주 나오는 단어이다. 즉 친인척 관계가 없는데도 오빠, 동생이라는 말투를 쓰는 것이다. 북한은 외국 문물이 유입되면 사회주의 체제와 문화 자체가 붕괴될 수 있다고 우려하고 규제와 처벌을 강화하는 법률을 연달아 제정하고 있다. '반동사상문화배격법(2020.12 채택)'이나 청년세대의 사상단속을 강화하는 '청년교양보장법(2021.9 채택)'이 그것이다. 한국, 미국 등 자본주의 국가의 영상이나 사진 등을 유포하면 최대 사형에 처하고 이를 이용한 경우 최대 징역 15년에 처한다.

북한의 새세대

최선경(2021)에 따르면 북한도 한국의 MZ세대처럼 '새세대'라는 집단이 있다. 북한의 새세대는 최악의 경제난인 '고난의 행군 시기'에 유아기 또는 유년기를 보낸 세대로, 국가의 공급을 제대로 경험하지 못한 집단이다. 국가의 배급을 받지 못하고 시장을 친숙한 생활 공간으로 삼으며 자라왔다. 국내 미디어에서는 북한의 새세대를 북한 변화의 원동력으로 조명하기도 한다.[2] 그들은 발육 부족 등 영양부족의 흔적이 몸에 남아 있기도 하고, 경제난으로 먹을 것을 찾아 헤매며 가족의 해체를 겪기도 했다. 학교에 적만 걸어두고 어깨너머로 부모님들을 바라보며 장사하는 법을 배우면서 성장하기도 했다. 경제난을

---

2) 최선경(2021), 북한 MZ세대의 가능성에 대하여, 덕성여대신문(2021.10.11.).

거치며 급변하는 사회·경제적 환경 속에 등장한 새세대는 '돈이 최고'
인 세상을 살고 있다.

새세대는 이전 세대들에 비해 새로운 문화를 받아들이는 수용력이
빠른 편이다. 2009년 이동 통신 서비스 이후 오름세를 나타내는 핸드
폰 사용자 수의 중심이 청년층인 것을 예로 들 수 있다. 이들은 최신
기술에 빠르게 적응하고 당국의 단속과 차단에도 유연하게 대처하고
있다. 당국은 최근 출시한 핸드폰 기종에서 SD 메모리카드 사용을 막
아놓는 등 통제를 강화했다. 그럼에도 대학생들은 '인증 회피 프로그
램'을 개발해 암암리에 음악, 영화, 게임 등 불법적인 외부 콘텐츠를
즐긴다. 비싼 가격임에도 불구하고 최신 스마트폰을 사용하거나 여러
대의 핸드폰을 보유하기도 한다. 이러한 과시성 소비는 전통적 가치
나 평등주의에서 벗어나 개인의 물질과 부에 대한 욕망을 표출하는
방식이라고 볼 수 있다.

김정은 정권은 2012년 공식 출범 이래 사회주의 강성국가 건설 일
환으로 '사회주의문명국' 건설을 강조해 왔다. 사회주의문명국은 경제
발전과 인민생활 향상을 목표로 하는 김정은 시대 발전 담론이다. 전
체 인민이 높은 문화지식, 건강한 체력, 고상한 도덕품성을 지니고,
가장 문명한 조건 및 환경에서 사회주의 문화생활을 마음껏 누리며,
온 사회에 아름답고 건전한 생활기풍이 차고 넘치는 선진적인 국가를
의미한다. 해당 담론은 '이밥(쌀밥)에 고깃국', 즉 먹는 문제 해결을 넘
어서 문화, 레저, 스포츠, 과학기술, 관광 관련 시설 건설로 이어졌다.

이와 같이 소비 문화를 장려하고 도시 경관의 혁신을 지향하는 것
은 국가 배급을 경험하지 못한 새세대, 즉 시장 메커니즘에 기반한 청
년들이 향유하는 문화를 흡수해 눈높이를 맞추기 위한 노력이다. 동
시에 국가가 아래로부터의 변화를 수렴해 새롭게 떠오른 문화 현상을

반영하면서 이를 비정치적 영역으로 길들이는 시도로 해석할 수 있다. 이들의 세대 정체성에서 정치적 성격을 제거하는 방식으로 그들의 변화에 발맞추는 것이다.

서울대학교 통일평화연구원의 설문조사에 따르면, 북한 최고지도자 김정은에 대한 지지도가 가장 높은 연령층은 20~30대다. 이들은 새로운 문물에 민감해 스마트폰과 최신 기기를 받아들이고 외래 문화를 접해 스타일과 언어습관 등의 유행을 만들어낸다. 그러나 이러한 지향이 반드시 외부 세계 동경이나 내부 체제에 대한 저항으로 이어진다고 볼 수는 없다. 시장 메커니즘을 바탕으로 개인주의적인 가치에 길들여진 세대지만 시장 활동에 있어 국가와 결탁하지 않고는 먹고살기 어렵다는 것 또한 분명하게 인지하고 있다.

〈표〉 북한 주민의 김정은에 대한 지지도

(단위: %, 연령대별 합계는 100%)

연령대/ 지지도	10% 미만	20%	30%	40%	50%	60%	70%	80%	90% 이상
10대	-	-	25	25	-	-	25	-	25
20대	9.1	-	6.1	6.1	18.2	3.0	12.1	18.2	27.3
30대	9.5	-	9.5	-	19	-	9.5	23.8	28.6
40대	10	-	10	-	-	30	10	20	20
50대	31.6	-	10.5	-	15.8	21.1	5.3	-	15.8

주: 조사 대상은 2018년 탈북자 기준 87명임.
자료: 서울대학교 통일평화연구원(2019), 「북한주민 통일의식(2018)」, 215쪽.

국가에 절대적으로 복종하지 않으면서 저항하지도 않는 북한의 새 세대. 이들은 국가에 충성심을 유지하면서도 시장 의존적인 삶을 영위하고 있다. 안정적인 삶을 위해 당원이 되고 싶은 정치적 욕망을 포기하지 않으며, 동시에 새로운 기기와 남한의 유행을 가장 먼저 소비하는 집단이기도 하다. 최선경(2021)이 만났던 다양한 북한 출신 청년들에 따르면 남한 영상물을 보는 것이 체제 저항으로 이어지지 않을 것이라는 판단이다. 북한의 새세대는 합법과 불법, 사회주의 체제와 시장경제라는 이중구조 내에서 '비사회주의'적인 균열을 넓혀가고 있다.

박찬모 평양과기대 명예총장이 소개하는 북한 신세대

평양과학기술대(PUST) 설립 배경

2009년에 개교한 평양과학기술대학(PyongYang University of Science & Technology. PUST)은 북한 당국이 세공한 평양 인근의 100만㎡ 부지 위에 남북이 공동으로 설립한 대학교이다. 한반도의 평화와 북측 사회의 국제화 및 북한 경제의 자립을 도모하고 국제 학술교류의 장을 마련하는 것이 대학 설립의 목적이다. 2001년 3월 북한 교육성이 사단법인 동북아교육문화협력재단에 설립을 인가해주었다. 이는 1992년 동북아교육문화협력재단이 중국 옌벤(延邊)에 중국 최초의 외국인 설립 대학인 옌벤과학기술대학(Yanbian University of Science & Technology, YUST)을 세워 중국의 100대 대학으로 성장시킨 경험을 북한이 높이 샀기에 가능한 일이었다.

2001년 6월, 우리나라 통일부는 PUST 설립을 남북교류협력사업으로 인가하였다. 2008년에 대학 건물 17개동의 건축을 완성하였다. 설립 초기에는 대학원 과정의 학교로 추진되어 정보통신공학대학원, 산업경영대학원, 농업식품공학대학원 등 3개의 과정이 설치되었다. 2009년 9월 16일 평양과학기술대학교 개교식이 거행되었고, 김진경 평양과학기술대학 설립 총장이 공동운영 총장으로 임명되었다. 2010년 10월 25일, PUST는 학부 100명, 대학원 60명으로 개교하게 된다.

PUST는 북측의 교육청에서 추천한 학생들을 선발한다. 대학의 최대 수용 인원은 학부생 2,000명, 대학원생 600명이다. 2008년 한국철도기술연구원은 PUST와 상호협력을 위한 양해각서를 체결한 바 있다.3)

PUST 이모저모

PUST 명예총장으로서 강의교수도 겸하고 있는 박 총장은 2003년부터 4년간 포스텍(포항공대) 총장을 지낸 뒤 이명박 정부 출범 이후 청와대 과학기술특보, 초대 한국연구재단 이사장 등을 역임했다. 박 총장에 따르면 PUST 학생들은 김일성종합대와 김책공대 등에서 선발된 최고 수준의 인재들로 우리의 포스텍, KAIST과 같은 수준이다. 2010년 10월 개교한 PUST 학생은 2021년 현재 대학원(북한에서는 박사원이라고 부른다)생 60명을 포함해 모두 160명이다. 평양시 남단(낙랑구역 보성리 승리동) 100만㎡의 부지에 자리잡은 PUST는 북한내 특구 가운데 특구로 꼽힌다. 정보접근이 철저히 차단된 북한이지만 설립 초기 교수들은 교수 숙소에서만큼은 미국의 CNN방송도 시청할 수 있었다. 교수들은 전원 외국인으로 북한 교수는 단 한명도 없다.

국내 명문대생들과 평양과기대생들과 차이에 대해 박 총장은 수학 등 기초학문 분야에서는 북한 학생이 우수하며, 실습이나 응용 면에서는 첨단 실험기기 등을 두루 갖춘 한국이 나은 것 같다는 평가를 했다. 2010년 개교 당시 PUST 교수진은 30여명으로 미국·영국·캐나다·네덜란드·중국 출신 등 모두 외국인이다. 박 총장이 외국인 교수

3) 더아시아N(2021.10.24.). http://kor.theasian.asia/archives/300650

의 일원으로 강의를 할 수 있었던 것도 그가 미국 국적을 갖고 있기에 가능했다.

박 총장은 강의시간에는 영어만 사용한다는 것이 PUST의 원칙이라고 설명했다. 강의시간 외에도 가급적 북한 말은 사용하지 않는다고 한다. 영어는 기술영어, 전공영어로 나눠 가르친다며 2011년 봄 학기부터 모의실험(시뮬레이션) 전공과목을 가르칠 예정이며, MIT출신의 웨슬리 브루어교수의 경우 리눅스 운영체계를 담당하는 등 교수별로 강의 주제가 세분화돼 있다고 소개했다. PUST는 정보통신공학부 농생명공학부 경영학부 등 3개 학부로 구성돼 있다. 학생들은 모두 노트북을 한 대씩 대여받아 사용한다. 물론 학생들의 학자금 숙식비 교과서 등도 모두 무상으로 제공된다. 학생들은 노트북을 지니고 학교 밖으로 나갈 수 없다.

학생들은 별도 규정에 의해 인터넷 사용에 제한을 받는다. 북한내 인터넷 속도는 느리지만 PUST가 북한에서 캠퍼스에 인터넷이 개통된 첫 사례였다. 북한은 '광명망'이라고 불리는 인트라넷만 운영돼왔다. 기존의 인트라넷은 외부세계와는 접속이 되지 않고, 북한이 자체적으로 구축한 광명 포털이나 광명 이메일 시스템 등에만 접속되는 북한 내부용 통신망을 뜻한다. 따라서 인트라넷으로는 네이버나 구글 같은 포털에 접속해 자유롭게 검색을 하는 것은 애초에 불가능하다.

실제 북한 탈북주민을 대상으로 서울대 통일평화연구원에서 설문조사를 한 결과에서도 북한주민들은 대체로 인트라넷을 도서관, 학교, 직장과 같은 공적 공간에서 이용하는 것으로 나타났다. 이는 북한의 인트라넷과 같은 정보망 구축과 보급이 공적 공간을 중심으로 진행되고 있고 아직 사적 공간까지 확대되지 않았음을 시사한다.[4]

---

4) 서울대학교 통일평화연구원(2022), 「북한사회변동 2012~2020」, 65쪽.

박 총장은 PUST의 학습 분위기를 엿볼 수 있는 일화도 소개했다. 영어담당 외국인교수가 강의도중 작은 실수를 했는데 한 학생이 조심스럽게 그것을 지적했다. 뒤늦게 깨달은 교수가 'I'm sorry, my mis — take'라며 잘못을 시인했는데, 학생들이 깜짝 놀랐다. 교수가 본인의 잘못을 인정하는 것 자체가 북한에서는 놀라움의 대상이었던 것이다. 교수는 잘못을 지적한 학생을 오히려 칭찬해줬고 수업 분위기는 더 활기를 띠게 됐다고 한다.5)

〈표〉 북한의 연령대별 이동전화 용도 비교(2018~2019년 통합 기준)

(단위: %)

용도/연령대	20대	30대	40대	50대	60대 이상
장사, 사업	28.6	58.8	76.2	68.4	100
일상적 대화, 소식교류	53.1	26.5	23.8	15.8	0
직장 등 공적업무	0	5.9	0	10.5	0
사진 및 동영상 촬영, 게임 등 오락용	18.4	8.8	0	5.3	0
합계	100% (49명)	100% (34명)	100% (21명)	100% (19명)	100% (2명)

자료: 서울대학교 통일평화연구원(2022), 「북한사회변동 2012~2020」, 58쪽.

2015년 전자신문 인터뷰(박찬모 명예총장)

북한이 역점을 두는 IT분야는 HW보다 SW 분야에 주력한다. 애니메이션과 기계번역, 의학 관련 SW에 치중한다. 남북한 IT 분야의 차이점을 보면 북한은 응용SW와 운용체계에 중점을 두고 있다. PUST 대학생은 김일성종합대학과 김책공업종합대학, 원산경제대학, 원산농

---

5) 아시아경제(2011.4.11.) www.asiae.co.kr/article/2011032515114012026

업대학, 희천공업대학, 함흥공업대학과 같은 중앙과 지방의 좋은 대학에서 1년 혹은 2년간 공부한 학생 중에서 필기와 면접을 거쳐 선발한다. 전공과목 성적이 우수하고 영어를 잘해야 한다. 대학생은 매년 100명을, 대학원생은 30명 내외를 뽑는다. 모든 강의는 영어로 한다.

대학생은 1년간, 대학원생은 6개월간 영어 공부만 한다. 대학생은 영어 성적에 따라 반 편성을 달리 한다. 학생들은 북한에서 최고 수준이다. 학비가 없고 숙식을 제공한다. 매월 학생에게 10달러를 현금이 아닌 전자카드로 지급한다. 매점에서 학용품이나 운동화, 생활필수품을 주로 산다. 북한의 영재학교인 제1고교를 졸업하고 좋은 대학에 입학한 학생들이다. 김일성 주석은 생존 시 머리 좋은 사람은 머리로, 돈이 많은 사람은 돈으로 국가발전에 기여해야 한다고 말했다고 한다. 이에 따라 우수한 인력은 군복무를 면제 받는다. 북한 남자는 군복무 기간이 10년이다.

PUST는 2010년 10월 처음 입학생을 모집해 2014년에 처음으로 졸업생을 배출했다. 2015년 현재 대학생은 400명이고 대학원생은 100명이다. 개교 당시 교직원은 20명이었다. 지금은 135명으로 늘었다. 외국 국적 교수는 총장과 명예총장을 포함해 80명이다. 이들은 미국과 영국, 캐나다 같은 16개국에서 왔다. 교수는 전공과목 교수와 영어와 중국어 같은 외국어 교수로 나눈다. 전공과목 교수는 다수가 박사학위 소지자다. 2011년과 2013년에는 국제학술대회를 개최했다. 1차 대회에는 노벨화학상 수상자(2003)인 피터 아그레 미국 존스홉킨스대 교수가 기조연설을 했다. 2차 대회 때는 전직 미국우주인 데이비드 힐머스 박사와 영국 신경학자 닉 스콜딩 교수가 기조강연을 했다. 전자컴퓨터공학대학에는 전자공학과, 컴퓨터과학, 산업자동화 학과가 있다. 교육과정은 미국 MIT나 UC버클리와 유사하다. 이론과 실제를 중요시해 응용 위주 교육을 하고 있다. 해킹과 같은 인류사회에 해를 끼치는 것은 가르치지 않는다.

여전히 전용 기숙사가 없어 여학생은 선발하지 못한다. 학생들은 모두 기숙사에서 생활한다. 대학생은 네 명, 대학원생은 두 명이 한 방을 쓴다. 건물 안에 대중목욕탕도 있다. 대학졸업생 30%가 PUST 석사과정에 진학한다. 학생들의 하루 일과를 보면 아침은 6시 반, 점심은 12시, 저녁은 오후 6시 반에 식당에서 먹는다. 1교시는 1시간 반으로 15분 쉰다. 수업시간은 오전 오후 각각 2교시로 총 4교시이다. 교수들은 아파트가 있다. 밥은 900여명 학생과 같이 먹으며 뷔페식이다. 교수는 무보수이며 대학에서 숙식만 제공한다. 북측은 한국 교수를 원하나 아직 5·24조치(2010.5.24. 대북제재조치)가 풀리지 않아 한국 국적 교수는 없다. 대학의 IT 기자재는 주로 중국에서 만든 기기들이다. 교수들이 외국에서 사용하다 가지고 온 제품을 활용하기도 한다.

박 총장은 대학원에서 컴퓨터 그래픽과 시스템 시뮬레이션, 가상현실을 강의한다. 과학연구의 윤리문제 특강도 한다. 일주일에 3일간 강의하며, 컴퓨터애니메이션과 같이 실제로 사회에 진출해 돈을 벌 수 있는 교육에 치중하고 있다. 2014년 가을 학기에는 세 팀에 과제를 줬다. 대학원기숙사 가상탐방, 거북선 구조 및 활약 동영상, 우리말의 가상교육 시스템이었다. PUST 석사 과정을 마친 제자 중 한 명은 스위스에서 클라우드 컴퓨팅을 공부하고 있고, 박사과정을 거친 한 명은 김일성종합대학에서 교수로 재직 중이다.

북한의 인터넷은 국내망(인트라넷)과 국제망(인터넷)으로 구분한다. 일반인은 국내망만 연결할 수 있다. PUST는 인터넷을 사용할 수 있다. 도서관에 컴퓨터 30대가 설치돼 있다. 이곳만 인터넷사용이 가능하다. 대학생들은 졸업논문을 쓰는 2개월만 인터넷을 사용할 수 있다. 구글과 유튜브, 위키피디아와 접속한다.

〈표〉 북한의 연령대별 이동전화 보유 및 컴퓨터 이용 경험
(2018~2019년 통합데이터 기준)

(단위: %)

연령대	20대	30대	40대	50대	60대 이상
이동전화 있음	71.8	79.1	53.8	36,7	15,4
이동전화 없음	28.1	20.9	46.2	63.3	84.6
합계	100% (71명)	100% (43명)	100% (39명)	100% (49명)	100% (13명)
컴퓨터 이용 경험 있음	60.3	53.5	48.7	20	0
컴퓨터 이용 경험 없음	39.4	46.5	51.3	80	100
합계	100% (71명)	100% (43명)	100% (39명)	100% (50명)	100% (12명)

자료: 서울대학교 통일평화연구원(2022), 「북한사회변동 2012~2020」, 56쪽, 62쪽.

북한 휴대폰 인구는 정확히는 알 수 없지만 300만 명으로 추산한
다. 초창기에는 이집트 오라스컴사 제품이었으나 지금은 여러 업체에
서 만든 제품을 사용한다. 중국 제품이 가장 많다. 가격은 100달러에
서 500달러까지 종류가 다양하나 300달러 제품을 많이 사용한다고 한
다. 학교 운영비는 전액 후원금으로 충당한다. 연간 30억원 이상이 필
요하다. 노무현 정부에서 10억원을 지원받았으나, 5·24 조치 후 한국
지원은 중단된 상태다. 미국과 유럽의 기독교 단체가 지원하고 있다.
가장 많이 차지하는 비용이 900여명의 식대와 난방비다.[6]

---

6) 전자신문(2015.3.3.) www.etnews.com/20150305000014

2016년 VOA 인터뷰(박찬모 명예총장)

아래는 박찬모 총장이 2016년 5월 26일과 27일에 VOA Korea와 라디오 인터뷰 한 내용을 정리한 내용이다. 인터뷰 전문은 각주에서 명시한 링크에서 들을 수 있다.

기자) 미국이나 한국 학생들과 비교했을 때 PUST 학생들의 실력은 어느 정도입니까?

박찬모 총장) 기초과학이나 수학을 잘하기 때문에 이 사람들이 따라 오는 데는 문제가 없습니다. 교수만 좋으면 얼마든지 실력을 발휘할 수 있고, 그 다음에 창의력도 좋은 것 같아요. 어떻게 보면 우리가 생각 못 했던, 예를 들어 제가 '가상현실' 수업에서 프로젝트를 내줬는데, 한 팀이 해온 것이 힙합 댄서에 관한 것이에요. 저는 학생들이 미국에서 유행하는 힙합을 해 올 것이라고 생각을 안 했거든요. 그런 걸 보면 학생들이 뭔가 새로운 것을 배우려는 (열정이) 굉장히 강한 것 같습니다.

기자) 졸업 후 학생들의 진로는 어떻습니까?

박찬모 총장) PUST에서 석사 과정 학생들은 졸업한 후에 일반 연구소나 대학에 교원으로 갑니다. 그리고 얼마 정도는 박사 과정을 하러 가는데요. 예를 들어서 2014년 첫 번째 졸업한 학생들 중 45명이 석사를 받았는데 그중에 18명이 PUST로 다시 왔습니다. 그중 5명은 박사과정으로 왔고, 5명은 소프트웨어 연구소의 연구자로 왔고, 8명은 PUST의 교원으로 왔습니다. 그리고 제 밑에서 학위를 한 3명의 석사 과정 학생들은 1명은 저에게 박사 과정을 밟으러 왔고, 1명은 제가 공동연구하던 평양정보센터에 취직이 됐고, 1명은 김일성 대학에 교원으로 갔습니다.

기자) 해외로 취업을 하는 경우도 있나요?

박찬모 총장) 지금 두 학생이 브라질 상파울로 대학에서 MBA를 하고 있는데요. 그 학생들은 2년 후 브라질에 있는 기업에서 활용한다는 조건으로 장학금을 줘서 데려갔습니다. 그러니까 그 학생들은 해외에 취업을 하게 될 거구요. 그 외 북한에서 취업을 해서 해외로 가는 경우는 많이 있습니다. 제 밑에 있던 학부 학생 하나는 제가 대학원으로 데려오려고 했지만, 취업을 하겠다고 해서 북한의 휴대전화 관계 회사에 취업을 해서 말레이시아에 가 있는 것으로 알고 있습니다.

기자) 학생들의 외부 세계로의 접근 환경은 어떻습니까? 인터넷 사용은 어떤가요?

박찬모 총장) PUST는 유일하게 북한에서 대학원생이나 북한 교수들이 인터넷을 사용할 수 있게 허가받은 대학교입니다. 와이파이 같은 무선인터넷이 있는 게 아니라 30대의 컴퓨터를 랜에 연결해서 한 방에서만 인터넷에 접속하게 됩니다. 구글, 유튜브나 위키피디아, 미국의 여러 대학 전자도서관에 연결해서 학생들이 연구하는데 필요한 자료는 대개는 구할 수 있습니다.

기자) 학생들이 인터넷을 사용하는 목적은 주로 어떻게 됩니까?

박찬모 총장) 목적은 주로 공부와 연구입니다. 그것 외에는 사용하기가 어려워요. 우리 대학의 인터넷 IP 주소 한 대를 놓고 외국인 교수와 대학원생 모두가 쓰려니 다른 걸 할 수 있는 여유가 되질 않습니다. PUST는 북한에서 가장 먼저 인터넷이 허용된 곳입니다. 2010년에 학생들이 들어오면서부터 썼으니까요. 처음에는 대학원 학생만 쓰게 하다가, 우리 학부 학생들이 졸업논문을 쓰려니까 굉장히 어렵거든요. 그래서 저희들이 진정을 해서 졸업반이 된 후 졸업논문 쓰기 2개월 전부터 학부생들도 쓸 수 있게 했습니다.

〈표〉 북한의 시기별 인트라넷 이용 경험 변화

탈북 연도	2014	2015	2016	2017	2018	2019
있다(%)	10.3	8.2	5.2	5.9	6.9	8.2
없다(%)	89.7	91.8	94.8	94.1	93.1	91.8
합계(명)	146	134	134	85	116	110

자료: 서울대학교 통일평화연구원(2022), 「북한사회변동 2012~2020」, 64쪽.

기자) 학생들이 이메일도 사용을 하나요?

박찬모 총장) 인트라넷에서 이메일을 사용할 수 있지만, 개인의 이메일 주소는 없습니다. PUST의 북한 학생이나 교수가 쓰는 이메일 주소가 G-MAIL 하나인데요. 급할 때, 제가 미국에 있을 때 그 이메일을 통해 제게 메일을 보냅니다. 이메일은 다 공개되니 꼭 필요한 게 아니면 하기가 어렵죠. 재학생이나 교직원 모두가 그 이메일 계정 하나만을 이용하는 겁니다.

기자) 학생들이 어디로 해외 유학이나 연수를 떠났나요?

박찬모 총장) 20명이 영국 또는 스위스 대학에서 석사학위를 받거나 연수를 하고 돌아왔습니다. 대학은 런던의 웨스트민스터 대학교, 스웨덴의 웁살라 대학, 그리고 스위스의 취리히 응용과학대학, 또 금융을 공부하는 학생들은 영국 캠브리지 대학에서 석사를 하고 돌아왔습니다. 그리고 현재 가 있는 학생들은 10명인데요. 웁살라 대학에 5명을 비롯해 중국 농학과학연구원에서 연수를 받는 학생과 브라질의 상파울로 대학에 학생들이 있습니다.

기자) 이런 해외 연수와 같은 국제화를 통해 PUST가 추구하는 건 무엇일까요?

박찬모 총장) 개혁개방이라는 말은 북한에서 굉장히 싫어하는 말이거든요. 그러나 국제화라는 말은 그렇게 싫어하지 않습니다. 김일성 대학의 전자도서관에 가면 김정일 장군님 말이 '발은 자기 땅에 붙이고, 눈은 세계를 보라', (이런 말을 볼 수 있는데) 이게 국제화나 마찬가지 아니에요? 그래서 우리는 우리 학생들을 국제화시켜서 그 학생들이 앞날에 북한의 지도자가 될 테니까, 북한을 국제화시키는데 큰 공헌을 할 것으로 봅니다.

기자) 그렇다면 미국에서의 연수도 가능할까요?

박찬모 총장) 미국에서 연수는 가능합니다. 유학은 국무부에서 학생 비자를 안 주기 때문에 (불가능합니다). 그 예로 시라큐스 대학교에 김책공대 연구원들이 길게는 한달 씩, 다섯 번 이상 왔었습니다. 그래서 PUST도 2014년에 20명을 미국에 연수를 보내려고 노력했는데 그 재원을 마련하기가 어려워서 못했습니다.

기자) 학생들의 영어실력은 어떻습니까?

박찬모 총장) 학생들이 학부에서는 1년 동안 영어만 합니다. 대학원생은 6개월 동안 영어만 배우고요. 전공과목을 듣기 위한 기술적인 영어입니다. 굉장히 열심히 합니다. 예를 들어 우리 학생들이 유럽으로 유학을 가기 위해선 'IELTS'라는 영어시험을 보는데요. 보통 16명이 한 번에 보는데 그 동안은 12명이 통과를 해 왔는데, 한 번은 16명이 전부 통과를 했어요.[7]

기자) 평양에서 사용하는 휴대전화는 혹시 스마트폰으로도 이용이 가능한가요?

박찬모 총장) 북한에서 쓰는 휴대전화는 북한 사람들과 외국인들이 서로 통화는 못 하게 돼 있습니다. 외국인이 갖고 있는 전화는 외국 사람이나 외국과는 가능해도, 북한 사람과는 안 됩니다. 북한 사람이 가지고 있는 전화는 북한에 있는 외국인한테도 못 걸게 돼 있습니다. 그런데 기종은 다 스마트폰, 비싸서 그렇지 살려면 사서 쓸 수 있는 거죠. 외국인들은 대게 3G를 쓰지만 어떤 사람은 4G 전화기를 가지고 있어요.

기자) 앞으로 인터넷 사용 인구가 늘어날 것으로 보십니까?

박찬모 총장) 저는 늘어날 걸로 봅니다. 더군다나 김일성 대학이나 김책 공대에서 대학원생들에게 인터넷을 쓰게 되면 늘어날 겁니다. 그리고 이 사람들이 외국에 사람들을 많이 보내지 않습니까? 외화벌이로. IT분야도 중국에 한 때 2천명이 된다고 했는데, 지금은 3천명이 된다고 그러는데요. 그 사람들은 중국에 가면 인터넷을 쓰니까요.[8]

---

7) VOA(2016.5.26.). 인터뷰: 평양과기대 박찬모 명예총장(1). www.voakorea.com/a/3346052.html
8) VOA(2016.5.27). 인터뷰: 평양과기대 박찬모 명예총장(2). www.voakorea.com/a/3347407.html

COVID-19 시대 평양과기대

박찬모 PUST 명예총장에 따르면 COVID-19로 많은 영향을 받았다. 2020년 가을학기에는 20개국에서 온 교수 43명이 가르쳐야 할 58개 강의를 전부 사전녹화 된 비디오나 스카이프 영상 통화로 대체해야 했다. 구체적으로는 전공 47과목, 외국어 4과목, MOOC(온라인 공개 수업) 3과목, 특강 4과목 등이 불가피하게 비대면으로 해야 했다. 코로나 발생 이후 북한 방문을 못한 박찬모 총장은 현재도 대부분 비대면 수업이 불가피한 상황으로 알고 있다고 했다. 그는 미 국무부가 미국 시민권자의 방북금지령을 내린 2017년까지만 해도 수업이 있는 학기 중엔 주로 평양에 머물고, 방학 기간엔 미국과 한국을 오가고 했다.

교수진 가운데는 미국인과 기독교 신자들이 많은데, 이 점 때문에 당국과 학교 사이에서 운영에 차질은 없었다. 북한 당국은 자국 학생들에게 양질의 교육을 제공하는 교수진에게 매우 감사하게 생각하고 있다고 한다. 또 무척 신뢰하고 있다. 학생들도 잦은 정전과 물 부족과 같은 매우 어려운 환경에서도 그들을 가르치고 사랑을 아끼지 않는 교수들에게 매우 감사하고 있다.

2016년 4월 김일성종합대학 설립 70주년 행사에 노벨상 과학부문 수상자 3명 즉 영국의 리처드 로버츠 박사, 노르웨이의 핀 키들랜드 교수, 이스라엘의 아론 치에하노베르 박사 등이 북한을 방문했다. 이들은 김일성종합대학은 물론 김책공업종합대학과 PUST에서만 특별강연을 했다.

수업은 모두 영어로 진행된다. 학부생들은 입학 초기 기술영어를 1년 동안 배워야 한다. PUST 출신 외에 다른 대학 출신 대학원생도 6개월간 영어를 배워야 한다. 사회학 관련 과목을 제외하고, 모든 강의는 외국인 교수들이 담당하고 있다. 현재는 문리대(Division of Arts and Sciences)와 의대(Division of Medical Sciences) 등 2개 학부로 이루어져 있다. 문리대에는 공학, 경영학, 농업, 외국어(영어·중국어·독일어) 학과가 있다. 의대에는 치의학과와 의학과 등 2개 학과만 개설돼 있다. 공중보건학, 약학, 간호학 등 3개 학과는 추후 개설될 예정이다. 유럽 및 미국 대학에서 가르치는 것과 비슷한 강좌들도 있다. 예를 들어 시장경제, 컴퓨터그래픽, 생물정보 등의 전공과목이 있다. 매년 학부생 약 120명과 대학원생 40명이 들어온다. 현재 PUST 캠퍼스에는 총 500여명의 학부생과 대학원생 100여명이 재학 중이다. 재학생들이 전부 엘리트층은 아니다. 내가 논문지도를 맡고 있는 학생 몇몇은 부모가 발전소에서 근무하는 노동자도 있고 고등학교 수학 선생님도 있다.

졸업생들의 직업 및 진로를 보여주는 정식 통계자료는 아직 없다. 하지만 학사학위를 받은 졸업생의 35~40%는 대학원 석사과정에 진학하거나 교육 및 연구기관에 취업한다. 또 북한이나 중국, 말레이시아 등 해외기업에서 일하는 경우도 있다. 현재 학부 졸업생 40여명이 해외에서 유학중이거나 유학을 마쳤다. 특히 컴퓨터과학과 대학원 졸업생 2명은 스위스의 취리히 응용과학대학(Zurich University of Applied Sciences)의 클라우드컴퓨팅연구소 인턴십에 참여하기도 했다. 일부 석사학위를 받은 학생들은 김일성종합대학이나 평양정보센터 또는 북한중앙은행 등에 취업했다.

최근에는 대북 제재로 대학에 대한 해외 지원이 어려워졌다. 재정지원과 실험기기 등 지원이 거의 불가능해지고 미국인 교수들의 북한방문이 중단됐다. 더욱이 북한 당국이 COVID-19 방역을 위해 국경을 봉쇄하여 어려운 상황이 더욱 심해졌다. 예를 들어 2016년 봄 시작된 의학대학 건물공사가 아직도 끝나지 못하고 있다. 학생과 교수진의 식량용 재정도 예전의 절반으로 줄었다. 이런 어려움 속에서 치의학과 및 의학과 학생들은 몽골과 중국으로 가서 PUST 외국 교수들 강의를 듣도록 하고 있다.

　PUST와 연변과기대는 돈독한 관계다. 김진경 박사는 두 대학의 초대 총장을 지냈다. 연변과기대 졸업생들이 석사학위를 받고 중국어 교사나 직원으로 일하기 위해 PUST로 온다. PUST는 유럽연합의 교환학생 프로그램인 에라스무스 프로그램(Erasmus program) 회원으로 등록되어 있어서, 대학원생 다수가 스웨덴 웁살라대학에 가서 교환학생으로 공부한다. 또 2년에 한번씩 세계 각국 과학자와 공학자들이 모이는 국제회의를 주최해 인적 네트워크를 만들고 있다. 한국에선 서울대, 카이스트, 포스텍 등 20여곳이 PUST와 자매관계를 맺었다. PUST가 현재 식면해 있는 어려움은 미국 국무부가 모든 미국 시민의 북한 입국을 금지시킨 점과 국제적인 연구에 매진하는 교수진 채용이 힘든 것이라고 한다.[9]

---

9) 더아시아N(2021.10.24.). http://kor.theasian.asia/archives/300650

중국 MZ세대와 미래
China's MZ Generation and Future

바링허우

바링허우

바링허우 개념 창시자, 공샤오빙

계층적 특징을 가진 키워드, 바링허우(80后)는 문학에서 시작되었다. 바링허우라는 개념을 중국 문학계에 각인 시킨 인물은 공샤오빙(恭小兵)이라는 작가이다. 1982년 10월 생인 공샤오빙은 본인이 바링허우인 셈인데, 감옥에서 작가로 등단한 독특한 이력을 가지고 있다. 안후이성 황산 출신인 그는 16세 때 상해죄로 5년형을 받아 감옥에 들어가게 된다. 감옥에서 글쓰기를 시작했으며 1997년부터 2000년까지 4년간의 감옥 생활 중 수백편의 소설, 수필, 시가, 보도문 등을 썼다. 모범 수형 생활을 인정받아 1년이 감형되어 복역 4년 후인 2000년에 출소했다.1)

그는 당시 가장 유명했던 인터넷 소설 커뮤니티인 톈야서취(天涯社区)에 작가로 등록하여 자서전 소설인 '우추커타오(无处可逃. 도망갈 곳이

1) 21世紀人才報·大学周刊(2004.10.18.), '80后'槪念提出者 : 恭小兵 云上水下的世界.
http://edu.sina.com.cn/y/news/2004-10-18/ba20019.shtml

없다)'를 온라인에서 연재하기 시작한다. 이후 인터넷 인기 작가의 반열에 오른 공샤오빙은 2004년 11월에 '우추거다오'를 대중문예출판사에서 단행본으로 출판하였다. 이후 중국 문단의 주목을 받았으며 인기 작가의 반열에 오르게 된다. 수많은 언론 매체와 인터뷰를 통해 '바링허우 문학의 선도자(80后文学領袖)'로 인식이 되었으며, 자연스럽게 전형적인 바링허우 작가들의 모델로 부상하게 된다. 현재 그는 안후이성 문학협회 부비서장이며, 황산시 황산구 정협위원으로 정치적으로도 활발한 활동을 하고 있다.

▮ 2004년에 단행본으로 출간된 '우추커타오' 표지 ▮

주: 책 표지에 '80허우 문학의 선구자'라고 적혀있다.
자료: 孔夫子旧書网(www.kongfz.com).

바링허우에 대한 관심의 시작

바링허우는 1979년 중국정부가 '1가구 1자녀 정책'을 시행한 후에 태어난 1980년대(1980~1989년간 출생자)생을 가리킨다. 시기적으로는 '중국의 밀레니얼 세대'로 불릴 수 있다. 개혁·개방 정책의 수혜자로 지난 30여년간 연평균 10%에 가까운 경제 성장의 혜택을 누리며 풍요로운 환경에서 외동으로 자라난 '샤오황디(小皇帝)' 1세대다. 2000년대 들어서면서 이들이 성인이 돼 사회에 본격적으로 진출하자 중국경제를 떠받치는 신흥 도시중산층 소비세력으로 부상하고 있다. 또한 중국경제의 발전에 힘입어 몸값이 수억 위안이 넘는 젊은 CEO의 탄생, 중국 최초 20대 최연소 시장 발탁 등으로 바링허우가 각 분야에서 두각을 나타내면서 중국 사회의 관심을 받고 있었다.

❚ TIME지 커버스토리 주인공이 된 중국작가 춘수 ❚

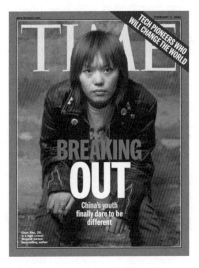

자료: TIME지 홈페이지. https://time.com/section/world(2004.2.).

바링허우라는 명칭과 뜻은 원래 우링허우(50后, 1950년대 출생자), 리우링허우(60后, 1960년대 출생자)와 같이 중국 사회에서 특정 시기 출생된 연령대 구성군을 호칭하는 보통명사에 불과했다. 이같은 보통명사가 고유명사로 바뀌게 된 것은 앞서 소개한 공샤오빙이 기점이다. 반면 바링허우가 사회적, 경제적 의미를 내포한 세대별 계층의 고유명사로 국제적으로 등장하게 된 계기는 역시 같은 시기에 대이닌 인터넷 작가 춘수(春樹) 때문이다.

TIME 매거진 아시아판 2004년 2월자에서 'New Radicals'라는 제목으로 중국의 자유분방한 신세대 문학 작가들을 다루면서 바링허우를 대표하는 작가로 춘수를 꼽았다. 그녀는 1983년 베이징 태생으로 고교를 중퇴하고 인터넷소설 작가가 되었으며, 2002년에 베스트셀러로 부상한 '베이징와와(北京娃娃·Beijing Doll)'를 발표하게 된다. TIME 매거

▌ 춘수의 베이징와와(우측은 번역본) ▌

주: 중국어 단행본은 2008년에, 한국어 번역본은 2012년에 발간됨.
자료: 天津人民出版社(https://author.baidu.com/home/1664111308183580) 및 자음과 모음 홈페이지(http://jamobook.com).

진은 커버 스토리에서 바링허우 작가들의 소개뿐만 아니라 바링허우들이 그들 세대의 젊은 작가들에게 열광하는 이유를 사회학적 시각으로 분석하였으며, 그들이 중국 사회에 일으켜온 작은 변화들을 다각적으로 부각시켜 문학계는 물론 중국 사회 전반에 큰 반향을 불러일으켰다. 이후 문학계에만 머물러 있던 바링허우, 즉 1980년대 이후 태어난 독생자녀들에 대한 중국정부, 학계, 언론 등의 관심이 시작되었다.

독선적인가 자유로운가?

중국 국내외의 주목을 받기 시작하던 2004년을 기점으로 보면 당시 바링허우 연령대는 15세부터 24세까지 고등학생, 대학생 그리고 막 사회에 진출한 사회 초년생에 불과했다. 기존 연구 결과에 따르면 바링허우에 대한 심리적 특성은 외동 자녀들이 보편적으로 나타내는 자기중심적 사고, 사회 부적응, 사회에 대한 반항 등을 제시하고 있다. 즉 남을 돌보지 않고 자기 혼자만이 옳다고 믿고 행동하는 독선(独善)적 성향을 가진 것으로 해석되어왔다.

그러나 2008년 5월 12일에 발생한 쓰촨성 대지진에서 나타난 바링허우의 자기 희생적 자원봉사 활동은 기존 사회학적 평가와는 분명히 상반된 결과를 보여주면서, 사회학자들이 연구대상으로 주목하게 된 계기가 된다.

쓰촨 대지진 또는 원촨(汶川) 대지진은 2008년 5월 12일 오후 2시에 중국 쓰촨성 원촨현 지방에서 발생한 리히터 규모 8.0의 대지진이다. 1949년 중국이 성립된 이래 가장 인적·물적 피해가 큰 자연 재해였다. 이로 인해 사망자 69,227명, 부상자 374,643명, 실종자 17,923명이 발생했다. 거주지(주택 및 가옥)가 유실된 인구는 1993만 명에 달했고, 지진으로 인한 크고 작은 피해자는 4625.6만 명으로 당시 중국 인구(13.28억 명)의 3.5%에 달했다. 2008년 9월 기준으로 지진으로 인한 경제적 피해는 8451.4억 위안을 기록했다. 지진으로 붕괴된 가옥이 21.6만 동에 달했는데, 부실하게 지어진 초·중·고교 학교 건물이 무너지면서 학생과 교사들이 가장 큰 희생을 당했다. 학교 건물 붕괴로 규정을 어기고 지어진 건축물들의 민낯(부족하거나 아예 사라진 철근 등)이 낱낱이 드러났고, 이로 인해 지방정부 공무원의 부정부패와 부실 공사와의 관계가 문제화되었다.

지진이 발생하자 다음날부터 중국 각지에서 바링허우가 주축이 된 자원봉사자들이 무작정 쓰촨성으로 향했다. 이들은 재난 현장에서 구호소나 야외 임시학교를 차리고 부모를 잃거나 가족이 희생당한 재난민들을 나름의 방식으로 지원한 것이다. 지진 발생 1주일이 지나고 참혹한 재난 현장이 알려지자 1~2명 개별로 도착했던 바링하우들은 본인들이 소속된 커뮤니티(지역, 동호회, 학교, 직장)를 중심으로 의료, 구호,

▌ 2008년 쓰촨성 원촨 대지진 자원봉사에 나선 젊은이들 ▌

자료: 바이두닷컴 지식백과. https://zhidao.baidu.com/question/1797558123456442627.html

교육 등 보다 전문화되고 체계적인 자원봉사 활동을 시작했다. 이후 중국 국내외 언론에서 보도된 사실을 종합해 보면, 지진 발생 초기 약 6000여명에 달하는 바링허우 자원봉사자들이 정부나 기관의 지시와는 무관하게 개별적으로 재난 현장에 도착해 구호 활동을 개시한 것으로 드러났다. 이후 사회학자들은 바링허우가 이전 기성세대가 갖지 못했던 시민 의식과 사회문제 의식을 가진 것으로 판단하게 된다.

이후 발표된 연구 결과물에서도 바링허우는 환경문제, 농촌이주 노동자(농민공) 인권문제, 지방정부 부패와 같은 사회적 이슈에 관심이 많고, 사회 활동에도 적극적인 것으로 드러났다. 또한 역설적으로 2008년 쓰촨 대지진이 바링허우의 사회참여 의식을 끌어내는 동인으로 작용한 것으로 분석한 연구 결과도 나타나고 있다.[2]

신애국주의 선봉으로

바링허우의 적극적인 사회 참여 의식은 중국에서 신애국주의로 나타난다. 원촨 대지진이 일어난 같은 해인 2008년 베이징 올림픽과 시짱(티베트) 분리주의 사건에 대한 바링허우의 반응을 보면, 신민족주의 주체로 등장하는 것이 아닌가 하는 시각이 존재한다. 시짱(티베트) 사태와 서방 언론의 비판, 세계 곳곳에서 베이징 올림픽 성화 봉송 도중 발생한 각종 소동, 그리고 중국 안팎에서 이어진 중국인들의 '신애국주의' 운동이 거세게 벌어지면서 '바링허우 세대'가 그 주인공으로 부상한 것이다.[3]

2) 呂華毅(2010.11.5.), 青年自願者參与公益事業可促進和諧社會的發展, 北京論壇(2010) 文明的和諧与共同繁榮—為了我們共同的家園 : 責任与行動.
3) 신애국주의에 대한 설명은 본고 '궈차오' 부분을 참고할 것.

2008년 4월 8일, 중국의 시짱(티베트) 독립시위 유혈 탄압에 항의하는 프랑스 시위대의 봉송 저지로, 베이싱 올림픽 성화가 세 번이나 꺼지는 초유의 사태가 발생했다. 중국으로서는 국가 위신을 높이는 계기로 삼으려 했던 베이징 올림픽이 도리어 국격(国格) 추락의 악재로 작용한 것이다. 베이징 올림픽 성화는 이날 낮 경찰의 삼엄한 경비 속에 프랑스 파리의 에펠탑 앞을 출발했으나 겨우 200m도 못가 시위대의 저지에 막혔다. 시짱(티베트) 유혈 탄압에 항의하는 '국경없는 기자회'(RSF)와 국제인권연맹 등 국제단체와 티베트 독립을 지지하는 시민 등 2천 명의 시위대는 파리 도심의 봉송로를 따라 '티베트를 지키자' 등의 깃발을 흔들면서 시위를 벌였다. 경찰은 이에 시위대 수보다 훨씬 많은 3천여명의 병력과 오토바이 순찰대 등을 대거 투입해 성화 경호작전을 펼쳤으나 시위대를 막지는 못했다.

중국 당국은 결국 시위대의 저지로 당초 예정시간에 성화가 도착하기 힘들다고 판단, 봉송주최측에 주자들의 릴레이 봉송을 중단하고 버스로 성화를 옮겨줄 것으로 요구했다. 이에 따라 경찰은 봉송단의 성화 봉송이 여의치 않을 때마다 버스에 옮겨 싣고 이동하느라 모두 3차례에 걸쳐 성화를 껐다가 다시 점화하는 사태가 발생했다. 올림픽 성화가 시위대에 막혀 꺼지거나 릴레이 봉송 대신 차량편으로 옮겨진 것은 초유의 일이다. 버스로 성화가 목적지인 샤를레티 스타디움에 도착했으나, 목적지 인근에서도 티베트를 지지하는 시위대와 중국을 옹호하는 세력이 충돌하는 폭력 사태도 빚어졌다.4)

2008년 티베트 소요 사태는 2008년 3월 14일 시짱자치구 수도 라싸에서 일어난 반정부 시위임. 반정부 시위대가 중국 공안과 충돌하면서 유혈사태로 번졌으며, 그 결과 사망자 18명, 부상자 382명이 발생했음. 물적 피해는 2억 4468만 위안을 기록함. 소요 사태에 대해 서방 인권단체들의 항의가 이어졌고, 이러한 기조가 2008년 베이징 올림픽 성화 봉송 소동까지 이어진 것임.
4) 한겨레(2008.4.8.), 올림픽 성화 파리서 3차례 꺼져.

▌ 프랑스 유통업체 까르프 불매운동을 보도한 중국 주간지 ▌

자료: 中国新聞周刊. www.inewsweek.cn(2008.5.)

이러한 소동에 대응하여 중국의 한 인터넷 포털 회사가 성화 지키기 운동을 시작하자 동참을 선언한 3000여 만 명 중 상당수가 바링허우 세대였다. 특히 2008년 중국 유학생들이 파리에서 개최한 친중국 집회에서 '서방의 왜곡 보도 앞에 조국이 억울하게 당하는 것을 보고만 있을 수 없다'고 역설한 리환(李洹·당시 26세)은 바링허우 세대의 대표 인물로 떠오른 바 있다.

바링허우 세대는 외국문화에 개방적이고, 인터넷에 익숙해 특정 이슈에 쉽게 쏠린다. 대표적인 사건이 중국에 진출한 프랑스 유통업체인 까르푸에 대한 불매운동이다. 이들은 티베트 독립 시위에 대한 프랑스의 반중국 행태에 대해 2008년 4월부터 5월간 대대적인 불매운동을 벌여, 프랑스 측이 이를 무마하기 위해 특사를 파견하게 하는 등

사실상 프랑스의 항복 선언을 받아냈다.5)

바링허우 특징

바링허우는 중국이 '한 자녀 갖기' 징책 배경 속에 1980년 이후 출생해서 현재 34~43세의 연령층을 구성하고 있다. 이들은 육아를 하는 맞벌이 세대로 육아, 교육 관련 소비 지출이 많다. 중국 개혁개방(1978년)으로 시장경제 시스템(1994년)이 도입되고 경제가 급성장하는 시기를 겪은 세대이다. 이전 부모 세대보다 상대적으로 풍족한 청소년기를 보내면서 소비에 관심이 높다.

자신의 신분이나 지위를 나타내는 것을 의식하기 때문에 차별화되고 고급스러운 제품을 추구하는 경향을 보인다. 1950년대 부모세대의 '산다젠(三大件, 세가지 중요 물품)'은 손목시계, 자전거, 녹음기에서 바링허우 세대는 (자기소유)주택, 자가용, 태블릿PC로 변화했다. 필요한 물건으로 인식되면 월급 이상 소비를 실행하며, 자금 대출 후 상환하면 된다는 생각이 강하다. 자기 집 마련에 강한 집념이 있고, 유기농 음

---

5) 까르푸는 1963년에 설립된 프랑스 유통사(본사 파리)로 식품·잡화·소비재 판매, 대형 할인점 및 슈퍼마켓을 운영한다. 30여개 국가에 9,200여개 매장과 직원 38.3만 명을 둔 다국적 기업이다. 설립시 매장이 파리 외곽 5개 도로가 교차하는 곳에 있어 교차로(Carrefour)로 작명했다. 한국은 1996년 7월에 첫 매장을 부천시 중동에 개점하였으나, 2006년 이랜드 그룹에 인수된 후 철수했다. 중국 내 까르푸 명칭은 쟈러푸(家楽福)이다. 1995년에 진출해 24년간 210개 대형 마트를 열고 51개 도시에서 영업(회원 3천만 명)을 해왔다. 그러나 2017년부터 적자를 견디지 못하고 2019년 6월말 중국법인 지분 80%를 중국 최대 가전 유통사인 쑤닝닷컴에 매각(6.2억 유로)했다. 까르푸는 월마트(2020년 매장 429개)와 함께 중국 현지화에 성공한 기업으로 평가받았다. 그러나 이마트(2017년 영업권 중국업체에 매각), 롯데마트(사드사태로 2018년부터 112개 점포 중 95개 매각)도 철수하면서 중국은 '글로벌 유통사 무덤'이 되었다. 이는 14억 소비자를 두고 세계에서 가장 치열한 경쟁이 벌어지는 곳이기 때문이다. 조선Biz(2019.6.25.) 포브스 코리아(2018.5.23.) 글로벌이코노믹(2019.7.13.).

식·재료에 높은 관심을 보이고 있다. 취미가 비슷한 사람과 인간관계를 유지하고 보상이 주어지더라도 야근은 기피하는 것이 이전 세대와 다른 점이기도 하다.

2007년 1월 29일, 중국 CCTV의 중국재경보도라는 프로그램에서 방송했던 '바링허우 소비조사'라는 프로그램에서는 당시 중국 사회가 바링허우를 어떻게 인식하고 있는지를 보여준다. 소비주체로서 '바링허우'는 쿨함(酷), 뉴웨이브(新潮), 사회적인 풍조(潮流) 등을 들 수 있다. 이들은 경제적으로 풍요한 시대에 성장하여 소비를 중시하며 상품의 디자인이나 개발 방향에 큰 영향을 주는 세대이고 애플, 나이키, 기타 외국의 브랜드를 선호한다. 의류, 전자제품, 오락활동을 위한 소비, 카툰이나 애니메이션 관련 상품 등에 관심이 많다. 인터넷 메신저인 QQ에 매우 많은 시간을 할애하고 온라인 아바타, 휴대폰의 외양이나 벨소리 등을 꾸미는 것에 심취한다.6)

이들이 가지고 있는 문제에 주목하여 '바링허우'를 묘사하고 있는 사례로는 2010년에 중국 내에서 개봉된 영화 '80后(감독 李芳芳)'를 들 수 있다. 영화는 아예 제목에서부터 노골적으로 '바링허우'를 내세우고 중국 젊은이들의 사랑과 상처를 묘사한다. 1980년대에 태어난 주인공들은 진정한 사랑을 찾아 떠난 부모의 이혼으로 어릴 때부터 마음의 상처를 안고 성장한다. 영화는 경제적 변화와 그로 인해 겪게 된 계층간 격차의 경험, 밀수와 범죄, 복잡하게 얽힌 사랑과 이별, 진학과 취업의 문제 등을 개혁개방, SARS(중증급성호흡기증후군) 확산, 2008 베이징 올림픽 개최 등 1980년대 이후 중국에서 일어난 다양한 일들

---

6) QQ는 1999년에 나온 인스턴트 메신저이다. 현재 중국을 석권한 모바일 메신저인 위챗(2011년 출시)을 만든 텐센트에서 만들었으며, 꾸준히 업그레이드를 해서 지금도 위챗과 같이 쓰이고 있다. QQ가 2G 시대 등장한 바링허우를 위한 SNS라면, 위챗은 4G 시대 주링허우의 SNS인 셈이다.

을 배경으로 하여 제시한다.

〈표〉 중국의 세대별 비교

구분	치링허우(70后)	바링허우(80后)	주링허우(90后)
인생관	공부, 검소	웨광쭈, 팡누7)	개성, 여행
일에 대한 태도	일 중독	야근 기피	야근 불가
자금 준비	저금부터	대출 후 상환	부모에게 먼저 요구
인간관계	높은 지위(권력) 선호	취미가 비슷한 사람	자유분방
식습관	밥(탄수화물), 와인	유기농, 맥주	패스트푸드, 음료
애국심	강력한 중국	세계평화	무관심

자료: 장정재(2018) 및 국내외 언론보도 등 참고해 재구성.

그런데 영화는 이런 시대적 흐름과 여러 사건들이 '바링허우'의 생활에 큰 변화를 가져온 중요한 원인인 것처럼 표현하고 있다. 중국 내 언론매체들이 '바링허우'를 소비와 개인주의가 충만한 세대로 그리는 것과 달리 영화에서는 이들을 출생할 때부터 이미 상처를 가지고 태어난 세대로 묘사한다. 개혁개방 이후 출생·성장하여 중국 경제성장의 혜택을 입은 '바링허우' 대신 고통과 상처를 통해 점점 성숙해가는 모습을 그리고 있다는 점에서 주목할 만한 영화이다. 하지만 이 영화 역시 '바링허우'가 가진 문제의 원인을 단순하게 그들이 살고 있는 시대로만 돌리고 있다는 점에서 한계가 있다.8)

---

7) 웨광쭈(月光族)는 필요한 것을 구비하기 위해 월급을 모두 소비하는 계층을 부르는 말. 팡누(房奴)는 집 없는 노예라는 뜻이며, 내 집 마련을 위해 직장을 다니는 사람을 일컫는 말.

8) 이응철(2011), 상하이(上海) 화이트칼라 '바링허우(80後)'의 소비행위와 태도: 소비의 사회적 속성과 새로운 관계의 형성, 「한국문화인류학」 44권 2호, p.153.

자료: 中国電影集団公司(www.zgdygf.com).

바링허우와 자동차

2023년을 기준으로 보면 바링허우들은 34세에서 43세 연령대로 아직도 사회 초년생인 20대를 포함하고 있는 주링허우(24~33세)보다는 확실한 자동차 소비군이다. 과연 이들의 자동차 구매 기준은 무엇을까? 마춘후이(2013)는 이와 관련하여 중국 전역에 걸쳐 180명의 바링허우에 대한 설문조사(이중 155건 분석에 사용)를 진행했다. 응답자 중

47.1%는 남자, 52.9%은 여자였으며, 미혼은 51%, 기혼 49%였다. 월 수입을 보면 3천 위안 이하 20.6%, 3~6천 위안 23.2%, 6천~1만위안 25.2%, 1~2만 위안 21.9%, 2만 위안 이상 9% 수준이었다.

설문에서는 37개 문항 설문결과에 대한 신뢰도 조사를 통해 자동차 구매 목적 유형을 ① 가정친화형, ② 유행유도형, ③ 자아성취감형, ④ 브랜드 유도형, ⑤ 시회 사교형, ⑥ 문화가치관형, ⑦ 개성표출형 등 7가지로 분류하였다. 이를 다시 4개(트랜드형, 전통가족형, 자아실현형, 종합형)로 분류하여 자동차 구매 및 소비와 관련하여 유형별 바링허우의 차이점을 분석하고자 했다. 여기서 '종합형'은 트랜드, 가족중심, 자아실현의 특성을 고루 갖춘 유형을 의미한다.

희망하는 차량 가격은 5개 구간으로 나누어 볼 때 중가(23.9%)나 중서가(23.9%) 비중이 저가 혹은 고가, 최고가 보다 많았다. 자동차에 관한 정보는 어떻게 획득하느냐는 질문에 대해서는 인터넷이 18%로 가장 비중이 높았고, 그 다음으로 잡지(16%), 친척·친구 소개(14.3%), 모터쇼(12.2%) 순이었다. 본 조사가 진행된 2013년에는 중국 내 인터넷에서 차량을 판매하지는 않았다. 그럼에도 불구하고 인터넷 구매 의향을 묻는 질문에 4개 유형 중 트랜드형(2건)과 자아실현형(1건)만이 있다고 답을 한 바 있다. 자동차 구매 동기에 대한 질문에 4개 유형 중 비즈니스 목적이 가장 많은 빈도를 보인 것은 자아실현형이었고, 가정에서 필요한 구매를 선택한 유형은 역시 전통가정형이었다. 천척·친구의 권유로 구매했다고 가장 많이 대답한 유형은 트랜드 형이였으며, 신분 상징의 목적으로 구매한 것은 자아실현형이 가장 많았다. 여행 목적으로 차를 구매한 유형은 트랜드형이 현저하게 높은 빈도수를 보였다.

<表> 바링허우 자동차 구매 및 소비 성향

유형별 응답자 구분(%)			
트랜드형	전통가정형	자아실현형	종합형
25.8	25.1	26.5	22.6

구매 희망 가격대(%)				
5만 위안 이하	5~10만 위안	10~15만 위안	15~25만 위안	25만 위안 이상
13.5	23.9	23.9	21.2	17.4

자동차 정보는 어디에서 획득하는가?(%)							
친척·친구 소개	모터쇼 (전시회)	잡지	인터넷	TV	오프라인 판촉활동	시승회	포스터, 광고판
14.3	12.2	16	18	7.8	9.8	13	9

인터넷에서 차를 구매할 의향이 있는가?(건수)					
	트랜드형	전통가정형	자아실현형	종합형	소계
있음	2	0	1	0	3
없음	3	11	8	2	24
현재는 없음	35	28	32	33	128

자동차 구매 동기는?(건수)					
	트랜드형	전통가정형	자아실현형	종합형	소계 비중 (합 100%)
이동수단	6	7	5	12	12.9%
비즈니스	4	6	19	9	16.5%
가정에서 필요	3	23	4	8	16.5%
친구·친척 권유	16	7	6	6	15.1%
신분의 상징	7	6	17	7	16%
여행	19	4	6	9	16.5%
드라이브 즐거움	3	4	3	5	6.5%

어느 나라 차를 구매하기 원하는가?(건수)					
	트랜드형	전통가정형	자아실현형	종합형	소계 비중 (합 100%)
중국산	4	5	8	5	14.2%
독일	9	12	14	10	29%
프랑스	5	4	4	4	11%
미국	3	8	7	6	15.5%
일본	11	4	3	4	14.2%
한국	7	5	4	4	12.9%
기타	1	1	1	2	3.2%

자료: 마춘후이(2013), 80后소비자자동차구매행위연구, 무한이공대학, 학위논문, pp.24~41.

중국 MZ세대와 미래
China's MZ Generation and Future

주링허우

주링허우

주링허우 특징

다같이 개혁개방 이후 출생했지만 바링허우(80后)와 주링허우(90后)는 엄연히 다르다. 개혁·개방 초기에 성장한 바링허우의 유년기는 먹고사는 문제의 해결 단계로 갓 들어선 때였고, 중산층이 아직 성장하지 않았으며, 식견과 생활 수준 등도 여전히 제한적이었다. 반면, 주링허우는 발전 속도와 생활 변화가 가장 빠른 시대에 성장했고 부모들이 이룬 부의 혜택을 어릴 때부터 누렸다. 바링허우는 TV 세대고 주링허우는 진정한 인터넷 세대다.

주링허우는 바링허우를 딸기족(草莓族)이라고 부른다. 겉보기엔 탐스럽지만 금방 물러터지는 딸기처럼 신세대의 신선함을 상실했다는 뜻이다. 주링허우에겐 젤리족(果凍族)이란 별칭이 있다. 젤리처럼 뚜렷한 형체도 없고 도무지 종잡을 수 없다는 의미다. 직장 생활을 보면 치링허우(70后)는 야근을 밥 먹듯 하는 일벌레인 반면, 바링허우는 칼퇴근에 목숨을 걸고, 주링허우는 아예 재택근무를 요구하는 식이다. 치링허우는 상명하복에 순응하지만, 바링허우는 선배들에게 평등을 주장하고, 주링허우는 아예 천상천하, 유아독존이다.1)

2015년에 이루어진 베이징대학 마케팅매체연구센터 조사 결과에 따르면, 주링허우는 독립, 집념, 자유로움, 합리성을 자신 세대의 특징으로 선택한 바 있다. 또한 이들은 해외여행, 해외 유학 경험이 많아서 해외 브랜드에 대한 선호도와 신뢰도가 높다. 정보화시대에 성장해서 인터넷 및 모바일 사용이 익숙하고 전자상거래를 통한 소비가 보편화되어 있다.

정보이용에 익숙하고 소득이 충분히 높지 않아서 이성적 소비경향이 강하다. 인터넷 검색을 통한 가격비교, 제품 사용후기 등을 종합한 합리적 소비태도를 보이고 있다. 자기소득이 높지 않지 않음에도 부모 의존적으로 소비자금을 충당한다는 비판도 제기되고 있다. 중국 내에 신용카드 보급이 본격화되면서 부족한 소득 아래에서도 소비를 쉽게 실행시키는 문제점이 있다. '기분 내키면 그냥 산다(喜歡就買)'라는 소비성향때문에 중국 내 사회문제로도 대두됐다.

이들은 안정된 직장보다는 창업을 통한 성공에 높은 관심을 보이고 있으며, 항저우대학 영어강사에서 세계 1위의 B2B 전자상거래 사이트인 알리바바닷컴 CEO인 마윈(1964년생), 마이크로소프트사의 빌 게이츠, 중국판 카카오 톡인 위챗을 만든 마화텅(1971년생) 등 창업 성공신화를 동경하고 있다. 또한 더 나은 직장으로 이직(5.5%)보다는 창업(6.2%)을 희망하고 있는 것으로 조사 결과 나타났다. 이외에도 주링허우가 동경하는 인물로 꼽은 사람으로는 AI 전문가로써 대만출신 기업가인 리카이푸(1961년생 前 구글차이나 사장, 마이크로소프트 부사장)와 중국 교육그룹인 신동방 창립자인 위민홍(1962년생)이 있었다.

---

1) 임상범(2017) 중국의 미래 주역 지우링허우(90后), 「성균차이나브리프」 5권 1호. p.151.

(단위: %, 복수응답)

자신의 특징은?		동경하는 인물은?		지금 하고 싶은 것은?	
집(宅)	30.5	마윈	75.3	해외여행	50.9
독립	25.6	빌게이츠	61.3	창업	6.2
집(宅)	24.2	마화텅	41.0	더 나은 직장	5.5
집념	19.0	위민홍	37.9	소중한 사람과 같이 있기	4.6
성실한 태도	18.7	리카이푸	31.8	재산축적	4.1
이치에 부합	17.1			필요한것 구입하기	2.9
실용주의	16.9			생활공유	2.9

자료: 장정재(2018), 199IT(www.199it.com/archives/489687.html)

주링허우는 블루칼라

주링허우 슝 씨는 대학 졸업 후 쓰촨성 청두의 한 국제전자상거래 기업에서 사무직으로 근무했었다. 수습 기간 월급은 4000위안이었고, 정규직 전환 후 월급은 1000위안 오른 5000위안이었다. 매일 아침 출근해 컴퓨터를 켜고, 물건을 골라 사이트에 올리고, 상품 추천글을 쓰고 댓글을 달고, 컴퓨터를 끄고 퇴근하는 작업이 매일 반복됐다. 슝 씨는 공장 생산라인에서 일하는 것과 별반 차이가 없었다며 스스로를 '인터넷 산업의 블루칼라'라고 자조했다. 기계처럼 반복되는 지겨운 일상에 그는 6개월 만에 회사를 그만뒀다. 오늘날 블루칼라(기술직)와 화이트칼라(사무직) 간 뒤바뀐 처지가 중국 온라인매체 제몐망에 소개됐다. 중국의 첨단 제조업 육성 전략에 숙련 기술노동자 수요가 높아지며 블루칼라는 새로운 중산층으로 떠오르는 반면 '학력 인플레이션'

으로 일자리 구하기도 어려운 화이트칼라는 새로운 저소득층으로 추락하고 있다는 것이다.

또 하나의 사례를 보자. 바링허우 리 씨는 2010년 허베이 공정기술 전문학교를 졸업하자마자 중국 국유 제철사인 서우강그룹에 기계 수리공으로 입사했다. 한 달에 1750위안밖에 안 되는 쥐꼬리만 한 월급을 받고 하루하루 고된 작업을 견뎌야만 했다. 하지만 리 씨는 2016년 전후로 고용시장에서 기술직이 차츰 대우를 받고 있다는 걸 체감한다. 당시 독일 엔지니어링 회사 SMS(Schloemann Siemag) 설비를 설치하는데, SMS 측에서 월급 3만 위안을 제시하며 스카우트를 제안해 왔기 때문이다. 리 씨는 그동안 1급 시공기사 자격증을 따서 커리어를 쌓아가며 프로젝트 매니저급으로 승진했다. 매달 연봉은 1만 위안으로 각종 복리후생이나 보너스를 합치면 연 20만 위안씩 번다고 한다. 공장도 대부분 자동화로 운영돼 작업 환경도 훨씬 개선됐다.

통계조사에서도 기술직 대우가 향상되고 있다. 2022년 중국 기술직 연봉 조사연구에 따르면 일반 블루칼라 연봉은 평균 8만 위안이며 많게는 9만~11만 위안, 숙련 기술공 연봉은 최고 15만 위안에 달했다. 특히 중국정부가 집중 육성하는 집적회로, 전자제조, 신소재, 혹은 자동화 수준이 높은 자동차부품 등 업종에서 고숙련 기술공 몸값은 20만 위안도 넘는다. 공장마다 숙련 기술직 노동자가 부족하다 보니 블루칼라는 이제 모셔가는 '고급 인력'으로 존중받기 시작했다.

중국 인적자원사회보장부에 따르면 2021년 4분기 인력난이 심각한 100대 직업군에서 43개가 생산·제조업종이었다. 2025년까지 제조업 10대 영역내 기술직 수요는 6200만 명에 달하지만 현재로선 3000만 명이 부족한 상황이다. 국가발전개혁위원회에 따르면 중국 전체 노동인구 대비 숙련 기술직 비중은 30%도 안 된다. 반면 사무직 취직을 원하는 대졸자는 구직난에 직면한 것이다.

국가통계국에 따르면 2022년 5월 기준 16~24세 청년 인구 실업률은 18.4%로 역대 최고치로 치솟았다. 대졸자가 꿈꾸는 월급 1만 위안의 현실은 격차가 크다. 중국 교육자문·평가기관인 마이커쓰(麦可思) 연구원에 따르면 2021년 대졸자 초봉 월급은 5833위안에 불과했다. 특히 비서, 사무보조, 경리 등 연봉은 더 낮아 일부 지방 현(県)급 지역에서는 월급이 2000~3000위안에 불과했다. 온라인 커뮤니티에서는 월급 3000위안짜리 채용 공고를 내면 농민공(농촌 출신이 도시로 이주한 노동자)은 못 뽑아도 대졸자는 뽑는다는 자조 섞인 목소리도 나온다.

로펌에서 인턴으로 일하는 대졸자 우 씨는 매일 문서 대조·검토, 기업 배경 조사·탐방 등 사무보조 업무를 수행한다. 전공이나 창의성을 살리기도 어려울뿐더러 월급은 고작 1700위안에 불과하다. 하지만 인턴직 일자리조차 치열한 경쟁을 뚫어야 한다. 우씨와 함께 일하는 동기 중에는 베이징대 석사, 칭화대 학사 졸업생 등 명문대 출신이 수두룩하다.

국가통계국은 중산층을 평균 연봉 10만~50만 위안으로 자가용과 집을 보유하고 여행을 다닐 수 있는 여유를 가진 계층이라고 정의했다. 지옥철로 출퇴근하고 점심 도시락을 먹으면서 일하는 화이트칼라는 중산층과 거리가 멀어 보인다며, 이들이 새로운 사회 저소득층으로 추락하고 있다고 경제학자 리다오쿠이 칭화대 교수는 진단했다.

중국 고용시장에서 블루칼라와 화이트칼라 간 수급 불균형이 초래된 데는 여러 배경이 존재한다. 우선 중국경제 구조가 업그레이드되고 있다. 중국정부의 첨단제조업 육성책에 따라 '전정특신(専精特新)' 기업이 뜨고 있다. 이는 전문성(専), 정밀성(精), 특별함(特), 참신함(新)을 가진 강소기업이란 뜻이다. 이에 따라 기술직 수요가 높아졌지만 고령화·저출산으로 노동인구는 감소했다. 또한 도시화가 확산되면서 기술직이 서비스직으로 옮겨간 것노 블루칼라 인력 감소를 초래했다.

중국 서비스업 인구가 전체 산업에서 차지하는 비중은 2008년 19.8%에서 2019년 26.5%로 높아진 반면 생산직 비중은 16.7%에서 13.7%로 낮아졌다. 사무직 노동자는 빠르게 늘고 있는데, 대입 정원이 늘고 진학률이 높아지면서 대졸자가 넘쳐나는 학력 인플레이션 때문이다. 2021년 중국 청년층 대학 진학률은 57.8%로, 2015년 40%에서 급등했다. 최근엔 부동산 경기 둔화로 일자리를 창출하는 핵심 산업이 타격을 받아 실업난도 가중됐다. 직장이 있더라도 '996(오전 9시부터 오후 9시까지 주 6일 근무)'으로 불리는 격무에 시달리는 청년들이 늘어나게 된 것이다.

EU 선진국에서는 이미 블루칼라가 화이트칼라보다 월급을 더 많이 받는 것이 일반적이다. 앞으로 중국 제조업도 디지털화·스마트화로 전환되면서 기술직 수요가 늘어나 몸값이 오를 것이다. 따라서 블루칼라의 새로운 중산층 부상은 이미 정해진 수순이다.[2]

핀테크 시대 등장한 빚쟁이, 주링허우

모바일로 금융서비스를 하는 핀테크(fintech)에 익숙한 주링허우들이 빚잔치에 노출되어 있다. 현재 20대 사회 초년생이 대부분인 20대의 주링허우는 아직은 소비 주력층은 아니다. 하지만 이들은 선배 세대인 바링허우들과 비교하여 낮은 풍요 속에서 자란 독생자녀들이다. 이러한 배경으로 소비성향이 더욱 강하다. 국가통계국에 따르면 1960~

---

2) 아주경제(2022.6.29), 新중산층으로 떠오른 중국 블루칼라.

70년대생인 아버지 세대들보다 용돈만 평균적으로 2~3배는 쓰고 있었다.[3] 주링허우의 별칭 중 하나가 웨광쭈(月光族·월급을 한 푼도 저축하지 않고 다 쓰는 계층), 푸웡(負翁·빚쟁이 늙은이) 등인 이유가 여기에 있다.

2021년에도 주링허우는 빚을 겁내지 않는 집단으로 확인됐다. 주링허우는 중국인구 14억 명의 12% 전후에 이르는 1.7억 명 정도로 추산되고 있다. 그러나 이들의 소비 규모가 전체 시장에서 차지하는 비중은 25~30%에 이르는 걸로 집계된다. 중국경제일보 등 언론들은 이들이 소위 '묻지 마' 소비를 하고 있다고 평가한다. 반면 이들의 무려 86%가 빚에 허덕이는 것으로 추산하고 있다. 1인당 부채 액수도 평균 12만 위안에 이른다. 주링허우의 평균 월 임금이 5000 위안 전후임을 볼 때, 주링허우 10명 중 9명은 4년치 연봉에 가까운 빚에 허덕인다는 뜻이다.[4]

직장을 가지고 있는 경우와는 달리 부모에게 전적으로 의존하는 '캥거루족'은 상황이 다르다. 수개월 전 캥거루족을 면했다는 베이징의 20대 후반 직장인 쉬화즈 씨는 '내 주위의 친구들을 보면 직장의 유무와 관계 없이 빚이 어느 정도는 있다. 나도 그랬으니까 그게 이상하다고 생각하지는 않았다'며, 자신 세대 젊은이들이 빚의 무서움을 모른다고 토로했다. 이러한 배경은 핀테크를 기반으로 한 금융 플랫폼 덕분에 중국에서 돈을 빌리는 것은 어렵지 않기 때문이다. 신용카드나 스마트폰만 있으면 누구나 한 번에 수만 위안의 소액 대출을 쉽게 받을 수 있다. 이러한 환경에서 주링허우들이 빚쟁이가 되는 것은 너무나 당연해 보인다.

중국 대출업체들은 주링허우 세대를 주요 잠재 고객으로 삼고 있

---

3) 아시아 투데이(2019.1.30.).
4) 아시아 투데이(2021.11.1.).

다. 한 대출업자는 전화 상담시 주링허우가 확인되면 번호를 분류해 관리한다며 이들의 소셜네트워크서비스(SNS) 등을 살펴보면서 소비성향을 파악하고 자금수요가 높은 월말이나 월초, 연휴 전후로 다시 연락을 취해 대출을 유도한다고 했다. 그는 실제 대출까지 받아간 '알짜고객'의 대다수가 주링허우라고 말했다.

중국 금융정보 사이트 '룽360'이 발간한 '주링허우 대출 실태 보고서'도 이러한 주장을 뒷받침한다. 룽360이 소비를 하기 위해 신용대출을 받은 사람의 연령대를 조사한 결과 53.05%가 주링허우 이하 세대인 것으로 나타났다. 신용대출을 받은 사람 가운데 절반가량이 한국나이로 28세 이하 젊은이라는 의미다. 주링허우의 40.99%가 2001~5000위안 수준의 월급을 받지만 이들의 월평균 소비액은 3300위안에 이르는 것으로 조사됐다.

사고 싶은 것은 많은데 적은 월급이 소비의 발목을 잡는다면, 주링허우 세대는 저축 대신 신용대출을 선택했다. 그러다 빚이 불어나면 새로운 대출을 통해 기존 빚을 갚는 악순환을 선택했다. 룽360은 보고서에서 주링허우 응답자의 절반가량이 매달 대출금 상환과 이자 부담 때문에 또 다른 신용대출 업체를 찾고 있다며, 주링허우 10명 중 4명 정도가 알리바바의 신용결제 서비스인 화베이, P2P(개인 대 개인) 금융 등 신용대출 서비스를 중복해서 이용하고 있다고 설명했다. 더 이상 신용대출이 어려워 사실상 파산에 이른 주링허우 비중은 전체의 5%에 달했다.

중국 지식 플랫폼 더다오는 1가구 1자녀 시대에 태어나 '소황제'처럼 살아온 주링허우 세대는 자신이 원하는 것을 소비해야 직성이 풀리는 성향이 강하고 자기애와 과시욕이 강해 명품, 자동차 등 고가 제품에 대한 수요가 높다고 분석했다. 더다오는 은행, 증권사 등에서 고액 자산가 자녀를 대상으로 진행되던 재테크 교육이 확산되고 있다며 자식 세대에게 올바른 소비 습관과 돈에 대한 가치관을 심어주려는 부모가 늘어나고 있다고 설명했다.[5]

[그림] 중국의 연령대별 대출 사용자 비율

연령대별 대출 사용자 비율　　　　　　　　　〈단위: %〉

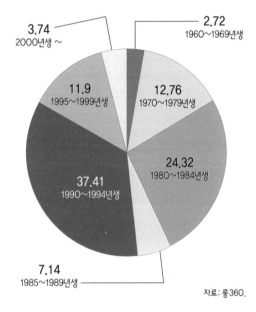

자료: 매경이코노미(2018.9.10.).

---

5) 매경이코노미(2018.9.10.), [생생中国] 빚내서 빚 갚는 중국 주링허우 세대.

소비군	연령 (2022년 기준)	성장 배경 및 소비 특성
리우링허우 (60后)	53~62세	• 문화대혁명 시기(1966~76년)에 혼란스럽고 빈곤했던 성장기 • 소비에 신중하고 절약정신이 강함
치링허우 (70后)	43~52세	• 1978년 개혁개방이 이뤄지며 계획경제에서 시장경제로의 전환기 • 소비에 신중한 태도를 보이나, 리우링허우보다는 상대적으로 개방적이고 대담한 소비패턴
바링허우 (80后)	33~42세	• 기성세대의 어려운 시절을 보고 자라 전통적이며 개방적인 사고 보유 • 시장경제가 피어나는 시기에 물질적으로 풍요롭게 성장 • 높은 소비성향을 지니며 소비문화를 형성하기 시작 • 개성 및 유행추구, 감성적 소비, 충동적 소비, 광고효과에 민감
주링허우 (90后)	23~32세	• 2001년 WTO 가입, 고속 경제성장기 • 유년기 때부터 시장경제를 접했고, 인터넷 발달로 외국문화에 익숙 • 인터넷금융의 발달로 소비대출 및 금융상품이용 재테크 증가 • 자아·개성추구, 합리적 소비, 유행선도, 이성적 소비, SNS구전효과

자료: KIEP(2016.2.29.), 90后의 주요 소비패턴 특징 및 시사점,「북경사무소브리핑」Vol.19 No.2. 참고하여 필자 보완.

주링허우의 새로운 소비패턴

1990년대에는 시장경제 발전에 따라 시장이 형성되면서 소비패턴 변화 발생했다. 1990년대에 들어서서 기존에 억압되어있던 중국인들의 구매력과 소비욕구가 점차 증가하기 시작했다. 1993년 중국정부가 곡물 및 식용유 소매가격에 대한 통제를 풀고 식량배급표 발급을 중단하면서 소비 가능한 환경이 조성된 것이다. 1998년 6월 중국 국무원은 무상으로 주택을 분배하던 '실물분배복리주택'제도를 중단하고, 주택건설 시장화 개혁을 시행하면서 '주택구입'이 중국인의 최대 소비대상으로 부상했다. 중국인들은 처음으로 상품 선택 구매의 즐거움을 누리게 되면서 자신의 아름다움과 개성을 표현하고자 했다. 소비의 질과 생활의 즐거움을 추구하기 시작한다.

2000년 이후에는 단일적인 소비유형에서 향유형, 고급형 등으로 소비패턴이 다원화한다. 특히 인터넷의 보급·발전에 따라 사람들의 정보습득 범위가 확대되면서 해외문물을 받아들이기 시작하며, 중국인들의 생활 및 소비 수준이 비약적으로 향상됐다. 동시에 여가활동을 낭비라고 생각하던 기존의 관점에서 반드시 누려야 할 대상 중 하나로 여기게 되면서 소비 대상이 다양화되고 오락 및 향유형 레저 소비가 발달한다.

2010년 이후부터는 소비 다원화 현상이 두드러져 녹색·건강·개성 소비 등 다양한 형태가 출현하기 시작했고, 인터넷 발달로 판매루트가 다양해지면서 인터넷 구매, 공동구매 등 새로운 유형도 등장했다. 이후 주류 소비층으로 부상하고 있는 주링허우는 의류, 요식업, 부동산, 자동차, 여행, 소매, 레저의 일곱 가지 주요 소비시장에서 기성세대와 차별화된 소비특징을 보이고 있다. 타인과의 비교를 원하지 않는 주링허우는 의복을 통해 강한 자아 및 개성을 표현하길 원하지만, 소득이 한정적이기 때문에 온라인을 통해 저렴하게 구매하는 경향이 두드러진다. 이관즈쿠가 발표한 '주링허우청년 모바일구매행위, 이슈연구보고'에 따르면, 주링허우의 86.8%가 제품비교가 용이한 인터넷을 통해 의류 및 악세서리 제품을 구매한다고 응답했다.

음식을 하나의 '문화'로 받아들이는 주링허우는 앱(APP)을 통해 개성 및 특색 있는 음식점들을 찾아내 직접 체험해보는 것을 선호하고, 다양한 종류의 음식을 접하면서 선호도 역시 다변화된다. 주링허우 소비군은 레스토랑의 등급 및 고급스러움을 추구하기보다는, 합리적인 가격 범위 내 고유한 개성, 창의성 및 특징이 있어 그들의 소비욕구를 채워줄 수 있는 곳을 선호한다. 레스토랑 선택 시 SNS 커뮤니티 그룹 내 체험 공유 글을 바탕으로 직접 앱(APP)을 통해 자신의 기호에 맞는 맛, 환경, 서비스를 갖춘 곳을 선정한다.

부동산시장의 경우, 대부분 주택구매로 인한 경제적 압박으로 생활수준이 저하되기보다는 월세 형태의 임대 방식을 통해 현재 생활수준을 향유하고자 한다. 대학 졸업 후 사회 진출한지 1년 된 주링허우 중 약 30%가 20m²(약 6평)가 되지 않는 곳에서 홈 쉐어링을 하며 임대 거주 중인 것으로 나타났다. 그러나 어릴 때부터 풍부한 물질적 지원을 받고 자란 주링허우는 세 들어 살더라도 자신의 삶의 수준을 유지하기 위해 가격보다는 편리한 주거환경(42%), 마음이 맞는 홈쉐어 파트너(24%), 편리한 교통(21%) 등을 우선적으로 고려하고 있었다.

사회 초년생인 주링허우에게 집보다는 자동차 구매가 보다 현실적이므로 점차 이들의 소비가 증가하고 있으며, 관심 및 브랜드 인지도가 다른 세대에 비해 높고 디자인과 성능을 모두 중시한다. 왕이자동차가 2015년에 발표한 '주링허우 소비군 자동차 구매추세 소비보고서'에 따르면, 주링허우 차 소유주의 49%가 디자인을, 48%가 품질을 중시한다고 응답, 가격과 품질을 모두 중시하며 자동차 디자인을 통해 자신의 개성을 표현하고자 했다. 전체 75개 자동차 브랜드 중 주링허우가 평균적으로 인지하고 있는 브랜드는 48개로, 다른 연령대의 소비자보다 높은 수준이었다. 주링허우의 나라별 자동차 선호도순은 독일(45%), 일본(20%), 미국(13%), 중국산(9%), 유럽산(6%), 한국산(6%) 순

이었다.6)

2021년에 발표된 중국자동차유통협회의 '90后자동차 사용자관찰보
고'에 따르면 2020년을 기준으로 주링허우가 중국 전체 자동차 사용
자(소유자 및 리스차 이용자)의 41%를 점유하고 있었고 나머지 59%는 기
타 연령대에서 사용하고 있었다. 2020년은 주링허우가 만 30세가 되는
해이다. 2020년 3월 기준으로 중국 네티즌 중 주링허우 비중은 21.5%
였고, 특히 이들이 온라인으로 자동차를 구매하는 비중은 37.2%에 달
했다. 따라서 인터넷이 생활화 되어 있는 주링허우가 중국 사회의 주
력 소비군으로 점차 부상함에 따라 중국 내 자동차 시장의 소비 패턴
이 오프라인에서 온라인으로 빠르게 바뀌고 있음을 방증한다.

〈표〉 중국의 계층별 자동차 사용자의 국가 브랜드별 관심도

(단위: %)

소비군	독일	중국	일본	미국
주링허우(90后)	29.32	26.66	25.07	18.95
바링허우(80后)	27.6	29.35	25.63	17.43
치링허우(70后)	27.33	29.94	26.5	16.23
리우링허우(60后)	27.12	29.22	28.4	15.26

자료: 人民資訊(2021.1.3.), 中国汽車流通協会《90后汽車用戸洞察報告》, https://baijiahao.baidu.com/
s?id=1687860694973610866&wfr=spider&for=pc

국가 브랜드별 관심도를 보면 이제 막 자동차 소비층으로 부상하고
있는 주링허우는 독일산 차에 대해 가장 많은 관심(29.32%)을 가졌으
나, 바링허우는 중국산 차에 대한 관심이 29.4%로 가장 높았고, 치링
허우(29.94%), 리우링허우(29.22%) 역시 중국산 차에 대해 많은 관심을

---

6) 网易汽車(2015.6.1.), 得90后者得天下？90后購車趨勢研究将発布, https://auto.163.com/
15/0601/09/AR0VF17O000084TV1.html

가지고 있었다. 주링허우의 독일차에 대한 관심도는 2015년이나 2020년이나 여전히 높음을 알 수 있다. 주링허우는 여행 장소 및 교통수단이 무엇인지보다는 '여행 중(On the road)'이라는 자유로움을 추구하고, 사회적 속박과 스트레스로부터 해방되는 기분을 누리기 위해 여행을 선호한 것으로 나타났다. 2014년 화양디지털마케팅연구원이 발표한 '90后SNS행위연구조사보고서'에 따르면, '만약 100만 위안이 주어진다면 어떻게 소비할 것인가?'에 대한 질문에 85.6%의 주링허우가 여행을 선택, 주택구입, 저축, 자동차 구입보다 높은 수치를 기록했다.[7]

2015년 Ctrip이 발표한 '90后여행행태 보고서'에 따르면, 주링허우의 여행스타일은 졸업여행, 홀로 떠나는 여행, 우연한 만남, 자유로움, 즉흥적, 여행 중(on the road)의 키워드로 표현 가능하다고 답했다. 당시 주링허우의 여행 선택에 있어 가장 큰 제약요소는 소득 수준으로, 국내여행(79.3%)이 해외여행(20.7%)보다 훨씬 높은 수치를 기록, 향후 소득증가에 따라 여행 소비시장이 보다 활성화될 것으로 예상됐다.

주링허우들은 과시적 쇼핑보다는 집에서 빠르고 간편하게 할 수 있는 인터넷을 통한 구매를 선호했다. 인터넷 시대에 성장한 주링허우는 인터넷 의존도가 높은 동시에, 연령이 높아질수록 인터넷 사용이 숙련되면서 인터넷 구매의 주력 소비층으로 부상한 것이다. 인터넷 쇼핑몰 '타오바오(淘宝)'와 'Tmall(天猫)[8]': ComScore가 발표한 '중국90后인터넷행위조사보고서'에 따르면, 주링허우의 인터넷 구매금액 비중

---

7) 騰訊QQ (2014.10.27.), 《2014 中國90后青年調查報告》, https://www.woshipm.com/xiazai/113871.html

8) 타오바오망은 2003년 5월, 알리바바 그룹이 개설한 중국 최대 B2B, B2C 전자상거래 오픈마켓 사이트이며 개인 및 기업이 거래한다. Tmall(天猫)은 원래 타오바오상청(淘宝商城)으로 타오바오 산하 B2C 사이트였는데 2012년 1월에 분리하여 오픈했다. 개인이 거래하는 타오바오는 가품(짝퉁)이 늘 문제였다. 이에 알리바바 그룹은 티몰을 자체관리하는 전자상거래 플랫폼으로 론칭한 것이다. 티몰에는 검증된 기업만 입점하며 품질 및 고객관리를 통해 중국 네티즌들에게는 '온라인 백화점'으로 인식되어 있다.

에서 타오바오가 57.2%로 1위, Tmall이 30.7% 로 2위를 차지하며, 이 둘의 시장점유율이 90%에 육박했다.9)

주링허우는 상대적으로 부유한 환경에서 의식주를 걱정하지 않고 성장해 정신적인 만족을 보다 중시하며, 다른 세대와 달리 오락 활동을 통한 즐거움과 자유분방함을 추구하고 새로운 형태의 레저 방식을 빠르게 수용했다. 주링허우는 연예계 소식, 문화, 체육, 오락 등 광범위하게 레저시장에 관심을 가지고, '즐기고자' 하는 성향이 강해 오락 및 레저 분야에서의 소비에 관대한 편이다. 주링허우는 전통적인 텔레비전 광고, 신문광고보다는 앱(APP)에서 추천하는 혁신적인 광고마케팅 및 컨텐츠를 선호한다. 주링허우의 소비패턴은 자아 및 개성 추구, 모바일 인터넷, 이성적이고 합리적인 소비, 방콕족(히키코모리), 과소비, 오락 및 레저, SNS를 통한 구전효과 등으로 정리된다. 주링허우는 자기중심적인 성향이 강하고 자기의사 및 개성 표현에 익숙하며, 타인과의 비교를 원하지 않는다.

2014년 중국 주링허우 청년조사보고서에 따르면, 주링허우는 물건 구매 시 자신의 선호도(77.3%)를 가장 고려한다고 응답했다. 본인이 중심이 돼서 '나'를 만족시킬 수 있는 소비를 선호하고 개성과 자유를 중시하므로, 서로 다른 관념 및 행동 표현에 대해 보다 쉽게 수용했다. 동시에 각 개인의 선호도 차이가 커 자신만을 드러낼 수 있는 독특한 개성을 지닌 상품을 선호했다. 인터넷 보급화 시대에 성장한 주링허우는 인터넷을 단순 도구가 아닌 하나의 생활방식으로 여기며, O2O(online to offline) 시장, SNS 전자상거래 등 새로운 문화를 창조한다. 주링허우는 장소나 시간에 구애받지 않고 인터넷을 사용가능한

---

9) 電子商務研究中心訊(2015.8.12.), 《中国90后網絡行為調查報告》, http://www.100ec.cn/index/detail—6269931.html

시대에서 성장해 인터넷 의존도가 매우 높았다.

2014년 바이두의 '90后주링허우 관찰보고서'에 따르면, 이들의 평균 인터넷 이용 연수는 7.53년, 하루 평균 인터넷 이용 시간은 11.45시간으로, 60.52%가 모바일 인터넷을, 39.48%가 PC 인터넷을 사용하고 있었다.[10] 이를 바탕으로 O2O 시장, SNS 전자상거래 등 새로운 사업모델이 발달하고, 경제적인 공유경제 등이 실현 가능해짐에 따라 향후 주링허우가 모바일 인터넷 발전의 주역으로 성장할 수 있을 것으로 기대 되었다.[11]

사회 초년생인 주링허우는 소득기반이 낮은 편으로 소비행위에 있어 충동적이기보다는 이성적이고 합리적인 태도를 견지했다. '90后청년모바일구매행위 이슈연구보고에 따르면, 주링허우의 전자제품 교체 요인으로 고장 혹은 불용(52.3%)이 과반수 이상 차지, 제품노후가 22.7%를 차지하는 등 소비가치 유무를 따져가며 비교적 이성적이고 합리적인 소비생활을 하고 있었다.[12] 대부분의 주링허우는 히키코모리적인 성향이 있어 집에서 편안히 쉬기를 원하고, 인터넷으로 집에서 모든 생활이 가능한 보다 편리한 상황을 추구했다. 부유한 환경에서 가족들의 사랑을 많이 받으며 성장한 주링허우는 저축개념이 약해 자신의 마음에 드는 상품이 있을 경우 대출을 통해서라도 소비하는 성향을 보였다. 다양해진 상품 서비스 시장을 접하면서 주링허우는 경제적 문제를 고려하기보다는 마음에 드는 제품을 소비함으로써 생

---

10) 电科技(2015.9.3.), 百度《90后洞察報告》, http://www.diankeji.com/news/13310.html

11) 바이두(百度)는 산시성 출신 리옌훙(1968년생)이 창업하여 2000년부터 서비스를 시작한 중국 최대 포털업체이다. 2020년 매출액은 1074.13억 위안을 기록했으며, 2005년 미국 나스닥에 상장했다. 중국에 진출해 있던 구글이 2010년에 철수하면서 포털 점유율 1위를 유지하고 있다. 2021년에는 홍콩증시에도 상장하여, 회사의 발전 방향을 인공지능(AI)으로 바꾸겠다고 선언했다.

12) 中国质量万里行(2018.6.26.), 輿情报告 : 90后消費観成多元化発展, https://www.cqn.com.cn/zhixiao/content/2018-06/26/content_5961724.htm

주: 더우반(豆瓣)은 2005년 3월 설립된 영화·드라마·게임·서적·온라인쇼핑 평점 사이트인데, 젊은
이들이 자유롭게 토론을 펼치는 소셜미디어 플랫폼임. 커뮤니티 이용자들은 라이프스타일에 대
해서도 의견을 나눔. 넷플릭스 드라마 오징어게임(2021.9)처럼 미방영 영화·드라마 정보도 올라
와 외국 콘텐츠 유입이 제한된 중국에서 외부세계를 이해할 수 있는 창의 역할을 하기도 함.
자료: www.douban.com

활이 다채로워지는 것을 보다 중시했다.

온라인 쇼핑의 주력군, 주링허우

인터넷금융의 발달로 소비대출이 간편해지고 다양한 루트가 생겨나
면서 소비대출수요가 증가 추세에 있다. 의식주 해결을 걱정하지 않
고 부유한 환경에서 성장한 주링허우는 정신적인 만족을 보다 중시하
여, 다른 세대에 비해 인터넷, 오락, KTV, 영화, 여행 등에 대한 소비
지출이 높다.

바링허우가 사회문제에 가장 관심을 두는데 반해, 주링허우는 평소 연예오락 부문 기사에 가장 관심을 가지고 있는 것으로 나다났다. 일방적으로 정보를 전달해주는 전통적인 광고를 통한 마케팅보다는 SNS 커뮤니티 그룹 내 체험 공유를 통한 광고가 보다 효과적이었다. 주링허우는 자신이 직접 체험하고 느낀 것을 신뢰하며, 일방적으로 정보를 전달받기만 하는 전통 광고의 영향을 받지 않는 세대이다. 이들은 직접 체험하고 소비하는 과정을 즐기며 지인 혹은 또래집단의 상품평을 신뢰한다. 이에 대응하여 중국 내 기업들은 웨이보, 위챗 등 SNS를 활용한 마케팅 혹은 샤오미(小米)13)처럼 체험관(플래그샵)을 신설하는 등의 새로운 마케팅에 주력하고 있다. 새로운 유통채널의 부상과 함께 모바일 사용 비중이 높은 주링허우를 겨냥한 SNS와 전자상거래가 결합된 새로운 비즈니스 모델이 등장하고 있다. 위챗의 모멘트14)에서 개인 및 대리상들이 물건을 판매하면서 시작된 SNS 전자상거래가 점차 플랫폼 전자상거래 방식으로 변화하기 시작했다.

실제 2013년 상반기부터 일부 화장품 브랜드들은 기존 '스타모델＋대량광고' 방식에서 '스타모델＋대량광고＋다단계 대리판매'로 전환했다. 위챗의 모멘트를 판매루트로 이용하여, 지인들을 통한 소량

---

13) 샤오미는 2010년 레이쥔(雷軍. 1969년생)이 설립한 중국의 민간 전자제품 제조 및 판매기업이다. 휴대폰 충전기에서 시작하여 지금은 스마트폰 및 종합 IT제품 메이커가 되었다. 저렴한 가격에 온·오프라인 마케팅으로 유명해졌다. 스마트폰 전세계 시장 4위, 인도시장 1위, 화웨이·OPPO·vivo에 이어 중국 내수시장 3-4위를 차지했다. 2018년 7월에는 홍콩증권거래소에 상장했으며, 설립 9년만인 2019년에 Fortune 글로벌 500대 기업에 468위로 진입했다. 2021년 매출액은 3283억 위안을 기록했다.

14) 2011년 1월에 서비스를 시작한 위챗(WeChat, 微信)은 중국 최대 모바일 메신저이며, 위챗페이라는 온라인 간편결제 서비스(2013.8 서비스개시)를 제공한다. 양대 온라인 간편결제 서비스로 알리바바 그룹의 알리페이가 있다. 위챗의 모멘트는 카카오 스토리와 유사한 기능을 수행한다. 위챗은 장샤오룽(張小竜, 1969년생)이 개발했으며, 텐센트(騰訊) 부총재이다. 그는 중국산 웹메일인 Foxmail을 개발한 후에 텐센트에 합류했다. 2021년 기준 위챗의 월 활동 유저는 12억 6820만 명을 기록한 바 있다.

판매를 진행하면서 입소문을 퍼뜨리는 전략을 채택한 것이다. 2014년 하반기에 다단계 대리판매방식은 성장 정점을 찍었다. 지나치게 다층화된 구조와 재고로 인해 2015년 4분기부터는 성장이 주춤해졌고, 이 때부터 개인판매자보다는 지속적인 물량 공급이 가능하고 운영 및 거래보호능력을 갖춘 플랫폼 판매자들이 부상하기 시작했다. 소비자 연령별 점유율을 보면, 26~30세가 14%, 18~25세가 73%를 차지, 주링허우(15~25세)가 주 이용자임을 알 수 있다.

이후에도 주링허우의 새로운 소비패턴과 함께 등장한 니치(Niche) 소비, 게으른(Lazy) 소비, 스토리텔링 마케팅, 접근이 쉬워진 금융상품 등이 온라인에서의 주링허우 소비를 늘리고 있다. 온라인 커뮤니티가 주요 놀이터가 된 주링허우의 시장 세분화로 니치 소비(小衆消費)가 주목을 받고 있다. 니치 소비의 핵심은 서로 다른 환경의 사람들간에 비슷한 선호도, 가치관을 지닌 사람들끼리 커뮤니티를 조성하도록 해 핵심 소비계층을 구성하는 것이다. 인터넷으로 인한 사람들의 교류방식 변화 및 웨이보(微博),[15] 더우반(豆瓣), 티에바(贴吧)[16] 등 SNS의 출현은 인터넷상에서 공동 관심사를 가진 이들끼리 소규모 커뮤니티를 형성하는 데 도움이 되고 있다.

치어즈쿠의 통계에 따르면 SNS 앱(APP)을 통한 교류 중 가장 선호하는 기능(17.5%)이 공동 관심사를 지닌 커뮤니티 찾기이다. 주링허우는 공간에 구애받지 않고 같은 관심사를 즐길 수 있는 파트너를 찾고자 하는 성향이 강하다. 단순한 TV시청, 음악감상, 운동 등 오락활동

---

15) 웨이보는 중국의 포털 사이트 시나닷컴에서 제공하고 있는 마이크로 블로그이자 중국 최대 SNS이다. 중국판 트위터에 해당한다. 2009년 8월부터 서비스를 시작했다.

16) 중국 최대 포털사이트인 바이두에서 제공하는 커뮤니티 사이트이다. 이름은 바이두 티에바(百度贴吧)이다. 바이두 인터넷 게시판이라고 보면 된다. 2003년 11월부터 서비스를 시작했다.

에 만족하기보다는, 보다 세밀하게 어떤 분야에 관심이 있는지 자신이 즐기는 대상이 이떤 스토리를 지니고 있는지를 중시한다. 간편한 소비방식 추구로 커뮤니티, 요식업, 여행 등의 분야에서 O2O(online to offline) 산업 위주의 게으른 경제(Lazy economy)가 탄생했다. 인터넷 시대에 성장한 주링허우는 간편함과 편리함을 추구, 은둔형 외톨이(히키코모리)를 가리키는 자이난(宅男), 자이뉘(宅女) 성향을 보이는 이가 많아지면서 O2O 시장이 발달하기 시작한 것이다.

온라인 커뮤니티 서비스는 보다 전문화되고 세분화되어 집안일을 하기 원하지 않는 주링허우에게 맞춤형 서비스를 제공하고 있다. 배달, 예약, 주문 등 새로운 소비 방식이 생겨나면서, 배달업체뿐 아니라 일반 음식점도 플랫폼과 연계하여 소비자들의 문 앞까지 배달해주는 간편 서비스를 제공하고 있다. 기존의 qunar(去哪儿), Ctrip(携程), elong(艺龙) 등 오프라인 상품(항공·호텔·관광)을 온라인에서 단순 판매하던 사이트들을 기반으로 여행 서비스 관련 O2O는 빠르게 성장, 진화 및 발전하여 정보제공, 마케팅, 상호연동, 예약·지불기능이 원스탑 서비스로 제공되는 종합 플랫폼으로 거듭나고 있다.

모바일 SNS 시대를 맞아 스토리텔링 및 레이블 마케팅(Label mar-keting)도 성행하게 되었다. 소비자들은 제품의 실용성을 통한 물질적 만족 이외에, 제품의 스토리를 통해 감성적인 욕구를 만족할 수 있기를 원한다. 레이블 마케팅이 제품에 창조적인 자아를 부여하여 표현하는 것인만큼 주링허우는 제품을 인지, 소비, 체험하는 과정 중 자신이 진정으로 원하는 것을 발견하여 상품에 자아가치를 귀속시키는 경향이 높다. 모바일 SNS 시대에는 전통적 TV광고가 아닌 모바일 SNS 플랫폼을 통해 서로 다른 카테고리의 제품 이야기가 빠른 시간 내 전파 된다.

소비대출을 통한 과소비 경향이 있으나, 재테크에 관심이 높고 금융상품 투자를 선호한다. 주링허우는 치링허우, 바링허우에 비해 상대적으로 수입이 적지만, 소비규모는 적지 않다. P2P 대출 플랫폼 파이파이따이(拍拍貸)[17] 2015년 상반기 보고서에 따르면, 주링허우의 첫 대출고객 내 비중이 3만 5,000만 명에 달했고, 대출금액 역시 전년동기비 443% 증가했다. 이는 주링허우가 가장 큰 잠재력을 지닌 소비층임을 방증한다. 또한 재테크 상품에 대한 인식이 높아 위어바오(중국 최대 MMF)의 애용자 중 주링허우가 32%를 차지하고 총 금액이 1,140억 위안에 달한다. 소액 투자가 온라인에서 가능해지자 P2P, 펀드, 클라우드 펀딩을 통한 재테크에 관심이 높아졌다.

위어바오와 주링허우

China's MZ Generation and Future

2013년 6월에 첫선을 보인 위어바오는 MMF(Money Market Fund)이다. 머니 마켓 펀드, 즉 단기 금융시장에 투자하는 뭉칫돈이라는 뜻이다. 위어바오는 알리바바그룹의 핀테크 자회사인 앤트파이낸셜과 텐홍자산운용이 제공하는 MMF로 온라인 투자 붐을 일으켰다. 위어바오(余額宝)는 '남아 있는 보물' 혹은 '계좌 잔고 보물'이라는 뜻으로 알리페이 온라인 결제 계좌의 잔고를 투자한다. 잔돈 금융의 시초이며 링링허우, 주링허우들이 은행에 방문하지 않아도 소액을 투자할 수 있다. 위어바오는 출시 후 5년 이내인 2017년 1분기에 총 관리자산이 1조 위안(약 1,500억 달러)을 돌파하면서, 글로벌 1위였던 제이피모건(JPMorgan Chase & Co.)의 MMF를 제치며 글로벌 최대 규모의 MMF가 되었다.

---

17) 개인간 온라인 투자·대출(P2P)을 해주는 핀테크 기업이다. 2007년 상하이에서 설립되었다. 2017년 11월에는 뉴욕증시에 상장되었다. 2019년 6월 현재, 등록 고객은 9902만 명이고, 대출고객은 1340만 명, 투자고객은 64.44만 명이다. 2022년 상반기 대출총액 219억 위안을 기록한 바 있다.

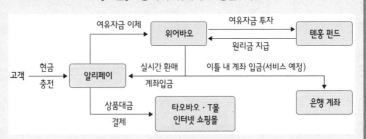

[그림] 중국의 위어바오 상품 개요

자료: 강혜승(2020.1.8.), 글로벌 핀테크, 「Global Industry Report」, 미래에셋대우. p.3.

2018년말 위어바오의 총 관리자산은 1조1,300억 위안(약 1,700억 달러), 2018년 연간 총 수익은 509억 위안(약 76억 달러)을 기록했다. 가입자 수는 5억 8,800만 명으로 중국인 세 명 중 한 명이 위어바오 고객인 셈이다. 위어바오 총 관리자산은 2018년 3월말에 1.7조 위안까지 증가했다가, 이후 점차 축소되었는데 이는 중앙은행인 인민은행의 양적완화로 머니마켓 시장금리가 하락해 투자 매력이 축소된 것이 원인이었다. 위어바오의 규모가 커지자 그림자 금융18) 요인으로 판단되어 리스크 우려도 있었다. 즉 신용 손실 발생 시 대규모 인출(환매) 사태 등이 야기될 수 있다고 판단한 것이다. 이에 2018년 6월에 모든 MMF에 대하여 일일 인출 한도를 도입하고 10,000위안(약 1,500 달러)으로 설정했다. 그후 앤트파이낸셜을 포함한 중국 빅테크 회사들은 비즈니스 모델을 변경하여, 자체 금융상품을 판매하는 것에서 제휴회사가 자사의 고객 데이터에 접근할 수 있도록 '플랫폼의 역할'로 바꿨다. 그 결과, 위어바오 자체 총 관리자산은 축소되었지만, 위어바오 플랫폼을 통한 투자자수는 증가했다. 2017년말 투자자 수는 4억 7,400만 명이었는데, 2018년말에는 5억 8,800만 명으로 늘어났다. 2018년 6월말 기준 5억 5,900만 명 중 위어바오 플랫폼을 통해 타사 펀드(비 텐홍펀드)에 투자한 투자자 수가 약 4천 만 명이 된 것이다.

---

18) 그림자 금융(Shadow Banking System)이란 은행과 비슷한 역할을 하지만 중앙은행의 감독을 받지 않는 금융 회사. 투자 은행, 사모 펀드, 헤지 펀드 등을 말한다.

부동산 구매자로 등장한 주링허우

2022년 2월 부동산 연구플랫폼인 베이커연구원은 20~30대 전문대 이상 졸업자 4,000명의 귀향 후 부동산 구매의향에 대한 설문(2022.1.) 결과를 공개했다. 조사결과 주링허우와 95后(주링허우 중 1995년 이후 출생자)가 실수요층으로 파악됐으며, 이들은 귀향 후 부동산을 매입하겠다고 56.9%가 응답한 바 있다. 기혼자의 66.1%가 귀향 후 부동산 매입을 희망했고, 이들 중 대다수가 가족의 생활 여건 개선과 자녀의 취학 편의를 위해 귀향을 원한다고 응답했다. 응답자 중 49.1%는 월 소득 5,001~15,000위안에 집중된 중산층으로 조사됐다.

주링허우는 1선 도시보다 집값이 저렴하고 인재 우대 정책이 있는 2~3선 도시 생활을 선호했다. 귀향 후 매입 가능한 부동산 규모 범위에 관한 질문에 100만 위안 미만 25.6%, 100~150만 위안에 27.9%, 150~200만 위안에 20.8%, 200~250만 위안에 12%, 250~300만 위안에 6.8%가 수용 가능하다고 답했다. 즉 300만 위안 범위내 응답자의 90% 이상이 수용 가능하다고 답한 것이다. 부동산 매입 자금 출처에 관한 질문은 응답자의 34.1%가 개인자금＋부모지원이라고 답했고, 부부 공동구매 30.1%, 부부 공동출자＋부모지원 20.7%이라고 답했다. 또한 개인자금 12.9%, 부모지원 1.8%로 응답했다. 부모의 전액 지원으로 매입하는 경우는 적지만, 부모의 지원이 있다고 응답한 전체 비율은 54.8%로 집계된다.

분석 결과, 단기적으로는 COVID-19가 효과적으로 통제되었고 관련 호재가 더해지면서 귀향에 따른 부동산 수요가 상승할 것으로 예상되나, 장기적으로는 인구구조 변화와 수요공급 영향으로 3, 4선 도시에 대한 귀향 부동산 매입 수요는 감소할 것으로 전망됐다.[19]

---

19) 新华网(2022.2.21.), 贝壳研究院《2022返乡置业报告》. https://baijiahao.baidu.com/

중국의 도시 구분(1·2·3·4선 도시)

| China's MZ Generation and Future

    2022년 기준으로 중국에는 총 684개의 도시(城市)가 있다. 중국에서는 각 도시가 가진 경제규모나 인구, 행정등급, 영향력 등을 기준으로 각각 1·2·3·4선 도시로 분류하고 있다. 정확한 법적 기준은 존재하지 않아 분류 기준이 각기 다르다. 즉 경제 규모로 본 1·2·3·4선 도시와 자동차 보유량에 따른 1·2·3·4선 도시가 달라진다. 다만 통상적으로 2014년에 국무원이 규정한 '도시규모 분류표준'이 준용된다. 초대형도시(인구 1천 만 명 이상)는 1선 도시로 분류되고 상하이, 베이징, 톈진, 충칭, 광저우, 선전 등이 해당된다. 특대도시(인구 500만~1천 만 명)도 1선 도시에 포함된다. 동관, 우한, 청두, 항저우, 난징, 정저우, 시안, 지난, 선양, 칭다오 등이다. 대도시는 인구 100~500만 명 규모가 해당되는데 국무원은 이를 다시 1급 대도시(300~500만 명. 14개)와 2급 대도시(100~300만 명. 120여개)로 양분했다. 대도시(1급과 2급 일부)는 주로 2선 도시에 해당되며, 중국 내 27개 성(省), 소수민족자치구의 수도가 이에 해당된다. 우루무치, 하얼빈, 장춘, 허페이, 쿤밍, 타이위안, 창사, 난닝, 스좌장, 푸저우 등이 성·자치구 수도이며, 다롄, 쑤저우, 샤먼, 닝보 등은 성·자치구 수도가 아니나 경제 및 인구 규모로 인해 2선 도시에 포함된다. 그 다음으로 중등도시(50~100만 명. 30여개) 분류가 있으며, 2급 대도시 일부와 중등도시 대부분이 3선 도시에 해당된다. 마지막으로 소도시(인구 50만 명 이하. 50여개)가 있으며 4선 도시에 포함된다. 이외에도 신1선도시(新一线城市)라는 개념도 최근 쓰이는데 이는 2013년부터 중국경제지 「第一财经周刊」이 발표하기 시작한 것으로 자체 경제·사회지표를 활용하여 영향력이 있는 도시를 선정해서 발표하고 있다. 2022년 명단을 보면 청두, 충칭, 항저우, 시안, 우한, 쑤저우, 정저우, 난징, 톈진, 창사, 동관, 닝보, 포산, 허페이, 칭다오 등이다.

---

s?id=1725364495786615781&wfr=spider&for=pc

COVID-19로 시작된 주링허우의 절약 생활

광둥성 선전에서 월급 6500위안을 받으며 사무직으로 근무하는 천씨는 친구와 월세 2800위안짜리 20m² 크기 반지하방의 전기료와 인터넷 요금을 아끼기 위해 저녁 9시까지 회사에서 근무하다가 퇴근한다. 식료품은 슈퍼마켓·온라인 쇼핑몰·재래시장을 비교하고, 돼지고기는 30% 할인을 위해 신선식품 마트인 허마셴성에서 저녁 8시 이후에 산다. 역시즌 할인 행사에서 오리털 점퍼도 저렴한 가격에 구매했다. 천씨가 마지막으로 영화관에 간 것은 대학생 시절이다. 지금은 스마트폰으로 영화를 내려 받아 본다. 온라인매체 36kr가 '허리띠 졸라매는 1선도시 95허우(1995년 이후 출생 세대)들'란 기사에서 소개한 젊은 청년의 스토리다. 대학 졸업 전까지만 해도 부모가 주는 용돈을 쓰고, 직장인이 돼서도 월급을 받자마자 다 써버려 웨광쭈(月光族)라 불리던 주링허우 청년들의 소비 습관이 COVID-19로 중국경제 열기가 식으면서 바뀌고 있다. 천씨는 COVID-19를 계기로 저축의 중요성을 깨달았다고 한다.

선전에 사는 3년차 직장인 리씨는 대학생 때까지만 해도 운동화를 8켤레씩 사는 수집광에다 애플은 신제품만 구매했다. 하지만 그도 이제는 퇴근 후 집 앞 가게에서 농민공들과 함께 10위안짜리 도시락을 먹는다. 리씨는 포시(佛系) 경지에 도달했다고 말했다. 포시는 해탈을 뜻하는 말로 소비욕을 버렸다는 의미다. COVID-19 발발 후 3년째인 현재 그가 다니는 회사는 적자를 면치 못하고 있다. 반년째 월급도 밀려 퇴근 후엔 공사판 작업반장을 하며 투잡을 뛰고 있다. 1990년대과 1995년 이후에 태어난 90허우, 95허우는 중국 소비 주력군이었다. 중국경제의 고속 성장으로 물질적으로 풍요로운 환경에서 자란 그들은 부모에게 용돈을 타서 쓰며 소비에 익숙한 세대다. 하지만 사회 초년생으로 경제 활동을 시작한 그들이 맞닥뜨린 건 COVID−19로 인한 불황이다. 언제든 실직할 수 있다는 불안감 속에 주링허우들이 지갑을 닫고 있다.

COVID−19 발발 직후인 2020년 5월 중국 CCTV가 발표한 '2019~2020년 중국 청년소비 조사 보고서'를 보면 청년들은 절제된 이성적 소비 행태를 보이고 있었다. 젊은 층 55.8%가 생필품만 사는 경향이 있다고 답했으며, 40.2%는 소비는 줄이되 품질 좋은 물건을 산다고 했다. 또 39.6%는 예전보다 신중하게 소비한다고 응답했다. 국가통계국 수치도 이러한 소비 흐름을 뒷받침한다. 2022년 상반기 곡식·기름·식음료·담배·주류 등 소매 판매액은 증가한 반면 패션·액세서리·화장품·보석류 등 사치품 품목 매출은 하락세를 보였기 때문이다. 중국 소셜 커뮤니티 사이트 더우반(豆瓣)에는 회원 수 30만 명을 자랑하는 '미니멀라이프(중국명 極簡生活)'를 비롯해 '소비주의 역행자(회원수 21만 명)' '저소비 연구소(8만 명)' '소비 없이도 즐겁게 사는 법(15만 명)' 등과 같은 커뮤니티가 인기다. 이곳에서 청년들은 서로 돈을 아끼는 노하우를 공유하는 것이다.

얼서우(二手·중고품) 경제에도 주링허우들이 몰리고 있다. 2020년 중국 중고품 연간 거래액도 사상 처음 1억 위안을 돌파했다. 칭화대 에너지환경경제연구소에 따르면 중고품 거래액은 2015년 3000만 위안에서 2020년 1억 2540만 위안, 2025년엔 3억 위안까지 성장할 것으로 예상된다. 특히 주링허우들이 중고품 거래 주력군이며, 베이징·상하이 등 1선 도시에서 가장 활발하게 거래가 이뤄진다. 주링허우들은 떨이·자투리 식품시장에도 등장했다. 유통기한이 임박하거나 약간 흠이 있긴 하지만 정상가보다 저렴한 가격의 제품을 구매하기 시작한 것이다. 이런 식품들은 원래 다마(大媽)라고 불리는 아줌마들 전유물이었다. 아이메이 리서치에 따르면 2021년 유통기한이 임박한 떨이식품 시장 규모는 318억 위안으로 전년비 6% 성장했다.

제로 코로나 방역으로 인한 격리·봉쇄, 이동제한, COVDI-19 검사로 경제가 타격을 입었고, 빅테크(대형 인터넷기업) 규제로 주링허우 고용시장이 위축되었다. 2022년 중국 성장률은 1분기 4.8%, 2분기 0.4%로 주저앉았고 7월 청년실업률은 19.9%로 사상 최고치를 찍었다. 그 결과, 2022년 중국경제 성장률은 문화대혁명(1966~1976) 마지막해인 1976년(-1.6%) 이후 두 번째로 낮은 3%를 기록했다. 2022년 하반기에도 최대 규모인 1076만 명에 달하는 대졸자가 구직 시장에 뛰어들었다. 기업들도 인력 구조조정이나 임금 삭감을 단행했다. 온라인 채용 사이트 쯔롄자오핑에 따르면 2022년 1분기 38개 주요 도시 평균 임금은 10,014위안으로, 전분기(10,111위안)보다 1% 하락했다. 특히 인터넷·전자상거래와 온라인게임 업계 월급이 각각 2.5%, 8,7% 하락했다.

이제 미래가 불확실해진 주링허우들은 소비 대신 저축에 나서고 있다. 피델리티 인터내셔널과 앤트그룹이 공동 발표한 '2021년 중국 은퇴전망 조사 보고서'를 보면 18~34세 청년층의 노후 대비 월 저축액은 1624위안으로, 소득 대비 저축률은 25%에 달했다. 2020년 20%에서 5%포인트 오른 것이며 저축액, 저축률 모두 4년 이래 최고치를 기록했다.[20]

20) 아주경제(2022.9.22.) https://www.ajunews.com/view/20220921082829698

주링허우가 영화를 보는 이유

현재 중국의 영화시장은 미국을 제치고 세계 1위이다. COVID-19에도 불구하고 중국 영화산업은 지속적으로 성장을 기록하고 있다. 물론 극장 관객 수는 COVID-19에 따른 방역, 봉쇄, 격리 조치로 인해 2019년 17.2억 명에서 2020년에는 5.4억 명으로 줄었지만, 2021년에 다시 11.6억 명으로 반등에 성공했다. 놀라운 것은 스크린과 극장 수는 COVID-19와 무관하게 매년 증가한 점이다. 2019년 68,495개였던 스크린 수는 75,581개(2020), 82,248개(2021)로 증가했다. 극장 수역시 12,408개(2019), 13,126개(2020), 14,201개(2021)로 늘어났다.

2021년 중국 전체 극장의 흥행수입은 472억 5,800만 위안이었다. 이는 전년보다 131.5%나 급증한 수치다. 이로써 팬데믹 직전인 2019년의 73% 수준에 도달했다. 달러로 환산하면 74억 달러로 북미의 45억 달러보다 많았다. 중국은 2년 연속 세계 1위의 영화시장 자리를 차지했다.

2020년부터 시작됐던 중국(국산) 영화의 압도적인 우위 양상이 2021년에도 지속됐다. 중국영화의 극장 흥행수입 점유율은 84.8%로 전년도(83.7%)보다 높았다. 이는 최근 10년 동안 흥행수입 점유율에서 가장 높은 수치다. 팬데믹 상황으로 할리우드 대작이 북미와 전 세계에서 개봉을 계속 미루면서 나타낸 현상도 있다. 다만 중국영화의 흥행수입 점유율은 COVID-19 사태가 일어나기 이전에도 2016년 58.2%, 2017년 53.8%, 2018년 62.1%, 2019년 64.1%로 꾸준히 증가했다.

2021년 전체 극장을 찾은 중국 관객 수는 전년보다 112.7% 급증했고, 극장 수와 스크린 수도 각각 8.2%, 8.8% 증가했다. 2021년에 중국에서 제작됐던 영화는 총 740편이었다. 이는 전년의 640편보다

13.8%가 증가한 수치다.[21]

2021년 중국 영화산업은 반복되는 COVID-19의 여파로 영화관
의 영업 수시 중단 등의 어려움을 겪어왔다. 하지만 2021년부터는
안정적인 회복세를 보여 2022년에는 서비스 비용을 포함한 박스오피
스가 584억 위안에 달할 것으로 전망됐다. 또한 큰 변화 중 하나는
COVID-19가 인터넷으로 연결된 안방 극장인 OTT(Over The Top: 인
터넷을 통해 보는 TV·영상서비스)에 관객들을 붙잡아 둔 점이다. 창립 10주
년을 맞이한 대표적인 중국의 OTT 기업인 아이치이는 2021년에만 두
차례 멤버십 요금을 인상해서 적자를 탈출하고자 했다.[22]

[그림] 2016~2021년 중국 극장 관객 수 추이

(단위: 1000만 명)

자료: 모종혁(2022), 2021년 중국 영화산업 결산, KOFIC 통신원 리포트, Vol.19, 영화진흥위원회. p.2.

---

21) 모종혁(2022), 2021년 중국 영화산업 결산, KOFIC 통신원 리포트, Vol.19, 영화진흥위
원회.
22) 证券日报(2021.12.20) http://www.zqrb.cn/finance/hangyedongtai/2021-12-20/A
1639910928657.html

그렇다면 이러한 중국 영화산업에서 주링허우는 어떤 역할과 비중을 차지하고 있을까? 왕위밍(2016)23)은 주링허우 영화 관객들의 소비 성향을 설문조사를 통해 분석했다. 먼저 응답자의 32.2%가 중국 국산 영화를 선호했으며, 67.8%는 수입영화를 선호했다. 영화 정보를 어디에서 주로 얻냐는 질문에는 인터넷(32.6%)이 첫 번째로 꼽혔으며, 그 다음은 친구(19.3%), TV(15.8%), 모바일(12.4%) 순이었다. 영화 관람 채널로는 OTT(34.1%)가 영화관(33.1%)을 소폭 앞선 것으로 나타났다. 영화 티켓 구매 방식은 온라인 구매가 48.7%로 거의 과반수에 가까웠으며, 영화관 창구 구매도 27.3% 수준을 보였다.

　설문 대상인 주링허우 관객들 중 48.2%는 1년에 5회 이상 영화를 관람하고 있었으며, 3~4회도 27.7%에 달했다. 이들은 주로 친구(39.3%)와 영화를 같이 가는 빈도가 높았고, 애인(22.2%), 가족(14.3%) 순으로 동반하는 것으로 나타났다. 혼자 영화를 즐기는 비중은 10.4% 수준이었다. 여유 시간이 있을 경우, 영화 외에 주링허우들은 주로 음악(16.5%), 인터넷(15.7%), 운동(12.2%), 독서(10.7%) 등을 통해 휴식을 취한다고 답했다.

　어떤 나라 영화를 좋아하냐는 질문에는 19.6%가 중국 국산 영화를 꼽았으며, 미국 영화를 선호하는 비중은 30.7%로 가장 높았다. 이외에도 홍콩(12.9%), 대만(5.8%), 한국(5.6%), 영국(6.9%)산 영화를 선호했다. 중국 국산 영화를 좋아하는 이유로는 배우 때문으로 답한 비중이 24.9%로 가장 많았으며, 그 다음은 친근한 자국문화(15.3%)가 꼽혔다.

---

23) 강소성 쑤저우시 소주대학, 소주과기대학, 소주공업원구직업기술학원, 소주대학문정학원 등에 재학중인 주링허우 대학생(1946명.53.7%)과 쑤저우시 주링허우 일반인(1680명.46.3%) 등 총 3626명을 대상으로 했다. 남성은 57.9% 여성 42.1%, 1995~1999년 출생자(95后) 31%, 1990~1994년 출생자 69% 였다. 월수입은 2천 위안(29.1%)이 가장 많았으며, 3~4천 위안(23.3%), 2~3천위안(17.9%), 4~5천위안(13%), 5~6천 위안(6.1%), 7~8천 위안(4.8%), 9천~1만 위안(2.1%), 1만 위안 이상(3.7%) 순이었다.

<표> 주링허우 영화 소비 형태 조사 결과

(단위: %)

영화 정보를 얻는 소스는?								
친구	TV	인터넷	모바일	잡지	영화관 포스터	옥외 광고	방송	기타
19.3	15.8	32.6	12.4	3.5	10.7	2.9	0.8	2

어떤 채널로 영화를 관람하는가?					
네트워크(OTT)	TV	영화관	DVD	모바일	기타
34.7	15.6	33.1	4.2	10.6	1.8

영화관에서 영화를 관람할 경우, 영화 티켓 구매 방법은?				
영화관 창구에서 직접구매	온라인 구매	영화 회원카드 활용	홍보용 티켓 구매	기타
27.3	48.7	13.4	5.2	5.4

90后 관객의 영화 관련 빈도(1년 기준)					
5회 이상	3~4회	2회	1회	수년간 없음	기타
48.2	27.7	10.1	4.9	5.2	3.8

여유 시간이 생겼을 때, 영화를 제외한 휴식 방법										
독서	운동	음악	여행	인터넷	TV	오프라인 모임	외식	오락	쇼핑	수면	기타
10.7	12.2	16.5	8.9	15.7	3.5	3.8	7.5	6.5	5.6	7.9	1.2

주로 누구와 영화를 보러 가는가?						
가족	동료	친구	애인	혼자	네티즌	기타
14.3	9.8	39.3	22.3	10.4	1.4	2.4

어떤 나라(지역) 영화를 좋아하는가?												
중국	홍콩	대만	미국	캐나다	프랑스	영국	독일	북유럽	한국	일본	인도	태국
19.6	12.9	5.8	30.7	1.9	4.3	6.9	1.3	1.1	5.6	4.4	1.3	1

당신이 중국 국산영화를 좋아하는 이유는?							
중국 배우	감독 성향	예고편	바이럴 마케팅	애국주의	친근한 자국문화	원작을 선호해서	기타
24.9	12.2	11.1	14.3	7.5	15.3	11.2	3.5

당신이 외국 영화를 좋아하는 이유는?							
외국 배우	감독 성향	예고편	바이럴 마케팅	화면·음향효과	스토리	시리즈물 이라서	기타
14.6	10.2	7.5	11.5	22.5	20.2	10.7	2.9

자료: 왕위밍(2016), 90后관중영화소비 및 영화산업영향연구, 상해대학, 학위논문, pp.32~72.

애국주의로 답한 경우는 7.5%에 불과했다. 외국산 영화를 좋아하는 이유로는 뛰어난 화면 구성과 음향 효과를 22.5%로 첫 번째로 꼽았으며, 그 다음이 탄탄한 스토리(20.2%), 외국 배우(14.6%) 순으로 꼽혔다.

중국 MZ세대와 미래
China's MZ Generation and Future

마지막 독생자녀 세대, 링링허우
링링허우와 인터넷
링링허우가 원하는 직장
대만의 딸기병사

링링허우

링링허우

마지막 독생자녀 세대, 링링허우

링링허우(00后)는 2000년대 출생한 중국인들이다. 다음 장에서 살펴보겠지만, 1979년부터 32년간을 지속해 온 중국의 1가정 1자녀 정책이 2011년이 되자 점차 변하기 시작한다. 즉 부모 모두 외동 자녀이면 2자녀를 허용한 것이다. 2013년에는 부모 중 1인만 외동이어도 2자녀를 허락했다. 2015년 10월이 되자 전면적인 1가구 2자녀 정책을 시작하게 된다. 이제 중국에서 독생자녀 정책이 사라지게 된 것이다. 따라서 링링허우는 중국에서 마지막 독생자녀 세대가 되었다.

바링허우는 생산과 성장을 대표하는 세대다. 소득 수준이 높아지기 시작했고 외동이다 보니 학력 수준도 올라갔다. 의식(衣食) 문제에서 자유로워지면서 내집 마련에 대한 욕구가 높아졌고 현재 중국이 겪고 있는 부동산 버블의 원인이 되기도 했다. 해외 브랜드에 친숙해지기 시작한 첫 세대이다. 그 다음 세대인 주링허우는 본격적인 소비 세대다. 개인주의적 성향은 더 강해졌고 높아진 소득 수준을 마음껏 누렸다. 해외여행을 수시로 다니며 명품을 거리낌 없이 소비했다. 이제 2020년대 들어 링링허우가 성인이 되자 이들이 사회 트렌드를 주도하고 있다.1)

링링허우 세대는 두 가지 공통된 성장 배경을 공유하고 있다. 이들은 인터넷 원주민이다. 태어났을 때 이미 인터넷이 보편화되어 있었다. 1994년에 중국에 도입된 인터넷은 1995년에 중국 주요 도시에서 상업 서비스를 이미 시작했다. 2009년 상반기가 되자 인터넷 모바일이 가능해진 3G 이동전화 상용 서비스를 시작했고, 2014년에 드디어 4G 서비스도 시작되었다. 즉 링링허우가 중학생이 되던 시절에 스마트폰 시대가 시작하게 된 것이다.

그 결과, 링링허우는 스마트폰을 가지고 놀며 유년기를 보냈다. 스마트폰 보유율이 주링허우의 8배에 이른다. 중국에는 국민 메신서앱으로 불리는 위챗이 있다. 반면 링링허우의 대세 메신저앱은 QQ다. 1999년에 출시된 플랫폼이지만 지속적인 업그레이드를 통해 개인 맞춤 설정과 다양한 폰트, 디자인 스킨이 링링허우의 취향을 사로잡았다. 채팅을 할 때도 한자 대신 이모티콘이나 '짤'로 대화하는 '더우투(斗图)'를 즐긴다.

링링허우가 성장하고 학교에 다니는 동안 중국은 2008년 올림픽을 개최했고 미국과 어깨를 견줄 수준으로 국력이 급성장했다. 시진핑 주석은 이들에게 조국에 대한 자부심과 충성심을 부각해 가르쳤다. 그래서 애국주의가 링링허우에게서 두드러지고 있다. '불굴의 정신은 중화 혈통의 특징' 같은 랩 가사를 따라부르고, 엑소의 중국인 멤버 레이는 삼성전자가 대만과 홍콩을 중국과 별개의 국가인 것처럼 나열

---

1) 중앙일보(2022.6.24), 링링허우(00後) '90년대생과도 달라' 현실적이고 합리적인 애국 청년들.

했다고 삼성과의 광고 모델 계약을 끊었다. 이 때문에 궈차오(國潮)를 활용한 애국주의 마케팅은 링링허우를 타깃으로 하고 있다.

스포츠웨어 리닝(Li Ning)은 2019년 복고풍 한자와 홍색을 마케팅에 활용해 그해 매출이 30% 늘었다. 유명 연예인이 경극 같은 전통 예술을 대가에게 배우는 딩거룽둥창(叮咯咙咚唥) 같은 리얼리티 예능이나 유명인이 중국 역사문화를 탐구하는 샹신러구궁(上新了故宫) 류의 프로그램도 링링허우에게 인기를 얻었다. 링링허우는 더 이상 해외 브랜드에 열광하지 않는다. 품질이 우수하고 가격 경쟁력이 있는 국산 제품을 찾아 쓴다. 가성비 좋은 전자상거래 플랫폼 왕이옌쉬안(網易嚴選)에서 물건을 구매하고 화시쯔 같은 국산 브랜드 화장품을 쓴다. 완메이르지는 링링허우 세대와 떼어놓을 수 없는 왕훙(網紅, 인플루언서)과 SNS를 마케팅에 적극 활용해 그들을 사로잡은 화장품 브랜드다.

한편, 가장 젊은 링링허우는 현실적이기도 하다. 국산 브랜드 선호도 그런 성향을 반영한다. 링링허우 저축률은 70%로 10년 전보다 47% 높아졌다. 그 와중에도 워라밸(work - life balance)은 놓칠 수 없다. 알리바바 그룹 창업자 마윈이 '996(오전 9시부터 오후 9시까지 주6일 근무)을 할 수 있다는 것은 전생에 덕을 쌓아 얻은 복'이라고 했다가 링링허우들의 악플 세례를 받았다.

링링허우와 인터넷

주링허우, 링링허우의 특성은 인터넷과 함께 시작됐다고 해도 과언이 아니다. 그렇다면 중국 인터넷의 도입 역사는 어떻게 될까? 먼저 세계적인 인터넷 시작을 살펴보자.

인터넷 이용자가 연구자와 같은 특정 집단에서 일반인으로 확대되면서 나타난 것이 인터넷의 상업화이고 이를 인터넷의 시작으로 보는 것이 합리적일 것이다. 세계에서 최초로 설립된 상업적인 인터넷 회사는 1987년 UUNET(미국 버지니아 소재)으로 상업적인 UUCP(유닉스 시스템 간 통신프로그램)와 유스넷 서비스(Text 형태 기사 공유)를 제공하였다. 당시 인터넷의 상업적 관심은 전자우편 서비스, 뉴스그룹 제공, 채팅 서비스, 게임 등에 국한되었다.

세계적으로 일반인 이용자가 확대되고 그에 따른 상업화가 진전된 것은 1990년 이후다. 1989년 10만을 돌파한 호스트 수는 1년 후인 1990년에 30만을 돌파하였고 지금과 같은 상업적인 인터넷 서비스 제공업체(ISP)가 등장한다. 인터넷 상업화의 결정적 전기가 마련된 것은 월드와이드웹(www)이 개발·배포되기 시작한 1991년 이후이다. 일리노이 주립대 슈퍼컴퓨터 응용연구소의 마크 앤드리센은 1993년에 모자이크X라는 브라우저를 개발했고 수만 카피가 전 세계 컴퓨터들에 설치되면서 웹 사이트의 수는 폭발적으로 증가한다. 1994년에는 새로운 브라우저인 넷스케이프 내비게이터가 등장했고 모자이크X를 대신하여 2년 만에 표준이 되었다. 또한 1995년 8월에는 마이크로 소프트사가 윈도우95 운영체제 추가 패키지 일부로 인터넷 익스플로러를 출시한 후, 인터넷 세상 주인공으로 등장하게 된다.[2]

중국에 처음으로 인터넷이 들어온 시기는 1994년 4월 20일이다. 베이징에 있는 IT단지인 중관촌에 있는 교육과학연구시범 네트워크(NCFC)는 미국 Sprint사 통신망을 통해 64K 속도의 국제전용선 인터넷을 개통했다. 이로써 중국은 세계에서 77번째로 인터넷이 개통된 국가가 되었다. 같은 해 5월 15일에는 중국과학원 고에너지 물리연구

---

2) 이재현(2000), 『인터넷과 사이버사회』. 커뮤니케이션북스.

소가 중국 내 첫 번째 웹서버를 설치했고 중국 첫 번째 홈페이지를 개설했다. 이 홈페이지에서는 세계 첨단 기술 발전 현황을 소개했다. 또한 홈페이지 내 'Tour in China(中国之窗)'라는 메뉴를 통해 중국의 경제, 문화, 비즈니스 등 소식을 알렸는데 이는 세계인들이 중국을 접하는 최초의 대중 홈페이지 역할을 하게 됐다.

1995년 5월, 베이징 중관촌에 커다란 광고판이 하나 세워졌다. 헤드라인은 '중국인은 정보고속도로에서 얼마나 멀리 있나? 북쪽으로 1500미터'였는데, 이것은 잉하이웨이 정보통신이라는 인터넷 상업회사 이미지 광고판이었다. 회사를 설립한 장수신(1963년생. 북경과기유한책임공사 회장)은 중국 인터넷의 선구자로 인정받는 인물이다. 그녀는 중국과기대학교 응용화학과를 졸업한 후, '중국과학보' 신문기자를 거쳐 창업에 뛰어 들었다. 잉하이웨이 정보통신사는 중국 내 최초로 중문 네트워크 서비스를 개시하여 일반 가정에서 인터넷 서비스를 사용할 수 있도록 한 중국의 첫 번째 인터넷 서비스 사업자(ISP)였다. 당시 광고판을 본 시민들과 경찰조차 '정보고속도로'가 어느 방향인지 물을 정도로 인터넷은 생소한 문물이었다. 장수신은 인터넷이 정보고속도로(Information High Way)로 통칭되는 것을 알고 이를 중국어로 음역한 '잉하이웨이(瀛海威)'로 회사 이름을 지은 것이었다. 이후 중국 내 인터넷 확산은 빠르게 이루어진다. 중국 내 최초 인터넷 게시판(Web BBS)인 수목청화(水木清华站)가 칭화대학에서 1995년 8월에 개통하였으며, 이후 중국 사회에 BBS를 통한 인터넷 토론 문화의 붐을 불러오게 된다.

▌ 중국 최초로 홈페이지를 개통했던 중국과학원 고에너지물리연구소 ▌

자료: 중국과학원 고에너지물리연구소(www.ihep.cas.cn)

칭화대학 물리학과 졸업 후, 미국 MIT에서 박사를 마치고 1995년 미국과학정보연구소(ISI) 북경대표처 수석대표로 중국에 도착한 장차오양(张朝阳)은 중국 인터넷 미래를 인지하고 중국 최초의 검색 포털회사인 소후(搜狐. www.sohu.com)를 1996년 8월에 창업한다. 1996년 11월 15일에는 Spark-ice사(实华开网络)가 베이징수도체육관 주경기장 옆에 중국 최초의 인터넷 카페를 열었다. 학생증을 제시하면 1시간에 15위안의 사용료를 받고 커피 한잔을 주었다. 당시 중국 근로자의 월 평균 임금은 517.5 위안이었으니 1시간 인터넷을 이용하려면 하루 일당이 필요했다. 게다가 인터넷 속도는 홈페이지 첫 화면이 모두 모니터에 보일려면 5~6분이 걸리는 수준이었다.

중국의 인터넷은 정부 주도로 시작되었다. 1994년 8월, 연구·교육이 주목적인 중국교육연구네트워크(CERNET) 프로젝트가 시작되었다.

1994년 9월에 중국정부는 미국 상무성과 인터넷 연결 계약을 체결했고, 미국 Sprint사의 도움을 받아 두 개의 64K 임대라인(베이징, 상하이)을 개방해야 한다는 내용을 담고 있었다. 이는 중국 국영 인터넷망인 차이나넷(ChinaNet)의 시작을 의미한다. 1995년 1월에 베이징과 상하이에 전화네트워크, DDN 임대라인, X.25 네트워크를 통해 인터넷 접속 서비스 제공이 시작됐다. 같은 해 7월에는 광저우, 난징, 선양, 시안, 우한, 청두로 확대되었다. 1995년 8월, Gold Bridge 프로젝트를 완결하여 인공위성 네트워크를 이용하여 전국 24개 성(省) 및 도시들을 인터넷에 연결했다. 1997년 1월, 공산당 기관이지인 인민일보는 온라인 인민일보(People's Daily Online)를 인터넷에 개통했다. 이는 중국 최초의 뉴스 웹사이트였다.

❚ 중국 최초 민간 ISP, 잉하이웨이 정보통신사 광고 간판(1995년 5월) ❚

자료: 중국인터넷협회 중국인터넷발전사(中国互联网发展史大事记) www.isc.org.cn

1997년 2월에는 민간 ISP인 Info-Highway Network 운영이 본격 시작되어 베이징 외에도 상하이, 광저우, 푸저우, 선전, 시안, 선양, 하얼빈 등 8개 도시를 인터넷으로 연결했다. 1997년 6월에는 인터넷 관리부처인 중국인터넷네트워크정보센터(CNNIC)를 설립했으며, 같은 해 11월 CNNIC가 낸 첫 번째 '중국의 인터넷발전에 관한 통계조사보고서'에 따르면 1997년 10월, 중국 컴퓨터 호스트 수는 299,000개, 인터넷 이용자 수 620,000명, .CN 도메인 수는 4,066개, 월드와이드웹 수는 1,500개이며, 25.408Mbit/s의 국제 대역폭(bandwidth)을 보유한 것으로 나타났다.

링링허우가 원하는 직장

2022년 중국의 대학(전문대 포함) 졸업자는 1,076만 명으로 사상 최대치에 달했다. 이들 대부분은 링링허우이다. 과연 이들의 일자리 선택 기준은 무엇일까? 최근 중국의 채용 전문 플랫폼 보스즈핀연구원이 '링링허우 세대의 취업 선호도 조사 보고서'를 발표했다. 이전 세대와 비교해 링링허우는 근무지, 직업 가치, 고용기업 규모, 구직 방향 등에서 많은 차이를 보였다. 이를 통해 노동력의 세대교체 속에서 자기계발 및 일과 삶의 균형(워라밸)을 더욱 중요시하는 링링허우 만의 새로운 취업 선택의 기준을 드러낸 것이다.

첫째로 링링허우의 2·3선 도시 선호도가 눈에 띄게 높아졌다. 1선 도시는 베이징, 상하이, 광저우 같은 초대도시를 의미하고, 그보다 작은 도시들이 2선 도시, 3선 도시로 나뉜다. 링링허우의 2·3선 도시 선호도는 1990년대와 1985년 이후 출생자들과 비교해 높은 반면, 1선

도시에 대한 선호도는 1990년대와 1985년 이후 출생자들과 비교해 낮아졌다. 근무지 선택에 있어 워라밸을 추구하기 때문에 근무 친화적인 분위기와 거주하기 편한 도시 환경을 선호하는 것이다. 2·3선 도시가 해당 조건에 부합해 해당 지역에 대한 선호도가 높다.

이밖에 학력도 구직에 많은 영향을 주는 것으로 나타났다. 고학력자일수록 기회가 많은 도시를 선호했다. 반면 친지·지인과 가까운 도시에 대한 선호도는 상대적으로 낮아졌다. 이와 관련해 딩창파 샤먼대학 경제학과 교수는 신(新)1선 도시를 포함해 2선 도시의 경제가 빠르게 성장함에 따라 취업의 기회가 많아졌다고 밝혔다. 또 이들 도시의 의료·교육 등 공공 인프라 또한 양호한 편이다. 1선 도시와 비교했을 때 부동산 가격도 합리적이라 정착하기도 어렵지 않다. 이런 이유로 젊은이들에겐 '가성비'가 좋은 도시로 통한다.

조사 결과를 보면 링링허우는 개성이 강한 세대이다. 링링허우는 금전적 보상보다는 커리어 개발 가능성, 직업과 취미 간 연관성을 매우 중요하게 여겼다. 직업 선택 시 중요하게 생각하는 항목은 연봉·복지(73.5%), 인간관계(68%), 자기계발(67.9%), 워라밸(57.2%), 취미(45.8%) 순으로 나타났다. 임금, 상여금 등에 대한 관심도는 기타 세대 평균보다 낮았다. 휴가 기간, 초과 근무 여부, 출퇴근 거리 등도 중시했다. 실제 광저우시에 창업한 한 기업 관계자는 현재 직원 대부분이 2000년 전후 출생자들로 바링허우나 1995년 이후 출생자들과 비교해 자신이 즐길 수 있는 일을 선호하고, 야근 등 추가 근무는 원치 않는다라고 밝혔다.

링링허우는 대기업, 중견기업 입사뿐만 아니라 중소기업 취업도 선호했다. 중소기업 선호도가 높았는데 응답자 69%가 회사의 유명도나 명성을 주요 구직 요소로 여기지 않았다. 또 100인 미만 영세사업장과 실질적인 커뮤니케이션을 진행 중인 구직자 가운데 링링허우가 46% 이상을 차지했다. 이는 주링허우와 1985년 이후 출생자보다 6~8%포인트 높게 나타난 것이다.

추차오후이 중국교육과학연구원 연구원은 '사이버 환경에서 학습하고 생활해온 경험이 많은 링링허우는 사회 저변의 일자리에 대한 이해가 깊지 않다'며 전통산업과 제조업의 구조전환 및 고도화에도 많은 인재가 필요한 상황임을 강조했다. 특히 링링허우가 원하는 직장과 중국 사회구조의 미스매칭(mismatching)을 우려했다.3)

〈표〉 중국의 계층별 회사 소재지 선택 기준

(단위: %)

계층	취업기회가 많고 발전 전망이 좋은 곳	가족과 친구가 가까운 지역	살기 편하고 쾌적한 생활 환경을 가진 곳	기타
링링허우	46.8	21.9	22.7	8.6
1995~99년 출생자	51.4	25.7	16	6.9
주링허우	48.3	32	14.3	5.4
1985~89년 출생자	41.2	39.3	14.4	5.1

주: 설문 표본 건수는 5291건임. 세대별 합은 100%임.
자료: 'ㅇㅇ后群体就业选择偏好调研报告'(2022.4.14.).

---

3) 'ㅇㅇ后群体就业选择偏好调研报告' https://baijiahao.baidu.com/s?id=173007234530146 2482&wfr=spider&for=pc

대만의 딸기병사

2022년 8월 25일, 중국 SNS에 유포된 사진 한 장이 '딸기병사(草莓兵)'라는 키워드를 다시 등장시켰다. 딸기는 주링허우(혹 바링허우)를 의미하는 별칭인데, 겉은 화려한데 속은 물러터진 젊은이를 딸기에 빗댄 표현이다. 사진은 중국 무인기가 본토에서 가까운 섬의 대만군 초소와 군인들을 촬영한 것으로 대만 군인들이 무인기를 놀란 표정으로 바라보고 있었다. 중국 네티즌들은 대만 '딸기병사'는 전쟁을 할 수 없다며 비웃었다. 사진은 중국 푸젠성 해안도시 샤먼에서 4.4㎞ 떨어진 얼단다오에서 촬영된 것으로 대만이 실효 지배하는 진먼다오(金門島) 부속 섬이다. 대만의 최전선이나 다름 없는 지역에 중국 무인기가 넘나들며 군인들을 촬영한 것이다.[4]

여당인 민진당은 집권 후 대만 군사력을 강화하고 있지만 외부에서 우려하는 것은 하드웨어가 아닌 소프트웨어 바로 군인들이였다. 월스트리트저널(2022.10.26.)은 '대만군은 전쟁할 준비가 돼 있는가'라는 기사에서 대만군의 문제는 무기가 아니라 국민 안보 불감증과 군 기강 해이라고 지적했다. 스스로를 '딸기병사'라고 부르는 대만군 병사들의 배경은 물러지는 딸기처럼 정신력이 약하다는 것을 자조하는 젊은이들의 유행어 '딸기세대' 였다. 신문은 '병사들 사이에서는 국제사회가 지켜보는데 설마 중국이 쳐들어 오겠느냐거나 전쟁이 나면 미국이 지켜줄 것이라는 생각이 팽배해 있다'고 전했다. 오랜 평화로 대만군의 기강 해이가 심각한 수준이 됐다는 평가였다.

대만 감사원과 국방부에 따르면 군내 관리 부실과 비리로 입대하려는 젊은이들의 사기는 꺾이고 있고 예비군 훈련장은 시간이나 때우자

---

4) 경향신문(2022.8.25.)

는 정서가 팽배해 있다. 청년들은 입대 후 4개월 기초훈련 동안 한 것이 잡초뽑기, 타이어 옮기기, 낙엽 쓸기였다며 사격을 배우기는 했지만 대부분 교육은 무의미했다고 밝혔다. 한 청년은 중국이 홍콩을 장악하는 것을 보고 입대하려고 했더니 병무 관계자가 시간 낭비하지 말고 살이나 찌우라는 핀잔을 줬다고 비판했다. 입대 전에 패스트푸드를 먹고 살을 찌워 병역 면제를 받으라는 뜻이었다.

　대만군이 이처럼 나약해진 원인을 두고 군 모병체제의 변화를 꼽는 목소리가 많다. 대만은 현재 징병제와 모병제를 혼용해서 시행하고 있다. 2018년 이전까지 대만은 징병제 국가였다. 1951년 국민당 정부가 들어선 뒤부터 시행한 징병제는 1990년 7월부터는 복무기간이 2년으로 줄었다. 2000년부터 다시 5차례 단축해 2008년 7월부터는 1년으로, 2018년 12월부터 4개월로 줄였다. 대신 필수인원은 모병제로 모집하고, 예비군 병력은 220만 명을 유지하여, 이들을 주력으로 삼는다는 방침이었다. 하지만 현역 복무기간이 4개월로 단축되면서 10년 전 27만여 명이었던 대만 정규군 병력은 현재 18만 명까지 줄었다. 매년 8만 명이 입대하지만 면제받는 인원도 생기면서 예비군 병력 유지에 어려움을 겪고 있다. 현역 병사는 입대 후 신병교육만 4개월 받고 전역하며, 예비군은 2년에 한 번 소집돼 5~7일 동안 동원예비군 훈련을 받는다. 문제는 현역들이 입대한 뒤 훈련을 받는 곳이 전투부대가 아니어서 실전적 훈련은 거의 경험하지 못한다는 데 있었다.

　다만 2022년 2월 24일에 발발한 러시아-우크라이나 전쟁과 그 전부터 지속되어 온 중국과의 긴장 고조에 대응하여 최근 대만 차이잉원 총통은 2024년 1월부터 복무 연한을 기존 4개월에서 1년으로 연장하기로 결정(2022.12.27.)하게 된다.[5]

---

5) 매일경제(2022.12.27.) https://www.mk.co.kr/news/world/10584186

중국 MZ세대와 미래
China's MZ Generation and Future

인구 통계와 정책

인구 통계와 정책

중국 인구구조

국가통계국은 2022년 중국인구가 14억 1175만 명을 기록하여 전년
비 85만 명이 줄었다고 밝혔다. 중국 인구가 감소한 것은 대약진운동
(1958~1960)으로 약 3천만 명이 굶어죽은 1961년 이후 처음이다. 이에
더해 중국의 7차 인구센서스 결과(2020)와 2021년말 인구통계는 중국
의 생산연령인구 감소세와 인구의 고령화 추세가 빠르게 진행되고 있
음을 보여주고 있다. 중국이 생산연령인구로 분류하는 16~59세 인구
는 2021년말 현재 총인구의 62.5%인 8억 8,222만 명으로 전년(62.3%)
에 비해 247만명 증가하였으나 이는 생산연령인구에서 제외된 1961
년 출생인구가 상대적으로 적었던 데 따른 일시적인 현상이다.

65세 이상 고령인구는 전년비 992만 명 증가한 14.2%로 전년(13.5%)
에 비해 0.7%포인트 상승하여 본격적인 고령사회에 진입했다. UN은
65세 인구비중이 14% 이상인 경우를 고령사회로, 20% 이상인 경우를
초고령사회로 분류하고 있다. 참고로 한국은 65세 이상 인구비중이

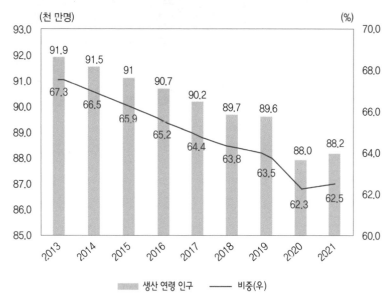

[그림] 중국 생산연령 인구 비중 추이(2013-2021)

주: 생산연령 인구는 16-59세 인구임.
자료: 국가통계국.

2020년 기준 15.7%로, 2025년 초고령 사회에 진입할 것으로 추정된다.

국가통계국 및 국가위생건강위원회는 출생인구가 크게 감소한 것은 가임기 여성인구의 감소, 결혼관 변화, 양육비용 증가 등 다양한 요인이 반영된 결과라고 설명했다. 3.6억 명 이상 수준을 유지해 오던 중국의 가임기 여성수(15~49세)가 2019년말 3.4억 명대로 감소하였으며, 2021년에도 전년에 비해 500만 명이 감소했다. 국가위생건강위원회는 가임기 여성의 평균 자녀출산 의사도 2017년 조사에서 1.76명, 2019년 1.73명이었으나 2021년 조사에서는 1.64명으로 하락하였다고 밝혔다.

합계출산율은 1992년 1.98로 인구규모의 유지에 필요한 수준으로 알려진 2.1을 하회하기 시작하였으며, 중국은행연구원에 따르면 2020

년 1.3, 2021년에는 1.15로 하락했다. COVID-19로 인한 의료시설 이용문제, 소득감소 등으로 출산계획을 취소하거나 연기하는 사례도 2020~2021년중 출생인구가 크게 감소하는 데 영향을 미쳤을 것으로 분석했다. 실제 2019년 조출생률 10.41명에서 2020년 8.52명, 2021년 7.52명으로 감소했다.1) 2008년 금융위기 후 2009년과 2010년에도 조출생률은 주민소득감소 등의 영향으로 각각 11.95명과 11.9명으로 2008년(12.14명)에 비해 하락하였으며, 2011년과 2012년에 각각 13.27명과 14.57명으로 반등한 바 있다.

〈표〉 중국 인구 센서스 회차별 인구 비교

회차	실시연도	총인구(만 명)	증가율(%)	비중(%)	
				15~64세	65세이상
1	1953	59,435	-	59.31	4.43
2	1964	69,458	16.86	55.75	3.57
3	1982	100,818	45.15	61.50	4.91
4	1990	113,368	12.45	66.74	5.57
5	2000	126,583	11.66	70.15	6.96
6	2010	133,972	5.84	74.53 (70.14)*	8.87
7	2020	141,178	5.38	68.55 (63.35)*	13.50

주: 증가율은 전회차 센서스 대비 증가율임. *표기 비중은 15~59세 기준.
자료: 한국은행 북경사무소(2022.2.15.), 최근 인구성장세 둔화에 따른 중국정부의 대응, 「현지정보」.

중국내 전문가와 UN 등은 중국의 총인구가 2028~2031년경 피크에 이르고 점차 감소할 것으로 전망하고 있으며, 이에 따라 생산연령인구의 감소와 고령인구 증가 문제가 더욱 심화될 것으로 예상된다. 중국정부는 「14차 5개년 규획」 기간(2021~2025년) 동안 중국인구가 고

---

1) 조출생률(Crude Birth Rate, 粗出生率): 1년간 발생한 총 출생건수를 당해연도의 연앙기준(한 해의 중간인 7월 1일)으로 나눈 수치를 1,000분비로 나타낸 것. 즉 인구 천명 당 출생아 수를 뜻한다. 조출생률=[(특정 1년간의 총출생아수)/(당해년도의 연앙인구)]×1,000

령사회 단계에 진입하고 2035년경에는 초고령화 단계에 진입하여 경제운영 전반에 상당한 영향을 미칠 것으로 예상하고 있다.

다만 최근 생산연령인구 감소에 대해서는 평균 교육연수의 향상(인재보너스), 도시화에 따른 도시유동인구의 지속적인 증가 등으로 일부 상쇄될 수 있을 것이라는 시각이다. 2021년말 상주인구기준 도시화율은 64.72%로 전년말에 비해 0.83%포인트 상승하였으며 도시지역 확장, 도시인구 자연증가 및 농촌인구 유입에 의한 기여도가 각각 0.36%포인트, 0.12%포인트 및 0.35%포인트로 나타났다. 2022년부터 출생률이 가장 높던 시기였던 1962~1964년(조출생률 37명 이상)에 태어난 베이비붐 세대의 은퇴연령 도래로 은퇴인구 규모가 신규 취업인구 규모를 초과하기 시작했다. 이에 따라 노동력 수급 불균형 및 연금수급인원 급증 등의 사회문제가 두드러질 전망이다. 남성기준 법정정년인 60세 은퇴와 취업연령 22세를 기준으로 산정해 볼 경우 2022년 중 은퇴인구는 신규취업인구보다 약 720만 명 많은 상황이다.

UN은 「세계인구전망」(2019)에서 중국 인구의 평균연령이 2000년 30세, 2020년 38세에서 2050년에는 48세로 상승할 것으로 예측했다. 노동생산성(실질GDP/경제활동인구)은 COVID-19 이전인 2019년까지는 6% 대의 상승률을 유지하고 있다. 노동참여율은 2020년 66.8%로 완만히 하락하고 있으나 아직까지는 미국·일본·한국 등 주요국의 62% 내외보다는 높은 수준이다.

「7차 인구센서스」 발표(2021년 5월) 직후 중국 공산당 중앙위원회와 국무원은 적극적인 출산·보육 장려정책을 담은 '출산정책 개선을 통한 인구의 장기 균형발전 촉진에 관한 결정'을 발표했다. 인구고령화에 대응하고, 적절한 출산수준 유지를 위해 2016년부터 시행해 오던 2자녀 정책을 3자녀 정책으로 확대한 것이다. 1982년에 시작된 1자녀 정책을 2013년 11월에는 부부가 모두 독자인 경우 2자녀까지 허용하는 것으로 완화하였으며, 2015년 12월에는 2자녀 전면 허용정책으로 변경한 바 있다.

2025년까지 적극적인 출산 지원을 위한 제도를 완비하고 인구 1,000명 당 4.5개의 기관보육 정원을 확보하는 등 출산·보육관련 서비스를 확대하는 한편 2035년까지 인구의 장기균형발전을 촉진하는 제도를 정비할 계획이다. 동 '결정'에 따라 중앙정부 및 각 지방정부별로 3자녀 출산 정책의 본격적 시행과 보육지원을 위한 법률 및 조례 개정, 시행방안 수립 등 후속 대책을 추진하고 있다. 전국인민대표대회(우리의 국회에 해당) 상무위원회는 '인구계획생육법'을 수정하여 3자녀 출산정책 등을 정식 입법화(2021년 8월)했다.

국가위생건강위원회는 초과출산벌금인 사회유지비 부과 및 처벌규정의 폐지, 후커우·취학·취업 등을 개인의 출생 상태와 연계하던 각종 제도를 완전히 폐지하는 내용의 시행방안을 발표(2021년 7월)한 바 있다. 이처럼 실질적 불이익 폐지에도 불구하고 산아제한을 3자녀로 유지하는 것에 대해 중국정부는 지역별 인구균형을 유지하고 에너지, 수자원, 식량 등 자원 부족 하에서 국민들이 더 나은 생활수준을 영위토록 하기 위해서는 여전히 계획출산이 필요하다는 입장이다. 각 지방정부별로도 출산 및 육아 휴가기간 확대, 보육시설 확충 등 사회보육시스템 구축, 취업부녀자 보호, 다자녀가정 주택우대정책 등을 주요 내용으로 하는 세부 지원정책을 발표했다.

그러나 가임기 여성수가 감소하고 있고 사회발전에 따라 중국인들의 자녀양육에 대한 가치관도 변화하는 가운데 대도시 높은 집값, 자녀 양육부담 등 출산 의사에 영향을 미치는 경제·사회적 요인들이 개선되지 않는 한 긍정적 효과를 보기는 어려울 것이다. 소위 '자녀를 양육하여 노후를 대비한다(养儿防老)'는 전통사상도 소득증가, 양로기금의 발전, 의료서비스 증가 등으로 점차 퇴조하고 있다. 3자녀 정책 시행, COVID-19 충격 종료에 따른 일시적 효과 등으로 단기적으로 출생인구가 다소 늘어날 수는 있으나 과거 사례를 보면 추세를 변화시키기는 어려워 보인다. 2자녀 정책 시행 이후 조출생률은 2015년 12.0명에서 2016년 13.6명으로 증가하였으나 이후 점차 하락하여 2019년에는 10.4명에 그치는 등 출생인구 감소 추세를 돌리지는 못했기 때문이다.[2]

〈표〉 중국의 연도별 출생자 현황(1949~2022년)

(단위: 만 명)

연도	출생자	비고	연도	출생자	비고	연도	출생자	비고
1949	1,275	중국 성립	1974	2,226		1999	1,827	
1950	1,419		1975	2,102		2000	1,771	
1951	1,349		1976	1,849		2001	1,702	WTO가입
1952	1,622		1977	1,783		2002	1,647	인구계획 생육법 제정
1953	1,637		1978	1,733		2003	1,599	
1954	2,232	2차 세계 대전 종식후, 1차 베이비붐	1979	1,715	1가구 1자녀 정책	2004	1,593	
1955	1,965		1980	1,776		2005	1,617	
1956	1,961		1981	2,064		2006	1,585	
1957	2,138		1982	2,230	1가구 1.5 자녀 정책	2007	1,595	
1958	1,889		1983	2,052		2008	1,608	미국발 금융위기
1959	1,635	대약진운동 실패후 기근 도래	1984	2,050		2009	1,581	
1960	1,402		1985	2,196	3차 베이비붐,	2010	1,592	

---

2) 한국은행 북경사무소(2022.2.15.), 최근 인구성장세 둔화에 따른 중국정부의 대응, 「현지정보」.

연도	수치	비고	연도	수치	비고	연도	수치	비고
1961	949		1986	2,374		2011	1,604	부모외동 2자녀 정책
1962	2,451	2차 베이비붐. 문화대혁명 시기에 출산 장려	1987	2,508	앞선 두차례 베이비붐 세대 결혼적령기 도래	2012	1,635	시진핑 집정
1963	2,934		1988	2,445		2013	1,640	부모1인 외동 2자녀
1964	2,721		1989	2,396		2014	1,687	
1965	2,679		1990	2,374		2015	1,655	1가구 2자녀 정책
1966	2,554		1991	2,250		2016	1,786	
1967	2,543		1992	2,113		2017	1,723	
1968	2,731		1993	2,120	사회주의 시장경제 시작	2018	1,523	
1969	2,690		1994	2,098		2019	1,465	
1970	2,710		1995	2,052		2020	1,200	
1971	2,551	가족계획 정책 입안	1996	2,057		2021	1,062	1가구 3자녀 정책
1972	2,550		1997	2,028		2022	956	
1973	2,447		1998	1,934	아시아 금융위기			

자료: 국가통계국 및 중국통계출판사에서 발행된 《中国人口统计年鉴》 1998년부터 2006년호, 《中国 人口和就业统计年鉴》 2007년부터 2020년호 참고하여 필자 구성.

독생자녀 인구는 몇 명인가?

중국의 공식적인 통계자료에서 정확한 독생자녀 인구 수치는 찾아볼 수 없다. 다음에 설명할 1인 가구 수는 주기적으로 통계가 발표되지만 1인 가구가 독생자녀를 의미하는 것이 아니다. 노인 인구 중 혼자 사는 사람이나 개인적인 이유로 분리된 가정 구성원도 1인 가구에 포함되기 때문이다. 따라서 본고에서는 중국 인구통계에 근거한 인구전문가의 예측과 최근 통계수치(1인 가구, 연령대별 출산율, 가구별 구성원 수)에 근거한 추산으로 최근의 독생자녀 인구를 예측했다.

먼저 신랑차이징3)의 분석자료를 보면 2018년도 중국의 독생자녀 인구를 1억 7600만 명으로 추산하고 있는데, 이는 같은 해 중국 인구 14억 541만 명의 12.52% 수준이다. 이는 1980년부터 2016년까지 각 지방정부 통계국 차원에서 표본 조사했던 독생자녀 출산율에 근거한다. 이후 중국정부 관변기관 차원에서 이루어진 조사 결과는 대외공개된 바 없어 이 수치가 유일하다. 디이차이징(2021.12.4) 자료에서는 2020년도 중국 독생자녀 인구수를 약 1.8억 명이라고 밝혔는데, 이는 다분히 2018년 독생자녀 인구 수(1.76억 명)에 근거한 추산으로 판단된다.4)

이후 중국 가족계획 정책의 변화로 2015년에 1가정 2자녀, 2021년부터는 1가정 3자녀까지 출산이 가능하게 되었다. 따라서 링링허우(2000~2009년 출생자) 독생자녀 가정에서는 둘째를 출산했을 가능성이 크다. 반면에 경제·사회적 여건으로 인해 2015년 이후에도 자발적으로 이루어진 독생자녀 가정도 적지 않다. 따라서 2015년 이후 중국정

---

3) 新浪财经(2019.10.24.) https://baijiahao.baidu.com/s?id=1648252383759052979&wfr=spider&for=pc
4) 第一财经(2021.12.4) https://m.gmw.cn/baijia/2021-12/04/1302706086.html

부에서 실행된 인구 표본조사를 통한 정확한 독생자녀 인구 수 파악은 더 어려워졌다.

2020년 국가통계국 기준으로 1981년부터 2000년 사이에 출생한 바링허우, 주링허우 인구는 3억 8994만 명으로 당시 중국 총 인구 14억 977만명의 27.7%에 달했다. 2020년 중국 인구의 도시와 농촌 비율은 63.9 : 36.1 수준이었는데, 1가정 1자녀 가족계획 정책이 가장 엄격하게 집행된 도시 지역에서 태어난 바링허우, 주링허우 인구가 모두 독생자녀일 거라고 가정한다면 2억 4,917만 명이라는 숫자가 나온다. 또한 2015년부터 인구 정책의 변화로 둘째가 허용된 링링허우 인구는 제외하는 것이 더 유효해 보인다.

국가통계국이 발표한 2020년 중국의 전체 1인 가구수는 1억 2,549만 가구, 이중 바링허우 주링허우 1인 가구는 4,021만 가구였다. 따라서 앞서 인용한 2018년(1.76억 명) 및 2020년(약 1.8억 명) 독생자녀 인구수는 다소 보수적이나, 두 번의 인구 센서스를 통해 발표한 2009~2010년 및 2019~2020년간 독생자녀 출생인구에 대한 회귀분석을 통해 필자가 확인한 결과, 타당한 추산이라고 판단된다. 즉 2020년 기준 중국의 독생자녀 인구는 1억 8천만 명으로 추산된다.

늘어가는 중국의 1인 가구

국가통계국에 따르면 2020년말 기준 1인 가구(一人家口, One Person Household) 수는 1억 2549만 가구로 중국 전체 가구 수 4억 9415만 가구의 25.4%를 점유하고 있는 것으로 나타났다. 즉 중국 가구의 1/4이 1인가구로 구성된 것이다. 중국 전체가구 중 2인 가구 비중이 29.7%

로 가장 많기는 하지만, 1인 가구수에 비해 4.3% 포인트 높은 수준을 나타내고 있다.

한편, 중국 총 가구 중 1대만 사는 가구 비율이 49.5%, 2대가 함께 사는 가구는 36.7%에 달해 이미 중국은 핵가족화가 이루어졌음을 알 수 있다. 참고로 2020년 한국의 1인 가구는 전체 가구의 31.7%인 664만 3천 가구로 가장 큰 비중을 차지했다. 이들 중 20대가 전체 1인가구의 19.1%로 가장 많고, 그다음은 30대(16.8%), 50대(15.6%)와 60대(15.6%), 40대(13.6%) 등의 순을 나타낸 바 있다.5)

이를 10년전 통계와 비교하면 1인 가구의 증가수를 가늠할 수 있다. 2010년 중국의 1인 가구수는 5839만 가구로 전체 가구 수 중 점유하는 비중이 14.53%에 불과했다. 즉 10년만에 1인 가구 비중이 14.53%에서 25.4%로 10.87%포인트, 절대치로는 6710만 가구(1.15배)가 늘어났다.

1953년에 실시된 중국 제1차 인구센서스 때 각 가정의 평균인구 규모는 4.41명 수준이었다. 이 수치가 2000년에 이르러서는 3.44명으로 축소되었고, 2010년 3.1명, 2020년에는 2.62명까지 줄어든 것이다. 이제 중국은 강력한 산아제한 정책이 실시되었던 1980년대 이후 가정을 나타내는 대표적인 호칭인 3인 1가구(三口之家)라는 명칭이 해당되지 않는 국가가 되어버린 것이다.

현재 중국 내 1인 가구의 대부분은 노인 1인 가구와 청년 1인 가구로 구성되어 있다. 2020년 기준 중국의 연령대별 1인가구 비중을 보면 20대가 15.8% 30대 16.2%, 40대 15%, 50대 16.6%, 60대 및 65세 이상은 29.8% 수준을 보이고 있다. 2020년 기준으로 바링허우에 해당하는 1980년대 출생자의 1인 가구 비중은 16.2%, 1990년대 출생자들

---

5) 통계청(2021.12.8), 「2021 통계로 보는 1인가구」.

인 주링허우는 15.8%로 65세 이상 노인층을 제외한 다른 연령대보다 훨씬 높은 1인 가구 비율을 나타내고 있음을 알 수 있다.

의학의 발달에 따른 평균 수명의 연장과 가치관 차이에 따른 독신주의 증대가 최근 10년간 중국 내 1인 가구 증가의 배경으로 꼽힌다. 따라서 중국 전문가들도 이러한 변화를 피할 수 없는 추세로 인식하고 있으나 문제는 1인 가구 증가 속도가 너무 빠르다는 점에 있다.

〈표〉 2020년 기준 연령대 별 중국 1인 가구 현황

(단위: 세, 가구, %)

출생연도	~2006년	2005~2001	2000~1996	1995~1991	1990~1986	1985~1981
연령	14세 이하	15~19	20~24	25~29	30~34	35~39
가구수	5,401,483	3,001,434	8,007,557	11,800,920	12,069,228	8,340,048
비중	4.3%	2.4%	6.4%	9.4%	9.6%	6.6%
출생연도	1980~1976	1975~1971	1970~1966	1965~1961	1960~1956	1955~
연령	40~44	45~49	50~54	55~59	60~64	65세 이상
가구수	8,120,379	10,627,013	11,162,819	9,669,097	7,351,481	29,938,548
비중	6.5%	8.5%	8.9%	7.7%	5.9%	23.9%

주: 2020년 기준 중국 전체 가구수는 125,490,007 가구임.
자료: 中国统计出版社(2022), 《中国人口普查年鉴−2020》国务院第七次全国人口普查(2020년 11월 1일 조사 기준) www.stats.gov.cn/tjsj/pcsj/rkpc/7rp/zk/indexch.htm

광동성 인구발전연구원 동위쩡 원장은 청년 계층에서 본 1인 가구 증가 원인을 다음과 같이 정리하고 있다. 첫째 젊은이들이 독립하고자 하는 의지가 강해져 1인 가구를 구성하여 독립적이고 자유로운 생활을 즐긴다는 점이다. 둘째로는 젊은이들의 결혼 및 출산 시기가 갈수록 길어짐에 따라 1인 가구 유지 폭이 늘어나고 있다. 셋째 최근 자유로운 취업 시장의 발달로 거주지와 관계 없는 회사에 근무하는 젊은이들이 늘어나 회사 근처의 1인 가구가 늘어나고 있다.

실제 2020년 중국의 평균 초혼 연령은 28.67세로 이는 2010년 24.89세보다 3.78세가 늘어났다. 길어진 결혼 시기와 출산 시점은 젊은이들이 1인 가구화 되는 비중과 속도를 빠르게 하고 있다.

또한 경제적 환경도 1인 가구 증가에 가장 큰 영향을 미치는 요인이다. 중국 내 31개 직할시, 자치구, 성 중에서 2020년 기준 1인 가구 비중이 가장 많은 지역은 광동, 사천, 절강, 산동, 하남 순이었다. 이들은 모두 경제가 발전하고 많은 기업들을 보유하고 있어 젊은이들이 원하는 일자리를 가진 곳이다. 광동성 내 1인 가구는 1411만 가구로 사천성(883.6만), 절강성(771.38만), 산동성(705.6만), 하남성(698.5만)보다 압도적

〈표〉 2020년 기준 중국 1인 가구 현황

(단위: 가구)

	총 가구수	1대 가구	2대 가구	3대 가구	4대 가구	5대 및 그 이상 가구
총계	494,157,423	244,615,023	181,471,659	65,528,182	2,540,015	2,544
1인 가구	125,490,007	125,490,007	-	-	-	-
2인 가구	146,690,059	110,685,779	36,004,280	-	-	-
3인 가구	103,700,982	5,134,646	93,163,291	5,403,045	-	-
4인 가구	65,100,986	1,834,602	42,919,633	20,215,417	131,334	-
5인 가구	30,513,352	701,437	7,315,318	21,906,684	589,759	154
6인 가구	15,125,667	293,766	1,453,830	12,552,955	824,670	446
7인 가구	4,589,308	139,356	386,946	3,439,349	622,936	721
8인 가구	1,557,638	89,363	130,530	1,102,904	234,231	610
9인 가구	655,060	53,700	48,137	476,038	76,840	345
10인 및 10인 이상 가구	734,364	192,367	49,694	431,790	60,245	268

자료: 中国统计出版社(2022), 《中国人口普查年鉴-2020》国务院第七次全国人口普查(2020년 11월 1일 조사 기준) www.stats.gov.cn/tjsj/pcsj/rkpc/7rp/zk/indexch.htm

으로 많다. 이러한 1인 가구의 증가는 본고에서 소개한 '란런경제(Lazy economy)'처럼 경제활동의 변화와 특징에도 큰 영향을 끼치고 있다.

중국의 가족계획 정책

우리나라에서 '가족계획'이라고 지칭하는 계획출산 혹은 산아제한 정책은 중국에서는 계획생육(计划生育)으로 불린다. 중국의 '계획생육' 정책은 늦게 결혼하고(晩婚), 늦게 낳고(晩育), 적게 낳고(少生), 건강하고 총명하게(优生) 키우자는 구호 아래 시행되었다. 덩샤오핑이 정권을 잡은 이후인 1979년부터 본격적으로 시행되었지만, 그 이전부터 중국에서는 인구 증가에 대한 부작용을 감안해 계획생육정책을 실시하고 있었다.

신중국 건국 이후 중국인구의 자연증가율은 급격히 증가하였는데, 건국 후 4년 간 중국의 인구증가율은 약 20‰정도 였다. 1953년 제1차 중국 인구조사6) 때의 인구증가율 역시 약 23‰의 높은 수치를 기록했는데, 중국 인민들의 생활수준 향상과 의료·위생 부문이 개선되어 사망률의 대폭 하락과 출생률의 지속적인 상승이 이 시기 인구가 급격히 증가하게 된 원인이다.

마오쩌둥은 '인구가 힘이다(人多力量大)'라는 구호 아래, 중국의 인구 증가로 인한 식량문제는 혁명을 통한 생산성 제고를 통해 해결할 수 있다는 신념을 갖고 있었다. 하지만 당시 중국 경제학자이자 베이징대 총장이었던 마인추(马演初)는 인구 억제를 하지 않는다면 식량 등

---

6) 신중국 건국 후 중국에서는 총 7차례의 인구조사를 시행했다. 각각 1953년, 1964년, 1982년, 1990, 2000, 2010년, 2020년으로 1~3차까지의 인구조사는 부정기적으로 시행되었고, 1990년 제4차 인구조사 때부터는 '중국통계법 시행세칙'에 매 10년마다 연도 끝자리 '0'이 되는 해에 실시하기로 규정하였다.

자원이 부족해지고 사회발전에도 영향을 줄 것을 우려하면서 1957년 7월, 인민일보에 '신인구론(新人口论)'을 발표하면서 계획생육정책의 필요성을 주장하였다.

1960년대 초반 대약진의 실패와 자연재앙으로 인해 약 3000만 명이 굶어죽는 비극적인 사태가 일어나면서 중국정부는 인구 증가에 대한 조치를 취하기 시작하였다. 1962년, 일부 시, 현에서 계획생육성책을 시작하였고, 1964년에는 그 범위가 더욱 확대되었다. 1971년, 국무원에서 '계획생육공작 달성에 관한 보고'를 발표하였다. 하지만 이 시기 정책들은 강력하게 억제하기보다는 권고 수준에서 그쳤다.

[그림] 중국의 산아제한정책과 출생률, 인구증가율(1950~2021년)

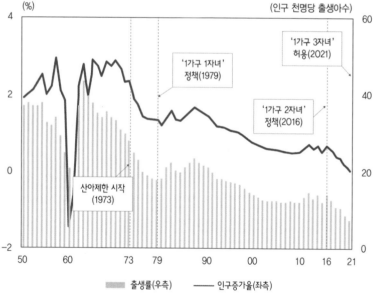

자료: 국가통계국, 중국통계연감(2022).

〈표〉 중국의 출생율 및 출생아 현황(2015~2022년)

	2015	2016	2017	2018	2019	2020	2021	2022
출생아 (만 명)	1,655	1,786	1,723	1,523	1,465	1,200	1,062	956
출생률 (‰)	11.99	13.57	12.64	10.86	10.41	8.52	7.52	6.77

자료: 국가통계국, 중국통계연감(2022).

1가정 1자녀 정책의 시작

1979년 6월 18일부터 7월 1일까지 베이징에서 열린 제5차 전국인민대표대회(우리의 국회격) 제2차 회의에서 1가구 1자녀 정책이 결의되었다. 그 다음해인 1980년 9월에 제정된 '혼인법'에서는 중국 국민에게는 '계획생육(가족계획)'을 준수할 의무가 있음을 명시하여, 이후 공산당 중앙위원회의 결정이나 행정조치 등으로 공포되는 가족계획 정책을 반드시 준수해야 할 법률적 근거를 마련하게 된다.

1981년 인구가 10억 명(1949년 5.4억)을 넘어서면서 폭발적인 인구 증가에 대한 위기감이 커졌다. 마인추의 이론을 토대로 1982년 공산당 제12차 전국대표대회에서 계획생육을 기본 국책으로 정하고, 같은 해 12월, '헌법'에 삽입하면서 본격적인 계획생육정책이 시행되었다. 1가정 1자녀를 기본으로 하였지만, 농촌 지역과 소수민족들은 2자녀까지 허용이 되었다. 농촌 지역과 소수민족의 계획생육정책은 각 지역에 따라 다르지만, 기본적으로 소수민족은 정책시행 때부터 2자녀를 허용하였고, 1984년 농촌지역에서도 2자녀까지 허용하도록 정책을 조정하였다.[7]

---

7) 소수민족의 경우 소수민족의 존속과 번영을 위해 2자녀를 허용하였다. 그 결과 소수민족의 인구비율은 1982년 6.7%에서, 2010년 8.49%까지 상승하였다. 농촌 지역의 경우

1가정 1자녀 정책은 중국의 인구를 효과적으로 억제했지만, 한편으로는 정책 부작용으로 인해 여러 가지 사회 문제도 발생하였다. 전통적으로 남아 선호 사상이 강한 중국은 여아를 임신하게 되면 자의 혹은 타의에 의해 낙태하는 경우가 많아졌고, 남초 현상으로 인해 중국 인구구조가 기형적으로 바뀌었다. 2019년 중국의 15세 이상 미혼 남녀 성비는 152.95(여성 100명당 남자수)로 나타났다. 이는 미혼 여성 100명당 미혼 남성이 약 153명이라는 의미로, 10년 만에 최고 수준이다. UN이 정한 정상 범위(103~107)를 크게 벗어나는 것이다. 전체 인구로 보면 더 심각한데, 15세 이상 미혼 남성은 여성에 비해 4400만 명이 많다. 국가통계국의 '연령대별 성비 통계'에 따르면 성비 불균형이 심한 상위 3개 연령층은 10~14세, 15~19세, 5~9세다.

　농촌에서는 '헤이하이쯔(黑孩子. 호적 미등록자녀)'가 심각한 사회 문제로 대두되었다. 중국, 특히 농촌에서는 2명 이상의 아이를 낳을 경우 후커우(호적. 戶口)에 등록하지 않는 경우가 많았는데, 아이를 더 낳을 경우 부과되는 벌금이 연소득의 3~6배에 달하기 때문이었다. 반면, 도시에서는 한 자녀밖에 갖지 못하는 가정에서 아이를 황제처럼 떠받들어 키우기 시작했는데, 1980년대 이후에 출생한 외동을 '소황제(小皇帝)', '소공주(小公主)'라고 부르기 시작하였다.

　또한 저출산과 고령화 현상으로 인한 노동력 부족이 심화되었다. 노동가능인구인 15~64세까지의 인구[8] 비중은 2010년 최고치(74.5%)를 기록한 후 2013년에 처음으로 감소(323만 명 감소)하기 시작하였다. 이후 매년 감소세를 지속하여 2020년 현재는 9억 6871만 명을 기록했으며, 전체 인구 중 비중은 68.6% 까지 줄어들었다.

　　제한적으로 2자녀를 허용하였는데, 첫째가 여아라면 한 명 더 낳는 것을 허용하였다.
8) 국제적으로는 일반적으로 15~64세를 노동가능인구로 규정하고 있고, 중국에서는 남자는 16~60세, 여자는 16~55세로 규정하고 있다.

연령	출생연도	남(명)	여(명)	합계(명)	비중(%)	성비
0~4	2020~2016	40,969,331	36,914,557	77,883,888	5.52	110.98
5~9세	2015~2011	48,017,458	42,226,598	90,244,056	6.4	113.71
10~14세	2010~2006	45,606,790	39,649,204	85,255,994	6.05	115.03
15~19	2005~2001	39,053,343	33,630,797	72,684,140	5.16	116.12
20~24	2000~1996	39,675,995	35,265,680	74,941,675	5.32	112.51
25~29	1995~1991	48,162,270	43,685,062	91,847,332	6.52	110.25
30~34	1990~1986	63,871,808	60,273,382	124,145,190	8.81	105.97
35~39	1985~1981	50,932,037	48,080,895	99,012,932	7.02	105.93
40~44	1980~1976	47,632,694	45,322,636	92,955,330	6.59	105.10
45~49	1975~1971	58,191,686	56,033,201	114,224,887	8.1	103.85
50~54	1970~1966	61,105,470	60,058,826	121,164,296	8.59	101.74
55~59	1965~1961	50,816,026	50,584,760	101,400,786	7.19	100.46
60~64	1960~1956	36,871,125	36,511,813	73,382,938	5.21	100.98
65~69	1955~1951	36,337,923	37,667,637	74,005,560	5.25	96.47
70~74	1950~1946	24,162,733	25,427,303	49,590,036	3.52	95.03
75~79	1945~1941	14,752,433	16,486,416	31,238,849	2.22	89.48
80세 이상	1940년 이전	15,257,272	20,543,563	35,800,835	2.54	74.27
합계		721,416,394	688,362,330	1,409,778,724	100	104.80

주: 성비는 여성 100명당 남성비율.
자료: 中国统计出版社(2022), 《中国统计年鉴－2021》. 온라인 Data는 국가통계국 D/B 참조.
　　 http://www.stats.gov.cn/tjsj/ndsj/2021/indexch.htm

'얼타이(二胎)' 두 자녀 시대의 개막

1979년에 시작된 1가정 1자녀 정책은 2011년 11월까지 32년간 지속되었다. 1982년과 1984년 사이에 소위 '1가정 1.5자녀(一胎半) 정책'이라고 불리우는 완화책이 등장하여, 각 지역별 조건과 상황에 따라 소수민족에게 2자녀를 허용하거나, 첫째가 딸인 농촌 거주민에게 둘째를 허용하거나 혹은 조건 없이 농민들은 둘째까지 허용하는 정책이 시행되었다.

계획생육정책의 부작용을 해결하기 위한 사회적인 공감대가 형성되었고, 고령화와 노동인구감소는 중국정부 입장에서도 심각한 사안이었다. 이에 정책 개선에 대한 요구가 높아졌다. 드디어 2011년 11월 전국 각지 지방정부는 2002년 9월에 제정된 '인구계획생육법'에 근거한 행정조치를 통해 부모 모두 외동인 경우에는 두 번째 자녀를 낳을 수 있는 '외동부모 2자녀 정책(双独二孩)'을 실시하게 된다. 32년만에 '독생자녀 시대' 중국에서 두 자녀(二胎) 정책이 시작된 것이다.

이후 중국정부의 가족계획 완화 정책은 빠른 속도로 확대 되었다. 2013년 11월 12일, 제18차 공산당 중앙위원회 3차 전체회의에서 단독 2자녀 정책(单独二胎政策)을 시행하였다. 즉, 부부 중 한쪽만 독자이여도 자녀를 2명까지 둘 수 있도록 허용한 것이다. 그리고 2015년 공산당 제18차 중앙위원회 제5차 전체회의(2015.10.29)에서 전면적인 1가정 2자녀 정책 시행(2016년 시행)을 결정하였다. 아울러 법률적 근거를 마련하기 위해 2002년에 제정된 《인구계획생육법》을 개정(2015.12)하여 1가구 2자녀 정책을 명시하였다.

3자녀 시대와 함께 산아제한에서 출산장려로

2021년 5월에 출범한 1가구 3자녀 정책은 중국의 인구정책이 이전의 산아제한에서 출산장려로 180도 바뀌었음을 의미한다. 공산당 중앙정치국 회의(2021.5.31)에서는 1가구 3자녀 정책을 의결하였으며, 아울러 3자녀와 관련된 여러 가지 지원 정책을 마련할 것을 명시했다.

또한 3자녀 정책이 중국의 인구구조 개선과 고령화에 대비한 국가적 전략이며 인력자원 확보를 위한 필수정책임을 천명했다. 실제 중앙정치국 결정이 공포되고 2021년 7월부터 각 지방정부는 3자녀 지원책을 실시하기 시작한다.

쓰촨성 반지화시에서는 둘째와 셋째 자녀가 출산하면 모든 아이에게 매월 500위안의 지원금을 아이가 3세가 될 때까지 지급하기로 했다. 베이징시에서는 셋째 자녀 출산시 기존 출산휴가에 더해 엄마에게는 30일, 아빠에게는 15일의 출산휴가를 추가로 주기로 결정했으며, 천진시에서는 셋째 출산 자녀에 소요된 의료 비용을 지원하기로 했다. 이제 중국도 우리나라처럼 출산 장려정책을 취하는 국가가 된 것이다.

가족계획을 담당하던 부처도 정책의 변화에 따라 그 모습을 바꾸어 왔다. 중국은 1949년 10월 국가 성립 후 구성된 중앙부처인 위생부(卫生部. 우리의 보건부에 해당)에서 가족계획 정책을 줄곧 전담해 왔다. 이후 30년간 유지해오던 1가정 1자녀 정책이 인구 구조에 따라 변화가 불가피하게 되자, 2013년 3월에 중앙정부 산하에 국가위생계획생육위원회(国家卫生和计划生育委员会)를 설치하고 위생부가 집행하던 가족계획 정책을 이관하게 된다. 중앙부처에서 위원회로의 정책 이관은 국가가 개인의 출산 계획을 덜 간섭하겠다는 의미를 가지고 있다.

2018년 3월에 중국 가족계획 정책의 큰 전환을 의미하는 부서 개편이 있었는데, 바로 기존 국가위생계획생육위원회가 해체되고 국가위생건강위원회(国家卫生健康委员会)가 설치된 점이다. 이는 이제 더 이상 국가가 계획생육, 즉 가족계획에 국가 정책 수준에서 개입을 하지 않겠다는 의미이며 그 배경은 2016년부터 1가정 2자녀 정책이 실시된 것에 기인한다.

<표> 중국의 가족계획(계획생육) 정책 변화

정책	시기	관련 법률, 조치	비고
가족계획 정책 입안	1971.7	국무원 '계획생육 업무보고' 승인(1971.7)	중국 최초로 국민경제발전계획에 인구성장 지표 포함
1가구 1자녀	1979	제5차 전인대 2차 회의 결의(1979.6.18.~7.1)	《혼인법(1980.9)》 제정 후 계획생육 의무조항 신설
농촌 1.5자녀 정책 (一胎半)	1982	행정조치, 농촌에서 첫째 딸이면 둘째 출산 가능	6개 성은 농촌 지역에서 2자녀 허용
부모 모두 외동만 2자녀(双独二孩)	2011.11	《인구계획생육법(2002.9)》에 근거한 행정조치	특수한 상황에서 2자녀 허용
부모 중 1인 외동이면 2자녀(单独二孩)	2013.12	공산당 결정, 행정조치	국가위생계획생육위원회 (2013.3) 설치
1가구 2자녀 (全面二孩)	2015.10	《인구계획생육법》 2015.12 수정	2016년부터 법에 근거하여 2지녀 허용
1가구 3자녀	2021.5	《인구계획생육법》 2021.8.20 수정	출산장려 정책으로 전환

자료: 김동하 외(2019), 『차이나 키워드』, 시사중국어사, 298~301쪽. 국가위생건강위원회(国家卫生健康委员会) 홈페이지 공개 자료 종합. (www.nhc.gov.cn)

중국의 제6차 인구센서스(2010)와 제7차 인구센서스(2020)에서 나타난 출생율 현황을 비교해 보면, 전체 성비(여성 100명당 남자수)는 121.21에서 112.28로 크게 개선되었다. 외동 자녀를 가진 가구의 경우 113.73에서 113.17로 개선 폭이 그다지 크지 않았으나, 두 자녀 가정은 130.29에서 106.78로 큰 폭의 개선을 나타냈고, 세 자녀 가정은 161.56에서 132.93으로 가장 큰 폭의 개선을 보여주었다. 특히 주목할 점은 7차 인구센서스 때 조사된 두 자녀 가정의 성비인 106.78은 중국에서 처음으로 UN이 정한 정상치(103~107) 범위에 들어간 점이다.

〈표〉 2009년 11월~2010년 10월 기준 중국의 출생 상황

(단위: 명)

	출생자수	외동	2자녀	3자녀	4자녀	5자녀 이상
전체	1,190,060	739,866	372,295	63,047	11,514	3,338
비중	100%	62.2%	31.3%	5.3%	1.0%	0.3%
남	652,073	393,690	210,629	38,943	6,843	1,968
여	537,987	346,176	161,666	24,104	4,671	1,370
성비(여성=100)	121.21	113.73	130.29	161.56	146.50	143.65

자료: 国家统计局(2011), 「2010年第六次全国人口普查主要数据公报」(2011.4.28.)(2010년 11월 1일 조사 기준)(www.stats.gov.cn/tjsj/tjgb/rkpcgb)

〈표〉 2019년 11월~2020년 10월 기준 중국의 출생 상황

(단위: 명)

	출생자수	외동	2자녀	3자녀	4자녀	5자녀 이상
전체	1,212,321	555,030	522,301	109,320	19,501	6,169
비중	100%	45.8%	43.1%	9.0%	1.6%	0.5%
남	641,238	294,657	269,715	62,388	11,025	3,453
여	571,083	260,373	252,586	46,932	8,476	2,716
성비(여성=100)	112.28	113.17	106.78	132.93	130.07	127.14

자료: 中国统计出版社(2022), 《中国人口普查年鉴-2020》 国务院第七次全国人口普查(2020년 11월 1일 조사 기준)(www.stats.gov.cn/tjsj/pcsj/rkpc/7rp/zk/indexch.htm)

후커우로 격리된 세상

China's MZ Generation and Future

후커우(户口)는 우리 말로 하면 호적쯤 된다. 하지만 중국에서 후커우는 도시와 농촌으로 영원히 격리된 신분증이라는 해석이 더 정확하다. 1949년 에 건국된 중국은 항일 전쟁과 내전으로 인해 피폐해진 경제를 복구하는 데 힘을 기울였다. 이 과정에서 농민들은 더 높은 소득과 일거리를 찾기 위해 도시로 이주하였고, 농촌에서는 농민의 이탈이 심화되면서 노동력이 감소하

였다. 당시 도시민은 주택, 식량, 의료, 교육 등 상대적으로 높은 사회보장 서비스가 제공되고 있었는데, 농민이 대규모 도시 유입은 공공 서비스 기능을 마비시킬 가능성이 있었다. 실제로 도시 내의 주택과 상하수도 시설 부족, 사회질서 유지 등 여러 문제점이 발생하였다. 이에 중국정부는 1958년에 '중국호구등기조례'를 발표하고, 농촌 주민(혹 농촌 후커우 보유자)의 도시 진입을 통제하였다. 또한 도시민(도시 후커우 보유자)들 역시 정당한 사유(타 지역 국유기업 입사나 대학 입학 등)없이 다른 도시로 이사할 수 없었다. 즉, 전입·전출의 자유가 없어진 것이다. 이제 후커우 제도는 사회 전반에 영향을 미치게 된다. 1979년 개혁개방 정책이 시작되면서 연해 도시에서 필요로 하는 수많은 노동력은 농촌으로부터 유입되었고, 이들은 모두 농촌 후커우를 가진 '농민공'들이었다. 이들은 도시 후커우가 없었기에 도시에 정착할 수 없었고, 임시거주민 신분으로 머물러야 했다. 비록 부모들이 도시에서 일하고 있었으나, 그 자녀들은 도시 초등학교에 입학할 수 없었고, 병원에서는 훨씬 비싼 진료비를 내야했다. 이에 따라 2000년까지만 해도 기업들의 직원 채용 공고에는 '반드시 ○○시 후커우 소유자에 한함'이라는 조건이 걸렸다. 기업 입장에서는 별도의 간접비(더 비싼 산업재해 및 의료보험료 등)가 더 들어가는 타 지역 후커우 직원을 피하고 싶었기 때문이다. 2014년부터 일부 도시에서 기존 농촌후커우, 비농촌후커우(도시후커우)로 양분된 규정을 거주민 후커우로 통일하는 등의 후커우 개혁제도가 실시되고 있으나, 여전히 중국은 후커우로 농촌과 도시가 격리되어 있다. 예를 들면 광동성 선전시의 도시 후커우를 취득하려면 기준 점수를 채워야 하는데 대학졸업 여부, 세금납부 실적, 얼마나 도시발전에 필요한 직업을 가졌는가, 재직 회사의 규모 등이 모두 점수로 환산되는 것이다. 마치 미국의 영주권(그린카드) 취득이 연상된다.

중국의 베이비 부머

중국은 학계에서 세대별 계층을 구분할 때, 베이비부머(生育高峰)라는 용어를 거의 사용하지 않는 편이다. 그러나 인구통계학적 측면에서 보면 중국도 3차례에 걸쳐 베이비붐 시기가 있었다.

첫 번째는 공산혁명 이후 신중국이 성립된 직후로 1949년 5.4억 명의 인구가 불과 5년만인 1954년에는 6200만 명이 증가하여 6.02억 명으로 늘어나게 된다.

두 번째 베이비붐(2.45억 명 증가) 시기는 1963년부터 1976년까지 14년간이며, 문화혁명 기간(1966~76년)과 중첩된다. 이 기간 중국은 전혀 산아제한 정책을 펼치지 않았으며 오히려 중앙정부는 많은 인구는 강한 국력을 의미한다는 정책 기조를 한 때 가지고 있었다.

세 번째 베이비붐 시기는 1985~1990년간이다. 이 시기에는 앞선 두 번의 베이붐 세대에 태어났던 인구가 결혼 적령기(20~30대)에 접어

[그림] 중국의 계층별 인구 비중(2020년 기준)

(단위: 명)

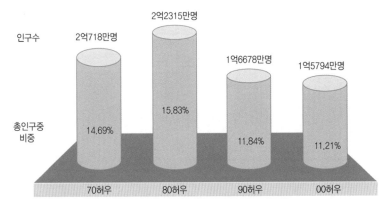

자료: 국가통계국 등 공개자료 참고하여 필자 구성.

든 것이 가장 큰 배경이다. 이 시기에 이미 1가구 1자녀의 강력한 가족계획이 진행되고 있었다. 그러나 농촌에서의 향진기업 출현 등으로 농민이 부유해지자, 남아 선호사상 영향과 예외적으로 농민들에게 2자녀를 허용한 정책으로 인해 농촌을 중심으로 베이비붐(8500만 명 증가)이 조성 되었다.

이러한 베이비붐은 현재 중국의 계층별 인구구조에 그대로 반영되어 나타난다. 먼저 5년 단위로 나눈 구간을 보면 80허우 후반부에 해당하는 1986~1990년생 인구가 1억 2414만 명으로 가장 많은 인구를 점유하고 있다. 이는 2020년 기준 중국 전체 인구의 8.81%에 해당한다. 즉 계층별 중국 인구 비중을 나눠보면 바링허우는 15.83%로 가장 많은 인구를 점유하고 있으며, 그 다음으로 치링허우(14.69%), 주링허우(11.84%), 링링허우(11.21%) 순으로 점유비를 나타내고 있다.

[그림] 중국의 3차례 베이비 붐 시기

(단위: 좌측 출생인구 만 명, 우측 출생율 %)

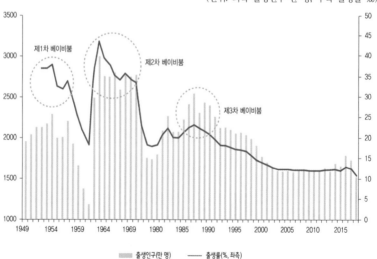

자료: Wind, 초상증권 보고서 참고하여 필자 편집(2016).

중국 인구 전망

중국의 인구증가율은 1998년 1% 이하로 떨어진 이후, 2021년 현재 0%대로 하락하였으며 조만간 본격적인 총인구의 감소가 예상된다. 2020년 중국 인구는 14억 1,212만 명이었고, 2021년에는 14억 1,260만 명을 기록하여 증가율은 0.03%를 기록한바 있다. 2022년에는 14억 1175만 명을 기록하여 전년비 0.06%(85만 명) 감소하였는데, 이는 대약진운동(1958~1960)으로 약 3천 만 명이 굶어죽은 1961년 이후 처음으로 중국에서 등장한 인구 감소세이다. 중국정부는 COVID−19 확산에 따른 일시적인 현상이라고 주장한 바 있다. 2022년 연간 출생자는 956만명, 사망자는 1041만 명을 기록했다. 현재의 인구 추세를 고려할 경우 2~3년 이내 중국의 총인구는 감소세로 전환될 전망이다.

이는 2021년 인구증가율을 0.3%로, 총인구 감소 시작 시기를 2032년으로 전망했던 기존 UN 추정치(UN Population 2019)보다 크게 앞당겨지는 수준이다.[9] 지금의 중국 저출산 추세가 이어진다면 유소년층과 생산연령층 비율은 감소하고 고령층 비율은 늘어나는 상황이 지속되면서 인구 고령화는 점차 심화될 전망이다. UN의 추정에 따르면, 중국은 65세 이상 고령인구의 비중이 2035년(20.7%)에 20%를 넘어서면서 '초고령사회'에 진입할 것으로 예측되었다.

중국이 고령화사회(2000년)에서 고령사회(2021년)로 진입하는데 21년이 걸린 반면, 고령사회에서 초고령사회(2035년 예상)로의 변화에는 14년이 소요될 것을 고려하면, 중국의 고령화 속도가 가속화될 것임이 분명하다.

---

9) UN 인구(2019) 보고서 원문은 https://population.un.org/wpp/publications/files/wpp 2019_highlights.pdf 에서 확인할 수 있다.

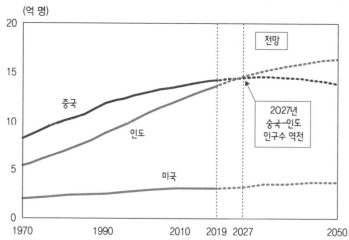

[그림] 중국 인구 전망(2019~2050년)

주: UN 세계인구전망 2022 보고서는 인도가 2023년에 중국인구를 추월할 것으로 전망함.
자료: UN(Population Prospects 2019), 한국은행(2022.4.8) 국제경제리뷰.

[그림] 중국 인구 구조 전망(2021~2050년)

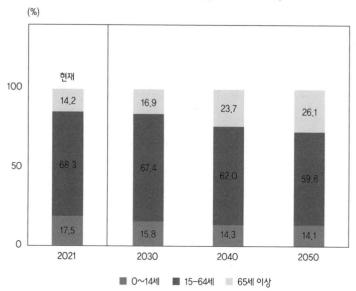

자료: 국가통계국, UN(Population Prospects 2019).

중국 MZ세대와 미래
China's MZ Generation and Future

경제와 소비

경제와 소비

란런경제와 바링허우, 주링허우

란런경제(懶人经济, 게으름뱅이 경제)란?

과학기술의 발전에 따라 사람들의 생활 수준이 향상되면서 모든 것이 더 간단하고 편리해지는 생활 방식을 추구하게 되었다. 소비자들은 디지털 기술을 활용하여 편리하고 신속하게 스마트 쇼핑을 즐기게 되고 이로써 스마트홈, 배달, 방문 서비스, 밀 키트(Meal Kit), 발열식품(自热食品)의 산업 규모가 빠른 속도로 증가했다. 특히 기술과 인공지능이 점차 기존의 노동력을 대체하기 시작하면서 '란런경제(懶人经济, Lazy Economy)'라는 신조어가 출현하게 된 것이다.

'란런경제'는 소비자들에게 시간과 에너지를 절약하도록 고안된 제품과 서비스를 말한다. 란런경제는 첨단기술이 가져다주는 '삶의 편리함'의 결과이다. 쉬운 예는 모바일 게임의 '인 앱 빌링' 시스템을 들 수 있다. 돈으로 플레이어는 강력한 장비나 높은 레벨로 상승할 수 있

■ 란런경제(Lazy Economy) ■

자료: www.hopkins.edu.hk

다. 온라인 쇼핑도 란런경제이다. 중국 내 온라인 쇼핑 매출 성장은
실물경제보다 훨씬 높다. 청소로봇, 자동창문청소기, 자동신발닦이 등
게으른 사람들에게 편리한 제품이 추천된다.[1]

처음 중국에서 란런경제라는 표현은 주로 식품업계에서 활용되었으
나, 점점 더 많은 기업과 산업계에서 해당 소비군을 대상으로 제품을
출시하고 있다. 란런경제는 성별, 지역 등으로 구분하지 않고 소비심
리학적으로 현대의 편리한 기술을 기반으로 다소 게으른 삶을 즐기는
행위가 소비로 이어지는 현상을 의미한다.[2] 게으름은 개인이 체험적

---

1) https://www.hopkins.edu.hk/en/news/Lazy%20Economy
2) KOTRA 상하이무역관(2021), 란런경제 3.0 시대에 접어든 중국, KOTRA 해외시장뉴스
   (2021.9.30.).

소비를 추구하는 하나의 표현 방식이다. 최근 사용자 경험이 강조되고 사용자의 요구에 부합하는 비즈니스 모델이 세분화된 영역에서 경쟁력을 발휘하고 있다. 란런경제를 중심으로 발전하는 양상은 두 가지로 구분된다. 먼저 란런(게으름뱅이) 전문용품이고, 다른 하나는 란런을 대상으로 하는 서비스이다.

란런경제 1단계는 단순한 게으름과 같이 움직이지 않는 상태에서 2단계에 접어들며 O2O(online to offline)와 란런 도구를 이용하여 생활하는 단계로 발전했다. 최근 등장한 란런경제 3단계는 5G 시대에 차세대 정보기술을 활용해 효율적이고 전문적인 방식으로 스마트 라이프를 추구하고, 소비자들이 '스마트' 한 게으름을 경험할 수 있도록 하는 방식으로 발전했다.

란런경제의 새로운 특징

① 주요 소비군은 젊은 층

인터넷 소비와 과학기술의 발전으로 란런신기(懶人神器, 게으름뱅이 도구)라 불리는 관련 제품 시장의 성장이 늘어났다. CBN Data 소비 빅데이터에 따르면 최근 3년간 온라인 소비자들이 게으름을 피우기 위해 지출한 금액은 매년 늘어 2020년 소비 규모는 총 1000억 위안을 넘어섰다. 온라인 배달, 인터넷 쇼핑, 각종 O2O 서비스 이외에 즉석식품, 스마트 가전, 란런 메이크업 등 다양한 제품이 출시되고 있다. 1990~1995년생 젊은 소비자들의 온라인 란런경제 비용이 가장 빠르게 증가했다. 스마트 디바이스 등에 관심이 많고, 주로 영유아용품, 문구용품, 간식, 전통 영양식품, 인테리어 자재, 신선식품 등을 구매했다.

② 웰빙이 란런소비로

'996 업무제'는 9시 출근, 밤 9시 퇴근, 주 6일 근무를 해야 하는 고 강도 근무제도를 의미한다. 중국 '노동법'은 법정 근로시간을 매일 8시간, 매주 44시간으로 규정하고 있다. 다만 노사가 합의한 경우, 매일 3시간을 추가로 연장할 수 있으며, 매월 추가 근무시간이 36시간을 넘지 않아야 한다. 그럼에도 불구하고 노동법 관련 규정에 명확한 처벌 조항이 들어있지 않아 많은 중국 근로자들은 매일 12시간에 가까운 노동에 시달리고 있다.

이로 인한 직장 내 스트레스가 커진 최근 젊은 소비층은 시간을 절약하고 효율적으로 활용하기 위한 란런경제 활용이 키졌고, 스마트홈 가전제품 수요도 크게 늘고 있다. 2020년 11월 란런신기의 검색 건수는 30만 건을 넘어, 전년동기비 2배 증가했다. 인기 검색어는 헬스기구, 조식 조리기, 두발미용용품, 초음파 세척기 등이다. 가정에서의 의, 식, 주, 오락 방면의 란런소비가 증가했다. 건강용수, 건강 피부관리와 함께 스마트 욕실 수요가 창출되고 있다. 욕실 거울, 전동 때밀이기가 각광을 받고 있다. 최근 2년 동안 유행한 스마트 뷰티 미러는 피부 테스트뿐만 아니라 3D 메이크업 테스트까지 할 수 있어서 판매량이 늘었다.

2020년 온라인 스포츠 피트니스 제품의 소비자 규모는 2018년의 1.8배로 증가했다. 이중 90허우, 95허우가 40% 비중을 차지하고 있으며, 훌라후프, 젠푸룬(健腹轮, 복근운동 휠롤러), 쇼즈지(甩脂机. 쉐이크 보드, 수평진동운동기)는 이들이 가장 선호하는 홈 스포츠 기구다. 이들 운동기구의 공통점은 스마트 폰과 연동되어 체계적인 체중 감량 데이터를 관리할 수 있게 해준다는 점이다. 또 전기온수기, 샤워 세트, 이동 목

욕기는 욕실 제품 중 상위 3개 품목이었다. 스마트홈 엔터테인먼트에
는 올인원 오디오, 홈시어터, 스마트 TV도 각광 받고 있다.

③ 고급 상품 소비 견인

2021년 4월, 중국가전협회가 발표한 '2021년 로봇청소기 시장 발전
백서'에 따르면 로봇청소기 시장은 최근 2년간 고급화 하고 있는 것으
로 나타났다. 소비자가 선호하는 제품 가격대는 기존 1,000~2,500 위
안대의 저가 상품에서 3,000~5,000 위안대의 프리미엄급, 플래그십
제품으로 바뀌었다. 또 94%의 소비자가 다기능 일체형 제품을 선택했
으며, 65%의 소비자들은 로봇청소기가 인력 업무를 완전히 대신할 수
있다고 응답했다. 이처럼 란런경제는 고급화하고 있다. ACC(奥维云网)
에 따르면 2021년 상반기 식기세척기 판매량은 94만 대로 전년동기비
9.8% 증가하였는데, 판매금액은 46.3억 위안으로 24.5% 증가하였다.
즉 고가 제품 판매량이 늘어난 것이다.

또 다른 변화는 세분화에 있다. 소형 가전시장이 포화 상태에 이르
자 제조사는 신시장 개척을 위해 품목을 세분화하여 신발세탁기 등
제품을 출시했다. 2021년 6~7월 기간 신발세탁기 온라인 판매량은 6
만 1000대, 매출은 2951만 위안을 기록했다. 주력 판매품은 200~500
위안 가격대였다. 채소·과일 세척기는 더욱 다양화 되었으며, 안경
세척기, 액세서리 세척기 등도 등장했다.

④ 구매 대행(파오투이, 跑腿) 서비스 인기 상승

필자가 베이징에서 공부를 시작했던 1995년에 중국에서 '배달'이라
는 개념이나 서비스는 존재하지 않았다. 1992년 8월, 한중 수교 이후
한국 유학생들이 대거 중국 각지 캠퍼스 타운에 들어가면서 자생적으

로 대학 주변 식당들의 도시락 배달 서비스가 생겨났고, 이러한 상황을 신기롭게 보던 중국인 교수님들과 학생들 시선이 아직도 생생하다. 이제 이런 배달 서비스를 넘어선 구매 대행이 인기를 얻고 있는 것이다.

이처럼 배달의 개념이 확대되면서 배달 시간 단축과 서비스 내용 또한 다양해지고 있다. 배달 플랫폼에서 음료수, 술, 과일, 채소, 영유아용품, 반려동물용품, 의약품, 도서 등을 주문하면 30분에서 2시간 이내에 집으로 배송이 가능하다. 이러한 '플래시 배달 서비스'는 특히 주링허우, 링링허우 소비자들이 시간 절약을 위해 시간에 대한 비용 지출을 당연시 한 것이 그 배경이다. 꽃, 작은 선물로 시작된 구매 대행 서비스는 개인화, 맞춤화 되어가고 있다. 중국 최대 배달업체 메이퇀산거우에 따르면 2021년 2분기 거래량, 거래액은 전년동기비 140% 이상 증가했다. 메이퇀 파오투이(美团跑腿) 서비스는 소비자를 대신해서 배달원이 대신 구매해서 배송까지 마무리하는 서비스로, 방취쑹(구매 및 배달. 帮取送) 및 방마이(구매대행. 帮买)로 구분하여 구매지와 배달지가 같은 도시 범위에서 실시간 배달 서비스를 제공하고 있다.

⑤ 즉석조리식품의 부상

중국호텔협회의 '2021 중국 케이터링 산업 연간보고'에 따르면 패스트푸드, 스낵(간식) 식품류 매장의 성장 속도가 빠르며, 특히 즉석조리식품, 즉석섭취식품에 대한 선호도가 높아졌다. 이러한 성장세는 바링허우, 주링허우가 이끌었고, 특히 COVID-19 시기를 거치며 온라인에서 완제품, 반제품을 주문하는 시장 수요가 늘어난데 원인이 있다. 또 최근 중국의 삶의 질 향상으로 자가운전 여행, 레저여행 등 서비스관광업이 성장하면서 캠핑 등에 활용하는 조립식 반제품 분야도 신시장으로 떠올랐다. 중국의 전체 냉동식품 산업은 1,200억 위안 이상의 규모로, 그중 냉동국수 640 억 위안, 냉동전골 재료는 400 억 위안으로 연간 10% 이상의 성장률을 유지하고 있다.

배달업 성행과 인스턴트, 스낵류 인기가 합해지면서 기존 오프라인 식음료 매장 또한 소형화되고 있다. '스낵 아이템＋소규모 상점 모델'이 늘어나고 있으며, 소규모 오프라인 매장과 온라인 배달 서비스가 연계된 O2O 서비스가 확산 중이다. 중국호텔협회와 알리바바 연구센터가 발표한 '테이크아웃 보고서'에 따르면 2020년 중국의 온라인 테이크아웃(take－out) 시장 규모는 전년비 15% 증가한 6646억 2천만 위안, 온라인 테이크아웃 이용자 수는 4억 5,600만 명으로 전년비 7.8% 증가했다. 특히 중소형 도시에서 Z세대(1995년 이후 출생, 18~25세)와 60대 고령층의 사용자 수가 증가하고 있다. 이는 란런경제가 대도시 젊은 계층에만 국한되지 않고, 중국 전역에 걸친 소비 트렌드임을 방증한다.3)

[그림] 중국의 2015~2021년간 온라인 테이크 아웃(take-out) 주문 비중

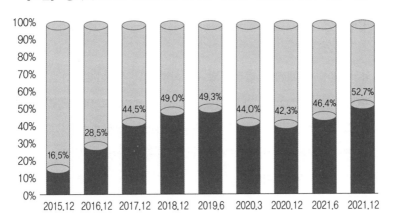

자료: 중국호텔협회(2022.4), 2020－2021中国外卖行业发展分析报告.

---

3) '2020－2021中国外卖行业发展分析报告', https://blog.csdn.net/m0_68597660/article/details/124210194

게으름도 네 단계

최근 중국 내 한 자문기구에서 연령별 란런경제를 이용하는 빈도를 조사한 바 있다. 2021년 12월에 베이징, 상하이 등 10개 도시에서 15~60세 3천명으로 대상으로 설문조사를 했으며, 그 결과에 따르면 나이가 젊을수록 란런경제에 대한 의존도가 높은 것으로 나타났다.

링링허우 전반기(2000~2005년 출생자. 16~21세)의 경우, 네 단계로 나뉘어진 란런경제 의존도 중 가장 높은 4단계 비중이 89.1%로 가장 높았다. 이는 4단계 61.8%를 보인 연령대가 가장 높은 60허우(1960년대 출생자. 52~61세) 대비 27.3% 포인트나 높은 수준임을 알 수 있다. 또한 주로 외식을 선호하는 1단계 역시 링링허우 전반기가 무려 90%를 보여 전적으로 식사는 배달을 이용하거나 식당에서 하고 있음을 알 수 있었다. 스마트 기기 활용도가 높은 2단계는 80허우가 72.8%로 90허우 전반기(1990~1994년 출생자. 27~31세. 69.7%) 보다 높았지만, 90허우 후반기(1995~1999년 출생자. 22~26세. 79.5%)보다는 낮은 수준을 나타내었다.

설문 대상 전체에게 란런경제 중 어떤 항목을 이용했냐고 물었을 때 배달음식이 37.4%로 가장 높은 비중을 보였다. 그 다음으로 밀키트 및 인스턴트 식품 37.2%, 스마트 제품 31.1%, 스낵(간식) 및 패스트푸드 26.3%, 가사 도우미 24.8%, 대리운전·구매대행·심부름 9.4%, 기타 1.1% 등이 뒤를 이었다.

<표> 계층별, 단계별 란런경제 참여 비중

(단위: %, 중복답변)

	4단계(최고)	3단계(고)	2단계(중)	1단계(저)
60허우 (1960년대 출생자)	61.8	55.9	58.8	61.7
70허우 (1970년 출생자)	76.8	70.5	76.0	73.9
80허우 (1980년대 출생자)	73.2	68	72.8	68.7
90허우. 전반 (1990~1994 출생)	67.9	65.7	69.7	70.1
95허우 후반 (1995~1999년 출생)	77.7	75.9	79.5	75.0
00허우 전반 (2000~2005년 출생)	89.1	87.3	87.3	90.0

주: 자문업체는 '게으름'의 단계별 특징을 다음과 같이 서술함. 4단계: 허리 구부리는 것을 싫어해서 신발끈 묶는 동작도 피하는 사람. 3단계: 리모콘과 한 몸인 듯 최대한 누워서 다채로운 생활을 하는 사람. 2단계: 청소 로봇, 스마트 스피커 등 스마트 가전을 활용해 집안 일을 해결하는 사람. 1단계: 외식, 인스턴트 식품 등 다양한 방법으로 식사 준비 시간을 줄이는 사람.
자료: 知萌咨询(2022.3.4), 『2022中国消费趋势报告』, https://baijiahao.baidu.com/s?id=172636103 9358573306

포스트 코로나 시대, 중국 Z세대의 소비 트렌드 변화

중국에서도 Z세대는 포스트 코로나 시대 소비시장에서 중요한 소비 계층이다. 그들은 표현에 과감하고 구매력이 크며 소비에 대한 관점이 빠르게 변한다. 새로운 것을 쉽게 받아들이며 본인이 좋아하는 것에 파고드는 특징이 있어 원하는 대로 소비 문화를 바꿔가는 퍼스트 무버(first mover)로 성장하고 있다. 이전부터 존재하던 팬 경제, 주

류 문화, SNS 등을 자신만의 패턴으로 바꿔가고 있다. QuestMobile
에서 발표한 데이터에 따르면, 2020년 11월 기준 중국의 Z세대
(1995~2009년 출생자)의 온라인 인터넷 사용자 규모는 전년동기비 17%
성장한 3.2억 명에 달하며 전 세계에서 28.1% 비중을 차지하고 있다.
이러한 방대한 규모를 바탕으로 Z세대는 2020년 약 4조 위안 규모의
소비시장을 가지고 있으며, 이들의 지출규모는 중국 가구 총지출의
13%에 해당한다. Z세대의 온라인 소비는 평균적으로 타 세대 대비 높
은 것으로 나타나며, 강한 구매력을 가지고 있었다.4)

Z세대는 디지털 시대에 태어나 인터넷, 데이터 등에 익숙해져 있으
며, 방대한 정보를 능숙하게 처리하는 능력을 보유하고 있다. 그래서
새롭고 신선한 상품을 선호하며 선호도 역시 빠르게 바뀐다. 그들의
소비 관념은 가격대보다는 그 돈을 지출해 얻는 부가가치에 더욱 초
점이 맞추어져 있다. Z세대는 개성을 표현할 수 있는 '쉽게 찾아볼 수
없는' '유니크 한' '유일무이 한' 제품을 선호한다. 대중적인 상품은 관
심을 끌기 힘들며 트랜디하고 개성적인 상품만이 눈길을 잡아둘 수
있다. 감당할 수 있는 가격이라면 서슴지 않고 지갑을 여는 작은 사치
를 마다하지 않는다.

팬 경제

중국 Z세대가 주목하는 또 다른 분야는 팬 경제와 '콜라보레이션'이
다. 팬 경제를 중국어로는 펀쓰징지(粉丝经济)5)라고 한다. 한국의 사례

---

4) KOTRA 해외시장뉴스(2021), 2021 포스트 코로나 중국 Z세대의 소비 트렌드 변화
   (2021.5.11.).
5) 粉丝经济(펀쓰징지): 팬(Fans)을 중국어로 粉丝(펀쓰)라고 한다. 펀쓰는 녹두, 전분으
   로 만든 국수 모양의 식품이다. 하지만 Fans와 유사한 발음으로 인해 전분국수가 팬이

를 먼저 살펴보자. 밀가루 제조사인 곰표 로고를 단 패딩, 맥주 등을 들수 있다. 이들 상품은 펀슈머(Fun+Consumer, 재미를 찾는 소비자)들에게 환영을 받았다. 중국에서도 같은 상황이 벌어지고 있는 것이다. 중국 내 이런 '콜라보레이션'의 주요 소비층은 Z세대이다. 이들은 전체 판매액 중 약 70%를 점유하고 있다. 중국의 Z세대들은 패션, 운동화 등의 콜라보레이션 제품을 선호하는 것으로 나타났다. 원래 이들은 트랜드, 유행에 민감한 제품이기도 하며, 몸에 착용하는 제품이기에 착용자의 개성과 가치관을 드러낼 수 있는 상품이기에 Z세대들의 관심이 클 수밖에 없다.

〈표〉 최근 5년간 중국 Z세대 온라인 소비자 규모 발전 추이

시기	2016년 11월	2017년 11월	2018년 11월	2019년 11월	2020년 11월
규모(만 명)	16600	20251	24374	27734	32468
전기대비 증가율(%)	-	20.6	20.4	13.8	17.0

자료: KOTRA 해외시장뉴스(2021), 2021 포스트 코로나 중국 Z세대의 소비 트렌드 변화(2021.5.11.).

이러한 Z세대들의 소비 패턴을 충족시키며 단숨에 유명해진 중고 거래 플랫폼이 바로 더우(得物)이다. 타 중고거래 플랫폼과 달리 더우는 소비자들의 한정판 제품이 거래되며, 플랫폼 내 SNS 기능도 활발해 제품 관련 정보, 소식 등을 공유하고 있다. 가격대가 비교적 높은 제품이 거래되는 만큼, 소비자들이 상품의 진위 여부를 가릴 수 없으므로 더우 측에서 진위 여부를 먼저 파악한 후 상품을 발송하는 방식을 취하고 있다. 더우의 애플리케이션 사용자 데이터를 살펴보면, 월 평균 사용자 수는 4000만 명이 넘으며 그중 Z세대의 비중은 약 85%

되었다. 팬클럽은 펀쓰퇀(粉丝团), 팬미팅은 펀쓰젠몐후이(粉丝见面会)라고 한다.

를 차지하고 있다. 티몰(天猫·Tmall), 핀둬둬(拼多多)6)와 같은 기존 플랫폼들 역시 이러한 소비 패턴을 주목하고 있다. 티몰 시장 디렉터는 티몰도 신세대 소비자가 좋아하는 채널을 새롭게 만들려고 계획 중이며 트랜드, 유행 관련 시장은 2021년 티몰의 주요 포인트가 될 것이라고 밝혔다.

이러한 플랫폼에서 가장 인기가 많은 것은 연예인과 제조사의 콜라보레이션 제품들이다. 이러한 콜라보레이션 제품들은 한정판인 경우가 많고 추첨을 통해서 판매되기 때문에 아무리 돈이 많아도 구하기 힘든 경우가 많아 소비자가 소비자에게 되파는 리셀(한정판 및 희소 제품의 재판매)이 많이 이루어지고 있다. 세계적 한류스타이자 패셔니스타로 유명한 지드래곤과 나이키가 협업해 만든 자체 브랜드 피스마이너스원(PEACEMINUSONE)에서 발매한 콜라보레이션 모델 파라－노이즈 2.0(PARA－NOISE 2.0)은 중국에서 판매 시작 15분 만에 매진되었다. 판매가 1,399위안이었던 이 제품은 현재 더우에서 약 5,000위안으로 리셀되고 있다.

한국에서 소위 '덕질'이라고 표현되는 배우, 가수 등을 따르며 자연스럽게 생긴 '팬 경제'는 중국 내에서도 새로운 형태로 발전하고 있다. Z세대들은 제품 자체의 가치도 중요하게 생각하며, 본인 가치관과 부합되는지 여부도 중요시한다. 본인들이 좋아하는 아티스트와 함께 콜

---

6) 2015년에 설립된 핀둬둬는 공동구매 사이트인데 창업자 황정은 COSTCO와 디즈니랜드를 합친 형태로 소비자의 즐거움을 강조했다. 핀둬둬가 알리바바와 징둥 못지않은 업체로 성장한 것은 3·4·5선 도시와 농촌을 공략한 것과 중국 최대 메신저인 위챗 미니 프로그램(小程序. 위챗내 구동앱)으로 들어간 데에 있다. 사용자는 앱을 별도로 설치하거나 회원가입이 필요 없으며(위챗 자동로그인), 위챗페이로 지불(사용자) 정산(판매자)할 수 있고, 위챗을 통한 소통 및 홍보가 쉽기 때문이다. 농민·유통업체·소비자를 연결하여 2019년 1,200만 명의 농부들이 과일과 채소를 공급했다. 2018년 7월 미국 나스닥에 상장했으며, 2021년 거래액은 2조 4410억 위안, 매출액은 939억 위안을 기록했다.

라보레이션을 진행하는 기업의 가치관과 더불어 한정 수량이라는 경제성도 따지는 것이다.

2020년 12월 4일 아이치이(愛奇艺) 플랫폼이 제작, 방영한 '트렌드 파트너2'는 Z세대들의 반응을 불러일으켰다. 스타들을 초빙하여 여러 온라인 트렌드 샵을 운영하며 스타들의 브랜드에 대한 견해를 시청자들에 전달하는 방식인 이 프로그램은 소비자에게 브랜드에 대한 신뢰를 심어주며 Z세대 소비자에 트렌드 소비문화를 알렸다. 또한 생방송 방영과 함께 위챗의 온라인 샵 및 오프라인 샵 구매를 동시에 지원하며 일석이조의 효과를 누렸다. 이처럼 Z세대들의 선호하는 스타들을 모아 최근 유행하는 트렌드, 제품 등을 리뷰하고 스타들의 견해를 소비자에게 전달하는 마케팅 전략을 구사하는 것이 최근 변화한 '팬 경제'의 모습이다.

Z세대와 SNS

2020년 COVID-19 사태는 Z세대가 온라인, 특히 SNS에서 많은 시간을 보내게 만들었다. 애플리케이션 선호도 순위를 살펴보면 SNS, 동영상 시청, 온라인 쇼핑, 음악, 단체구매 순으로, 그중 SNS선호도는 83.6%로 압도적이다. Z세대의 소비 습관에는 확실한 특징이 있는데, 체험을 중시하며 자신들이 좋아하는 상품에는 높은 가격이라도 지불할 의사가 있다는 것이다. 조사결과, 외동이 많은 시대에 태어난 Z세대들은 표현욕구를 만족시킬 수 있는 온라인 상품, 즉 SNS에 강한 수요를 보이는 것으로 나타났다. 65%의 Z세대는 친구들이 자신에게 공감하기를 바란다고 말했으며, 60%는 그들만의 커뮤니티에 좀 더 잘 융화될 수 있게 되기를 희망한다고 밝혔다.

전통적인 SNS의 핵심 기능은 오프라인 상의 관계를 온라인으로 이전하는 것이나, 오프라인 관계가 비교적 약한 Z세대를 만족시키는 어려웠다. 이를 파악하여 온라인 상의 관계에 중점을 둔 중국의 유명 SNS 애플리케이션 소울(Soul)의 경우, 서비스 시작 5년만인 2021년 1분기 누적 사용자가 1억 명을 넘어섰으며, 월 활성 사용자 역시 3000만을 넘겨 전년동기비 200% 넘게 성장했다. 이렇게 Z세대를 겨냥한 이 애플리케이션은 현재 중국을 넘어 북미, 일본 및 한국에도 이미 진출했으며, 중국어로만 서비스하는 동남아 지역에도 역시 많은 사용자가 있는 것으로 나타났다.

▌ 애플리케이션 소울 ▌

자료: https://apps.apple.com/kr/developer/soul−egg−holdings−limited

소울 애플리케이션은 시스템 알고리즘을 통한 매칭 기능과 개인이 표시한 정보의 공유가 사용자 간 관계 형성의 핵심이다. 이처럼 심화된 SNS기능을 통해 Z세대들은 인스턴트식 만남에 익숙해지며 가벼운 관계 형성에 대한 수요가 증가했다. 이는 온라인에서 소울메이트를 찾기보단 가벼운 파트너십에 대한 수요 증가로 이어졌다. 소울 플랫폼에서 발표한 Z세대 SNS 활용 보고에 의하면, 약 90%에 달하는 Z세대들이 온라인을 통한 인간관계 형성을 희망한다고 밝혔다.

'고량주'를 거부하는 Z세대

Z세대는 50도가 넘는 백주와 지역별 다양한 맥주로 대표되는 중국 주류 시장에도 영향을 끼치고 있다. 포스트 COVID-19 시대에는 영 (young)한 이미지로 변신하는 것이 요즘 발전 방향이다. 특히 1995년생 이후 출생자들의 주류 소비량은 높아질 가능성이 높다. 소비 인구 및 인당 소비 수준에서 볼 때 Z세대들은 이미 주류 시장의 주요 고객이 되었다.

중국 최대 B2C 사이트인 징동에서 발표한 '2021년 온라인 주류 소비 백서'를 보면, Z세대들의 수요에 따라 저도수의 알코올 시장이 크게 성장하고 있다. 우리나라와 달리 중국에서는 제한없이 온라인에서 주류 구매가 가능하다. 위스키, 브랜디 등 양주 제품들 역시 중국 내에서 젊은 브랜드로 리브랜딩 하기 위해 노력하고 있다. 특히, 포스트 코로나 시대 혼술을 즐기는 소비자들을 위해 다양한 마케팅 활동을 진행하며 위스키 혼술이라는 트렌드까지 불러일으켰다. 중국의 술 중 가장 유명한 백주는 높은 도수 등 여러 이유들로 인해 Z세대들이 선호하지 않고 있으며, 주로 편하게 마실 수 있는 청주·소주, 과일주 등도수가 낮은 술들의 수요가 점점 늘고 있다.

저도수의 알코올 음료 중 맛이나 향의 선호도를 살펴보면 알코올 향이 적은 제품을 선호하며 포도, 매실 등 산뜻한 맛을 좋아했다. 이러한 Z세대들의 선호도는 실제 제품 판매에서도 드러난다. 커피맛이 나는 데킬라 제품의 경우에는 2020년 대비 489% 성장하였다. 과일맛 양주들 역시 급성장하며 복숭아 맛은 389%, 딸기맛 리큐어는 1,126%, 포도맛 청주·소주의 경우 1,200% 이상 성장하는 등 Z세대들이 저도수 알코올 음료 시장의 트렌드를 선도하고 있다. 양주 브랜드 역시 젊은 브랜드로의 리브랜딩에 노력하고 있다. 포장부터 시작하여 예술계와의 콜라보레이션, SNS 게임 버전의 제품 등 다양하고도 크리에이티브한 제품 출시까지 이어지고 있다.

중국 동영상 플랫폼 비리비리(哔哩哔哩)의 장전동 부총재는 'Z세대는 현재 소비 주요 그룹으로 빠르게 성장하고 있으며 제품 구매를 결정하는 조건에 가격이나 품질 외에도 재미가 있는지 여부를 본다'고 말했다. 중국 Z세대들은 여전히 팬경제를 선도하고 있으나 기존과는 달리 스타들과의 상호 작용을 더 중요시하며 제품 자체의 품질 역시 눈여겨보는 것이다. 동영상 스트리밍 플랫폼 잉커(映客)의 펑요우셩 이사장은 Z세대는 2억 6400만 명, 전 국민의 19%를 차지하고 있다며 인터넷이 보급된 사회에서 자라난 이들이 명실상부한 인터넷 세대라는 견해를 밝혔다. 2020년 Z세대들이 사회로 나오며 독립적인 소비그룹으로 자라났으며 교육 수준, 생활 수준이 상대적으로 높은 이들은 약 5조 규모의 소비시장을 형성할 것이라고 밝혔다.[7]

---

7) '2021酒类线上消费白皮书' https://baijiahao.baidu.com/s?id=1696297920137824049&wfr=spider&for=pc

메이블린의 오프라인 매장 철수와 궈차오

글로벌 메이크업 브랜드 메이블린이 중국 내 모든 오프라인 매장을 철수하고 온라인으로 판매 채널을 전환할 계획이다.[8] 메이블린은 1995년 중국에 정식으로 진출하며 백화점, 슈퍼마켓 등에 매장을 빠르게 늘려나갔다. 세련되고 혁신적이며 접근하기 쉬운 브랜드 이미지를 강조한 메이블린은 중국에서 화장법을 대중화시킨 선구자 역할을 했으며, 중국에서 10억 위안 매출 달성에 성공한 첫 뷰티 브랜드이자 중국 뷰티시장에서 1년 내내 1위 자리를 지킨 브랜드이기도 하다.

이 같은 추세를 이어 2013년까지 메이블린의 중국 시장 점유율은 20% 선을 유지했다. 하지만 2015년을 전후로 중국 시장에서 메이블린의 점유율이 계속 줄어들기 시작했으며, 2018년 슈퍼마켓 판매 채널을 차츰 축소·폐쇄하였다. 결국, 2020년 10월 메이블린은 오프라인 채널의 전략적 전환을 발표하며 백화점 판매를 철수, 온·오프라인이 어우러진 체험숍으로 전환하겠다고 밝혔다. 중국 화장품 업계는 메이블린의 오프라인 판매채널 철수에 대해 중저가 메이크업 시장의 전체적 하락, 전자상거래 발전에 따른 전통 소매업의 쇠퇴, 백화점 매출의 급감, 중국 토종 브랜드 부상으로 시장경쟁 격화 등을 이유로 꼽았다.

메이블린뿐만 아니라 아모레퍼시픽 에뛰드하우스, 이니스프리, 일본 케이트 등 해외 브랜드들의 중국사업 축소가 이어지고 있다. 에뛰드하우스는 2021년 중국 시장에 있는 모든 오프라인 매장을 접었고, 이니스프리는 2022년 내 중국 매장 80%를 철수하기로 했다. 최근 일

---

8) KORTA 해외시장뉴스(2022.8.16), 글로벌 메이크업 '메이블린', 중국 오프라인 매장 철수.

본 가네보화장품의 대표적인 대중 메이크업 브랜드인 케이트도 중국에서 철수를 결정한 것으로 알려졌다.

중국 메이크업 시장은 변하고 있다. 전체적인 성장은 지속되고 있지만 고가 메이크업이 성장을 주도하는 반면 중저가 메이크업은 저조한 실적이다. 유로모니터에 따르면 2021년 중국의 고가 메이크업 매출이 323억 위안을 기록해 전년비 16.3% 증가했다. 고가 메이크업 소비가 전체 색조 화장품 시장에서 차지하는 비중은 2015년 이후 해마다 3~4% 증가했으며, 2021년에는 49.3%에 이르고 있다. 이는 중국의 소비 수준이 높아진데서 1차적인 이유를 찾을 수 있다. 두 번째 이유는 이제 중국 화장품 시장은 주링허우, 링링허우들이 주도하는 시장이 되었다는 점이다.

〈표〉 중국 내 해외 화장품 브랜드 사업 축소 동향

브랜드	사업 축소 동향	중국 진출시기	소속사
YUESAI	2020년 오프라인 매장 전면 철수	1992년	L'OREAL
benifit	2021년 백화점 매장 전면 철수, Sephora 및 온라인 매장 유지	2007년	LVMH
KATE	2021년 오프라인 매장 전면 철수, 온라인으로 전환	2010년	Kao Corp
ETUDE HOUSE	2021년 오프라인 매장 전면 철수	2012년	아모레퍼시픽
Innisfree	2022년 오프라인 매장 80% 철수	2012년	
HERA	2022년 백화점 매장 전면 철수	2016년	
Maybelline New York	2018년 슈퍼마켓 판매 채널 축소	1995년	L'OREAL
	2020년 오프라인 채널의 전략적 전환 발표		
	2022년 오프라인 매장 전면 철수		

자료: 経済日报, 36kr(36氪), 中国商报网, 北京日报, Future Beauty, CBNData, KOTRA 선양무역관 (2022.8.16), 중앙일보(2022.8.19.). 조선비즈(2021.12.15) 자료종합.

이들은 매장에서 직접 구매하기보다는 온라인 쇼핑몰을 이용하고 있다. 이에 최근 몇 년 색조 화장품의 온라인 채널의 점유율이 해마다 증가하고 있다. 특히 2020년 이후 COVID-19로 라이브커머스(Live Commerce. 실시간 방송중 상품판매) 열풍 때문에 온라인 매출이 48% 이상 상승하며 온라인 쇼핑이 제1위 판매 채널로 부상했다. 반면에 전통적인 유통채널인 백화점의 감소세가 뚜렷해 메이크업 매출액 중 차지하는 비중은 30%대로 떨어졌다.

새로운 토종 브랜드들의 등장도 최근 중국 메이크업 시장의 변화이다. 그동안 수입 제품에 밀려 성장이 더뎠지만 기술력 향상과 함께 토종 브랜드의 약진이 두드러지는 모습이다. 특히 럭셔리 시장은 여전히 유명 수입 브랜드들이 시장을 주도하고 있지만, 중저가 시장은 거의 중국 토종 브랜드가 장악하고 있다. 2021년 중국 화장품 브랜드 화시쯔(Florasis, 花西子)와 퍼펙트 다이어리(Perfect Diary, 完美日记)가 디올(Dior), 로레알파리(L'Oreal Paris) 등 해외 브랜드를 넘어 색조 화장품 매출 1위를 기록했다. 토종 브랜드가 약진하는 배경으로 중국 젊은 층을 중심으로 불고 있는 궈차오(国潮) 열풍을 들 수 있다. 자국산 제품을 선호하는 궈차오 애국주의 열풍의 영향으로 Z세대들은 이제 더 이상 '메이드인 차이나'가 외국산 브랜드와 비교해 품질이 나쁘다고 여기지 않는다. 오히려 가성비가 좋다고 여기며 중국산 제품에 거리낌이 없다. 게다가 강력한 홍보 마케팅 전략도 토종 브랜드들의 강점으로 꼽힌다.

중국의 화장품 시장 상위 20개 기업 중 중국 기업은 2017년 6개사에서 2020년 8개사로 늘어났으며, 시장에서 안정적인 지위를 가지고 있는 바이췌링, 자란, 상하이자화 등 기업을 제외하곤 가파른 성장세를 보이고 있다. 특히, 화장품 카테고리의 대표적인 궈차오 브랜드인 퍼펙트 다이어리(完美日记)를 보유한 이셴과 화시쯔를 보유한 저장이거의 성장이 두드러진다. 궈차오를 활용한 이들 중국 기업은 전반적으로 높은 성장세를 보이고 있다. 실제 이셴은 2018년 시장 점유율 0.2%, 69위에서 2020년에는 시장 점유율 0.9%, 19위로 올라섰으며,

〈표〉 중국 시장 주요 화장품 기업의 2020년 시장 점유율 및 성장률 현황

회사명	시장 점유율(%)	전년비 성장률(%)	비고
로레알	11.3	18.4	궈차오 활용 해외기업
P&G	9.3	7.3	다국적 기업
에스티로더	5.0	30.1	궈차오 활용 해외기업
시세이도	3.6	11.3	궈차오 활용 해외기업
LVMH	3.0	11.4	궈차오 활용 해외기업
유니레버	2.3	1.2	다국적 기업
아모레퍼시픽	2.2	-4.9	한국 브랜드
바이췌링(百雀羚)	2.2	1.5	궈차오 브랜드 보유 중국기업
자란(伽藍)	2.1	1.9	궈차오 브랜드 보유 중국기업
콜게이트 파몰리브	1.9	1.9	미국 브랜드
LG생활건강	1.7	22.6	한국 브랜드
존슨앤드존슨	1.3	2.1	다국적 기업
상하이자화(上海家化)	1.3	-12.1	궈차오 브랜드 보유 중국기업
상하이상메이(上海上美)	1.1	10.4	중국 민영기업
아돌프(阿道夫)	1.1	11.4	중국 민영기업
윈난바이야오(云南白药)	1.0	2.8	중약재 활용 국유기업
환야(环亚)	1.0	-4.8	홍콩투자기업
Mary Kay	1.0	-21.0	미국 브랜드
이셴(逸仙)	0.9	52.5	궈차오 브랜드 보유 중국기업
Beiersdorf	0.9	-8.4	독일 브랜드
프로야(珀莱雅)	0.8	15.2	궈차오 브랜드 보유 중국기업
쿤밍베이타이니(昆明贝泰妮)	0.8	41.6	궈차오 브랜드 보유 중국기업
저장이거(浙江宜格)	0.6	78.2	궈차오 브랜드 보유 중국기업

자료: 국제무역통상연구원(2022), 중국의 궈차오(애국소비) 열풍과 우리 소비재 기업의 대응전략, 「Trade Brief」 No.3, p.6. 참고하여 필자 재구성.

저장이거는 2018년 시장 점유율 0.2%, 70위에서 2020년 시잠 점유율 0.6%, 30위로 상승했다.

이들 브랜드들이 현지 SNS나 쇼트클립(Short Clip, 5분 이내 짧은 동영상. 숏폼·Short Form 콘텐츠의 일종), 라이브커머스를 통한 홍보 마케팅에 주력해 Z세대의 마음을 사로잡고 있다.

중국 소비재 시장에서 한국 제품은 뛰어난 가성비와 상품성으로 무장한 중국 제품의 추격, 그리고 럭셔리 시장에서 탄탄한 입지를 구축한 글로벌 브랜드 사이에서 고전하고 있다. 2020년 기준 중국 화장품 시장 상위 50개 브랜드 중 한국 브랜드는 3개에 불과하며, 2개가 고가의 럭셔리 브랜드이고 1개가 중저가 브랜드로 프리미엄 브랜드는 부재한 실정이다. 아모레퍼시픽의 '이니스프리'는 26위, '설화수'는 42위를 점유하고 있으며, LG생활건강의 '후'는 27위에 위치하고 있다.

주링허우의 화장품 구매성향

추옌(2018)은 주링허우 여성 263명에 대한 설문조사를 통해 이들의 화장품 구매 성향을 파악하고자 했다. 설문대상의 직업분류를 보면 학생 16.7%, 회사원 22.4%, 프리랜서 17.1%, 공무원 11.4%, 사업단위[9] 30.4% 순이었다. 이들의 소득 수준을 보면 1천 위안 이하 7.6%, 1~3천 위안 27.8%, 3~5천 위안 43.7%, 5~7천 위안 15.6%, 7천 위안 이상 5.3% 순이었다.

---

9) 사업단위(事業單位·Public Institution)는 중국에서만 보이는 독특한 조직이다. 국가기관은 아닌데 사용 경비의 일정 부분을 정부에서 지원을 받으며, 기업이 아닌데 수익활동을 할 수 있다. 공익 서비스를 주로 하는 '반민반관(半民半官·절반은 민간 절반은 정부)' 형태의 조직인 셈이다. 중국 내에서 주로 병원, 출판사, 각종 연구소, 사회복지 같은 공공서비스 기관 등이 이에 속한다.

먼저 이들 중 4.14%는 색조 화장품을 항상 사용하고 있었으며 22.8%는 매일 사용하는 소비자였다. 색조 화장품을 어떤 때 사용하는지를 묻는 질문에는 중요한 행사, 데이트·미팅, 쇼핑 등이 23~27%대로 가장 많은 답변이 나왔다. 색조 화장품 구매 장소로는 상점(백화점 등) 내 화장품 코너가 29.9%로 가장 많았으며, 그 다음은 온라인 구매(25.4%)였다. 해외직구도 9.6%의 비중을 나타냈다. 화장품 선택시 주요 고려 사항을 묻는 질문에는 구전(口伝)에 의한 바이럴 마케팅이 19.9%로 1위를 보였다. 그 다음이 브랜드(17.5%), 세 번째가 가격(13%)이었다. 이는 바이럴 마케팅이 얼마나 중국 화장품 시장에서 중요한 역할을 하고 있는지를 방증한다. 중국어로 왕홍, 즉 인플루언서가 추천하는 화장품을 얼마나 리뷰(검색)하는지를 묻는 질문에는 매일 1회가 37.3%로 가장 많았고, 매일 2회 이상도 22.1%에 달했다. 왕홍은 왕뤄홍런(网絡紅人)의 줄임말로, 인터넷에서 '핫'한 사람이라는 의미이며, 한국의 파워블로거 또는 인플루언서(influencer)와 유사하다. 따라서 중국 화장품 시장에서 왕홍의 영향력은 절대적이라고 할 수 있다.

무엇을 알기 위해서 화장품 정보를 획득하냐는 질문에는 최신 모델의 정보가 21.9%로 첫 번째로 꼽혔으며, 그 다음이 화장품 관련 상식(18.9%), 피부관리 방법(18.3%)순으로 답변했다. 화장품 관련 정보를 얻는 소스로는 화장 및 미용 전문가가 38.3%로 가장 높았다. 즉 백화점 화장품 코너의 시연, 미장원 내 전문가 등을 통해 가장 많은 정보를 얻고 있는 것으로 조사되었다. 그 다음이 친구(26.6%)였으며, 세 번째가 화장품 회사의 홈페이지, 리플릿 같은 공식적인 정보 채널(24.9%)이었다. 이들이 원하는 정보는 기능, 성분, 원산지 같은 제품 속성이 23.6%로 가장 많았으며 그 다음으로 화장법 동영상(13.5%)과 품질측정 결과(13.3%)가 꼽혔다. 가격은 오히려 11.7%로 후순위에 있었다.

〈표〉 주링허우 여성들의 화장품 구매 성향

(단위: %)

색조 화장품 사용 빈도는?			
미사용	가끔 사용	항상 사용	매일 사용
2.7	33.1	41.4	22.8

색조 화장품 사용하는 시기와 장소는?					
출근	쇼핑할 때	데이트, 미팅	중요한 행사	일상	기타
12.8	23.1	27.5	27.9	7.5	1.2

색조 화장품 구매 장소는?						
상점 화장품코너	전문 브랜드 매장	온라인	마트, 슈퍼, 할인점	해외직구	약국	기타
29.9	19.6	25.4	7.5	9.6	7	1

화장품 선택시 주요 고려 사항은?								
효과	브랜드	성분	바이럴 마케팅	친구 추천	가격	외관, 포장	광고	기타
15	17.5	10	19.9	10.3	13	10.1	3.8	0.4

인플루언서(왕홍) 추천하는 화장품의 리뷰(검색) 빈도는?				
매일 2회 이상	매일 1회	2~3일에 1회	4~5일에 1회	매주 혹은 그 이상 기간에 1회
22.1	37.3	17.5	4.9	18.3

무엇을 알기 위해 화장품 관련 정보를 획득하는가?						
최신 화장 트랜드	최신 모델의 화장품 정보	화장품 가격	피부 관리방법	화장품 관련 상식	타인의 화장품에 대한 평가(리뷰)	기타
17	21.9	12.3	18.3	18.9	10.3	1.1

화장품 관련 정보를 얻는 소스는?			
화장품 회사의 공식 정보 채널	화장, 미용 전문가	친구	다른 소비자
24.9	38.3	26.6	10.3

화장품과 관련된 어떤 유형의 정보를 선호하는가?								
신제품 발매	제품속성 (기능· 성분· 원산지)	가격	화장법 동영상	구매지점	품질 측정결과	제품 관심자 수	제품평가, 사용후기	기타
11	23.6	11.7	13.5	10.7	13.3	6.3	9.4	0.6

자료: 추옌(2018), 왕홍의 90后여성화장품구매영향분석, 안휘이공대학, 학위논문, pp.23~29.

주링허우, 바링허우 대학(대학원)생들의 소비 패턴 비교

웨이뤼(2012)는 주링하우와 바링허우 학생들에 대한 설문조사를 통해 이들간의 소비 패턴과 특징을 비교하고자 했다. 본 설문조사는 중국 전역에 분포된 6개 대학(하남대학, 정주대학, 북경사범대학, 광주중산대학, 복단대학, 서남정법대학)에 재학중인 본과 및 대학원(석·박사 과정) 학생들만을 대상으로 진행되었다. 총 631개의 설문이 회수되어 이중 600건을 분석에 사용했는데, 먼저 성별을 보면 남성 40% 여성 60% 이다. 학력은 본과 55%, 석사 37%, 박사 8%였다. 이들 중 55.8%는 독생자녀였고, 44.2%는 비독생자녀였다. 43%는 도시 후커우를 57%는 농촌 후커우 소지자였다. 이들 중 바링허우는 40%, 주링허우는 60%였다.

먼저 소비를 위한 매개체로 무엇을 선택하느냐는 질문(복수응답)에 바링허우는 모바일, 온라인, TV, 서적 순이었고, 주링허우는 온라인, 모바일, 광고, 영상 순이었다. 즉 바링허우와 달리 주링허우들은 광고와 영상이 주요 소비를 위한 매개체임을 알 수 있다. 이들이 소비하는 제품, 서비스를 4가지 유형(뉴스, 오락, 체육, 레저)으로 나누었을 때, 바링허우는 뉴스가 첫 번째였으며, 주링허우는 오락이 첫 번째를 차지하고 있었다.

휴식을 취하고 있을 때 바링허우는 독서, 인터넷, 신문·잡지, 체육(동률) 순으로 선택했으며, 주링허우는 인터넷, 체육, 신문·잡지, 음악 순이었다. 매일 인터넷 사용시간을 묻는 질문에 바링허우(34.7%)와 주링허우(32.9%) 모두 2~3시간 사용 빈도가 가장 많았다. 온라인 접속 이유에 대해 바링허우는 사교, 지식획득, 체험, 오락이 주된 이유였으며, 주링허우는 사교, 개성표현, 오락, 친구와 연락 순이었다. 마지막으로 핸드폰 구매시 결정요인을 묻는 질문에 바링허우는 기능, 품질,

〈표〉 바링허우, 주링허우 대학(대학원)생들의 소비 패턴 비교

(단위: %, 건)

조사 대상 특성(%, 총인원 600명)				
연령 구분 (합계 100%)	1980~85년생	1986~90년생	1991~95년생	96~2000년생
	17.5	22.5	33	27
	바링허우		주링허우	
독생자녀 여부 (합계 100%)	독생자녀	비독생자녀	독생자녀	비독생자녀
	13.3	26.7	42.5	17.5
후커우 종류 (합계 100%)	농촌	도시	농촌	도시
	31	9	26	34

소비 매개체 비교(건, 복수응답)								
	TV	온라인	모바일	신문	서적	방송	영상	광고
바링허우	125	196	201	45	108	45	89	103
주링허우	101	332	265	57	106	56	128	165

소비 유형 분류(%, 복수응답, 600건 중 항목선택비)				
	뉴스	오락	체육	레저
바링허우	80	60	50	60
주링허우	40	90	45	80

휴식 유형 비중(%, 복수응답, 600건 중 항목선택비)								
	TV	음악	인터넷	독서	신문·잡지	영화	체육	기타
바링허우	52	40	82	87	65	45	65	10
주링허우	28	56	92	54	60	20	76	9

매일 인터넷 사용 시간(%, 계층별 합은 100%)					
	1시간 미만	1~2시간	2~3시간	3~4시간	5시간 이상
바링허우	10.8%	16.8%	34.7%	26.8%	10.8%
주링허우	15.2%	25.1%	32.9%	18.2%	8.7%

온라인 접속 이유(건, 복수응답)							
	지식 획득	체험	사교	개성표현	친구와 연락	오락	심심해서
바링허우	126	122	204	60	106	116	36
주링허우	185	184	308	240	197	215	52

핸드폰 구매시 결정 요인은?(%, 계층별 합은 100%)							
	가격	외관	기능	브랜드	부모의견	품질	기타
바링허우	16.4	14.3	25.9	18.5	1.6	23.3	0
주링허우	15.8	9.1	33.5	11	2.4	26.8	1.4

자료: 웨이뤼(2012), 80后90后소비유형비교, 하남대학, 학위논문, pp.7~28.

브랜드, 가격 순으로 중요한 요인을 꼽았으며, 주링허우는 기능, 품질, 가격, 브랜드 순이었다.

주링허우, 바링허우 소비 분야별 특징

먼저 의류의 경우, 주링허우·바링허우는 의류 구입 시 인터넷을 통한 정보 수집, 전자상거래를 통해 구매하는 경향 뚜렷하다. 의류는 자신의 개성을 가장 잘 표현하는 수단이자 사계절 상시 구매를 해야하기 때문에 소득, 디자인, 가격 등 종합적 정보수집이 필요하다.

중국 창수(常熟)남성의류통계센터가 발표한 '치링허우·바링허우·주링허우의 소비관 비밀해제(2016)'에 따르면 바링허우는 품질을 중요시하면서 구매의견 청취 시 브랜드 지명도, 타인의 시선을 고려한다. 주링허우는 친구와의 소통 속에 인터넷 평가를 고려하며, 의류 구매 플랫폼 선택은 바링허우는 1호점,10) 주링허우는 웨이신의 모바일 구매 APP 선택 높다.

자동차의 경우, 주링허우·바링허우 세대는 '신차 융자 임대(탄거처·弾个車, 2016년 11월 서비스 시작)'방식으로 구입한다. 안드로이드 어플을 이용해 차량 모델 선택, 시승 시간 약정, 구입 방법(금융 지원) 결정, 계약서 작성 및 차량 등록 모두를 일괄 처리해서 탁송까지 받고 있다. 바링허우 세대의 산다젠(三大件·주택, 자가용, 태블릿PC 등 꼭 가져야 하는 Must-have) 중 하나가 자동차였고, 주링허우 세대의 높은 자동차 관심도에 따라 이들을 겨냥한 디자인, 가격을 고려한 개발·판촉 경쟁이

---

10) 一号店: 2008년에 서비스를 시작한 B2C 업체임. 2012년 기준 고객은 4700만 명 수준임. 월마트가 투자했으며, 최근 징둥닷컴(JD.COM)에 의해 인수됨. (www.yhd.com)

치열하다. 젊은 고객을 겨냥한 스포츠유틸리티 차량 출시가 증가하고 있으며 2017년 둥펑 SUV '글로리 580'는 17만 6천대가 판매된 바 있다.11)

여행의 경우, 주링허우·바링허우가 주축이 되는 26~35세층이 중국 여행업종의 소비를 주도(전체의 23% 점유)하고 있다. 중국 국내여행에서는 평균 5,000위안이 소비된다. 주링허우·바링허우는 개성있는 체험형 여행을 선호한다. 싼야(해남성 三亚), 리장(윈난성 麗江), 쿤밍(윈난성 昆明) 등 경관이 수려하고 개성 많은 지역을 선호하는 것으로 나타났다.12) 주링허우는 인터넷 예약을 통한 여행을 선호(전체 인터넷 예약자의 39.7%가 주링허우)했다.

대부분의 화장품 판매 타겟이 중년 가정주부에서 주링허우·바링허우로 이동했다. 이를 위해 젊은 층을 겨냥한 제품개발이 진행되고 있고, 매장 인테리어도 이들에 포커스를 맞추고 있다. 주링허우·바링허우는 브랜드 충성도가 낮고 실용성을 추구한다. 자신에게 맞는 화장품을 결정하기까지 다양한 제품, 브랜드 사용을 시도하는 편이다. 주링허우 또는 링링허우 세대에서 천연 원물 이용, 화학물 무첨가 진흙팩, 클렌징폼, 메이크업 등 대중적인 제품의 판매가 높은 편이다.

이들의 소비 플랫폼은 위챗이 압도적이다. 중국의 대표적 모바일 메신저 위챗[WeChat, 중국명 웨이신(微信)]과 위챗페이에 의한 젊은층의 소비가 일상화 되어 있다. 중국판 카카오톡인 위챗 사용자는 약 9억 명(2017년 4월 기준)으로, 한국의 카카오페이, 삼성페이와 같은 '위챗페이'는 중국의 쇼핑, 교통, 공과금 등 일상생활에 보편적 결제수단으로

---

11) 장정재(2018), 중국 20·30세대 新소비 트렌드와 부산의 대응, 「BDI정책포커스」 339호(2018.6.11.), 부산발전연구원.

12) 취나알(去哪儿, qunar.com)의 '2017 중국여행자출행습관행위보고(国内旅行者出行习惯行为报告)'.

자리 잡았다. 재래시장 과일가게, 길거리 군고구마 장수에게도 위챗페이로 지불이 일상화된 것이다. 이를 활용해 위챗페이를 통한 더치페이 문화도 확산되고 있다. 모바일의 AA즈(AA制) 기능을 통해 친구·직장 모임에서 경비를 더치페이로 부담한다. 계산 및 정산이 간단하기 때문에 체면을 중시하는 중국문화[워칭커, 我请客(내가 쏠께!)]는 젊은 세대에서 점차 사라지는 추세이다.

위챗 홍바오(紅包)13)는 이전 개인간 지급수단에서 기업이 고객 이벤트에 활용하며 젊은층을 겨냥한 이벤트 수단(현금충전 및 상품판촉)으로 확대 보급되고 있다. 모바일 현금 충전시 홍바오 고르기를 통해 충전 금액과 별도의 금액을 보너스로 지급하거나, 칭다오맥주는 자사 캔맥주 제품 QR코드 스캔을 통해 0.3~88위안 위챗 홍바오를 지급하기도 한다. Mobike(공유 자전거)의 자사 자전거 관리 수단으로도 홍바오를 지급한다.

중국의 공유경제 활성화는 20·30세대의 합리적소비, 높은 정보 활용 능력의 결과물이다. 공유자동차 등장에 교통체증, 대기오염으로 자동차 등록이 어렵고, 고급자동차 구입까지 자금이 충분하지 않아서 공유경제를 적극 활용하겠다는 심리가 반영되었다.

리커추싱, 디디추싱14)에 의한 시장 주도 아래 100개 기업이 공유자동차 시장에 참여하고 있다. 중국판 카카오택시 디디추싱의 높은 인

---

13) 붉은 봉투를 의미하는데, 중국에서는 보통 세뱃돈, 축의금을 넣어서 전달하는 관습이 있음. 회사 대표가 직원들에게 격려금 지급 또는 기업의 대고객 마케팅 기법(상금·적립금)으로도 사용함. 부정적인 의미로는 '촌지'도 있음. 위챗 홍바오는 우리의 카톡 현금 기프티콘에 해당함.

14) 후발업체 리커추싱(立刻出行)은 2017년 6월에 서비스를 시작한 공유 자동차 업체이며, 2018년에 2천만 달러의 투자를 받았다. 디디추싱(滴滴出行)은 2015년 9월에 서비스를 시작한 대표적 공유 자동차 업체(89개 도시 서비스 중)이며, 2021년 매출액 1738.3억 위안을 기록했다. 2021년 6월에는 미 증시에 상장되었다. 개인이 운영하는 快车(콰이처), 전문기사가 서비스하는 专车(좐처)가 있다. 프리미엄 차량인 豪华车(하오화처)는 콰이처보다 1.8배 비싼 이용요금으로 Audi, BMW 차량이 서비스된다.

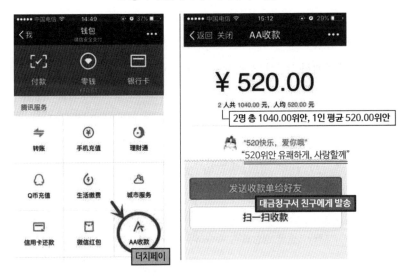

자료: 소후닷컴(http://www.sohu.com/a/76633851_356086).

기로 선택도 세분화 및 확대되고 있다. 지리자동차, 상하이자동차, 알리페이 모회사인 앤트파이낸셜 등이 공유자동차로 진출했거나 준비 중이다. 모바일 기술의 진화에 따라 공유경제 시장이 급성장하고 일상생활로 이용이 확대되고 있다. 운동기구, 주차장, 택배상자 등 공유경제 분야가 확대되고 있다.

오포(ofo)·모바이크(mobike)의 공유 자전거·퍼스널모빌리티(전동킥보드 등)가 젊은세대의 주요 교통수단으로 이용된다. 2016년 중국 자전거 렌탈시장 분석 보고서(아이미디어 리서치)에 따르면 중국 공유자전거 이용자는 400만 명이다.[15] 오포(ofo)의 공유자전거 학생 이용요금은 1시간 0.5위안으로, 공유 자전거 이용 보편화 속에 개인의 자전거 구매 의지가 하락한 것으로 판단된다.

---

15) 류종훈(2017), 『젊은 중국이 몰려온다』, 21세기북스, p.27.

이들을 대상으로 한 마케팅에는 왕훙을 활용하는 사례가 늘어나고 있다. 왕훙에 의한 마케팅·판매는 거대 소비시장을 형성하였는데 주링허우·바링허우가 주도하고 있다. 왕훙은 왕뤄훙런(网络红人)의 줄임말로, 인터넷에서 '핫'한 사람이라는 의미이며, 한국의 파워블로거 또는 인플루언서(influencer)와 유사하다. 왕훙의 시장 지배력을 이용한 제품 판매 및 마케팅이 활발한데, 모델 출신 장다이는 2시간 여성의류 생방송을 통해 2,000만 위안 매출 기록한 바 있다. 상하이 출신 '파피장(Papi醬)'은 2,000만 명의 팔로워 보유 아래 방송광고 경매가격이 2,200만 위안이었다.

〈표〉 중국 링링허우, 주링허우 주요 소비 분야(2022)

(단위: %, 중복답변)

	일상생활	취미	자기개발	재테크	헬스케어	기타
링링허우	71.15	70.72	39.7	37.42	11.5	0.33
주링허우	80.41	63.51	36.49	43.24	18.92	2.03

주: 설문대상은 1070명이며, 이중 링링허우는 86.17%, 주링허우 13.83% 였음.
자료: 南方都市报(2022.7.3),《00后消费观洞察报告(2022)》, http://epaper.oeeee.com/epaper/G/html/2022−07/04/content_15164.htm

2022년 6월, 남도여론조사센터는 링링허우와 주링허우를 대상으로 소비의식과 소비행태를 분석한 '링링허우의 소비관 통찰 보고서(2022)'를 발표했다. 소비의 가장 큰 차이는 주링허우는 주로 가계 지출에, 링링허우는 자기계발 등 자신을 위한 소비에 집중한다. 링링허우, 주링허우 응답자의 소비 형태는 생활수요에 따라 차이를 보였다. 링링허우와 주링허우는 일상생활에 각각 71.5%, 80.1%로 가장 많은 소비를 하였고 취미생활에 각각 70.72%, 63.51% 소비했다. 링링허우는 취미생활과 자기계발에 각각 7%, 3%를 지출했고 주링허우는 일상생활,

재테크, 헬스케어에 더 많은 지출을 했다. 또한 링링허우는 월 소득이 증가할수록 일상생활에서의 지출은 줄고 취미생활, 재테크, 자기계발 등의 지출이 증가했다.

링링허우의 생활비 지출 분야를 살펴보면, 식사 84.6%, 교통 54.12%, 인터넷·통신 46.19%, 생활용품 44.36%, 주거 42.38%, 의류·잡화 21.49%를 지출했다. 링링허우 여성은 남성보다 생활용품 19%, 의류·잡화 24%, 뷰티용품 21%, 헤어케어 5%를 더 지출하고 있다. 링링허우 남성은 여성보다 주거 13%, 인터넷 통신비 7%를 더 지출했다. 주링허우는 주로 생활용품에 52.1%를 지출하고 주거에 34.45%를 지출했다. 주링허우는 링링허우보다 주거대출금 17%포인트, 육아 21%포인트를 더 지출하고 있다.

〈표〉 중국 링링허우, 주링허우 주요 생활비 지출 분야(2022)

(단위: %, 중복답변)

	식사	교통	인터넷 통신	생활용품	주거	의류잡화
링링허우	84.6	54.12	46.19	44.36	42.38	21.49
주링허우	85.71	52.1	31.93	52.1	34.45	25.21
	뷰티	인간관계	부모님 용돈	주거대출	신용카드 대출	생활비 대출
링링허우	15.09	11.13	10.37	9.3	8.38	8.23
주링허우	15.13	10.08	16.81	26.05	6.72	10.08
	헤어	차량할부	부양비	육아	기타	
링링허우	7.62	7.16	5.49	1.83	0.3	
주링허우	3.36	15.13	7.56	22.69	1.68	

주: 설문대상은 1070명이며, 이중 링링허우는 86.17%, 주링허우 13.83% 였음.
자료: 南方都市報(2022.7.3),《00后消费观察报告(2022)》, http://epaper.oeeee.com/epaper/G/html/2022−07/04/content_15164.htm

중국 Z세대 소비 성향

2020년 기준, 중국 Z세대(1995~2009년 사이 출생자) 인구는 2.64억 명으로 중국 전체 인구 내 비중은 19%이지만, 중국의 인터넷 사용자 중 Z세대의 비중은 2016년부터 계속 증가세를 보여 2020년에는 28%를 넘어섰다. 중국 인터넷 사용자 중 Z세대 비중을 보면 2016년 16.4%에서 2017년 18.8%, 2018년 21.6%, 2019년 24.4%, 2020년 28.1%를 기록하고 있다.[16) 중국 Z세대의 직업은 학생 49%, 일반 회사원 26%, 프리랜서 10% 등으로 구성되어 있다. 2020년 기준 중국 Z세대의 1인당 월평균 가처분소득은 3,000~5,000위안이 25.1%로 가장 높은 비중을 차지하고 있으며, 1,001~3,000위안이 20.5%, 5,001~7,000위안이 20.3%로 뒤를 잇고 있다.

가계 지출에서 Z세대와 관련한 지출액 비중은 중국이 전 세계 평균 수준보다 높다. 가계 지출액에서 Z세대와 관련한 지출 비중을 보면 전 세계 평균 직접지출 비중은 5%, 영향지출(Z세대의 영향으로 지출한 금액)은 2%인 반면, 중국 Z세대의 직접지출 비중은 10%, 영향지출은 3%이다. 반면 중국 Z세대의 저축률은 전 세계 평균수준 보다 낮아 타 국가의 Z세대에 비해 높은 소비 성향을 보이고 있다. 전 세계의 저축 습관이 있는 Z세대 인구 비중은 85%인 반면 중국 Z세대는 76%에 불과하여 저축대신 소비를 선택하는 경향이 높음을 알 수 있다.[17)

---

16) 한국무역협회(2022), 중국 Z세대의 소비로 본 성향 분석, 「KITA Market Report (2022.2)」, p.1.
17) SWS申万宏源(2021.9.13.), 进击的Z世代, 引领消费新浪潮. (www.shangyexinzhi.com/article/4256152.html)

국산품 선호

2020년 Euromonitor에서 발표한 '중국 M세대와 Z세대의 생활 및 지출 보고'에 따르면 중국 Z세대 중 90%가 국산품 구매를 적극적으로 고려하고 있으며 76%는 지난 1년간 국산품 지출액을 늘린 것으로 나타났다. 2021년 중국 Z세대 중 국산품에 대해 관심을 표명한 비율은 88%로서 이전 세대인 Y세대(1964~1980년 출생) 78%에 비해 높은 수준이다. 국산품 선택 이유로는 높은 가성비가 72%의 비중으로 1위를 차지했으며, 좋은 품질 및 좋은 평가는 각각 68%, 66%로 2위, 3위를 차지했다. 품목별로는 의류·가방·신발 품목에 대한 관심 비중이 75%로 가장 높았고, 생활용품, 가전제품에 대한 관심도는 각각 72%, 71%로 뒤를 이었다. 스킨케어 제품, 색조화장품, 식품·음료에서 2021년 Z세대가 가장 선호하는 438개 브랜드 중 국산브랜드는 294개로 외국브랜드의 2배 수준이며, 특히 식품·음료 품목에서 국산 비중은 80%에 달한다.

달라진 아름다움의 기준

중국 Z세대는 '비주얼이 곧 정의'라고 생각할 정도로 외모 관리에 관심이 높아 화장품 산업 성장의 원동력이 되고 있다. 2020년 중국 Z세대 중 24.5%가 한 달에 1회 및 이상 화장품을 구매하는 반면, 세일에서 구매하는 비중은 6.4%에 불과하다. 2020년 Z세대의 스킨케어 제품 사용빈도를 보면 매일 사용하는 비중이 62.2%에 달하며 일주일 3회 이하 사용하는 비중은 19.2%에 불과하다. 반면, 중국 전체 소비자의 경우 스킨케어 제품을 매일 사용하는 비중은 31%에 불과하고 일주일 3회 이하 사용하는 비중이 35%이다.

2020년 중국 Z세대는 스킨케어 제품 중 마스크팩, 크림, 핸드크림 순으로 가장 많이 구매하는 것으로 나타났다. 2020년 색조화장품 사용 빈도를 보면 Z세대가 매일 사용하는 비중은 38.3%를 차지하나, 중국 전체 소비자의 비중은 11.2%에 불과하여 Z세 대가 27.1%포인트 높다. 2020년 중국 Z세대는 색조화장품 중 입술 관련 메이크업 제품(립스틱, 틴트 등), 눈 메이크업 제품(아이섀도우, 아이라이너 등), 베이스 메이크업 제품(파운데이션, 블러셔 등) 순으로 가장 많이 구매했다. 중국 Z세대가 화장품 관련 정보를 획득하는 수단으로는 SNS(웨이보, 샤오홍수 등)가 48.3%로 가장 많이 활용되고 있으며 이어서 전자상거래 플랫폼(타오바오, 징둥, 핀둬둬 등), 오프라인 매장 등이 활용된다.[18]

〈표〉 2020년 중국 Z세대 패션 제품 구매 빈도

(단위: %, 제품별 합계는 100%)

구매 빈도	화장품	아트 토이	향수·디퓨저	액세서리	옷	손목 시계	신발	명품백
한달 1회 및 이상	24.5	19.1	18.9	15.8	13.9	10.8	10.3	10.1
반년 3~5회	33.8	34.6	30.9	28.8	39.9	8.1	32.4	12.3
반년 1회	20.7	21.7	24.9	23.6	24.3	18.7	33.2	29.6
1년 1회	4.3	10.5	11.6	17.6	9.5	33.4	11.5	31.2
세일 때 구매	6.4	9.5	4.9	8.7	8.7	13.5	7.3	10.4
수요에 따라 구매	8.3	4.3	8.9	5.4	3.9	15.1	5.3	6.4

자료: SWS申万宏源(2021.9.13.), 进击的Z世代, 引领消费新浪潮.
　　　www.shangyexinzhi.com/article/4256152.html

18) 샤오홍수(小红书)는 2013년 6월부터 상하이에서 서비스를 시작한 중국판 인스타그램이다. 2019년 7월말 기준 유저는 3억 명인데, 이중 70%가 주링허우이다.

피규어가 주도하는 중국의 어덜트 토이 시장

최근 중국 사회과학연구원이 발표한 '2021년 중국 아트토이시장 발전보고'에 따르면 2021년 중국 아트토이 소비자 중 Z세대가 39%를 차지하여 가장 주요한 소비층이 되었다. Z세대 중 41.7%는 연평균 1,000위안 이상의 피규어를 소비하는 반면, 1년에 200위안 이하를 소비하는 비중은 7.4%에 불과하다. 이에 비해 중국 전체 세대의 연평균 피규어 소비액으로는 100위안 이하를 소비하는 비중이 45%로 가장 많으며 1,000위안 이상 소비하는 비중은 9%에 그쳤다.

Z세대의 피규어 구매 동기로는 76.0%가 '캐릭터에 대한 애호'로 인해 구매하며 '감상하기 위해'와 '시리즈를 모아 수집하는 성취감'은 67.9%, 66.6%로 뒤를 이었다. Z세대가 가장 많이 소비하는 피규어의 유형으로는 일본 애니메이션 캐릭터가 77.4%로 1위를 차지하고 있으며, 모바일게임 캐릭터, 국산캐릭터가 각각 60.5%, 51.1%로 2위, 3위를 차지했다.

절반이 넘는 Z세대 소비자가 1년 중 7회 이상 랜덤박스를 구매한다고 하며 20회 이상 구매하는 비중도 6%에 달하나, 3회 이하 구매하는 Z세대는 11.6% 였다. Z세대의 랜덤박스 구매 동기로는 '언박싱의 기쁨을 추구하기 위해서'라고 답한 비중이 74.3%로 가장 많았으며 '수집하기 위해서', '캐릭터를 좋아해서'가 각각 59.5%, 41.9%로 2위, 3위를 차지했다. 중국 내 랜덤박스 역시 자판기 또는 진열대에 상품을 상자에 넣어서 무슨 상품이 나올지 모르는 형태의 판매방식으로 구성되어 있다.[19] 본고에서 소개할 Pop Mart 역시 대표적인 어덜트 토이 업체이다.

---

19) 艾瑞咨询(2021.3), 「2021年中国Z世代手办消费趋势研究报告」, www.thepaper.cn/news Detail_forward_13223702

중국 Z세대의 '소확행' 펑커양성

　주택 구입, 취업, 결혼 등 크지만 성취가 불확실한 행복을 좇기보다
는 일상의 작지만 성취하기 쉬운 소소한 행복을 추구하는 삶의 경향
또는 그러한 행복이 소확행(小確幸)이다. 본래 소확행이란 말은 일본의
소설가 무라카미 하루키의 에세이 '랑겔한스섬의 오후(1986)'에서 사용
된 말이다. 이 에세이에서 소확행은 갓 구운 빵을 손으로 찢어 먹을
때나 서랍 안에 반듯하게 정리되어 있는 속옷을 볼 때 느끼는 행복과
같이 바쁜 일상에서 느끼는 작은 즐거움을 뜻한다. 그렇다면 중국 Z
세대들에게 소확행은 무엇일까? 펑커양성이 그 한 부분을 차지하고
있다.

　펑커(朋克)는 펑크(Punk)[20]의 중국어 음역이다. '양성(养生)'은 보양이
나 보신을 의미한다. '펑크'는 1960년대 미국의 미술, 음악계에서 나타
난 자유롭고 전통을 거부하는 현상이었다. 중국 Z세대들이 추구하는
펑커양성은 매우 불규칙한 생활과 건강에 좋지 않은 행동을 하면서도
동시에 자기 위안이 되는 몸 보신법을 찾는 행위이다.

　2022년 기준, Z세대의 연령은 13~27세로 젊은 나이지만 대부분의
Z세대가 건강관리에 대한 관심이 높은 것으로 나타났다. Z세대가 건
강과 관련하여 가장 우려하는 문제는 피부문제, 시력 저하, 탈모가 각
각 59.0%, 55.4%, 48.3%로 상위 3위를 차지하며 성별로는 여성이 남

---

20) '펑크'는 보잘 것 없는 사람, 젊은 불량배, 애송이, 허튼 소리 등 의미를 지닌 속어였다.
　　'펑크'는 음악용어인 '펑키(funky)'에서 파생된 것이다. 1950년대 후반 '흑인의 체취'라
　　는 뜻을 가진 은어로, 재즈 연주를 할 때 흑인 특유의 감성과 선율이 드러날 경우 '펑
　　키한 연주'라고 했다. 1960년대 초에는 캘리포니아에서 활동한 시각예술가들에게 펑크
　　라는 명칭이 붙여졌다. 펑크 미술은 관습에 얽매이지 않으며 감각적이고 직접적이다.
　　재즈, 리듬앤블루스, 소울이 결합된 양식인 펑크 뮤직은 미국 가수 제임스 브라운에 의
　　해 1965년 무렵부터 확산됐다.

성보다 건강문제를 훨씬 많이 느끼는 것으로 나타났다. 절반 이상의 Z세대는 건강관리를 위해 월평균 500위안 이상을 지출했다. 중국 Z세대가 선호하는 건강관리 방식으로는 식이요법이 53.7%의 비중으로 1위를 차지하고 있으며 자율생활하기, 3저(저지방, 저가당, 저기름) 제품 구매가 각각 53.1%, 32.3%로 2위, 3위를 차지했다. Z세대의 펑커양성 사례 중 헬스동영상에 '좋아요' 누르기를 다이어트로 간주한다는 비중이 59.7%로 가장 많았으며, 밤을 새고 피부 노화가 걱정되어서 비싼 아이크림을 사용한다는 비중이 39.9%로 2위를 차지한 바 있다.

COVID-19가 바꾼 2020년 중국 청년 소비 트랜드

중국 국영방송사 CCTV 재경(財经)과 「중국경제생활대조사」 기관과 공동으로 '2019~2020년 중국청년소비 보고서'를 발표했다. 본 보고서는 전국 31개 성, 154개 도시, 297개 현의 10만 가구를 대상으로 방문 조사를 하여 20~40대의 소비관, 소비 이슈, 소비예측, 소비패턴 등 10개 영역을 분석·소개하고 있다.21) 2020년 중국 젊은 세대의 주 소비 품목은 교육(32.44%), 주거(31.53%), 건강·위생(26.11%) 순으로 돈을 지출하는 것으로 조사됐다. 특히, 25~35세의 교육과 자기 계발에 대한 수요가 강한 것으로 나타났다. 자격시험과 관련된 검색이 증가했다. 운전면허, 표준어, 교사자격증에 관심이 많았다.

중국 젊은 세대의 주택에 관한 인식은 '투자'가 아닌 '주거'의 목적으로 '자기만족과 행복'이라는 소비관이 반영된 것으로 보인다. 35세 이하 젊은 세대의 건강·위생 관념이 점차 강해지고 있고, 소비 비중

---

21) 인천연구원(2020.6.29), 「한중Zine. 최신중국동향」. Vol.279. p.3.

은 전년대비 5%포인트 이상 증가할 것으로 전망된다. 예방접종, 건강 검진, 건강보조식품 등의 소비가 증가했다.

2020년 COVID-19 사태로 생활의 많은 것이 바뀌었는데 젊은이들의 소비관도 이성적이고 실용적으로 바뀌었다. 소비할 때 '생활필수품만 사겠다.'라는 응답이 55.8%로 가장 많았고, 40.2%는 '적게 사고, 좋은 물건을 사겠다.'라고 응답했으며, '구매 결정 시 이전보다 더 신중하겠다.'라고 39.6%가 응답했다. 유명인과 같은 제품 혹은 신상품을 선호했던 것과 달리, 환경보호 제품, 보조금 지원, 할인 상품, 다용도 상품에 대한 선호가 증가했다.

또한, 온라인 라이브방송을 통한 구매가 증가함과 동시에 직접 판매자로 나서는 경우도 증가했다. 중국 최대 오픈마켓인 타오바오의 라이브방송 진행자 중 40% 이상이 주링허우이다. 주링허우 인플루언서가 홍보 혹은 판매하는 상품이 대중의 선호와 구매로 이어지는 규모는 1인 평균 174만 위안(3억 원/月)인 것으로 나타났다. 젊은 세대의 평균 행복감은 43.81%로 나타났고, 95后(주링허우 중 1995년도 이후 출생자)의 행복감은 60.13%로 평균보다 높은 수준으로 조사됐다. 퇴근 후 가사, 운동, 온라인쇼핑을 더 선호하는 것으로 나타났으며, 야외활동으로 외식, 야식, 관광지, 야시장 방문 등을 즐겼다. 분석결과를 종합하면 중국의 젊은 세대는 풍요로운 부족함 없는 생활을 누린 세대로 물적 풍요보다는 정신적 풍요를 중요시 생각하고 있었다. 이러한 가치관 변화로 소비 트렌드가 움직이고 있는 것이다.

(단위: %, 중복 답변)

교육	주거	건강, 위생	여행	문화	보험
32.44	31.53	26.11	25.75	24.85	19.14

자료: 央視財经(2020.5.4.), 《2019-2020中国青年消費报告》 https://baijiahao.baidu.com/s?id= 1665753681535938001&wfr=spider&for=pc

중국 Z세대의 온라인 보험 소비 성향

중국 온라인 보험회사 중안보험과 리서치 전문기관 CBNData는 '2022년 Z세대의 온라인 보험 소비 성향' 조사 결과를 발표하였는데, 중국 Z세대의 경우 의료보장에 대한 니즈가 높고 온라인 가입을 선호하는 것으로 나타났다. 중국 Z세대는 1995~2009년 사이에 태어난 세대로서 2020년 중국 총 인구의 19%를 차지하며 주요 소비 주체로 급부상 중이다. 중국 Z세대는 95허우(95后, 1995년 이후 출생자)와 00허우(00后, 2000년 이후 출생자)를 의미한다. 국가통계국에 따르면 중국 Z세대의 인구는 약 2억 6천만 명으로 전체 인구 중 약 19%의 비중을 차지하고, 인터넷 사용자 중 Z세대의 비중은 2016년 16.4%에서 2020년에는 28.1%까지 상승했다.

Z세대 보험 소비자의 70% 이상은 보험을 의료 보장의 중요한 수단이라 생각하고 있으며, 50%는 보험을 통해 재산 위험을 분산시키고 있다. 온라인 보험은 고객이 직접 필요한 보장만 골라 설계하는 DIY 보험을 지원하고, 24시간 언제든지 보험에 가입할 수 있다. 정보의 유연성이 높다는 특징이 있기 때문에 Z세대들은 온라인 보험 가입을 선

호한다. 또한 Z세대의 98%는 새로운 보험에 가입할 의사가 있으며, 보험상품 중에서도 반려동물보험, 시력건강보험, 의료미용보험, 스키 사고보험 등 새로운 형태의 보험에 관심이 많은 것으로 나타났다.

Z세대의 60% 이상은 2개 이상의 보험에 가입했고, 본인을 위한 보장뿐 아니라 반려동물 및 가족들을 위한 보장 역시 중요하게 생각한다. COVID-19의 급속한 확산세로 인하여 집에 머무는 시간이 길어짐에 따라 홈트레이닝이 열풍이며, 중안보험에서는 스키, 서핑, 낚시 등 운동 유형에 따라 세분화해 보험상품을 출시했다. 중안보험은 Z세대들이 온라인 보험을 선호하고 경험을 중시하는 특성을 반영하여 Z세대에 특화된 보험을 온라인에서 제공하며, 다양한 부가서비스를 제공하고 있다. 또한 비대면 디지털 금융 혁신을 가속화하고 있다. 보험상품 유형에 따라 살펴보면, 기존의 중증질병보험과 생명보험을 중심으로 한 상품에서 벗어나 건강관리·안전거래·생활소비 등 파편화된 고객 경험 및 기업경영 환경을 반영한 상품을 출시했다. 온라인 계정 보안 보험, 휴대폰 유리파손보험 등 Z세대들에게 특화된 보험이 인기를 얻고 있다.

Z세대의 60% 이상은 보험금 청구 및 지급 과정에 대한 관심이 높을 뿐만 아니라, 디지털 환경 안에서 보험상품 구입 시 보험 가입 절차의 간소화 및 신속성을 희망한다. 중안보험은 블랙테크(黑科技)22)를 통해 가상 디지털 직원을 도입했으며, 언제 어디서든 소비자가 원할 때 도움을 제공함으로써 소비자 편의성을 증대시켰다. Z세대가 건강 보장에 관심이 높다는 점을 고려하여 감기·발열과 같은 경미한 질병부터 어린이 희귀질환 치료제 및 여성 악성 종양에 대한 보장까지 제

---

22) 블랙테크(黑科技): 현재의 지식이나 기술을 뛰어넘는 수준의 첨단 기술을 뜻하는 용어로서, 최근 보험회사들은 5G, 사물인터넷, 인공지능 등 과학기술에 지속적으로 투자하고 있으며, 2023년에는 과학기술 투자액이 546억 5천만 위안에 이를 전망임.

공하여 본인과 가족의 건강 위험에 대비할 수 있도록 하고 있었다.[23]

<표> 중국 Z세대의 보험 가입 목적

(단위: %, 중복 답변)

질병위험 예방 및 건강보호	갑작스런 경제적 손실대처	자산의 합리적 배분	은퇴설계를 위한 저축	가족을 위한 선물	친구 추천
74	50	50	46	21	13

주: 설문조사 대상은 1600건.
자료: 众安保险·第一财经商业数据中心(2022.5.5.), 《Z世代的"底气"—2022年新青年互聯网保險服務体验趋势洞察》, http://www.china−insurance.com/hyzx/20220505/63299.html

---

23) 김연희(2022.7.25.), 중국 Z세대의 온라인 보험 소비 성향, KIRI 리포트, 보험연구원.

중국 MZ세대와 미래
China's MZ Generation and Future

결혼과 가정

결혼과 가정

바링허우에게 닥친 결혼이라는 난관

중국 베이징에 거주하는 30대 전문직 종사자 캉 씨는 고민이 많다. 대학 진학을 위해 상경한 후 결혼해 가정까지 꾸렸지만 높아지는 집값으로 아직 내 집 마련은 하지 못했다. 2021년 9월자로 공포된 중국 정부의 '쌍감(雙減. 학교 숙제 및 사교육 부담 경감)' 정책으로 사교육 일부가 금지됐지만, 초등학교 저학년 자녀에게 들어가는 발레·미술 등 각종 예체능 학원비는 여전히 부담이다. 베이징에 거주하는 30대 후반의 직장인 진 씨는 아예 결혼을 망설이고 있다. 주택까지 마련했지만 결혼 지참금이 아직 부족하다. 진 씨는 바링허우들은 치열한 경쟁으로 결혼 지참금 기준이 크게 높아졌다며 모든 것을 다 갖춰놓고 결혼하고 싶은데 쉽지 않다고 토로했다.[1]

중국 1가정 1자녀 정책의 첫 주자인 바링허우 세대가 사회로부터 쏟아지는 부담에 놓여있다. 30~40대가 되면서 부모와 자식들을 부양

---

1) 문화일보(2022.1.11.).

해야 하지만 높아지는 물가와 치열한 경쟁 속에서 갈수록 결혼과 내 집 장만이 어려워졌기 때문이다. 최근에는 경제성장률 둔화와 COVID-19 팬데믹이란 악재까지 겹치면서 바링허우들에게 닥친 난관이 커지고 있다. 2022년 새해를 맞아 펑파이 등 중국 매체들은 일제히 링링허우 세대가 결혼 가능 연령이 됐다고 보도하면서, 아직 결혼을 미루고 있는 바링허우들의 '분발'을 촉구했다. 1자녀 정책으로 가장 극심한 남녀성비를 보이는 바링허우들은 링링허우가 법적 성년이 돼 '결혼난'이 본격화되기 전에 짝을 찾아야 한다는 것이다.

2020년 중국 내 조사에 따르면, 결혼 적령기를 지난 바링허우(30~34세)는 남성 700만 명, 여성 250만 명으로 집계됐다. 전문가들은 바링허우들이 개인주의적이고 자기중심적 성향이 강하기 때문에 짝을 찾지 못하고 있다고 분석하고 있다. 그러나 바링허우 세대는 성비 불균형이 본격화된 세대로 어느 때보다 경쟁이 치열해졌으며 결혼이 쉽지 않아졌다.

중국 신랑왕은 2000년대부터 경제·사회 문제가 '바링허우식 사고방식 때문'이란 비판이 나왔다고 지적했다. 바링허우 세대는 중국이 강대국 대열에 들어설 무렵 성장해 강한 자부심과 투철한 애국심으로 무장한 주링허우나 링링허우 세대로부터도 비애국적이란 비판을 받는다. 하지만 바링허우 세대는 오히려 어느 때보다 힘겨운 경쟁을 치르고 있다. 현재 막 30대 초반에서 40대 문턱에 들어선 바링허우 세대는 부모 부양과 자식 교육을 동시에 해야 하는 시점에 왔기 때문이다. 이전과 달리 전적으로 한 자녀가 부모 둘을 모셔야 한다. 과거보다 평균수명이 길어지면서 부모 부양 기간은 길어졌고, 자녀들에 대한 교육비용은 치솟고 있다.

샤오쯔(小資)로 불리는 중산층이 되겠다는 목표는 이루기 더 어려워졌다. 부자가 되기 전에 늙어버린다는 '웨이푸셴라오(未富先老)'라는 자조 섞인 반응이 바링허우들로부터 나오고 있다. 2010년대 중국 내에서 인기를 끌었던 소설 '삼노세대 – 결혼·집·아이의 노예'가 최근 재조명되는 것도 이 때문이다. 중국 인터넷상에서는 '1960년대에는 그냥 결혼할 수 있었고, 1990년대에는 TV를 보유한 사람이라면 결혼할 수 있었지만, 2021년에는 집과 차, 예금과 부모의 퇴직금까지 있어야 결혼할 수 있다'는 유머가 번지고 있다. 여기에 중국 사회는 이들에게

▌단행본 '삼노시대' 표지 ▌

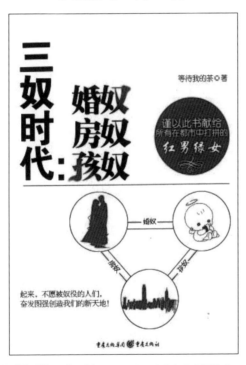

주: 삼노시대(三奴時代—婚奴·房奴·孩奴)는 바링허우 작가인 상징(商静)이 2011년 7월에 출간한 소설임.
자료: 重庆出版社(www.cqph.com).

저출산을 해결하기 위한 다산(多産)까지 요구하고 있다.

'바링허우, 어쩌지?'(80后, 怎么办. 2015년)[2]의 저자 인민대 교수 양칭샹은 바링허우를 사회주의 국가에서 태어나 자본주의를 살아간 세대로 묘사하면서, '한 세대 전체가 실패를 마주하고 있다면 이는 결코 개인의 문제가 아니다'라고 강조했다. 또한 바링허우가 이기적이고 비애국적이라는 것도 재평가돼야 한다는 주장이다. 비링허우 세대는 2008년 쓰촨 대지진 때 누구보다 적극적으로 현장으로 달려가 구조·봉사활동에 나섰고, 2020년 처음 COVID-19가 후난성 우한을 중심으로 확산했을 때도 자발적으로 도움을 주기 위해 현장으로 갔다며, 이들은 시대의 사명을 포기하지 않았다고 평가했다.

교육열이 출산율 저하의 원인일까?

2022년 1월 1일부터 중국은 '가정교육촉진법' 시행에 들어갔는데, 이에 따르면 부모들은 자녀에게 공동체 의식과 가정·국가 정서, 바람직한 사회 도덕, 가정의 미덕과 개인의 인성, 과학탐구정신과 창의성, 양호한 학습 및 행동 습관 등을 함양하도록 하는 의무를 갖는다. 동법 제48조 '법률 책임'에 따르면 부모 또는 보호자가 가정교육 책임을 거절하거나 태만한 경우나 가정교육 실시를 불법 방해한 경우에 비판교육, 훈계, 제지권고 등의 책임을 지도록 명시하였다. 2021년 하반기부터 시진핑 정부는 가정교육, 학교교육, 사교육 등 교육의 모든 분야에서 전면적 개혁을 추진하고 있다. 중국이 1979년 개혁·개방을 채택한

---

2) 이 책은 '바링허우, 사회주의 국가에서 태어나 자본주의를 살아가다(미래의창)'라는 제목으로 2017년에 번역서로 한국에서 출간되었다.

이래로 전례 없는 고강도 교육개혁을 추진하는 배경에는 교육 양극화, 과도한 사교육 부담 등이 표면적인 이유이지만, 가장 바탕에 있는 원인은 출산율 저하이다.

중국은 최근 부모들이 자식의 성공을 위해 사교육에 투자를 아끼지 않는 등 교육열이 이상 과열되면서 사회적 문제가 되었고, 사교육 규모는 7,500억 위안에 달하였다. 사교육 시장이 성장하면서 공교육을 위협하고, 교육 불평등이 계층 간의 갈등으로 나타나자 중국정부는 교육개혁에 나섰다. 이러한 중국정부의 교육개혁 의지는 2021년 7월 국무원이 아이들의 숙제와 사교육 부담을 줄이겠다며 '쌍감(双减)' 조치를 발표하면서 구체화 되었다. 핵심은 학내 교육의 질을 높여 대학입시 부담을 줄여주는 것이다. 즉 쌍감은 초·중·고교 학생들의 숙제와 과외 부담을 경감함으로써 학생들의 과도한 학업 스트레스를 줄여주고, 학부모의 사교육비 부담을 덜자는 차원에서 실시한 교육정책이다. 이를 통해 낮은 출산율을 끌어올리기 위한 것이다. 쌍감 정책 시범 지역으로 베이징, 상하이, 선양, 광저우, 청두, 정저우 등 9개 도시를 지정하고, 이 도시들을 중심으로 사교육 기관에 대한 관리를 엄격히 했다.[3]

이에 따라 초·중학생을 대상으로 한 필수과목의 방과 후 교습이 금지됐고, 사교육 기관 신규 개업이 불가능해졌다. 한편 정부는 학교에 교실 수업 개선, 숙제 재교정, 학생 개개인의 요구를 충족할 수 있는 방과 후 서비스 개발 등을 요구하고 있다.

구체적인 방침을 살펴보면 초등학교의 경우 1·2학년은 필기시험이 없어졌고, 나머지 학년은 중간시험을 생략하고 기말시험만 치르도록

---

3) 김준영(2022.2.15), 중국의 교육개혁과 '가정교육촉진법(家庭教育促進法)'의 시행, KIEP CSF 중국전문가포럼(https://csf.kiep.go.kr).

했다. 중학교는 중간고사를 치를 수 있지만, 교과과정보다 높은 난이도의 문제는 출제할 수 없다. 의무교육인 초등학교에서 중학교까지는 어떠한 형식으로든 우등반을 둘 수 없다. 해당 과목 수업시간을 임의적으로 늘이거나 줄일 수 없으며, 방과 후 보충 수업도 금지된다. 또 학부모에게 부담이 가지 않도록 귀가 전 학교에서 숙제를 마치도록 하고, 숙제 검사는 교사가 직접 해야 한다. 시험성적은 순위 정하거나 공개가 안 되며, 따로 학부모에게만 고지해야 한다. 성적에 따른 분반과 자리 배치 등도 허용되지 않는다. 장시간 노동과 맞벌이를 하는 학부모들을 위하여 학교가 방과 후 최대 2시간까지 학생을 돌보는 제도를 도입하였다. 이런 조치는 학생의 귀가 시간과 부모의 퇴근 시간을 맞추기 위해서이자, 학생들이 귀가한 뒤 국·영·수 위주의 과외를 받으러 학원으로 가는 걸 방지하기 위한 방안이다.

중국 싱글들의 '음식남녀'

2020년 5월 20일 중국 결혼정보업체 전아이망이 발표한 '2020년 싱글조사보고서 – 음식남녀편'에 따르면, 싱글 남녀 10명 중 8명은 맛있는 음식 사주는 것으로 호감을 표시하는 것으로 조사됐다. 2100명이 응답한 조사 결과를 보면, 그중, 남성이 87.7%로 여성 70.8%보다 더 높게 나타났다. 단순히 음식을 나누는 것뿐만 아니라, 음식을 통해 상대에 관한 관심과 사랑을 표현하는 경우가 많다고 응답한 것이다.

싱글 응답자 46.8%가 혼자 식사할 때 외로움을 느끼고, 성별로는 여성보다 남성이 더 외로움을 느끼는 것으로 조사됐다. 연령별로 살펴보면, 주링허우와 95后(1995년도 이후 출생자) 싱글 남녀가 혼자서 식당에 갈 때 가장 외로움을 많이 느낀다고 응답했다. 상황별로는 혼자 야식이나 생일 케이크를 먹을 때, 밸런타인데이에 혼자 식사를 하는데 근처 테이블에 커플이 있을 때, 주말에 혼자 집에서 배달 음식을 시켜 먹을 때 주로 외로움을 느낀다고 답했다. 특히, 혼자 뷔페를 가거나 훠궈를 먹을 때 가장 외로움을 느낀다고 응답했다.[4]

배우자를 선택할 때, 67.7%가 상대방이 요리할 줄 아는지에 대해 신경 쓰지 않는다고 답했고, 응답자 절반 이상이 요리를 잘하면 좋겠지만 못해도 괜찮다고 답했다. 나머지 32.3%는 상대방이 요리할 줄 알아야 한다고 응답하였는데, 그중 바링허우의 비율이 35%로 가장 높았다.

데이트할 때 선택하는 주요 메뉴로는 현지 음식(52%), 양식(17%), 훠궈(14%), 뷔페(9%), 디저트(8%)가 꼽혔다. 연령대에 따라 음식 선택 취향이 다른 것으로 조사되었는데, 링링허우(2000년대 생)는 훠궈, 주우허우(95后)는 양식, 주링허우는 디저트, 85后(1985년도 이후 출생자)는 현지식메뉴를 선호하는 것으로 나타났다. 성별 선호 메뉴는 여성은 훠궈, 남성은 뷔페로 조사됐다. 결혼생활 중 식사 준비에 대해서는 57.2%가 능동적으로 준비한다고 답했고, 37.9%는 그때 상황에 따라 다르다고

〈표〉 음식으로 상대에게 호감을 표명하는가?

(단위: %)

예		아니오	
78.8		21.2	
남성	여성	남성	여성
87.7	70.8	12.3	29.2

자료: 中国新闻网(2020.5.20.), 珍愛网调查报告「2020单身人群调查报告 – 饮食男女篇」.
http://www.chinanews.com/life/2020/05 – 20/9189442.shtml

---

4) 훠궈(火鍋). 얇게 썬 양고기나 쇠고기·해산물·채소를 끓는 육수에 넣어 살짝 익혀 소스에 찍어 먹는 요리.

답했다. 특히 성별을 나누어서 보면, 식사를 주도적으로 준비하려는 쪽은 남성(68.7%)이 여성(47%)보다 많았다.[5]

중국 청년 결혼관

과연 중국 청년들은 결혼하고 싶어할까? 2020년 6월에 발행된 '중국청년발전보고 No.4'를 통해 중국 청년의 연애관과 결혼관의 변화를 살펴보면 다음과 같이 요약된다. 현재 중국인은 '결혼은 사회의 보편적 통념'이라 생각하고, 대다수가 결혼을 인생의 필수 단계라고 생각하는 결혼관을 가지고 있다. 한·중·일 비교하여 살펴보면 2016년 중국의 인구 1천 명 당 혼인건수(조혼인율)은 8.3건이며, 한국 5.5건, 일본은 5건으로 중국이 가장 높다.

[그림] 청년 기혼자의 배우자 만남 방식

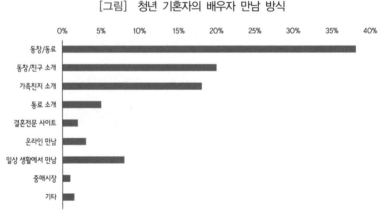

자료: 新华网(2020.9.7.), 《中国青年发展报告—当代青年婚恋状况, 关联政策和服务供给研究》,
https://baijiahao.baidu.com/s?id=1677139309952830900&wfr=spider&for=pc

5) 인천연구원(2020.6.29), 「한중Zine. 최신중국동향」. Vol.279. pp.7~8.

초혼 연령은 높아지고 있었다. 1990년 중국 여성의 평균 초혼 연령은 22세에서 2016년 25.4세로 높아졌으며, 남성은 같은 기간 24.1세에서 27.2세로 높아졌다. 특히 베이징, 상하이, 광저우 등 대도시의 남녀 평균 초혼 평균 연령은 더욱 높아졌다. 2010년 도시인구의 초혼 연령은 27.94세, 중소도시 26.2세, 농촌은 25.86세였다. 청년 미혼비율은 증가했지만, 결혼의지는 여전히 강하다. 중국 청년들의 결혼연령은 높아졌지만 미루고 있는 것일 뿐 비혼은 아닌 것으로 조사됐다. 성별과 연령대와 상관없이 비교적 강한 결혼 의지를 보였다.6)

중국 청년의 배우자 선택 기준을 보면, 중국은 가족 중심 문화가 여전히 자리잡혀 있고, 결혼은 가족 구성원의 공통 관심사로 집안의 큰일로 여겨진다. 이러한 문화에서 소개혼은 결혼 방식에서 일정 비중을 차지하고, 특히 가족이나 집안 어른들의 중매는 중국의 특색 중 하

[그림] 중국 청년 남녀 배우자 선택 시 중요시 고려하는 사항

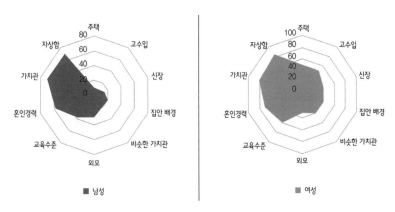

자료: 新华网(2020.9.7.), 《中国青年发展报告—当代青年婚恋状况, 尖聯政策和服务供给研究》,
　　　https://baijiahao.baidu.com/s?id=1677139309952830900&wfr=spider&for=pc

6) 인천연구원(2020.9.14.), 중국 청년의 결혼관, 「한중Zine. 최신중국동향」. Vol.284. pp.3~4.

나이다. 중국 청년 기혼자의 배우자를 만나게 된 방식 중 '동창·친구 소개', '가족·친지 소개', '동료 소개'의 비중이 45.2%에 달하는 등 소개를 통한 배우자 만남은 일반적이다. 이와 함께 본인의 동창, 동료와의 결혼 비중은 35% 이상으로 나타났다.

중국 청년의 배우자를 선택할 때, 감정이 가장 중요한 요인으로 작용하고, 외모, 배경, 재산 등이 그 뒤를 이었디. 조사에 의하년, 남녀를 불문하고 '자상함'과 '비슷한 가치관'을 중시하고, 이밖에도 '혼인경력'과 '교육수준'을 중요하게 생각했다. 남성은 공통으로 언급한 자상함, 가치관, 혼인경력 이외에 여성의 교육수준과 외모를 중요시하고, 여성은 남성의 수입, 주택과 집안 배경을 중시했다.

중국 신혼집 마련 보고서

2020년 8월 25일 중국의 발렌타인데이라 불리는 칠석절(음력 7월 7일)을 맞아, 온라인 생활 정보 사이트 58퉁청과 부동산 사이트 안쥐커는 공동으로 '2020년 도시 남녀 신혼집 마련 보고서'를 발표했다. 보고서는 도시 남녀의 결혼과 내 집 마련에 관한 생각, 미래의 집에 대한 기대를 분석하고 있다. 신혼집 구매에 관한 설문에 응답자 중 80.9%는 결혼 전 신혼집을 구매하는 것이 가장 이상적이라고 응답했다. 신혼집 구매자 중 64.1%는 집과 차 중 집을 먼저 구매하고, 20%는 모두 구매한다고 답했다. 응답자 44%는 신혼집을 임대로 시작하고 부부가 함께 살면서 내 집을 마련하겠다고 답하였는데, 이와 같은 임대주택 결혼이 점차 증가하는 추세이다.

신혼집 구매비용 부담에 관해서 47.1%의 응답자는 신랑측이 계약금(주택가격의 최소 10~30%)을 부담하고, 대출금은 부부가 공동 상환한다고 답했다. 남녀가 공동으로 부담하는 비율은 33.5%로 조사됐다. 신랑측이 전액 부담한다고 답한 비율은 9.8%, 누가 부담하든 상관없다는 6.7%였다. 주택 대출금 상환금은 가구 총수입의 30~40%를 월 상환금으로 지출하고 있다고 답한 응답자가 60%로 상환금이 크지 않아야 가정 경제에 부담이 적다고 답했다. 1선 도시(경제가 발전한 베이징, 상하이, 광저우, 선전 등 특대형 도시)의 경우, 가구 총수입의 50% 이상을 상환하는 가정의 비율은 15.3%로 조사되었고, 신1선 도시(청두·충칭·항저우·시안·우한·쑤저우·정저우·난징·톈진·창사·동관·닝보·포산·허페이·칭다오)의 50% 이상 상환비율은 8.4%로 대도시의 주택대출 부담이 더 큰 편이었다.

〈표〉 중국 신혼집 선택 고려 사항(2020년)

(단위: %, 중복응답)

	20~24세	25~29세	30~34세	35~39세	합계
교통	41.5	42.7	50.7	50	45.6
지역환경	49.1	41.6	47	45.3	44.6
학군	39	41.4	50.2	43.7	43.3
주택 상태	35.2	33.3	30.1	28.9	32.1
가격	23.3	32.4	26.9	29.5	29.3
주택 구조	22	28.1	22.8	26.3	25.7
주택 관리 및 서비스	22	20.6	21	12.6	19.4
소유권	22	17.4	15.1	11.6	16.5
상권	18.2	15.2	12.3	12.6	14.6
개발사 브랜드	10.7	14.6	5.5	5.8	10.4

자료: 海報新聞(2020.8.24.), 《2020年都市男女婚房置业报告》, https://baijiahao.baidu.com/s?id=1675906819863703571&wfr=spider&for=pc

신혼부부가 신혼집을 선택할 때, 교통, 지역환경, 학군 등 세 가지 항목을 가장 먼저 고려하는 것으로 조사됐다. 상대석으로 바링허우가 주링허우보다 학군에 관심이 높았고, 주링허우는 주택 관리 서비스를 더 중시했다. 신혼집 구매 시 희망 사항으로는 주차장(44.4%), 넓고 밝은 주방(41%), 건습분리 화장실(39.4%) 순으로 나타났다. 바링허우와 주링허우는 결혼생활에 행복감을 높여주는 가전제품으로 징수기, 청소기, 비데, 식기세척기 등을 꼽았다. 주링허우는 바링허우보다 식기세척기에 대한 관심이 많았고, 바링허우는 상대적으로 보일러에 관심이 많았다.[7]

〈표〉 주링허우 연애관, 결혼관에 대한 설문 문항과 답변

(난위: %. 중복답변)

당신의 연애 동기는?	빈도	어떤 방식으로 연애 대상을 찾았는가?	빈도	파트너 선정 기준은?	빈도
그저 좋아서	58.84	자유 연애	81.53	책임감	66.49
인생의 반려자를 찾아서	55.67	친척이나 친구 소개	24.54	인품	74.67
친구와 사회의 영향	14.25	결혼소개회사	10.16	경제력	31.13
부모의 압력	11.21	인터넷 온라인 채널	8.97	외모, 신체	39.97
쓸쓸함이 싫어서	8.05	부모의 소개	6.07	사회적 지위	11.48
성적인 욕구	5.8	기타	11.74	가정 배경	15.96
상대방의 직업	2.9			기질, 성격	51.58
기타	7.26			발전 잠재력	27.18
				같은 기호, 취미	37.34
				학력	15.17
				기타	8.71

자료: 장췐쥐(2016), 우루무치90后대학생혼인연예관연구, 신장사범대학, 학위논문. pp.21~48.

---

7) 인천연구원(2020.9.14.), 중국 청년의 결혼관, 「한중Zine. 최신중국동향」. Vol.284. pp.6~7.

주링허우 연애와 사랑

주링허우 대학생들은 어떤 연애관과 혼인관을 가지고 있을까? 장쥔 쥐(2016)는 우루무치 지역에 있는 졸업했거나 재학중인 주링허우 대학생 758명(성별은 미공개)에 대한 설문조사 결과를 분석한 바 있다. 이들 중 56.6%는 연애 중이었으며, 33.1%는 싱글이었고, 10.3%는 기혼자였다.

먼저 연애 동기를 묻는 질문에는 절반 이상이 그저 좋아서, 인생의 반려자를 찾아서라는 답변(중복 답변)을 했고, 그 다음으로 친구와 사회의 영향이 빈도수(14.25%)가 높았다. 연애 파트너를 어떻게 찾았냐는 물음에 무려 81.53%가 자유 연애로 답을 해 주링허우들은 자유로운 연애관을 가지고 있음을 알 수 있었다.

이러한 추세는 제도의 변화에도 기인한다. 중국 교육부가 공포한 '대학생 관리규정'에는 '재학 중인 학생이 결혼을 하면 퇴학한다'라는 규정이 있었다. 2005년 교육부가 이 규정을 폐지하면서 이후 교내 연애가 자유로워진 측면이 있다. 중국 '혼인법' 규정에 따르면 남자는 만 25세, 여자는 만 23세가 되면 혼인이 가능하다. 따라서 대학교 졸업 후 연애를 시작하면 이미 만혼(晚婚) 즉 늦은 결혼이라는 관념이 존재한다. 이러한 사회적인 통념 또한 자유연애를 부추긴 측면이 있다.

두 번째로는 이미 균형을 상실한 남녀 성비에도 그 원인이 있다. 주링허우 성비는 112(여성이 100 일 경우, 남성 비중)에 달한다. 따라서 절대적으로 부족한 여성을 바라보는 부모님들의 시각은 빨리 연애, 빨리 결혼이라는 고정 관념이 존재한다. 실제 연애 동기를 묻는 질문에 부모의 압력이 11.21%나 나온 것은 이를 방증한다. 인터넷에 가장 친화적인 계층으로 알려진 주링허우가 인터넷 온라인 채널로 연애 대상을 찾은 빈도는 8.97%에 머무른 것도 이채롭다.

연애시 파트너 선정 기준을 묻는 질문에 인품, 책임감, 기질(성격) 등이 과반수 이상을 차지하고 있었다. 주링허우의 특징은 파트너 선정 기준 중 경제력이 31.13%를 차지했다는 점을 들 수 있다. 2014년에 상해사회과학원에서 실시된 동일한 질문에 대해 1950년대, 1960년대, 1970년대 출생자들은 결혼 상대를 판단할 때 출신 성분(정치 성향)을 가장 먼저 따졌다. 이는 문화대혁명(1966~1976) 등 정치적 파동이 개인의 결혼관에까지 준 영향이 크기 때문이다.

배우자 선택시 본인 의견이 가장 중요하다는 답변은 24.4%에 달했고, 부모 의견 우선은 15.7%에 불과했다. 또한 결혼의 의미를 묻는 질문(중복답변)에는 애정의 결과라는 답변도 63.7%를 차지했지만, 생활 공동체라는 답변이 66.9%로 더 많았다. 즉 결혼을 아주 현실적으로 보고 있음을 반영한다. 주링허우가 예상하는 이혼 사유 1위는 가정 내 갈등이 59.5%로 가장 높았고, 그 다음이 성격 차이(46.6%)가 점유했다. 특이한 점은 주말 부부, 월말 부부 같이 부부가 함께 생활하지 못하는 경우도 이혼 사유(30.6%)로 들었고, 특정 문제에 대한 다른 시각(34.2%)도 이혼 사유로 꼽았다. 중국 민정부가 이혼율 수치를 공포하기 시작한 것은 2002년부터인데 2002년 이혼율은 0.9‰(인구 1천명당 비중)에 불과했다. 2003년에는 1.05‰로 올랐고, 2010년에는 2‰를 넘어섰다. 2014년에는 2.7‰를 기록했다. 위 설문조사가 이루어진 신장위구르자치구 2015년 이혼율은 4.61‰로 전국 31개 지역(성, 직할시, 자치구)에서 1위를 차지한 바 있다.

주링허우 성의식은 그 이전 세대보다 개방적인 것으로 판단된다. 배우자(파트너)가 혼인전에 다른 사람과 성행위를 한 것에 대해 23.9%가 이해한다고 답했으며, 37.3%는 묻거나 따지지 않겠다고 했다. 반

〈표〉 주링허우 연애관, 결혼관에 대한 설문 문항과 답변

(단위: %. 중복답변)

배우자 선택시 부모 의견 고려는?(단답형)	빈도	당신에게 결혼이란?	빈도	당신이 예상하는 이혼 사유는?	빈도
전적으로 의존	4.8	애정의 결론(결과)	63.7	결혼전 불충분한 감정 교류	33.6
부모 의견 가장 존중	15.7	애정의 무덤	14	혼인후 감정 단절	47
본인 의견이 가장 중요	24.4	생활 공동체	66.9	가정 갈등	59.5
부모와 자신의 의견을 종합해서 결정	55.2	이익 공동체	20.7	성격 차이	46.6
		계약 관계	12.1	외도(혼외 연애)	38.7
		기타	5	불만족한 성생활	17.6
				장기간 따로 거주 (월말 부부)	30.6
				문제에 대한 다른 시각	34.2
				기타	7

자료: 장쥔쥐(2016), 우루무치90后대학생혼인연애관연구, 신장사범대학, 학위논문. pp.21~48.

면, 혼외 성행위에 대해 주링허우의 57.3%는 풍기문란 행위로 간주했다. 결혼 후 일과 가정이 충돌할 경우, 일을 우선시 한다는 대답은 6.6%로 아주 적은 빈도를 나타냈고, 가정을 우선한다는 답은 21%에 달했다. 이는 다음 장에서 살펴볼 주링허우, 바링허우의 직업관에서도 비슷한 결과를 확인할 수 있다.

　2016년에 조사된 '중국인혼인연애상태조사보고'에 따르면 60허우(1960년대 출생자)와 70허우(1970년대 출생자)의 최초 성행위 연령은 22.17세를 기록했으나, 바링허우는 22.1세였고, 주링허우는 19.78세로 나타났다. 게다가 1995년 이후 출생자는 17.71세에 성행위를 경험하는 것으로 나타났다. 즉 젊은수록 성행위를 시작하는 연령이 빨라지고 있

〈표〉 주링허우 연애관, 결혼관에 대한 설문 문항과 답변

(단위: %)

배우자(파트너)가 혼인전에 다른 사람과 성행위를 했다면?	빈도	혼외 성행위에 대한 당신의 시각은?	빈도	결혼 후 일과 가정이 충돌한다면?	빈도
이해한다	23.9	정상적이다 혹 크게 비난할 일은 아니다	18.7	일을 우선한다	6.6
이해할 수 없다	38.8	이해한다	15.7	가정을 우선한다	21
묻지 않는다	37.3	풍기문란 행위이다	57.3	양자의 균형을 찾도록 노력한다	72.4
		모르겠음	8.3		

자료: 장쥔쥐(2016), 우루무치90后대학생혼인연애관연구, 신장사범대학, 학위논문. pp.21~48.

는 것이다.8)

본 설문조사가 이루어진 2016년은 중국이 32년동안 지속해온 1가정 1자녀 정책을 끝낸지 벌써 6년차가 되는 시점이다. 2011년에 부모가 외동일 경우, 둘째 자녀 출산을 허용했으며, 2013년에는 부모 중하나만 외동일 경우에도 둘째를 허용했고, 2015년에는 전면적인 1가정 2자녀 정책을 실시한 시점이다. 따라서 이들에게 출산 희망 자녀수를 묻는 질문에 51.6%가 2명을 원했고, 2명 이상이라고 답한 경우도 7.8%나 되었다. 또한 원하는 아이의 성별을 묻는 질문에는 남자 21%, 여자 17%로 나타났으며, 남녀를 모두 원한다는 대답이 55.8%에 달했다. 이는 주링허우부터는 남아존중 사상이 희박해지고 있음을 의미한다.

---

8) 2015中国人婚恋状况调查报告. http://moment.rednet.cn/pc/rednetcms/news/20160111/363536.html?from=timeline

<표> 주링허우 연애관, 결혼관에 대한 설문 문항과 답변

(단위: %)

출생 희망 자녀 수	빈도	원하는 아이의 성별	빈도
0명	7.3	남자	21
1명	33.4	여자	17
2명	51.6	남녀 모두 원함	55.8
2명 이상	7.8	상관 없음	6.2

자료: 장쥔취(2016), 우루무치90后대학생혼인연예관연구, 신장사범대학, 학위논문. pp.21~48.

▌ 중국 민정부에서 발급해 주는 이혼증 ▌

주: 이혼증은 '혼인등기조례'에 따라 발급되며, 재혼·공동재산분할·후커우 이전 등에 필요한 증서임.
민정부(民政部)는 우리의 행정자치부(국가 내정을 관장하던 이전 내무부)에 해당하는 중앙 부처임.

주링허우들이 이혼하는 이유

'중국신문주간'은 최근에 주링허우가 이혼하는 100가지 이유라는 기사(2022.3.2)를 발표한 적이 있다. 여기에 등장한 설문조사 결과를 보면, 조사 대상의 34.21%가 생활 중에 직면하는 사소한 이유로 이혼하는 것으로 나타났다. 이는 결혼 전 부부의 생활 습관이 전혀 달랐던 이유로 사소한 일로 다툼이 일어나고, 이토록 부부 간의 이해심과 인내심이 부족한 이유는 독생자녀이기 때문임을 꼽았다. 부부들은 서로에 대해 상의 없이 마음대로 집안 일을 결정하는 것, 상대방을 배려하지 않은 언행을 가장 큰 다툼의 이유로 꼽았다.

그 다음으로 비중이 큰 것(30.16%)은 별거였는데, 즉 앞선 다툼으로 인해 시작된 별거가 결국은 이혼으로 귀결되는 것이다. 또 부부의 직장이 달라서 같이 살지 못하는 경우(주말 부부, 월말 부부)에 갈등이 시작되었으며, 이들 중 일부는 외도로 이어지게되 이혼으로 파국을 맞이하고 있었다. 그 다음으로 조사대상자의 8.63%는 '나약한 감정'을 이혼의 이유로 들었는데 이는 많은 부부가 오랜 기간 사귀면서 서로를 알아간 후 결혼에 이르기 보다는 짧은 연애기간을 가지고 바로 결혼했기 때문이다. 이들은 서로간의 친밀한 감정이 부족해서, 사소한 문제로 위기에 직면하고, '나약한 감정'으로 인해 부부간의 감정을 회복하지 못했다고 답변했다.

이번 조사를 통해 알려진 특이한 점은 바링허우 혹 그 이전 세대에서 이혼의 주된 이유로 꼽혔던 외도는 이번 조사에서는 2.51%에 머물렀다는 것이다.

현대 중국 사회에서 남성에게 이혼은 결혼의 실패로 간주되어, 이에 대한 주변의 시각은 가정 하나 못 지킨 사람으로 인식된다. 이런 연유로 본인의 이혼 사실을 남성은 군이 밝히려 하지 않는다. 반면 심리학자에 따르면 여성의 경우, 이혼을 새로운 시작으로 인식하며 아이가 있는 경우에도 재혼이 어렵지 않아 이혼에 대한 감성 손실이 여성보다는 남성이 훨씬 더 크다.

〈표〉 90허우가 이혼하는 이유는?

(단위: %, 합계 100%)

항목	생활 중 사소한 문제	별거	나약한 감정	가정 폭력	도박	성격 차이	소통 부족	외도	가정 경제
빈도	34.21	30.16	8.63	8.44	6.06	5.17	3.33	2.51	1.49

자료: 中国新闻周刊(2022.3.2.), '90后离婚的100个理由' https://zhuanlan.zhihu.com/p/474942089

비혼주의 청년들의 등장

비혼주의 등장은 이혼율과 밀접한 관련이 있다. 2021년 중국의 혼인건수는 764.3만 건으로 전년비 6.4% 감소했고, 8년 연속 하락세를 보였다. 부모 세대와는 다르게 바링허우, 주링허우들의 솔로 생활 선택이 늘고 있다. 30대에 결혼하지 않고, 20대에 모태솔로를 선언한 청년들을 종종 볼 수 있다. 중국에서는 혼인율의 감소와 함께, 이혼율의 상승도 직면한 사회문제로 부상했다.

중국 민정부 통계에 따르면 2021년 중국의 혼인율(인구 1천명당 혼인건수)은 5.4‰이고, 이혼율(인구 1천명당 이혼건수)은 2.01‰로 지속해서 오름세를 보였다. 중국 전문가들이 보는 젊은 세대의 비혼주의는 경제적, 사회적 배경이 있다고 분석한다. 가족의 기능 변화로 결혼은 선택이 된 것이다. 또한 교육 수준의 향상으로 초혼 연령이 늦어졌다.

1990년부터 2017년까지 중국 가임여성의 초혼연령은 21.4세에서 25.7세로 늦춰졌으며, 계속해서 높아질 추세이다. 이는 독신에 대한 사회적 포용도 향상된데 기인한다. 결혼에 대한 가치관 변화와 만혼, 독신, 동거 등 다양한 형태의 관계 접촉도가 높아졌다. 또한 높은 결혼 비용으로 인한 경제적 부담도 비혼주의를 증가시키는 원인 중 하나이다.

2021년 8월, 아이리서치는 '중국당대비혼현상백서'를 발표하며, 20~45세의 싱글을 대상으로 온라인 설문을 진행한 바 있다. 본 보고서의 싱글은 현재 미혼, 사별, 이혼인 상태를 의미하고, 비혼은 향후 장·단기적으로 결혼 계획이 없는 사람을 의미한다. 중국 싱글 중 75%는 결혼 계획이 있고, 비혼의 비중은 25%에 달했다. 결혼 계획이 있는 싱글의 40%는 장기적인 결혼 계획이 있다고 답했고, 27%는 단기적인 결혼 계획, 8%는 기간을 모르겠지만 결혼할 계획이 있다고 답했다. 비혼을 택한 25%의 청년 중 4%는 확고한 비혼 의지가 있다고 답했고, 21%는 확고하진 않지만 당분간 비혼 생각을 바꿀 가능성이 없다고 답했다. 싱글 중 비혼주의라 응답한 설문자의 성별은 남성 22%, 여성 29%이고, 나이는 30세 이상 29%, 30세 이하는 23%였다. 지역별로는 1선 도시(초대형도시) 32%, 2선 도시(대형도시) 23%, 3선 도시 17%로 대도시 거주 싱글의 비혼 비중이 더 높게 나타났다.

비혼주의자들의 학력, 수입을 살펴보면, 학력은 학사 이상이 78%를 차지하고, 월수입 8,000위안 이상의 비중이 47%에 달해 고학력, 고수입자가 많았다. 중국 비혼주의자들의 현재 연애 상태는 8%는 연애 중, 63%는 연애 경험이 있으나 지금은 솔로인 상태, 29%는 모태솔로라고 응답했다. 현재 솔로인 비혼주의자들의 연애 적극성은 57%가 솔로생활을 즐기고 있어 파트너 유무는 상관없었다. 30%는 파트너를 찾는 것에 관심이 없었고, 13%는 적극적으로 파트너를 찾고 있다고 답했다. 또한, 비혼주의자들의 연애·결혼관에 있어 34%는 연애와 결혼은 완전히 독립적인 관계, 20%는 연애하면 꼭 결혼해야 하는 건 아니라고 생각하며, 연애는 결혼을 목적으로 한다는 응답은 16%를 차지했다.

[그림] 중국 혼인·이혼 건수 추이(2014~2021년)

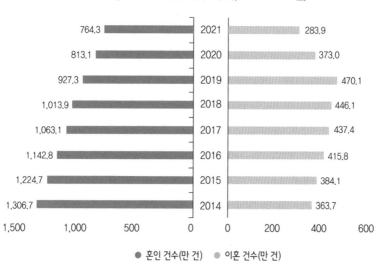

자료: www.xinhuanet.com/video/sjxw/2021~07/14/c_1211240405.htm, 민정부

청년들이 비혼주의가 되는 원인으로는 경제적 부담, 개인의식 향상이 각각 44%로 가장 많이 꼽혔고, 높아지는 이혼율 43%, 결혼에 대한 깊은 사고와 여성의 경제력 향상이 39%로 집계됐다. 이들 비혼주의 증가 이유는 크게 세 가지로 요약된다. 첫째, 이혼율에 있다. 2020년 혼인신고 건수는 814.3만쌍인데, 같은 해 이혼 건수는 433.9만쌍으로 이혼율이 50%를 넘었다. 인구통계학적 관점에서도 조혼인율(인구 1천명당 혼인 건수)은 2018년 7.3‰에서 2020년 5.8‰로 하락했고, 조이혼율

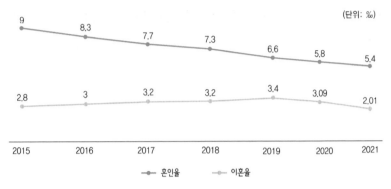

[그림] 중국 혼인율, 이혼율 추이(2015~2021년)

(단위: ‰)

9 8.3 7.7 7.3 6.6 5.8 5.4

2.8 3 3.2 3.2 3.4 3.09 2.01

2015 2016 2017 2018 2019 2020 2021

● 혼인율   ● 이혼율

자료: www.xinhuanet.com/video/sjxw/2021-07/14/c_1211240405.htm, 민정부

은 1987년 0.5‰였는데 2003년부터 상승하기 시작하여 2020년에는 3.09‰로 18년 연속 상승세이다. 2021년 1월에 수정된 중국의 '민법'에는 '이혼 냉정기'라는 제도가 새로 추가되었다. 이혼 신청을 한 뒤 30일 동안 쌍방 중 한쪽이 이혼 신청을 취소하는 경우, 이혼 접수 자체가 거부되는 제도이다. 이제 중국정부가 부부 간의 사적영역인 이혼을 막기 위해 나선 형국이다. 중국에는 결혼 7년차면 권태기가 온다는 7년지양(七年之痒)9)이라는 신조어가 1980년대부터 있었는데, 바링허우·주링허우들 사이에서는 '2년지양'이라는 말이 유행이다. 이처럼 이혼이 빨라졌다는 의미이다.

둘째, 경제력이 커진 고학력 골드미스가 늘어난 점이다. 골드미스를 중국어로는 성뉘(剩女)라고 하는데 우리 나라와 마찬가지로 30대 이상

---

9) 이 신조어 유래는 1955년에 개봉한 메릴린 먼로 주연의 The Seven Year Itch(7년만의 외출)인데, 중국에 소개되면서 '7년지양(七年之痒)'으로 작명되었다. 출판사에서 일하는 리처드 셔먼은 아내와 자식을 휴가 보내고 위층의 여인(메릴린 먼로)과 바람을 피우려 궁리 중이다. 셔먼은 심리학자의 책에서 '7년만의 외출'이라는 증상을 읽는데, 결혼 후 7년이 되면 남편은 자연스럽게 바람을 피운다는 것이었다. 이후 중국에서는 이 신조어에 '결혼한 지 7년 후면 권태기가 온다'라는 의미가 부여되었다.

40대 미만의 미혼여성 중 높은 학력과 경제적 능력을 갖춘 여성을 일컫는다. 신화사[10]에 따르면 여성이 먼저 이혼소송을 제기하는 비율이 73.4%이고, 여성의 노동 참여율도 높다. 국가통계국의 '중국여성의 사회적 지위에 관한 조사(2022)'에 따르면 2020년 18~64세 여성 취업률은 도시 지역 66.3%, 농촌지역 73.2%에 달했다. 도시 지역의 경우, 2010년보다 취업자수가 39.5% 증가하여 6779만 명에 달한 것으로 나타났다. 중국 사회 전체 취업자 중 여성 비율은 43.5% 수준이었다.

[그림] 중국의 세대별 성비

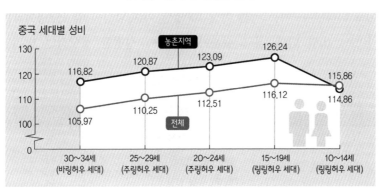

자료: 문화일보(2022.1.11)

세 번째는 막중한 혼수 부담으로 나타났다. 결혼 적령기 남성들 사이에서는 세 개의 큰 산(三大山)을 준비해야 한다는 이야기가 보편화되어있다. 즉 아파트, 자동차, 현금 예물이 세 개의 산이다. 현금 예물은 중국어로는 차이리(彩礼)라고 하는데 일종의 지참금이다. 1가정 1자녀 정책으로 남아를 선호하는 농촌 지역에서는 임신한 아이가 여자인 경우 종종 낙태가 이루어졌으며, 그 결과 현재 결혼 적령기의 중국

10) https://zhuanlan.zhihu.com/p/499512891

인들은 심각한 남초현상을 겪고 있다. 특히 이러한 성비 불균형은 농촌이 심한데 그 결과 농촌 청년들의 결혼이 불가능한 지경에 까지 이른 것이다. 신화사11)에 따르면 산서성의 한 농촌의 경우, 전체 인구가 600여명인데 이중 결혼 적령기에 접어든 미혼 청년은 20여명이라고 한다. 보통 10가구에 한 가구꼴이다. 이들 대부분은 30대 후반이고 40대도 몇 명있다. 이 지역의 평균 결혼 비용은 5~60만 위안(약 1~1.2억 원)이었고, 최대 100만 위안(약 2억원)을 든 경우도 있다고 한다. 실정이 이러니 결혼 자체가 어려운 시대가 되었다.

2019년 중국의 15세 이상 미혼 남녀 성비는 152.95(여성 100명당 남자 수)로 나타났다. 이는 미혼 여성 100명당 미혼 남성이 약 153명이라는 의미로, 10년 만에 최고 수준이다. UN이 설정한 정상적인 범위인

〈표〉 중국 청년의 비혼 원인

(단위: %, 중복답변)

구분	항목	빈도
부담	사회 스트레스, 경제적 부담	44
	높아지는 이혼율	43
개인 의식	개인의 의식 향상	44
	결혼에 대한 깊은 사고	39
	가정보다 개인의 행복 추구	36
여권 향상	여성의 경제력 향상	39
	여성의 권리, 지위 향상	30
외부 영향	사회의 경제 발전	25
	결혼제도의 반감	25
	여론의 영향	20

자료: '2021年中国当代不婚主义白皮书', https://baijiahao.baidu.com/s?id=1707945502512893352&wfr=spider&for=pc

---

11) 新华社(2021.2.14.)

103~107에도 크게 벗어나는 것이다. 전체 인구 차이로 보면 심각성이 더 크다. 15세 이상 미혼 남성은 여성에 비해 4400만 명이 많다. 국가통계국의 '연령대별 성비 통계'에 따르면 성비 불균형이 심한 상위 3개 연령층은 10~14세, 15~19세, 5~9세다. 2021년에 태어나 후커우 등록을 마친 신생아는 1003만 5000명이다. 이 중 남자아이는 539.2만 명, 여자아이는 474.5만 명으로 성비는 113.6이다.

바링허우와 주링허우의 연애관, 결혼관은?

2018년에 이루어진 한 설문조사(요우신, 2018) 결과는 바링허우와 주링허우의 결혼관, 연예관을 비교해 보여준다. 동 설문조사는 호북성 소재 6개 대학의 재학생을 대상으로 10년의 간격을 두고 2007년과 2017년에 각각 348명(남 47.9%, 여 52.1%), 535명(남 51.4%, 여 48.6%)에게 진행되었으며, 전자는 바링허우 후자는 주링허우를 대표한다.

연애를 왜 하게 되었냐고 동기를 묻는 질문에 바링허우, 주링허우 모두 인생 파트너를 찾기 위해서라는 대답이 첫 번째를 차지했으나, 그 비율은 바링허우가 더 높았다. 오히려 외로운 감정을 달래줄 상대를 찾기 위한 목적은 주링허우가 바링허우보다 응답 비율이 높은 것으로 나타났다. 특이한 점은 경제적 목적을 연애 동기로 든 바링허우는 11.8%에 불과했으나, 같은 물음에 주링허우는 34.6%가 응답한 점을 들 수 있다. 이는 주링허우의 연애관에 경제 관념이 많은 영향을 끼치고 있음을 보여준다.

역시 두 그룹에 결혼을 하려는(혹 결혼을 한) 목적을 물었을 때 사랑을 첫 번째 이유로 택한 것은 두 그룹 모두 동일했으나 비율에서 약간의 차이를 보였다. 즉 바링허우(92%)보다 주링허우(87.5%) 비율이 소폭 낮았다. 반면 경제적 이익을 목적으로 결혼을 한다는 답변은 주링허우가 53.3%나 응답을 해, 바링허우(35.9%)보다 두 배 가까이 많았다. 또한 자손을 보기 위해 결혼한다는 답변도 주링허우(29.5%)가 바링허우(36.5%)보다 현저히 낮은 수준을 보였다.

〈표〉 80허우, 90허우가 연애·결혼을 하는 동기는?

(단위: %. 중복답변)

연애하는 동기는?	80허우	90허우	결혼하는 동기는?	80허우	90허우
인생 파트너를 찾기 위해	83.9	77.3	진정으로 사랑해서	92	87.5
적막한 감정을 달래줄 상대를 찾아서	51.7	63.8	경제적 이익 목적	35.9	53.3
자신의 가치와 매력을 증명하기 위해	51.4	56.5	후대를 위해서(종족보존)	36.5	29.5
성적인 욕구	23.6	44.6	가정을 꾸리기 위해	91.1	86.5
친구와 사회의 영향	47.7	55.2	성적 욕구	23.6	19.4
경제적 목적	11.8	34.6	기타	19.8	14.8
놀이와 같은 연애 감정	4.6	9.6			
기타	18.1	12.5			

자료: 요우신(2018), 80后90后대학생혼인연애관비교연구, 화중과기대학, 학위논문. pp.24~36.

두 계층이 파트너를 선택하는 기준도 확연히 다르게 나타났다. 가장 높은 비율을 보인 것은 '인품'이 동일했다. 그러나 바링허우는 경제적 수입을 네 번째로 꼽았으나, 주링허우는 세 번째로 들었다. 즉 바링허우는 33.6%가 경제적 수입을 꼽은 반면, 주링허우는 두 배가 넘는 63.2%가 경제적 수입을 기준으로 파트너를 선택한 것이다. 또 주링허우들이 바링허우보다 파트너 선택시 훨씬 더 중요하게 보는 것으로 지위, 학력, 같은 취미 등이 있었다. 특히 신체 조건은 바링허우는

〈표〉 80허우, 90허우가 파트너를 선택하는 기준은?

(단위: %. 중복답변)

항목	80허우	90허우	항목	80허우	90허우
외모	28.4	45.3	같은 취미	13.5	35.4
인품	79	86.4	정절(순결)	5.2	1.2
경제적 수입	33.6	63.2	가정 배경	4.3	6.8
지위	7.5	13.6	동일한 도시 거주	4.0	2.3
능력	64.7	75.6	신체 조건	2.6	26.9
학력	11.5	22.9	혼인 히스토리	0.3	1.7
애정	40.2	55.6	친구 의견	2.6	3.6

자료: 요우신(2018), 80后90后대학생혼인연예관비교연구, 화중과기대학, 학위논문. pp.24~36.

2.6%에 불과했는데, 주링허우는 26.9%나 돼서 외모(45.3%)와 아울러 신체조건까지 따지는 추세를 반영하고 있었다.

하나 혹은 둘을 낳을 것인가?

중국정부가 2015년 10월부터 전면적인 1가정 2자녀 정책을 실시하고 있지만, 과연 젊은 부부들이 얼마나 아이를 낳을까는 현재도 중국의 최대의 관심사이다. 인구 고령화로 성장 동력을 잃어버린 사례는 일본에서 이미 확인되고 있고, 한국에서도 나타나기 시작했기 때문이다.

이번 주제와 관련하여 먼저 2016년에 안후이성의 수도인 허페이시에서 이루어진 설문조사 결과를 보면, 덩진예(2016)의 경우, 258건의 조사 결과가 분석에 사용되었다. 허페이시는 안후이성의 수도로 상주인구 946.5만 명의 대도시이며, 도시화율(인구의 도시 거주비율)은 82.2%에 달한다. 조사 대상 중 51.2%의 남성이 둘째를 원했고, 이보다

6.6%포인트 많은 여성이 둘째를 낳기를 원했다. 자녀의 희망 성별을 묻는 질문에는 반드시 남아이여야 한다는 답변은 남성 4.7%, 여성 2.4%에 불과했다. 반면, 남자아이와 여자아이 모두를 원한다는 답변은 48.8%(남), 45.1%(여)로 가장 높은 빈도를 보였다. 그 다음으로 남녀 상관없다는 답변은 여성이 42.7%로 남성(37.2%)보다 높았다. 이러한 결과를 놓고 볼 때 현대 중국사회에서 석어도 도시 거주민들의 경우, 남아 선호사상은 거의 사라진 것으로 판단된다.

〈표〉 안후이성 허페이시 주링허우 바링허우 출산 계획

(단위: %)

출생 수	남성	여성	자식 성별	남성	여성
0명	2.3	7.2	반드시 남아	4.7	2.4
1명	34.9	31.3	반드시 여아	9.3	9.8
2명	51.2	57.8	남녀 모두	48.8	45.1
3명	7.0	3.6	남녀 무방	37.2	42.7
4명 이상	4.7	0			

자료: 덩진예(2016), H시80后90后생육관념변화 및 영향요인연구, 안휘대학, 학위논문. p.19.

앞선 설문조사와 비슷한 시기에 다른 도시에서 이루어진 설문결과(우롄이. 2017)를 보자. 하남성 신양시는 하남성에서 9번째 경제 규모를 갖춘 인구 618만명의 도시이다. 본 설문조사는 2016년 5월~10월간에 온라인 및 오프라인으로 진행되었으며, 총 349건 응답 중 바링허우 여성이 55.9%, 주링허우 여성이 44.1%를 차지했다. 역시 앞서 살펴본 허페이시 결과와는 다르게 1자녀를 원하는 비율이 39.8%로 두 자녀(30.7%)보다 높았다. 이들은 역시 남녀 모두를 원했으며, 남아를 원하는 비중이 24.3%로 여아(22.3%)보다 다소 높았다. 이는 신양시의 도시화율이 51%에 불과해 설문에 응답한 시민들 중 일부가 농촌 지역 거주자였을 가능성이 커 보인다.

〈표〉 하남성 신양시 도시 여성 출산 계획

(단위: %)

출생 수	빈도	원하는 아이 성별은?	빈도
0명	18.9	남아	24.3
1명	39.8	여아	22.3
2명	30.7	남녀 모두	34.9
3명 이상	10.6	상관 없음	18.9

자료: 우롄이(2017), 80后90后도시여성생육원연구, 정주대학, 학위논문. pp.12~14.

또 왜 출산을 하려하는 가에 대한 질문에 독생자녀 문제 해결 (34.1%)이 가장 큰 빈도를 나타냈으며, 그 다음으로 25.2%가 가정 내 행복을 꼽았다. 이는 독생자녀 가정에서 한 자녀로 인한 문제점이 상존한다는 방증일 것이다. 또한 첫째 아이가 동생을 원해서라는 답변도 20.1%로 많은 빈도수를 보였으며, 첫째가 여아여서라는 답변도 19.2%를 차지했다.

한편, 공위웨이(2015) 설문조사 결과를 보면 1가정 2자녀 정책이 실시된 후, 70허우(1970년대 출생자)들의 출산 계획을 엿볼 수 있다.[12] 80 허우 중 이미 결혼한 사람들은 55.9%가 둘째를 원했으며, 80허우 미혼자 집단에서는 57.3%가, 70허우 기혼자 집단에서는 57.3%가 둘째를 출산하기를 원하고 있었다. 반면 하나만 출산하겠다는 의향은 계층별로 각각 28.8%(80后기혼), 31.1%(80后미혼), 31.6%(70后기혼)를 나타냈다. 본 설문조사 결과를 토대로 보면 여러 가지 경제, 사회적 여건

---

12) 공위웨이(2015), 사천성도시70后·80后둘째생육의원연구, 사천성사회과학원, 학위논문. p.21. 본 논문 내 설문조사는 2014년 5~10월간 사천성 내 5개 도시에서 진행되었으며, 분석에 사용된 설문결과 528건 중 남녀 성비는 각각 50%였고, 독생자녀는 55.7%, 나머지는 비독생자녀였음.

<표> 하남성 신양시 도시 여성 출산 이유

(단위: %)

출산 이유	빈도	둘째를 출산할 이유	빈도
종족 보존	2.4	부모 모실 자식 마련	10.9
부모 모실 자식 마련	18	독생자녀 문제 해결	34.1
부부 감정 돈독	10.8	첫째 아이의 바램	20.1
가정 즐거움 배가	25.2	첫째가 여아여서	19.2
가정 노동력 증가	5.1	첫째가 남아여서	5.2
부모와 사회의 압력	20.4	기타	10.6
아이가 좋아서	14.4		
인생의 책임 이행	4.2		

자료: 우렌이(2017), 80后90后도시여성생육원연구, 정주대학, 학위논문. pp.12~14.

이 갖추어진다면 중국의 바링허우는 물론 70허우들도 둘째를 낳을 생각이 과반수가 넘는 것을 알 수 있다.

중국 MZ세대와 미래
China's MZ Generation and Future

국가와 사회

국가와 사회

샤오펀훙

MZ세대와 비슷한 연령대에 샤오펀훙(小粉紅·Little Pink)이라는 그룹이 있다. 이는 애국심으로 무장한 젊은 층을 이르는 말이다. 이들은 '#ProudofChina'란 해시태그를 달고 인터넷을 누비며 정부 정책을 옹호하는 하는 한편 중국에 대한 비판적 의견에 공격을 가한다. 샤오펀훙 세대는 부모의 경제적 기반을 바탕으로 성장해 개인주의적 성격이 강하며 디지털 문화에 익숙하다는 특징이 있다. 중국 청년 세대는 강화된 애국주의 교육을 통해 외국을 대상으로 배타적 애국주의를 표출하는 네티즌들로 성장했다. 이들은 중국의 적이라고 생각되는 집단이나 중국에 반하는 이슈가 발생할 때마다 인터넷상에서 비난을 쏟아 놓는다. 미중 갈등 이후 자국 제품을 사용하는 소비 풍조를 전파시키는 등 중국정부가 추진하는 각종 변화를 뒷받침하는 주요 지지층이 되고 있다.

온라인상에서 극단적 민족주의를 주도하고 있는 샤오펀훙을 마치

1960년대 문화대혁명 당시 홍위병의 환생으로 보는 의견도 있다.[1] 홍위병들의 맹목적인 마오쩌둥 추종과 샤오펀홍의 맹목적인 애국심 추구가 닮아 있다는 시각이다. 그런데 한 가지 다른 점이 있다. 샤오펀홍은 자발적 조직일 가능성이 크다는 점이다.

샤오펀홍은 '우마오당(五毛党)'과 함께 인터넷 여론을 주도하고 있다. 우마오당은 중국 공산당의 댓글부대로 댓글 하나에 0.5위안, 즉 5 마오(毛)를 지급하기 때문에 붙은 이름이다. 중국 화폐 1위안(元)은 10 자오(角)인데, 자오의 구어체가 마오(毛)이다. 참고로 위안의 구어체는 콰이(塊)이다. 이들은 인터넷상에서 정부 정책을 적극 옹호하는 한편 중국에 대한 비판적 의견에 공격을 가한다.[2] 특이한 것은 샤오펀홍은 대부분 여성이라는 점이다. 웨이보의 분석에 따르면 온라인 '키보드 워리어[3]'의 83%가 여성인 것으로 나타났다. 나이 대는 18~24세다.

이들이 처음 모인 곳은 '진장원쉐청'이라는 사이트다. 중국의 대표적인 여성문학 사이트로 2003년 출범했다. 현재 1600만 명이 회원으로 등록돼 있으며, 93%가 여성이다. 이 사이트의 메인 페이지가 분홍(粉紅)색이다. 이에 따라 샤오펀홍이라는 이름이 비롯됐다는 것이 정설이다. 샤오(小)는 중국에서는 애칭이다. 영어로 'Dear' 쯤 해당한다. 요

---

1) 마오쩌둥은 1950년대 대약진운동이 실패로 돌아가자 1959년 류샤오치에게 국가주석 자리를 물려주고 2선으로 물러나야 했다. 그는 잃은 권력을 잡기 위해 학생들이 중심이 된 홍위병 조직을 동원한다. 마오는 조반유리(造反有理, 반란을 일으키는 것은 이유가 있다)라며 문화대혁명에 시동을 걸었다. 홍위병은 마오가 이뤄놓은 홍(紅)색 사회주의를 지키는 위병(衛兵)이라는 뜻이다. 그는 류샤오치 등 주자파를 몰아냈지만, 사회 혼란이 극에 달하자 홍위병 지지를 철회했다. 그들은 관제조직이었기 때문에 순식간에 소멸(군입대, 농촌하방)됐다. 뉴스1(2017.5.28.). [시나쿨파] 21세기의 홍위병 샤오펀홍.

2) 뉴스1 (2017.5.26.). [시나쿨파] 中 극단적 민족주의 배후에 '小粉紅' 있다.

3) keyboard warrior: 인터넷상에서 사실 여부를 확인하지도 않고 풍문이나 소문을 무차별적으로 유포하거나 다른 사람에 대한 비방과 험담의 내용이 담긴 글을 거리낌 없이 작성하여 유포하는 사람. 중국어로는 졘판반잔스(键盘战士)로 지칭한다.

약하자면 샤오펀훙은 중국의 극단적인 민족주의를 주도하고 있는 온라인 '키보드 워리어'들이다.

이들이 세상에 본격적으로 모습을 드러낸 계기는 '쯔위 사건'이다. JYP엔터테인먼트 걸그룹 트와이스 멤버 쯔위(周子瑜)가 2015년 11월, MBC 예능 프로그램 '마이리틀 텔레비전'의 사전 인터넷 생중계에 출연하여 대만 국기를 흔들었다. 본 방송에서는 이 부분이 편집되었지만, 2달 후 인터넷 화면이 공개되며 중국과 대만에서 이슈가 되었다. 이에 샤오펀훙들은 격분했다. 대만인인 쯔위가 대만 국기를 흔드는 것은 당연한 일이다. 그러나 중국은 '하나의 중국 정책(One China Policy)'에 따라 대만을 국가로 인정하지 않는다. 이 사건 이후 샤오펀훙은 중국 민족주의와 관련된 대부분 사건에 등장한다. 예컨대 2016년 브라질 리우데자네이루 올림픽 당시 400m 자유형에서 금메달을

▌ 진장원쉐청 홈페이지 ▌

자료: 진장원쉐청(晋江文学城) 홈페이지 www.jjwxc.net

딴 호주의 맥 호튼이 중국의 수영영웅 쑨양을 '속임수를 쓰는 선수'라고 하자 샤오펀훙들이 호튼의 소셜 미디어 계정에 몰려가 사과를 요구하는 댓글을 쏟아내었다.

쯔간우도 등장

중국판 트위터인 웨이보에서 '구옌무찬'이라는 필명으로 활동하는 애국주의 논객 수창(舒暢)은 600만 명이 넘는 팔로어를 거느린 유명인사다. '당신은 중국인', '너의 젊음은 중국의 것' 등 민족주의 성향이 가득한 게시물로 인기몰이 중이다. 그는 EU는 미국의 목줄에 끌려다니는 개, 미국 내 COVID-19 확산은 자국민을 죽이려는 생물학전 증거라고 말하기도 했다. 2021년 7월, 광둥성 정부는 '중국의 목소리를 정확히 대변한다'며 그를 인터넷 홍보대사로 임명했다.

2021년 10월 21일 BBC방송은 중국과 서구세계와의 갈등이 커지면서 구옌무찬 같은 '쯔간우'(自乾五)들이 맹활약하고 있다고 전했다. 이제 우마오(五毛)에 이어서 '쯔간우'라는 또 다른 애국 청년들이 등장한 것이다. 이들은 정부의 지원 없이 친정부 댓글을 달기 시작했다. 쯔간우는 '스스로 마른 양곡을 가지고 활동하는 우마오'(自帶乾糧的五毛)를 줄인 말이다.[4] 마른 양곡(건량)은 중국 공산당이 1934년 대장정을 하며 먹었던 휴대용 전투 식량이다.

원래 정치적으로 민감하거나 거짓 정보가 담긴 게시글은 웨이보나 위챗(중국판 카카오톡)에서 정기적으로 삭제된다. 그러나 쯔간우의 글들

---

4) BBC News(2021.10.21), China: The patriotic 'ziganwu' bloggers who attack the West. https://www.bbc.com/news/world-asia-china-58922011

은 예외다. 심지어 이들의 검증되지 않은 주장이 관영매체에 소개돼 파급력이 커진다고 BBC는 지적했다. 이들은 페미니즘이나 인권, 다문화, 민주주의 등이 '중국 사회를 무너뜨리려는 서구세계 이념'이라고 매도한다. 홍콩에서 쯔간우로 활동하는 한 회원은 홍콩일간지 South China Morning Post[5]에 조국을 옹호하는 것은 아이돌을 사랑하는 것과 같다며 홍콩에 비판적인 기사나 게시물이 나오면 '나는 홍콩을 사랑한다' 등 긍정적 내용의 글을 쏟아내 해당 게시물을 덮어 버린다고 전했다. 최근 공격 대상으로 떠오른 인물은 작가 팡팡(方方)이다. 그는 소셜미디어에 2020년 1월 23일부터 두 달 넘게 봉쇄된 우한의 실상을 폭로한 '우한일기(武汉日记)'를 게재했다. 쯔간우들은 그가 거짓 주장을 퍼뜨려 조국을 배신했다고 비난한다.[6]

쯔간우는 당국의 경제적 지원 없이 스스로 시간과 돈을 써가며 공산당을 옹호하는 애국 청년이라는 의미로 통한다. 실제로 중국 최대 포털 바이두의 백과사전(네이버의 지식백과에 해당)은 이들을 '실사구시(實事求是)의 전제 아래 이성·역사의식·객관성을 갖고 여론을 주도하는 이'로 정의하고 있다. 관영 광명일보는 쯔간우가 사회주의 핵심 가치관을 펼치는 실천가라고 규정했다. 쯔간우는 정치·사회적인 사안에 대해 SNS로 강력한 목소리를 내고 있다.

지방정부로부터 명예를 수여받지만 돈을 받는 어용은 아니다. 애국심에 불타는 샤오펀훙(小粉紅)이나 펀칭(愤青·분노청년)과도 차이가 있다. 샤오펀훙과 펀칭은 복잡한 정치·사회 문제에서 감성적 애국심에 치

---

5) South China Morning Post(SCMP. 중국명 南華朝報)는 영국 식민지 시절인 1903년에 홍콩에서 설립된 최고의 역사를 지닌 영어 일간지이다. 마윈의 알리바바 그룹이 2016년에 인수했으나, 중국 내 일부 사안에 대해서는 비판적 논조를 유지하고 있다. 다만 중국 내에서는 인터넷 접속이 불가능하다.

6) 서울신문(2021.10.21.) https://www.seoul.co.kr/news/newsView.php?id=202110215 00157

중한다. 하지만 쯔간우는 바이두가 이성·객관·중립이 특징이라고 정의할 정도로 나름의 이론과 논리를 갖추고 있다. 쯔간우는 인터넷 세대 즉 주링허우이다. 쯔간우는 1990년대부터 태어나 경제성장 속에서 자랐다. 홍콩과 마카오 반환(1997·1999), 베이징올림픽(2008), 상하이엑스포(2010) 등 미국과 실력을 겨루는 G2로 올라선 국력을 체감했다. 그래서 바링허우와 다른 세계관을 가지게 된다. 풍족해진 경제 덕분에 외국 유학과 해외여행을 쉽게 갔다. 그후 서구에 대한 환상은 조금씩 깨졌다. 9·11 테러(2001), 미국발 금융위기(2008), COVID–19 팬데믹 등을 겪으며, 자본주의 패권에 금이 가고 자유주의 폐해가 드러난 현실을 보았다. 자국에 대한 자긍심이 높아지면서, 쯔간우는 민주주의·인권·다문화주의·페미니즘 등을 부패한 서구적 가치라고 규정한다. 중국의 전통문화, 중국식 체제와 가치관이 최고라고 믿는다. 문제는 중국에서는 주요 해외 언론의 홈페이지와 트위터, 페이스북 등 SNS, 구글과 유튜브가 차단된다. 쯔간우의 주장을 다른 네티즌과의 토론을 통해 검증할 기회가 줄어든 것이다.[7]

NEWS

펀칭(분노 청년)

China's MZ Generation and Future

펀칭(憤靑)은 분노청년(憤怒靑年)의 준말이다. 영어 Angry Young Man의 중역이다. 그 유래는 2차 대전 후 영국 젊은 세대의 작가들이 일으킨 문학운동에서 왔다. 즉, 펀칭은 중국식 앵그리 영맨인 셈이다. 영국의 젊은이들은 2차 대전이 인류에게 준 반인류적인 파괴와 절망에 대해 반발했는데, 이를 작품에 반영시킨 작가들을 '앵그리 영 맨'이라고 했다. 1956년 존 오스본(John

---

7) 시사저널(2021.11.05.), http://www.sisajournal.com/news/articleView.html?idxno=227256

Osbourne)의 희곡 '성난 얼굴로 돌아보라(Look Back in Anger)', 존 브레인(John Braine)의 '꼭대기 방(Room at the Top. 1957)' 등이 대표적이다. 이는 2차 세계대전 전후 기성세대의 위선적이고 진보적인 것을 반대하고 전통적인 것을 옹호하려는 경향과 전쟁의 피폐와 절망에 대한 젊은이들의 저항과 반발을 작품화한 것이다. 중국에서의 펀칭은 대체로 애국주의·민족주의에 불타는 '열혈청년'을 가리킨다. 하지만 2005년 이후부터는 국내외 정치·경제·사회 문제에 격렬한 비판을 일삼는 극단적 애국주의자로 지칭된다. 펀칭은 1989년 천안문 민주화시위를 강제진압한 뒤 중국 공산당이 강화한 '애국주의 교육'의 산물이다. 이후 중국 젊은이들은 크게 두 부류로 갈렸다. 하나는 경제성장이라는 양지에서 자라난 중국판 오렌지족인 '샤오쯔'(小資)이고, 다른 하나는 억압적인 정치의 그늘에서 자라난 중국판 질풍노도의 세대인 '펀칭'이다. 대부분의 샤오쯔는 화이트칼라다. 하지만 펀칭이라고 해서 다 블루칼라이거나 빈곤층인 건 아니다. 학생, 지식인은 물론 고소득 전문가층 가운데서도 펀칭인 이들이 적지 않다.

작가 장위안산(张远山. 1963년생)은 '샤오쯔 대 펀칭'이란 글을 통해 두 집단을 이렇게 비교했다. 샤오쯔가 가발을 쓰면 펀칭은 머리를 박박 민다. 샤오쯔가 머리를 염색하면 펀칭은 문신을 한다. 샤오쯔가 물을 마시면 펀칭은 술을 마신다. 샤오쯔가 조용히 일광욕을 즐기면 펀칭은 미친 듯 스트리킹을 한다. 샤오쯔가 디스코텍에 가면 펀칭은 번지점프를 한다. 펀칭은 샤오쯔를 '한간'(漢奸, 매국노)이라 욕하고, 샤오쯔는 펀칭을 '아이궈쩨이'(愛国賊, 국수주의자)라 욕한다. 이념적으로 말하면 샤오쯔는 자유주의, 펀칭은 신좌파에 가깝다.8)

---

8) http://mt.sohu.com/20180210/n530642205.shtml

한중 청년들의 혐오

2017년 4월 경북 성주에 사드(THAAD, 고고도 미사일방어체계) 배치 후 한중간 우호관계는 흔들리기 시작했다. 소위 한한령(限韓令)은 중국인들에게 콘텐츠를 비롯한 각종 한류 문화를 금지시키기 위한 조치이지만, 각종 경제 분야로 파급되어 한국에 대한 보복조치로 다가왔다. 이러한 한중간 우호관계 변화는 양국 국민들의 감정에도 영향을 끼치기 시작했다. 연구문헌에 따르면 사드 보복 이전인 2016년에는 한국인의 33%가 중국을 신뢰할 수 있는 파트너로 인식했으나 2019년에는 14%로 급감했다. 주목할 점은 청년 세대들간의 혐오가 더 심하다는 점이다. 주간지 시사인이 2021년에 한 여론조사9)를 보면 중국을 적이라고 생각하는 비율이 18~29세 사이는 62.8%로 나머지 연령층의 평균 49.1%보다 크게 높았다. 중국에 대한 감정 온도 역시 60대, 50대, 40대가 각각 31.1, 30.8, 28.3 인데 반해, 30대는 21.8, 20대는 15.9였다. 한국에서는 연령층이 낮아질수록 중국에 호감을 느끼는 비율이 줄어들고 있는 것이다.

중국은 어떨까? 2020년 우리나라 해외문화홍보원이 조사한 국가 이미지 조사 통계를 보면 중국인이 한국에 갖는 호감도는 70.4였다. 그런데 최근 3년간 연령대별 변화가 확연하다. 2019년 조사에서 중국인이 지닌 한국에 대한 호감도는 전체 평균이 66%였는데, 10대의 경우 다른 연령층보다 훨씬 낮은 47.4%였다. 2020년에는 한국에 긍정적 이미지를 지닌 중국 10대는 42.1%, 20대는 60.2%였고, 2021년에는 10대 34.4%, 20대 59.3%였다. 젊은수록 한국을 비호감으로 생각하는 비

---

9) 2021년 5월 여론조사 결과. 분석 표본 1000명. 전국 18세 이상 남녀. 지역별, 성별, 연령별 비례할당 추출. https://www.sisain.co.kr/news/articleView.html?idxno=44821

중이 높아지고 있는 것이다. 이들 링링허우, 주링허우들이 성장해 시간이 흐를 경우, 전체 중국인들의 반한 감정은 더욱 커질 수밖에 없을 것이다.

[그림] 한국인의 연령별 .중국에 대한 감정 온도

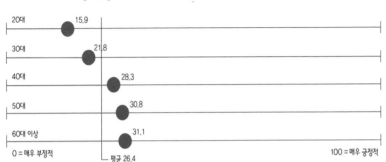

자료: 시사인(2021.6.17.).

1992년 한중 수교 이후, 2002년까지 양국 관계는 밀월기10)라고 부를 만큼 아주 가까웠다. 그러던 것이 2003년에 반중 감정이 시작된 계기가 나왔는데 동북공정 파문(2003)이었다. 중국 역사학계가 고구려 역사를 중국사에 포함한 것이다. 다만 이 사안은 양국 정부가 더 이상 다른 영역으로 확대되지 않도록 관리하였다. 그 후 사드 사태(2017년)가 발발하고, 그로 인한 중국의 대한국 제재조치가 시작되면서 반중 감정이 증폭되었다. 또한 COVID-19 발발로 인한 전세계적인 반중 감정이 지금까지 영향을 미치고 있다. 양국간 혐오가 증폭된 원인은 한중간 마찰이 문화 분야에서 일어난 점을 들 수 있다. 강릉단오제 유

10) 1992년 한중수교 후 양국은 1998년 협력 동반자관계(김대중 대통령·장쩌민 주석), 2003년 전면적 협력 동반자관계(노무현 대통령·후진타오 주석), 2008년 전략적 협력 동반자관계(이명박 대통령·후진타오 주석), 2013년 한중 미래비전공동성명 채택과 전략적 협력동반자관계의 내실화(박근혜 대통령·시진핑 주석) 등 단계적으로 양국의 관계를 심화·발전시켜왔다. 2008년에 외교적으로 최고점에 달했다.

네스코 등재신청(2005), 트와이스 멤버 쯔위의 타이완 국기 사건(2015), 한복과 김치 종주국 논쟁(2020) 등으로 젊은 세대가 관심이 많은 연예, 오락, 게임 등으로 갈등 중심이 옮겨 간 것이다.

서강대 이욱연 교수(2022)는 양국간 젊은이들의 혐오 원인을 정확하게 지적하고 있다. 혐오는 자기 불안의 산물이라는 독일 철학자 아도르노(Theodor W. Adorno)의 견해를 빌리지 않더라도 양국의 젊은 세대들은 어느 때보다 불안하고 우울한 미래 전망 속에 살고 있다. 이러한 현실 속에서 양국의 젊은이들은 불안을 초래한 '적'을 찾아 나서기 시작하고, 결국 혐오가 유행이 된 것이다. 심지어 혐오가 이들 세대에게는 문화와 오락으로 자리잡을 정도이다. 혐오를 통해 자신의 민족주의적 우월함과 이념적 선진성을 표출할 수 있기 때문이기도 하다. 심지어 여기에 경제적 이익까지 더해지고 있는데, 즉 혐중·반중 콘텐츠를 가진 영상물이 많은 조회수를 유도하고 있기 때문이다. 이러한 구조는 다시 혐중·반중을 확산하는 악순환이 되고 있다.11)

중국의 시각에서 보면 반한 감정이 시작된 계기는 역설적으로 한류(韓流)라고 불리던 한국산 대중문화가 너무 한꺼번에 중국에 유입된 2005년부터였다. 중국정부는 이 시기부터 한국 드라마 수입 편수를 제한하기 시작했고, 중국 대중문화계에서도 반한류 주장이 등장했다. 2007년 중국에서 실시한 여론조사에서 '좋아하지 않는 이웃 나라' 1위가 한국이었고, 2008년 중국청년보가 실시한 가장 싫어하는 드라마 여론조사에서 외국 드라마로는 유일하게 '대장금'이 포함되었다. 이후에도 양국 간 갈등 사안들이 등장하였지만 양국 정부는 적극적으로 개입하여 그 확산을 막는데 주력했다. 하지만 2017년 사드 사태가 터

---

11) 한중비전포럼(2022), 『서른 즈음의 한중, 어떻게 설 것인가』, 한반도평화만들기. pp.137~141.

지면서 중국정부는 더 이상 자국민의 반한 정서에 개입하지 않고, 오히려 이를 방조하는 자세로 돌아서게 된다. 실제 중국 환구시보 조사에 따르면 한국에 대한 긍정적 인식은 2010년에는 5.75 였으나, 2017년 조사에서는 3.4로 급락하게 된다.

게다가 본고에서 소개한 샤오펀훙, 쯔깐우 같은 애국주의 네티즌들이 반한·혐한 대열에 합류하게 되자 청년들의 양국간의 혐오는 더욱 증폭되었다는 판단이다. 2015년 이후 한류 팬 사이트에 '국가가 아이돌 보다 높다' '국가 앞에 아이돌(우상)은 없다'라는 구호가 등장했다. 2021년에 출간된 '한류백서2020'[12]에 따르면 2020년에는 전 세계 한류 동호회원 수가 1억 명에 달했지만, 중국에서는 전년비 1천 만 명이 감소한 것으로 조사된다. 또 중국 내 한류 동호회 가운데 16개가 폐쇄되었다고 한다. 결국 인터넷 공간이 익숙한 링링허우, 주링허우들 중 일부가 한중 문화갈등을 촉발하고 확대하는 주역이 된 것이다.

궈차오와 청년 소비

'궈차오(중국의 자국 브랜드 소비 선호)'라는 단어는 최근에 생긴 단어가 아니다. 중국을 뜻하는 궈(國)와 유행, 트렌드를 뜻하는 차오(潮)의 합성어로, 중국인들이 외국 브랜드 대신 자국 브랜드를 우선시하는 애국 소비 성향을 말한다. 중국 내 문헌에 따르면 바링허우가 관심을 가지는 '궈차오'는 패션에서 가장 먼저 시작되었으며, 그 첫걸음은 캐나다 국적 홍콩 배우인 천관시(陳冠希. 1980년생 홍콩영화 무간도에 출연)가 2003년에 중국 국내에서 론칭한 패션 브랜드인 'CLOT'였다. 이후 바

---

12) 김아영 외(2021), 『2020 한류백서』, 한국국제문화교류진흥원.

링허우들은 국산 패션 브랜드를 인지하기 시작했고, 초기에 시장에서 성공을 거두자 이어서 대만, 중국 연예인들이 자신의 브랜드를 계속 론칭하기 시작했다. 2006년에는 대만 가수 겸 배우 저우제룬(周杰伦, 1979년생. 말할 수 없는 비밀 영화출연)이 MRJ 브랜드, 2009년에는 리천(李晨. 1978년생 중국배우)과 판웨이보(潘玮柏. 1980년생 화교가수)가 NPC 브랜드를 만들어 바링허우들 사이에서 국산 패션 브랜드의 '궈차오' 열풍이 시작되었다.13)

궈차오 패션의 정점을 찍은 것은 2018년 2월 7일 뉴욕 맨하튼에서 열린 뉴욕 패션위크의 'Tmall 차이나 데이'였다. 중국을 대표하는 브랜드와 셀럽 디자이너 4인방의 컬렉션이 세계 무대에 선보인 것이다.

❚ 2018년 뉴욕 패션 위크에 등장한 리닝 컬렉션과 포스터 ❚

자료: 리닝 홈페이지(www.lining.com) 및 https://blog.naver.com/agnesrui/221214147345

---

13) https://www.usxie.com/fashion/34063.html

스포츠 브랜드인 리닝, 영 캐주얼 Peace Bird(太平鸟), 중국 디자이너 ChenPeng과 천관시 CLOT였다. 주제는 '90년대 중국'이었는데 1990년대 복고풍의 스트리트 감성에 중국 문화를 믹스한 디자인이 런웨이에 등장했다. 컬렉션에 등장한 옷들은 한자와 레드 컬러 그리고 중국의 스타 체조선수 리닝의 1990년대 사진까지 달고 나왔다. 이후 바링허우들은 물론 주링허우들까지 중국산 제품이 더 이상 촌스럽거나 트렌드에 뒤떨어진 것이 아님을 인식하고, 본격적인 '궈차오' 열풍에 휩싸이게 된다.

시기에 따라 궈차오를 나눠 볼 수 있다. 1세대 궈차오의 경우에 궈차오의 태동기로, 사람들의 관심은 의류, 식품, 일상용품 등 생활용품에 주로 집중돼 있었다. 2세대 궈차오의 경우, 중국산 제품들이 질적으로 업그레이드됨에 따라 휴대폰, 자동차 등 고부가가치 소비제품까지 확대되었다. 그리고 3세대 궈차오의 경우, 현재 진입단계에 있으며 단순히 국산 제품이나 물질적인 것에 제한되지 않고 문화, 일상생활, 취미생활까지 영향을 미치는 수준을 의미한다. 궈차오에서 주목할 만한 점은 다른 연령대에 비해, 주링허우 연령대에서 많은 관심을 보이고 있으며, 궈차오에 관심을 가지는 인원 중 약 50% 정도의 비중을

[그림] 2020~2021년간 궈차오 관심 연령대 비중

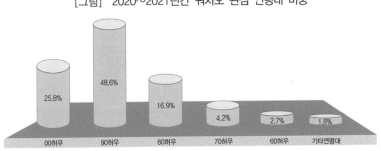

자료: KOTRA 선양무역관(2021), KOTRA 해외시장뉴스(2021.6.22).

차지하고 있다.14)

귀차오가 젊은 연령대에 관심을 받게 된 이유는 무엇일까? 주링허우는 중국이 경제적으로 고속 성장하는 걸 직접 체감하며 자란 세대로, 해당 경험이 자국 문화에 대한 자부심을 높여주면서 중국 문화나 제품에 대한 관심도 높여준 것으로 보인다. 특히 바이두의 빅데이터 보고서에 따르면, 주링허우가 주력소비층으로 등장하는 2021년과 등장하기 이전 2016년을 비교했을 때, 2016년 제품에 대한 검색비중 중 외국제품이 55%, 중국제품이 45% 였으나 2021년에는 중국 제품에 대한 검색비중이 외국제품을 추월했을 뿐만 아니라 75%까지 올라갔다.

'귀차오'는 현재 국산품을 소비하는 것을 넘어서서 국민과 민족문화를 이어주는 하나의 연결고리가 되었다. 바이두 2021년 귀차오 검색 빅데이티 자료에 따르면, 가장 주목받는 귀차오 관련 10대 이슈에서 국산품 디지털, 패션, 화장품이 1~3위를 차지하고 있으며 단순 제품을 넘어서서 7~10위까지 국산 영화, 만화, 음악, 문학, 음식, 문화유산과 첨단기술이 포함된다고 밝혔다. 최근 10년간 귀차오 문화 관련 검색이 128% 이상 상승한 것으로 나타났다. 중국산 영화, 게임, 애니메이션 등 창작 콘텐츠에 대한 관심도가 높아지고 있으며 라이브생방송, 동영상 등이 해당 추세를 이끈 것으로 보인다. 한편, 이러한 문화 관련 추세가 앞서 살펴본 일부 중국 네티즌들의 혐한 현상과 관련됨을 알 수 있다.

2021년 10대 귀차오 주제(순위별)를 보면, 국산 디지털, 국산 패션, 국산 화장품, 국산영화, 국산만화, 국산음악, 국산문학, 국산음식, 문화유산, 첨단기술 순이다. 중국 남방산업싱크탱크에서 2018년~2019

---

14) KOTRA 선양무역관(2021), 중국 애국소비 '귀차오' 열풍, KOTRA 해외시장뉴스 (2021.6.22.).

년 티몰, 징둥 등 주요 전자상거래 플랫폼 데이터를 조사한 결과 중국 제품을 가장 애용하는 주요 소비그룹은 16세~25세이며, 궈차오를 키워드로 조사한 소비자 중 주링허우, 링링허우가 35%로 가장 많은 비중을 차지하고 있다. 이들이 주로 쓰는 국산제품은 화장품, 생활용품으로 제한되지 않고 다양한 물품으로 확장되고 있다.

2021년 궈차오 대표 브랜드

① 화시쯔

2017년 항저우에서 탄생한 신생 화장품 브랜드로, '중국풍' 화장품의 대표브랜드이다. 제품 가운데 봉황 모양이 새겨진 립스틱과 파우더가 유명하다. 화시쯔(花西子)는 동방의 색조 화장품, 꽃 성분의 색조 화장품을 의미하는 '동방채장, 이화양장(東方彩妝, 以花養妝)'을 모토로 하여 해외 브랜드 위주의 색조 화장품 시장을 중국과 동양의 전통적 이미지로 차별화하여 젊은 층을 적극 공략하고 있다. 중국풍의 공예 패턴을 제품 디자인의 기반으로 하여 궈차오 열풍을 대표하는 화장품 브랜드로 자리 잡았으며, 중국 내수시장에서의 성장세를 기반으로 일본 아마존에 입점하는 등 해외진출에도 나서고 있다. 2020년 6.18 쇼핑 페스티벌 행사 티몰 매출액 2억3500만 위안을 달성한 화장품이다.[15]

---

15) 6.18 쇼핑 페스티벌의 유래는 대형 인터넷 쇼핑몰인 징둥(京东)이다. 징둥은 1974년생 장쑤 출신 인민대 졸업생인 리우창둥(刘强东)이 베이징 IT메카였던 중관촌에서 1998년 6월에 창립한 기업이다. 26세 청년 창업자는 결혼식 영상 VCD 저장장치 임대 및 판매부터 시작하여, 2007년에는 본격적으로 국내 B2C 시장에 뛰어들었고, 2014년 미국 나스닥에까지 상장하게 된다. 2010년부터는 매년 징둥 창립기념일인 6월 18일에 '6.18 쇼핑 페스티벌'을 거행하고 있다. 징둥의 2021년 영업이익은 9516억 위안(1493억 달러)으로 초대형 B2C 기업으로 성장했다. (www.jd.com)

② 완메이르지

2017년에 설립된 완메이르지(完美日记. 퍼펙트 다이어리)는 아시아인의 피부 특징에 맞는 메이크업 제품을 통해 세계적인 Chinese Beauty Icon을 모토로 이셴그룹이 런칭한 브랜드이다. 이셴그룹은 2020년 뉴욕증권거래소에 상장했다. 완메이르지는 중국풍의 제품보다는 유럽식 세련미를 가미한 제품들을 토대로 성장했지만, 중국의 달탐사 로켓 발사와 같이 애국주의 이슈에 맞춘 우주 에디션 제품을 출시하는 등 궈차오를 적절히 활용하고 있다.16) 완메이르지는 2020년 6.18 쇼핑데이 메이크업 부문 판매량에서 화시쯔에 이어 2위를 차지했다. 중국 밀레니얼 세대와 젊은 소비층 사이에 인기 있는 스타를 모델로 샤오홍수, 더우인,17) 위챗 등 플랫폼에서 다양한 왕훙들과 컬래버레이션했다. 디스커버리(Discovery)와 컬래버해 제작한 12색 아이쉐도우 팔레트가 인기 제품 중 하나이다.

---

16) 국제무역통상연구원(2022), 중국의 궈차오(애국소비) 열풍과 우리 소비재 기업의 대응 전략, 「Trade Brief」 No.3. (2022.2.28.), p.2.

17) 더우인(抖音)은 20016년 9월부터 서비스를 시작한 쇼트클립 플랫폼(15초 분량의 영상 콘텐츠의 숏폼)이다. 해외에서는 틱톡(TikTok)이라는 브랜드로, 중국 내에서는 더우인으로 서비스 된다. 차이점은 더우인은 중국 대표 콘텐츠·라이브커머스 플랫폼으로 성장한 점이다. 더우인은 6억 명의 일간 활성 이용자수 기반의 콘텐츠 소비 데이터와 알고리즘화, 관심사에 따른 상품과 콘텐츠를 추천하고 있다.

자료: www.gwm.com.cn

③ 위안치선린

2016년 베이징에서 설립한 위안치선린(元气深林)은 '무설탕, 무지방, 0칼로리'를 콘셉트로 탄산수 음료시장의 일등 자리를 차지하였다. 일본 스타일의 포장과 건강, 다이어트에 높은 관심을 갖고 있는 소비자 수요를 파악하여 중국 11.11 광군제 히트상품 3위에 이름을 올렸다.[18]

18) 광군제(光棍节)는 11월 11일을 가리키며 솔로데이이다. '광군'은 중국어로 홀아비나 독신남을 뜻하며, 1자가 외롭게 서 있는 사람과 비슷하다고 해서 1자 4개인 11월 11일에 솔로를 챙겨주는 문화가 난징대(1993년)에서부터 시작되었다. 소개팅과 파티, 선물 교환을 하던 대학문화였으나, 2009년 광군제를 맞아 중국 최대 전자상거래 기업인 알리바바그룹 타오바오몰에서 독신자를 위한 할인 행사를 시작하면서 중국 최대 쇼핑일로

자료: www.huawei.com

④ 나이쉐더차와 시차

나이쉐더차(奈雪的茶)는 시차(喜茶)와 함께 차·음료시장을 주도하는
기업이자 브랜드이다. 무설탕 차 시리즈는 나이쉐더차 대표 상품이며
2019년 말 전국 35개 도시를 포함해 420여 개의 매장을 운영하고 있
다. 나이쉐더차 소비자의 80%가 20·30대이며 2020년 티몰에 입점하
여 11.11 광군제 행사에 1000만 위안 판매액을 기록했다. 2012년 광
동성 작은 골목에서 창업을 시작한 시차는 현재 중국 49개 도시에
500여 개 매장을 운영하고 있다. 시즌별 이색 음료와 한정 메뉴로 빠
르게 변하는 소비자들의 입맛을 사로 잡았고, 기타 브랜드와 컬래버

탈바꿈했다. 이후 대부분 오프라인 및 온라인 쇼핑몰이 할인행사에 동참하면서, 중국
판 '블랙 프라이데이(미국의 최대 쇼핑 시즌)'로 불리며 중국 최대 소비 시즌으로 자리
잡았다.

레이션 등 다양한 방식으로 중국차 시장을 점유했다. 2017~2021년 4년간 시차와 합작한 브랜드가 74개에 달하며 스포츠, 식품, 생활용품, 화장품 등 다양한 분야에서 트렌디한 브랜드 임을 소비자에게 인식시키고 있다.

⑤ 즈하이궈

즈하이궈(自嗨锅)는 2018년에 정식으로 등장한 자체 가열 샤브샤브를 만드는 회사이다. 2020년 6.18 쇼핑 페스티벌에서 즉석식품 검색 1위를 차지하고 1억 위안 판매실적을 달성하였다. 우리나라 소비자에게 알려진 계기는 tvN 드라마 빈센조(송중기 주연. 2021.2)에서 즉석 비빔밥 PPL 이슈였다.

⑥ 팝마트

팝마트(pop mart. 泡泡玛特)는 2016년 첫 블라인드 박스 'MOLLY 별자리 시리즈'를 선보인 후 온라인, 오프라인 홍보를 통해 빠르게 성장한 회사이다. 2019년 중국에서 매출 규모가 가장 큰 아트토이 기업으로 성장했다. 2020년 홍콩에서 상장하였으며 2020년 6월 기준 85개 IP(Intellectual Property: 지적재산권, 설계자산)를 확보했다. 박스 안에 무엇이 들어 있는지 알 수 없게끔 포장하여 박스를 열어야 들어있는 제품을 확인할 수 있도록 했다. 이러한 불확실성으로 소비자 호기심을 자극해 중복구매를 유도하고 '신비, 서프라이즈, 긴장' 이라는 키워드를 통해 마케팅에 성공을 거두었다.

자료: www.popmart.com

⑦ 리닝

중국의 체조선수 리닝(1963년생, '84년 LA올림픽 금메달 리스트)이 1990년
에 설립한 스포츠웨어 브랜드 리닝(LI‒NING)은 2018년에 '중국 리닝'
이라고 하는 궈차오 마케팅용 브랜드를 도입했다. 로고는 우선 중국
인이 선호하는 빨간색이며 복고풍이 느껴지는 번체자를 적용해 중국
전통문화를 구현하고 젊은 층을 주타깃으로 하고 있다. 리닝은 과거
중국인들의 인식에서조차 촌스럽고, 값싼 브랜드였으나 공격적인 마
케팅 전략으로 중국 국가대표팀뿐만 아니라 세계 각국의 선수단을 후
원하며 브랜드 인지도를 상승시킨 바 있다. 2018년 뉴욕 패션위크에
서 중국풍 디자인의 옷들을 선보여 호평을 받았고, 브랜드명 앞에 중

국을 넣어 '중국리닝(中國李寧)'으로 표기한 제품들이 젊은 소비자들의 큰 호응을 얻어, 2018년부터 시작한 궈차오 열풍을 만들어낸 브랜드로 주목받고 있다.

⑧ 창청자동차

창청자동차는 1984년에 탄생산 중국산 완성차 메이커다. 1996년에 첫 픽업 트럭을 생산했고, 2003년에 홍콩 상장후 발전을 거듭했다. 2021년에 95만대를 생산하여, 중국 내 8위 자동차 메이커로 부상했다. 중국 SUV 시장에서 1위를 달리는 창청자동차(长城汽车)의 HAVAL. H6 모델은 2013년 SUV 모델별 연간 판매 순위에서 1위를 차지하였고 중국 소비자 사이에서 국민신차로 불리고 있다. 2020년 5월 CCTV '궈휘정당차오(국산이 트렌드)' 애국 마케팅 생방송에 참가한 유일한 자동차 브랜드로 12억 위안이라는 예약 판매를 기록했다.

⑨ 화웨이

화웨이(华为)는 인민해방군 출신의 통신기술자였던 런정페이(任正非. 1944년생)가 1987년에 설립한 중국 최대 네트워크 장비제조사이다. 19.4만 명의 직원들이 170개 국가에서 사업을 영위하고 있다. 2019년 기준 연매출 8,588억 위안, 순이익 627억 위안을 기록했으며, 이동통신장비 세계 점유율은 28%이다. 매출액의 15%를 R&D에 투자하고 직원 49%가 엔지니어이다. 기초연구 인력이 1.5만 명에 달하며, 8.5만 건의 특허를 가지고 있다. 화웨이는 네트워크 장비뿐만 아니라 단말기부터 서비스(App Store), 플랫폼 및 칩셋 제조까지 ICT 전 분야의 기술력을 보유하고 있다. 이러한 역량으로 포춘 글로벌 기업 중 228개, 각국 지방정부(700여개 이상)와 전략 파트너로써 협력하고 있다.

화웨이는 미·중간 갈등 속에서 궈차오의 첨병으로 등장했다. 2020
년 5월, 미 상무부는 '미국 기술을 이용해 화웨이가 해외에서 실세·생
산한 반도체'에 대한 규제를 내놓았고, 그해 8월 추가 제재를 통해 화
웨이의 반도체 생산자체를 막았다. 대만 TSMC는 화웨이에 대한 파운
드리(위탁 생산) 서비스를 멈췄고, 네덜란드 ASML은 반도체 장비의 중
국 수출을 중단했다. 화웨이를 둘러싼 미중 갈등에서 주인공은 멍완
저우 부회장19)인데 창업자의 딸이다. 그녀는 이란 제재법 위반 혐의
로 미국정부가 발부한 체포영장에 따라 3년간 캐나다에 자택 연금돼

∎ 리닝 홈페이지 ∎

자료: www.lining.com

---

19) 멍완저우(孟晚舟. 1972년생)는 1993년 화웨이 입사 후, 안내원, 타자수, 전시회 보조부
   터 시작했다. 1998년 화중이공대에서 회계학 석사를 마치고 재무통으로 성장했다.
   2013년까지 창업자의 딸이란 사실은 공개되지 않았다. 2011년 최고재무책임자로 승진
   한 뒤, 2018년 경영진 교체 때 런정페이가 사임한 부회장을 승계했다. 그녀는 '내 이름
   은 16살 때 어머니 성을 따라 스스로 바꿨다'라고 밝혔다. 런정페이는 첫 부인 사이에
   1남 1녀를 두었는데 큰 딸이 멍완저우이다. 그의 첫째 장인은 쓰촨성 부성장을 역임한
   고위 관료인데, 장인의 영향으로 딸에게 외가 성을 허락했다(중앙일보. 2018.12.13.).

있다가 2021년 9월 미국 법무부와 기소연기에 합의한 뒤 중국으로 복귀했다. 미국의 화웨이 제재와 이에 따른 미·중 갈등의 상징으로 떠오른 멍 부회장의 귀국행사는 중국 관영방송인 CCTV가 생중계했고, 1억 명이 넘게 시청할 정도로 주목을 받았다. 2020년부터 궈차오 마케팅에 나선 화웨이는 '궈차오 신년 맞춤 선물세트' 휴대폰(10S)을 티몰에 출시했으며, 젊은 소비층의 환영을 받았다. 그러나 미중 갈등 속에 2022년 화웨이 매출액은 6,369억 위안으로 2019년 대비 25.8%나 감소했다.

옷과 궈차오

옷은 무엇보다도 자신이 궈차오에 참여하고 있음을 드러내는 수단 중의 하나이다. 실제 최근 몇 년간의 중국 내 의류 브랜드별 성장률을 보면 궈차오 열풍이 중국 내수시장에 존재하고 있음을 확인할 수 있다. 중국 의류 시장의 상위 10개사 중 6개사가 중국 기업이며 2020년을 제외하고는 전체적으로 높은 성장률을 보이고 있다. 의류 카테고리의 대표적인 궈차오 브랜드 리닝은 2021년 전년 대비 44.2% 성장, 2018년 대비 88.4% 성장하며 6개 중국 기업 중 가장 큰 성장세를 보이고 있으며, 안타 역시 2018년 이후 3년 만에 73.8%의 높은 성장률을 기록했다.

1991년 설립된 스포츠의류 브랜드 안타는 궈차오의 최대 수혜자이다. 창립 후 중저가 제품 위주의 성장 전략을 취해왔으나, 중고가 브랜드 포지셔닝을 위해 2009년 FILA의 중국 시장 독점판매권을 취득한 후 고성장 했다. 이후 '중국의 나이키'라 불리며 중국 최고의 스포

츠의류 브랜드로 자리 잡았다. 당나라 시인 이백(李白)의 시를 시각적
으로 디자인한 제품, 중국 고궁(자금성)을 디자인의 모티브로 삼은 제
품을 출시하는 등 궈차오 열풍을 적극 활용하고 있다.

〈표〉 2021년 중국 시장 상위 10대 의류기업의 성장률 및 시장 점유율

(단위: %)

회사명	시장 점유율	전년비 성장률	비고
나이키	3.4	15.7	다국적 기업
안타(安踏)	2.2	26.7	궈차오 브랜드 중국기업
아디다스	2.0	1.5	다국적 기업
패스트리테일링	1.2	5.4	일본 유니클로
선마(森马)	1.2	19.9	중국 민영기업
리닝(李宁)	1.1	44.2	궈차오 브랜드 중국기업
Bestseller A/S	1.1	10.5	덴마크 기업
HLA(海澜之家)	1.0	10.7	중국 민영기업
스케쳐스	0.9	32.1	궈차오 활용 해외기업
보스덩(波司登)	0.7	21.5	궈차오 브랜드 중국기업

자료: 국제무역통상연구원(2022), 중국의 궈차오(애국소비) 열풍과 우리 소비재 기업의 대응전략,
「Trade Brief」 No.3, p.7. 참고하여 필자 보완.

리닝은 해외 유명 스포츠스타를 브랜드 모델로 삼고, 제품 퀄리티
상승과 더불어 핵심 제품의 가격을 기존의 200위안대에서 400위안 내
외로 인상하며 기존의 싸구려 이미지를 탈피했다. 중국 '소비자보도'
의 설문조사에 따르면 중국 소비자들은 궈차오 제품을 소비하는 이유
로 '독특하고 신선한 디자인과 아이디어(48.6%), 실리적인 가격(43.8%),
우수한 품질(38%)'을 꼽았다. 반면, 궈차오 열풍에 대한지지 때문에 궈
차오 제품을 구매한다는 응답은 22.6%에 그쳤다. 따라서 궈차오 열풍
은 일시적인 트렌드에 그치지 않고, 중국 소비재 기업의 질적 성장이

〈표〉 궈차오 제품을 구매하는 이유(2021년)

(단위: %, 중복답변)

항목	빈도
독창적이고 신선한 디자인과 아이디어	48.6
실리적인 가격	43.8
우수한 품질	38
중국문화 관련 물건이 좋아서	35.1
왕훙, 아이돌을 따라서	30
국산 제품과 궈차오 열풍에 대한 지지	22.6

주: 중국매체 소비자보도(消費者报道)가 2021년 10월 실시한 설문조사 결과. 응답자는 1,293명이며,
　　이중 주링허우 48.8%(1/3은 1995년 이후 출생자), 링링허우 16.15%, 바링허우 30.3%로 구성됨.
자료: 国潮印象调查报告(2021.11.11.), https://baijiahao.baidu.com/s?id=1716124382281082734&wfr
　　=spider&for=pc

병행되면서 견고한 소비성향으로 고착화될 가능성이 높다.

애국주의 교육과 신애국주의

| China's MZ Generation and Future

애국주의 교육의 실질적인 출발은 1989년 6·4천안문사태를 해결하는 과정에서 중국 공산당의 새로운 지도자가 된 장쩌민 총서기부터 시작되었다. 당시 공산당은 당에 대한 도전과 사회주의에 대한 불확실성을 해소하고 공산당 통치의 정당성을 확보해야만 했다. 그 효과적인 방법으로 '애국주의 교육운동(Patriotic Education Campaign)'이 출현한 것이다. 장쩌민 총서기는 1990년 5월 3일, 중국 근대학생운동의 출발점인 5·4운동 기념사 '애국주의와 중국 지식인의 사명'을 발표했다. 여기서 사회주의와 애국주의는 본질적으로 하나라고 하면서, 민족주의 이데올로기로 공산주의 이데올로기를 대체하고자 했다. 2016년 7월 시진핑 총서기는 애국주의는 '중국몽'을 실현하기 위한 주춧돌이라고 말하면서, 애국주의 교육의 중요성을 또다시 천명했다.

애국주의 교육의 원칙, 내용, 대상 등 구체적인 사항은 중국 공산당 중앙선전부가 1994년 8월 23일 공표한 '애국주의교육실시강요'에 수록되어 있다. 애국주의 교육의 원칙은 반드시 중국식 사회주의건설에 기여해야 된다 등 5가지 원칙으로 되어있고, 중점 교육대상은 청소년이다. 또한 주요 내용은 중화민족의 유구한 역사와 전통문화, 공산당의 기본노선과 현대화 건설의 성과, 국가 정세, 사회주의 민주와 법제, 국방 및 국가안전, 민족단결, 평화통일 및 일국양제(一國兩制) 등 8개 영역으로 나뉘어 있다. 애국주의 교육에서는 오성홍기(五星紅旗)라고 불리는 국기(國旗), 의용군 행진곡으로 출발한 국가(國歌) 등 국가상징도 중요한 선전수단이다. 학교나 공공기관에서 공식 행사를 할 때는 반드시 국기게양식을 엄숙히 진행해야 하고, 초등학교 3학년부터 성인들까지 국가를 외워 부를 수 있도록 한다는 지침까지 제시했다.20)

'신애국주의'라는 개념은 개혁개방 이후 출생한 바링허우 혹은 주링허우 청년세대에서 나타나는 이념의 한 형태이다. 신애국주의는 중국민족주의로 해석되기도 한다. 애국주의와 민족주의는 어느 민족이든 갖고 있다. 우리도 단일민족으로 강한 민족주의, 애국주의적 성향을 갖고 있다. 그런 측면에서 중국도 예외가 아니다. 신애국주의 개념을 중국인들은 대체로 2008년 3.14 시짱(티베트) 라싸 사건과 2008년 베이징 올림픽성화 봉송 저지 사건21)에서 비롯되었다고 보고 있다. 그러나 신애국주의를 형성하게 한 뿌리는 앞서 설명한 애국주의 교육에 있다.22)

가오카오(高考)와 중국의 대학 구조

가오카오(高考)는 중국의 대학입학시험인데, 정식 명칭은 '일반대학

---

20) 이광수(2016), 애국주의 교육, 「중국현대를 읽는 키워드 100」.
21) 2008년 3월 14일 시짱자치구 수도 라싸에서 반정부 시위가 발생함. 반정부 시위대가 중국 공안과 충돌하면서 유혈사태(사망 18명, 부상 382명)가 일어났고, 이에 대한 서방 인권단체들의 항의가 2008년 베이징 올림픽 성화 봉송 소동까지 이어졌음.
22) 한진희(2009), 유난히 붉어진 중국, 신애국주의를 보는 눈, 「中国探究(59)」, 프레시안 (2009.10.23.).

입학 전국통일시험(普通高等学校招生全国統一考試)'이다. 중국판 '대학수학
능력시험'이라 할 수 있다. 1952년에 시작되었으며, 문화대혁명 기간
(1966~1976) 정치적인 이유로 폐지됐다가, 1977년에 재개되었다. 1994
년 사회주의 시장경제가 본격화되면서 대학교육이 유료화되고 민영대
학이 생겨나기 시작했는데, 이를 계기로 가오카오 응시생이 급증했다.
지금은 매년 1,000만 명 이상이 응시하는 세계 최대 규모의 대입시험
이다. 본고에서 분석대상으로 하고 있는 바링허우, 주링허우들은 대학
생일 때 설문조사를 진행한 바 있다. 따라서 중국의 입시제도, 대학
구조를 이해하는 것이 필요하다.

교육제도가 시장화 되면서 세계 최대 규모의 대입시험이 된 가오카오

문화대혁명의 종결로 1977년 재개된 가오카오의 1980년대와 1990
년대 응시생은 200~300만 명 수준이었다. 이는 당시 교육제도가 '사
회주의 계획경제' 하에 있었기 때문이다. 즉, 4년제 혹은 2~3년제 전
문대학에 진학하기 위해서는 이를 허용한 고등학교에 우선 입학해야
만 했다. 또한 모든 대학은 국공립이었으며, 학비는 무료였고, 대학을
졸업하면 국가가 전공에 따라 직업을 배분했다. 즉, 졸업생들은 직업
선택의 자유가 없었다. 당시 가오카오의 규모는 국가의 계획에 따라
야 했다. 중국은 1994년에 '사회주의 시장경제'를 시작하게 된다. 이에
따라 교육제도 역시 '시장화'되었다. 1998년에 대학들은 학비를 받기
시작했다. 더 이상 무료로 교육을 받을 수 없었고, 졸업생들은 자신의
힘으로 직장을 구해야 했다. 이때부터 많은 민영대학이 생겨났다. 그
결과, 가오카오에 응시하는 수험생이 폭증했다. 2008년에는 무려

1,050만 명이 응시했고, 이는 같은 해 한국의 대학수학능력시험 응시자(55만 명)의 19배가 넘는 수치였다. 이후 농촌의 소득 증가로 이전에는 고교 졸업 후 산업현장으로 향했던 많은 농촌 비인문계 고교 졸업자들이 가오카오에 응시하게 되었다. 2007년부터는 1천만 명이 넘게 응시하는 바야흐로 전 세계에서 가장 규모가 큰 대입시험이 된 것이다. 2022년에는 1,193만 명이 응시하여 역대 최고를 다시 갱신한 바 있다.

'라떼'가 어려워

가오카오 합격률을 계층별로 보면 문화대혁명(1966~1976) 종결 후 첫 번째 가오카오가 치루어진 1977년에는 이 시기 적정 응시 연령인 60허우(1960년대 출생자)뿐만 아니라 문화대혁명으로 중학교나 고등학교를 마치지 못한 수험생들에게까지 응시가 허용되어 소위 'N'차 재수생에 해당하는 수험생들이 대거 응시하게 된다. 따라서 실제 60허우 합격률은 1982년 이후 가오카오를 보는 것이 적당하다는 판단이다. 60허우(1982~1998년 가오카오) 평균 합격률은 26.5%에 불과했다. 이후 70허우(1989~1998 가오카오) 평균 합격률은 30.4%로 소폭 올랐으나, 중국 정부의 민영대학 설립 허용으로 대학입학 정원이 대폭 늘어난 80허우(1999~2008 가오카오)의 평균 합격률은 58.5%로 이전 세대보다 두배 가까이 높아졌다. 중국에서 처음으로 출산율 저하를 기록했던 90허우(2009~2018 가오카오)의 평균 합격률은 73.3%까지 높아졌으며, 00허우가 치룬 최근 3년간의 가오카오(2019~2021) 평균 합격률은 84.6%를 기록했다. 따라서 세대간 비교하면 뒷 세대로 갈수록 중국 내 대학 입학이 쉬워지고 있음을 알 수 있다.

〈표〉 1977년 이후 가오카오 응시자 및 합격률 추이(전문대 포함)

계층	연도	응시자수 (만 명)	합격자 수 (만명)	합격률 (%)	계층	연도	응시자수 (만 명)	합격자수 (만 명)	합격률 (%)
60허우 및 이전 세대	1977	570	27	4.74	80허우	2000	375	221	58.93
	1978	610	40	6.56		2001	454	268	59.03
	1979	468	28	5.98		2002	510	320	62.75
	1980	333	28	8.41		2003	613	382	62.32
	1981	259	28	10.81		2004	729	447	61.32
60허우	1982	187	32	17.11		2005	877	504	57.47
	1983	167	39	23.35		2006	950	546	57.47
	1984	164	48	29.27		2007	1,010	566	56.04
	1985	176	62	35.23		2008	1,050	599	57.05
	1986	191	57	29.84	90허우	2009	1,020	629	61.67
	1987	228	62	27.19		2010	946	657	69.45
	1988	272	67	24.63		2011	933	675	72.35
70허우	1989	266	60	22.56		2012	915	685	74.86
	1990	283	61	21.55		2013	912	694	76.1
	1991	296	62	20.95		2014	939	698	74.33
	1992	303	75	24.75		2015	942	700	74.31
	1993	286	98	34.27		2016	940	705	75
	1994	251	90	35.86		2017	940	700	74.47
	1995	253	93	36.76		2018	975	791	81.13
	1996	241	97	40.25		2019	1,031	820	79.53
	1997	278	100	35.97	00허우	2020	1,071	868	81.05
	1998	320	108	33.75		2021	1,078	1001.32	92.89
80허우	1999	288	160	55.56		2022	1,193	-	-

주: 1. 문화대혁명 종결 후 첫 가오카오인 1977년과 이후 수년 간은 응시 연령제한 완화로 'N차' 재수생들이 대거 응시하였음.
2. 중국은 시기별로 초등학교 입학연령이 6~7세이나, 본 표 계층 계산에는 7세를 적용함.
자료: 성균중국연구소(2017.6.29.) 및 가오카오닷컴 참조(www.gaokao.com)

1987년 민영대학 등장 후, 1999년에 입학정원 52만 명 증원

중국은 1949년 건국 이후 줄곧 공립대학 체계를 유지해왔다. 1987년까지 중국 내에서 대학을 설립할 수 있는 주체는 교육부, 지방정부 교육청, 교육부로부터 승인을 받은 중앙정부 부처뿐이었다. 그런데 1987년 국가교육위원회가 법인자격을 갖춘 국가기업 사업조직(연구소 등), 정당, 농촌정부, 사회단체, 학술단체, 심지어 국가가 승인한 개인도 교육기관을 설립할 수 있도록 했다. 개혁개방 직후인 1981년 교육부, 광둥성 성정부와 합작으로 광둥성 산터우시에 화교 재벌 리자청 기금이 투자한 산터우대학이 중국 최초 비공립대학으로써 설립된 바 있다. 1997년 10월, 국무원은 민영대학 운영과 관련한 제도를 더욱 규범화했다. 그 결과, 1998년 말 기준으로 교육부가 승인한 학위 과정 민영대학은 22개, 학위 인정 시험 조건부 민영대학은 120여 개, 비학위 과정 민영대학은 1,252개에 달했다.

중국정부는 2002년 12월 민영교육 관련 최상위법인 '민판교육촉진법'을 제정했는데, 이후 민영대학 설립이 대폭 확대되었다. 실제 가오카오 역대 경쟁률을 살펴보면, 민영대학 확대가 이루어진 1999년 가오카오 합격률은 처음으로 50%를 넘어선 55.6%를 기록한 바 있다. 이는 이 해 대학(전문대 포함) 입학정원이 이전년도에 비해 52만 명이나 늘어난 160만 명을 기록했기 때문이다. 민영대학은 설립 주체 및 운영 주도권에 따라 독립학원과 비독립학원으로 나눠 볼 수 있다. 독립학원은 국가(주로 공립대학)가 소유, 발기해서 설립하되 민간 자율로 운영되는 대학이다. 국가가 소유하지만 민간이 독립적으로 운영(公有民辦)하는 것이다. 반면 비독립학원의 대부분은 민간자본으로 설립되었다. 따라서 4~5년제 본과 과정을 두고 있는 민간 운영 대학, 그중에서도 비독립학원이 한국의 사립대학과 가장 유사한 형태의 교육기관이라고 할 수 있다. 2015년 말 기준으로 학위 과정이 있는 비독립학원 민영대학은 140개였다. 기존 독립학원 규범화 정책에 따라 독립학원에서 비독립학원으로 전환하는 민영대학이 많아져, 2020년에는 786개로 증가했다.

[그림] 중국 공립대학과 민영대학 개념도

자료: 중국 교육부 및 중국 내 공개 자료 참고해 필자 작성.

〈표〉 중국 내 대학 현황(2020년 기준)

(단위: 개)

	합계	중앙부처			지방정부					
		소계	교육부	기타 부처	소계	교육 부처	기타 부처	지방 기업	외국 합자	민간 운영
일반 대학교	2,738	118	76	42	2,620	1,205	585	47	12	771
본과 대학	1,270	114	76	38	1,156	640	73	0	9	434
독립학원	241	0	0	0	0	0	0	0	0	241
비독립학원	788	0	0	0	0	0	0	0	2	786
전문대	1,468	4	0	4	1,464	565	512	47	3	337

자료: 중국 교육부
http://www.moe.gov.cn/jyb_sjzl/moe_560/2020/quanguo/202108/t20210831_556353.html

2020년, 고교 졸업자의 67.8%만 대학 입학

2020년 현재 중국 내 4년제 대학은 1,270개, 2~3년제 전문대는 1,468개다. 중학교까지가 의무교육으로, 고등학교부터는 직업학교와 인문계 등 다양한 교육기관이 상존한다. 교육부의 2020년 통계를 보면, 초등학교 졸업자의 중학교 진학률은 99.5%이며, 중학생의 고교 진학률(일반고 및 직업고 포함)은 95.7%를 기록하고 있다. 즉 거의 대부분의 초등학생 및 중학생이 상급학교에 진학하고 있다. 같은 해 중국 고등학교 재학생 4163만 명 중 일반고 재학생은 60%, 직업고 재학생은 40%를 점유하고 있었다. 고등학교부터 비평준화 시스템으로, 모든 중학생은 '중카오(中考)'라고 불리는 '중학교 학업수준고사(初中学业水平考试)' 점수에 따라 고등학교(인문계, 실업계)를 지원해서 진학한다. 중국의 고등학교는 여러 조건에 따라 차등화되어 있으며, 명문대 입학생을 얼마나 많이 배출했는가도 우수 고교 기준 중 하나다.

후커우(戶口) 제도에 따라 의무교육 기간에는 본인이 속한 하위 행정소재지를 벗어날 수 없으나(市-區의 경우 區 내에서만 진학), 고등학교부터는 중위 행정소재지 내에서 진학할 수 있다(A區 중학생이 B區 고교 지원 가능). 명문 고교로 진학하기 위해 재수를 하는 것도 보편화되어 있다. 전통적으로 의무교육 과정은 국공립 교육체계를 근간으로 하지만, 2001년부터는 민간 설립 초등학교와 중학교도 허용되었다. 아직도 중국의 대학 입학문은 좁다. 2020년 고교 졸업생은 1,169만 명이다(일반고 786.53만 명, 직업교육기관 포함 실업계 383.46만 명). 하지만 4년제 대학 입학정원은 372.22만 명, 전문대는 420.15만 명으로, 합쳐도 792.38만 명에 불과하다. 모든 고교 졸업자의 67.8%만 대학 입학이 가능하다. 4년제 대학만 따로 보면 가능성은 31.8%로 더욱 좁아진다.

중국 대학 분류와 명문대 기준

소위 명문대에 진학하려면 천재여야 한다. 베이징대와 칭화대를 비롯한 수도권이나 대도시 명문대에서는 성·직할시·자치구별로 입학정원을 사전에 할당한다. 지방의 우수인재와 소수민족에 대한 배려다. 그러나 여전히 베이징이나 상하이 등 대도시에 많이 할당돼, 지방 학생들은 상대적으로 불리하다. 베이징대와 칭화대가 명문인 것은 중국 수험생뿐만 아니라 전 세계 사람들이 다 알고 있다. 2017년 '타임스고 등교육원 세계 대학 평가(The Times Higher Education World University Rankings)' 순위에서 베이징대는 29위, 칭화대는 35위를 기록했다. 또 다른 순위인 '2023 QS 세계 대학 평가'에서는 베이징대(12위), 칭화대(14위), 푸단대(34위), 저장대(42), 상하이교통대(46위) 등 Top 50에 5개 대학을 랭크시키고 있다.

가오카오에서는 중국만의 대학 분류 기준이 따로 있다. 교육부는 개인별 가오카오 점수에 따라 지원할 수 있는 대학을 본과1차(本科1批), 본과2차, 본과3차, 전문대(專科) 등 4단계로 구분해놓았다. 일정한 기준에 따라 대학의 규모(교직원, 학생), 시설(강의실, 교사), 역량(교육, 연구) 등을 파악해, 모든 대학을 위 4단계로 분류한 것이다. 1차적으로 중국 내 우수한 대학은 본과1차에 속한 학교들이라고 할 수 있다. 일반적으로 기타 국공립 대학들은 본과2차에, 신생 민영대학들은 본과3차에 속한 경우가 많다. 2015년 기준으로 중국 내 본과1차에 해당되는 대학은 모두 159개로, 중국 내 본과 대학 1,237개 중 12.9% 수준이다. 최근에는 지역별로 본과2차와 본과3차를 합병하는 경우가 많아, 본과3차 학교는 점차 줄어드는 추세다. 또한 대학들은 지역(성, 직할시, 자치구)별로 4단계로 구분되어 있다. 참고로 한 입시 사이트에서 밝힌

▌ 2023년도 QS 세계대학 평가 순위 중 중국 대학 Top6의 랭킹 ▌

QS World University Rankings 2023: Top global universities

↑ Rank		University	↓ Overall Score
12		Peking University ◎ Beijing, China (Mainland)	91.3
14		Tsinghua University ◎ Beijing, China (Mainland)	90.1
21		The University of Hong Kong ◎ Hong Kong SAR	87
=34		Fudan University ◎ Shanghai, China (Mainland)	81.5
=42		Zhejiang University ◎ Hangzhou, China (Mainland)	79.3
46		Shanghai Jiao Tong University ◎ Shanghai, China (Mainland)	77.4

주: 同 평가에서 1위는 MIT, 2위 캠브리지대, 3위 스탠포드대, 4위 옥스퍼드대, 5위 하버드대, 23위 도쿄대였으며, 서울대 29위, KAIST 42위, 포스텍 71위, 연세대 73위, 고려대 74위를 차지한 바 있다.
자료: QS 홈페이지(www.topuniversities.com).

2017년도 31개 지역별 4단계 지원 커트라인을 보면, 베이징 문과 본과1차 대학에 지원할 수 있는 점수 커트라인은 750점 만점에 555점이었다. 반면 푸젠성은 489점으로, 지역에 따라 차이가 있음을 알 수 있다. 가오카오는 보통 2~3일간 진행되며, 국어·수학·외국어는 공통과목이다. 문과 과목은 정치·역사·지리, 이과는 물리·화학·생물이다. 문제 유형은 선택형, 괄호 넣기, 지문 읽고 답하기, 작문 등 다양하다.

보통 750점 만점이나 성별로 다소 차이가 있다. 국어 150점, 수학 150점, 외국어 150점, 기타 과목 300점 만점이다.

중국에서 명문대를 구분하는 기준은, 국가가 추진하는 중점 프로젝트에 선정된 대학인지 아닌지 여부다. 대표적인 프로젝트 중 하나로 985공정을 들 수 있다. 1998년 5월, 베이징대학 100주년 기념식에서 장쩌민 당시 주석이 발표한 세계 일류대 양성 프로젝트다. 세계 수준의 일류대학 육성을 위해 9개 대학에 국가 재정수입의 1%를 투자하는 국책사업으로 시작해서, 연간 300억 위안이 투자되었다. 2016년 현재 39개 대학이 985공정 지원 대학에 포함되었다. 이들 대학의 정원(187,000명)은 2016년 가오카오에 응시한 940만 명의 2%에 불과하다. 다음으로 211공정이 있다. 1995년부터 실시되었으며, 21세기를 향해 세계 일류대학 100개를 육성하기 위해서, 정부가 물적·인적 지원을 하는 프로젝트다. 2016년 기준으로 211공정에 선정된 중국 내 대학은 112개이며, 선정된 대학은 각 대학 특성에 따른 연구개발(R&D)

▌ 2016년 가오카오 어문 작문 문제 ▌

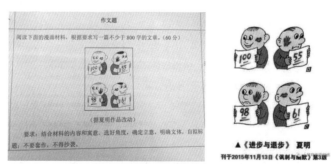

주: 제시된 만화를 보고 함의와 비유를 활용한 800자 이상의 작문을 요구하고 있음. 시사만화가 샤밍(夏明)의 원작 '진보와 퇴보'에 근거하여 낸 문제로, 한 학생이 공개한 답을 보면 100점짜리 중국 탁구팀은 세계1위이므로 98점을 맞았다가는 호되게 질책을 당하지만, 중국 축구팀은 월드컵 예선통과도 힘든 지경이니 61점만 받아도 칭찬을 받는 경우로 비유했음.
자료: 가오카오닷컴(www.gaokao.com).

프로젝트, 연구기금 등을 통해 정부의 지원을 받게 된다. 1995~2005 년 368억 위안을 투자했다. 중국 언론에서는 985공정 및 211공정에 선정된 대학을 중점대학(重点大學)이라고 부르고, 이들 대학은 중국에서 명문대로 통한다.

주링허우가 주도한 백지시위

China's MZ Generation and Future

2022년 11월 28일 새벽 1시 베이징시 차오양구 신위안난루 외국공관과 호텔이 즐비한 이곳에서 시민 700여 명이 모여 백지(白紙)를 들고 시위를 벌였다. 이들은 '베이징을 풀어줘라 PCR 검사 대신 자유를 달라'는 구호를 외쳤다. 한 시민은 피켓을 들면 경찰(공안)이 압수하기 때문에 빈 종이를 들 수밖에 없다고 했다. 이는 2012년 시진핑 집정 이후 처음으로 등장한 '백지시위'이다. 상하이 시위에서는 수천명이 거리로 나와 이 중 일부가 '공산당 물러나라. 시진핑 물러나라'는 구호를 외쳤다고 로이터통신이 전했다. 베이징의 시위는 2020년 '제로 코로나' 정책 이후 첫 대규모 시위였다. 이날 베이징뿐 아니라 우한, 청두, 항저우 등 각지에서 시위가 벌어졌다. 이번 시위의 기폭제는 2022년 11월 24일 발생한 신장 위구르 지역 아파트 화재 사건이다. 이 아파트는 코로나 봉쇄를 위해 설치한 철제 울타리가 소방차 진입을 막아 사망자가 발생했다는 의혹이 일고 있다. 또한 카타르 월드컵도 시위 배경이다. 네티즌들은 '월드컵의 관중은 마스크를 쓰지도 않는다. 우리와 그들이 같은 행성에 사는 것이 맞느냐'라고 비판했다.

시위에 참여한 이들 대부분은 20대 초반에서 30대 중반 사이 청년들 즉 주링허우들이었다. 베이징의 한 20대 여성은 인터넷 통제를 상징하는 '404:Not Found'란 문구가 적힌 마스크를 쓰고 있었다. 바이두 등 중국 포털에서 정치적으로 민감한 문제를 검색하면 위 문구와 함께 검색 결과가 없다는 경고문이 뜬다. 칭화대 학생들은 프리드만 방정식이 적힌 종이를 들고 나왔다. 러시아 물리학자 알렉산드르 프리드만이 우주팽창의 원리를 설명하는 방정식인데, 프리드만의 발음이 '프리드 맨(freed man·해방된 사람)',

'프리 더 맨(free the man·석방하라)'과 유사하다는 점에 착안했다고 한다. '백지 시위'가 베이징, 상하이, 우한 등 대학가에서 확산 조짐을 보이자 서둘러 방학에 들어가는 대학들이 늘고 있다. 산둥성 수도 지난에서도 대학들이 2022년 12월 1일 조기 방학을 결정하고 12월 7일 전후로 학교를 떠나라고 학생들에게 통보했다. 산둥대 등에서 COVID-19 감염자가 발생했으며 학내에서 감염자가 나오면 방역 대응이 어렵다는 이유에서였다. 베이징의 대학들도 앞다퉈 조기 귀향을 유도하고 있다. 시진핑 국가주석의 모교인 칭화대는 11월 27일 귀향 전용열차를 확보했다며 원하면 조기귀향할 수 있다고 알렸다. 베이징대, 대외경제무역대, 중앙재정대, 베이징공상대, 톈진공업대와 톈진사범대도 비슷한 조처를 내놨다. 20억 명이 이동하는 중국 최대 명절 춘제(설)를 전후해서 표를 구하는 번거로움을 피할 수 있어 많은 학생들이 조기 귀향을 신청했다. 대학들은 COVID-19 확산 예방을 위한 조처라고 밝혔으나 방역과 봉쇄에 반발해 번지는 '백지 시위'를 차단하려는 의도로 판단된다. 통상 중국 대학의 겨울방학은 설 직전인 1월초에 시작한다. 2021년도 주요 대학의 겨울방학은 1월 10일부터 2월 20일까지 40일간이었으나, 이번에는 70일간으로 늘어난 것이다.[23]

신세대 농민공

농민공은 후커우(戶口·호적)가 농촌으로 되어 있는 농민이 도시로 이주하거나 현지 혹은 타지에서 비농업 분야에 6개월 이상 일한 노동자를 일컫는 말이다. 후커우 소재지에서 일하는 농민공을 현지농민공(本地農民工), 후커우 소재지가 아닌 곳에서 일하는 농민공을 외출농민공(外出農民工)이라 하는데, 우리가 흔히 말하는 농민공은 외출농민공을 지칭하는 말이다.

---

23) 조선일보(2022.11.28.), 연합뉴스(2022.12.2.), 중앙일보(2022.12.21.).

2016년 중국 농민공은 2억 8171만 명(현지농민공 1억 1237만 명, 외출농민공 1억 6934만 명)으로 집계되고 있고 매년 증가하는 추세이다. 2017년에는 전년비 1.43% 증가했으며, 이후 2019년까지도 증가세를 유지하여 1억 7425만 명까지 늘어났다. 2020년에는 전년비 2.7% 감소한 1억 6959만 명을 기록했는데, 이는 COVID-19에 따른 방역, 봉쇄, 격리의 영향이 크다. 2021년에는 1억 7172만 명으로 전년비 1.26% 증가하기는 했으나, 여전히 COVID-19 이전 시기인 2019년보다는 축소된 규모이다. 2021년 기준, 지역별로 보면 중부지역 출신 농민공 비중이 36.8%로 가장 많았고, 그 다음이 서부(32.5%), 동부(27%) 지역 순이었다. 계층별로 보면 2021년 기준 농민공 1억 7172만 명 중 바링허우 출신 농민공은 27%로 두 번째로 높은 비중을 차지하고 있다. 가장 비중이 높은 계층은 60허우로 27.3%를 점유하고 있다.

농민공이란 용어는 중국 특유의 제도인 후커우제도에서 비롯되었다. 신중국 건립 이후 중국은 중화학 공업 위주의 경제 정책을 펼쳐나가면서 농촌 인구의 도시 이주를 제한하기 위해서 후커우 제도를 실시하였다. 개혁개방 이후 시장경제 도입으로 인해 자율적인 시장경쟁이 이루어지면서 도시에서는 저렴한 노동력에 대한 수요가 늘어났다. 이 수요를 농촌에서 도시로 이주해 온 농민들이 채웠다. 도시와 농촌 간의 사회, 경제 등 다방면에서 갈수록 격차가 커지면서 농촌 지역에 있던 수많은 잉여노동력이 도시로 이동하게 된 것이다. 중국은 후커우제도로 인해 '농촌 후커우(农村户口)'와 '비농촌 후커우(非农村户口)'로 나뉘어져 있어 인구 이동이 극히 제한되었지만, 개혁개방 후 불균형적인 지역발전이 심화되자 소득이 낮은 지역에서 소득이 높은 지역으로 대규모의 인구 이동이 발생한 것이다.

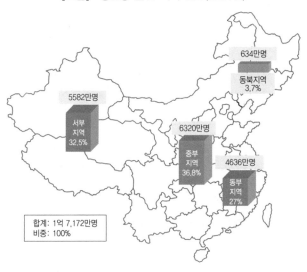

[그림] 농민공 출신 지역 분포(2021년)

634만명
동북지역
3.7%

5582만명
서부
지역
32.5%

6320만명
중부
지역
36.8%

4636만명
동부
지역
27%

합계: 1억 7,172만명
비중: 100%

주: 외출농민공(外出農民工) 기준.
자료: 人力資源和社會保障部(2022.6.7), 「2021年度人力資源和社會保障事業發展統計公報」.

농민공들은 도시에서 건축업, 제조업을 비롯하여 각종 3D 직종(더럽고, 힘들고, 위험한 분야의 산업)에 종사하였다. 계획경제에서 시장경제 체제로 전환하면서 도시에서는 대규모 건설붐이 일어났고, 섬유, 신발, 전자제품 등 노동집약적인 경공업 위주의 산업이 발달하였다. 이에 대한 노동자 수요가 증가하면서, 도시 노동자들로만 그 수요를 감당할 수 없었고, 때마침 도시로 이주한 농민공들이 그 자리를 채우게 되었다. 개혁개방 후 제조업이 중국 산업을 견인하며 연평균 10% 이상의 성장률을 기록하였는데, 제조업 발전의 원동력이 바로 농민공이었다. 동부 연해 지역을 중심으로 개발 및 발전이 시작되었고, 농민공들은 서부 내륙지역에서 동부 연해지역으로 이동하였다. 그중 2000년대 중반까지 '세계의 공장'이라는 수식어를 달았던 광동성 동관시는 전세계 최대의 제조업 기지로써 중국 최대의 농민공 유입지역이었다.

한편, 농민공의 출현은 여러 사회 문제를 야기시켰다. 이들은 중국 전체 인구의 12.2%로 하나의 사회계층을 형성하고 있는데, 도시 이주 후 대다수가 도시 빈민층으로 전락하였다. 저학력에 전문기술도 갖고 있지 않은 농민공들은 도시 노동자들의 1/3 정도의 저임금을 받으며 생활하였고, 농촌 후커우를 갖고 있었기 때문에 사회 복지 혜택의 사각지대에 놓이게 되었다. 그리고 직장에서의 임금체불과 근무시간 초과, 노동계약 미체결 등 열악한 근무 환경이 농민공들의 불만 표출로 이어졌는데, 그 일례로 노동자들이 연이어 자살한 '폭스콘' 사례를 들 수 있다.

농민공들의 사회 불만 표출은 주로 젊은 층을 중심으로 이루어지고 있다. 1980년대 이후에 출생하여 현재 10대 후반에서 30대에 이르는 젊은 농민공들을 일컬어 일명 '신세대 농민공(新生代農民工)'24)이라고 한다. 즉 바링허우 농민공이 신세대 농민공의 시작이다. 2021년 현재 중국의 농민공 규모는 1억 7172만 명(외출농민공 기준)으로 이 중 주링허우, 바링허우 등 신세대 농민공은 전체 농민공의 46.6%를 차지하고 있다. 이들은 부모를 따라 농촌에서 도시로 이주하거나 도시에서 태어나고 자라 부모 세대보다 높은 학력 수준을 지니고 있다. 이전 세대 농민공들이 건축업에 주로 종사하였던 것과는 달리 공업과 상업, 서비스업에 주로 종사하고 있다.25) 그리고 자신들의 권리실현, 임

---

24) 신세대 농민공이란 용어는 2010년 국무원이 발표한 '중앙1호문건'에서 가장 처음 언급되었다.

25) 2021년 기준으로 농민공의 1·2·3차 산업별 분포는 각각 0.5%, 48.6%(이 중 제조업 27.1%, 건축업 19%), 51.5%(이 중 도소매 12.1%, 식료료·숙박 6.4%, 가사 및 기타 서비스 11.8%)이다.

금수준 향상, 기술능력 향상, 직장 근무환경과 사회보장 등을 중시하는 경향이 높고, 도시에서 자랐기 때문에 농촌보다는 도시 생활에 더 익숙하다.

이들은 신분상 농민이기 때문에 도시 생활을 함에 있어서 많은 어려움에 직면해 있다. 도시 근로자에 비해 여전히 임금이 낮고, 높은 부동산 가격으로 주거도 문제가 되고 있다. 집값을 아끼기 위해 몇 평 되지 않는 좁은 달팽이집26)에 여러 명의 농민공들이 모여서 살거나, 시 외곽 지역에 형성되어 있는 빈민촌에 농민공들이 집단 거주하면서 도시로 출퇴근을 한다. 그리고 이전 부모 세대보다 많은 교육을 받았다고는 하지만 전문기술을 갖춘 농민공 비중은 전체 농민공의 약 30%를 조금 넘는 수준(2016년 기준 32.9%)이다. 신세대 농민공들은 자녀교육에 대한 기대가 매우 높지만 후커우제도로 인해 자녀교육에 제약을 받고 있고, 도시에서 제공하는 사회보장서비스를 제대로 누리지 못하고 있는 실정이다. 노동계약서 체결, 임금체불, 근무환경 등 근로 방면에서의 불이익도 여전히 존재하고 있다. 농민공들이 겪는 여러 가지 어려움으로 인해 신세대 농민공들의 범죄율이 점점 높아지고 있는데, 이러한 현상은 사회 불안정을 야기하고, 도농 통합발전에 부정적인 영향을 미칠 수 있다. 최근에는 농민공들이 대도시에서 이탈하는 경향이 두드러지고 있는데, 이는 대도시에서의 구직난으로 인해 2, 3선 도시로의 이주 혹은 후커우가 등록되어 있는 고향으로의 귀향을

---

26) 워쥐(蝸居)는 달팽이집처럼 작은 쪽방을 지칭한다. 농민공이나 서민들의 주택난을 묘사하는 말이다. 2007년 장신(1974년생)이 장편소설 「蝸居」를 발표하였고, TV드라마로도 제작됐다(2009년 11월 베이징TV 33부작). 상하이를 연상시키는 대도시에 사는 회사원 부부는 열심히 일하지만 달팽이집처럼 좁은 집에선 어린 딸을 키울 수 없어 시골 고향에 보낸다. 세 식구가 함께 살 수 있는 집을 사려고 사채를 쓰게 되고 이혼 위기에 빠진다. 여동생은 언니를 도우려고 시장 비서에게 돈을 빌리고, 유부남인 고위관리의 첩이 된다. 급등하는 대도시 집값으로 벌어지는 두 자매의 비극을 다루어 공감을 이끌어냈지만, 중국사회가 가진 부정적인 면을 적나라하게 보여주었다.

<표> 농민공 규모 및 증감율(2017~2021년)

(단위: %, 만 명)

	2017年	2018年	2019年	2020年	2021年	계층
농민공 수(만 명)	17,185	17,266	17,425	16,959	17,172	-
전년비 증감(%)	1.43	0.47	0.92	-2.7	1.26	-
연령대별 비중(%) 16-20세	2.6	2.4	2	1.6	1.6	05后
연령대별 비중(%) 21-30세	27.3	25.2	23.1	21.1	19.6	90后
연령대별 비중(%) 31-40세	22.5	24.5	25.5	26.7	27	80后
연령대별 비중(%) 41-50세	26.3	25.5	24.8	24.2	24.5	70后
연령대별 비중(%) 50세 이상	21.3	22.4	24.6	26.4	27.3	60后
합계	100%	100%	100%	100%	100%	-

주: 외출농민공(外出农民工) 기준.
자료: 人力资源和社会保障部(2022.6.7), 「2021年度人力资源和社会保障事业发展统计公报」.

택하고 있는 농민공들이 많아지고 있기 때문이다.

폭스콘 연쇄 투신자살 사건

China's MZ Generation and Future

2010년 1월 23일, 광동성 선전에 있는 폭스콘 공장 기숙사에서 19세의 근로자 한 명이 투신자살 하였다. 이를 시작으로 2010년 한 해에만 폭스콘 근로자 14명이 투신자살을 하였고, 2016년까지 총 30명이 투신자살을 하였다. 이들의 나이는 모두 19~31세였고 모두 신세대 농민공이었다. 이 사건으로 인해 폭스콘의 강압적인 노무관리와 비인간적인 노동강도(월평균 100시간 초과 근무)가 드러났으며, 폭스콘은 근로자의 피땀을 빨아먹는 공장이란 뜻으로 '혈한공장'(血汗工厂)으로 불리게 되었다. 폭스콘 사건은 중국 사회가 농민공 문제를 다시금 생각해보게 되는 계기가 되었다. 폭스콘(Foxconn·홍하이과기그룹)은 1974년 설립된 대만 IT기업으로 아이폰 생산의 70%를 담당하는 대표적인 전자기기 하청생산사(EMS: Electro Manufacturing Service)이다. 매출의 50%가 애플사에서 나오며 대만 시가총액 2위의 거대 기업이 되었다. 2019년 매출은 1776억 달러 규모이다. 중국 내 36개 도시에 생산기지(직원 66만 명)가 있고, 런던과 홍콩에 상장되어 있다.

신세대 농민공의 딜레마

1950년대의 언젠가는 귀농하려는 의지를 내비쳤던 1세대 농민공과도 달리 오늘날 신세대 농민공들은 '돌아갈 수 없는 농촌, 남아 있을 수 없는 도시'의 딜레마 속에서 놓여 있다. 신세대 농민공들은 도시의 제도적·사회적 안전장치가 미비한 상황에서 실업·질병·고령화 등 다양한 생애위험에 노출되고 있다. 신세대 농민공 스스로도 이 문제를 인지하고 있으며, 특히 노후생활 보장을 위해서라도 도시 공동체 및 도시권에 융합될 필요성을 느끼고 있다.

그들에게 있어서 최상의 해결책은 바로 도시후커우를 획득하고 도시에 편입 되는 것이다. 하지만 아직까지 중국 사회의 도시민화 진전은 산업화에 비해 매우 뒤처져 있으며, 정책 및 제도적 차원에서 농민공들에게 도시후커우 획득의 자격요건을 부여해도 현실적으로 그들은 노동과 고용 불안정, 사회보장 결여 등 문제에 노출되어 도시민으로 되는 과정은 험난하기만 했다.

허설화(2022)에 따르면 신세대 농민공의 삶은 아래 몇 가지 패턴으로 귀납된다. 첫째, 일부 신세대 농민공들은 유연한 취업노동을 하는 과정에서 차근차근 주택 자금을 마련하는 삶을 구현한다. 조사에 따르면, 10년 전까지만 해도 외지에서 일하는 농민공들 중 1%만이 주택을 구매할 가능성이 있었던 데 반해, 최근 몇 년 사이에 19~20%로 상승하였다. 실제로 2018년에는 19%의 농민공이 도시에서 주택을 구매한 것으로 집계되었다. 하지만 주목할 점은 이들이 주택을 구매한 도시와 실제 일하고 있는 도시가 다를 확률이 높다는 것이다. 2021년 「중국농촌진흥종합조사보고」에 따르면, 외지취업 농민공들이 자신이 일하고 있는 도시에서 후커우를 획득하려고 하는 비중이 12.8%로 비교적 낮게 나타나고, 대신 도심에서 떨어진 현급도시에서 후커우를 획득하려고 했다. 신세대 농민공들은 대체로 본인 고향의 현급도시에서 주택을 구입하는 경향이 높다. 이는 흔히 가족 내 자녀의 교육, 의료 및 노후 문제를 해결하기 위해 주거 공간을 바꾸는 경우에 해당된다. 따라서 주택을 구입한 뒤 해당 도시권에 편입됨으로써 도시 내 공동체의 일원으로서 주어지는 다양한 복지와 혜택을 향유하려는 의사결정이 뒤따르기도 한다.

둘째, 사회적·제도적 보장이 결핍된 현 상황을 직시하고 한편으로 도시에서 경계인의 삶을 유지해가면서 다른 한편으로는 농촌 토지에 의존하여 스스로 노후생활보장을 마련해가는 부류도 있다. 도시에서 주택구입 등 난제들을 간파한 그들은 일찌감치 도시에서의 정착을 포기하고 농촌공동체에 재통합하는 선택을 한다. 그들은 크게 두 가지 삶의 방식을 연출하게 되는데, 하나는 농촌 후커우를 그대로 유지하여 도시에서 축적한 자금으로 농촌 택지에 대량의 자가용 주택을 지어 노후생활에 대비한다. 하지만 이렇게 구입한 농촌 주택은 실제로 공실율이 매우 높았고 '귀향'을 선택했음에도 정작 농촌의 토지는 경작할 사람이 없는 상황을 초래하고 있다. 다른 하나는 농촌에서의 창업이다. 최근에 정부차원에서 농업, 농촌개발(신농촌건설) 협력사업 추

자료: 河南日报(2017.10.24.) https://www.sohu.com/a/199880282_456158.

진을 위해 일련의 농촌창업 지원 정책을 내놓게 되면서 도시에서 좌절을 겪은 신세대 농민공들이 하나둘씩 창업 대열에 뛰어들게 되었다. 특히 최근 몇 년간 알리바바나 징둥 같은 e-커머스 기업이 농작물 매매를 위한 플랫폼을 제공함으로써 전자상거래 산업이 빠르게 발전함에 따라 신세대 청년 농민공들의 귀향창업열이 고조되었다. 농업농촌부의 조사에 따르면, 2020년까지 귀향 창업 인원은 누적 1,010만 명에 달했고, 귀향 창업 프로젝트는 1건 당 평균 6.3명의 안정적인 취업과 17.3명의 탄력적인 취업을 제공해 주었다.[27]

---

27) 허설화(2022), 중국 신세대 농민공의 경계인으로서의 삶, 「사회와 역사」 제135집(2022년) 한국사회사학회, pp.221~264.

신세대 농민공의 의식변화

신세대 농민공은 다음과 같은 점에서 1세대 농민공과 다른 의식형태를 보이고 있다. 첫째, 1세대 농민공은 돈을 벌기 위해 도시로 갔지만, 신세대 농민공은 자아발전과 이상추구를 위해 도시로 갔다. 베이징대, 중국사회과학원 그리고 농촌발전연구소가 주장삼각주지역 농민공을 대상으로 실시한 연구조사의 결과에 따르면, 도시로의 이주 목적을 묻는 질문에 1960년대에 출생한 농민공의 76.2%가 돈을 벌기 위해 왔다고 응답한 반면, 1980년대에 출생한 농민공의 71.4%는 자아발전과 이상추구를 위해 도시로 이주했다고 응답했다.

둘째, 1세대 농민공은 단순히 돈을 벌기 위해 도시로 이주했기 때문에 노동권익에 대한 요구가 낮았고, 사회보장 및 직업안전, 위생 등에 관한 권익보장은 있어도 그만 없어도 그만이었다. 그러나 신세대 농민공은 노동권익에 대한 요구가 높고, 단순한 노동기본권의 보장을 넘어 적극적인 권리로서 괜찮은 일자리의 실현을 요구하고 있다. 이들은 취업시 임금 수준뿐만 아니라 복지대우, 근무조건, 기업이미지 및 장래성 등을 모두 꼼꼼히 살핀다. 이러한 신세대 농민공의 상대적으로 높아진 노동권익에 대한 요구는 높은 이직률로 나타날 뿐만 아니라, 취업업종, 직종 및 기업규모에 대한 더 높은 요구로 표출된다.

셋째, 신세대 농민공은 자신의 사회적 신분을 노동자라고 생각한다. 한 조사결과에 따르면, 신세대 농민공 가운데 자신의 사회적 신분을 농민이라고 응답한 비율은 32.3%로 1세대 농민공에 비해 22.5% 낮았고, 노동자라고 응답한 비율은 32.3%로 1세대 농민공보다 10.3% 높았다. 이러한 현상은 주링허우 세대에서 더욱 두드러졌는데, 이들 가운데 34.5%가 자신을 노동자라고 응답한 반면, 11.3%만이 자신을 농민이라고 응답했다. 향후 계획을 묻는 또 다른 조사에서도, 앞으로 도시지역에 거주하면서 일하겠다고 응답한 비율이 절반 이상에 달하고, 소규모 자영업 및 창업을 할 것이라고 응답한 비율이 27%에 이르는 것과 대조적으로, 고향으로 돌아가 농업에 종사할 것이라고 응답한 비율은 1.4%에 그쳤다.

넷째, 1세대 농민공과 달리 신세대 농민공은 취업지인 도시지역의 일원으로 융화되기를 희망한다. 1999년에 칭화대학이 농민공을 대상으로 실시한 연구조사 결과에 따르면, 89.7%의 농민공이 고향으로 돌아가겠다고 응답했고, 취업지에 정착할 것이라고 응답한 비율은 10.3%에 불과했다. 반면 최근 중국청소년연구센터가 발표한 '신세대 농민공 연구보고'에 따르면, 신세대 농민공 가운데 55.9%가 취업지인 도시에 정착하길 희망하는 것을 확인할 수 있다.[28]

바링허우 중국 군인들

중국 헌법에서는 병역의 의무를 다음과 같이 규정하고 있다. '조국을 수호하고 침략에 저항하는 것은 중화인민공화국 모든 공민이 마땅히 져야 할 책임이다. '의무병역제도'는 중국의 기본 병역 제도이고, 중국 공민은 법률이 규정한 바에 따라 병역 의무를 다해야 한다'. 이처럼 중국 헌법에도 명시돼있듯이 중국 병역 제도의 기본은 한국과 똑같이 '의무병역제도'이다. 하지만 중국 내부의 사회적, 경제적 요인에 의해 실제적으로는 달리 운용된다. 중국 군인의 명칭은 인민해방

---

28) 황경진(2010), 중국 신세대 농민공(新生代農民工)의 기본 현황과 특징, 「국제노동브리프」 8권 11호, 한국노동연구원. pp.75~83.

군(中國人民解放軍)이다.

'징병제'라고도 불리는 중국의 의무병역제도는 법에 명시된 연령 내에 일정 기간 동안 의무적으로 복무 기간을 갖기에 강제성을 갖는다. 중국 '병역법' 제20조는 남성들은 만 18세가 되면 현역으로 복무해야 할 의무가 생기고, 일반적으로 만 22세까지 국가의 부름에 대기해야 한다고 명시하고 있다. 병역법에서 '일반적으로'라는 조건을 단 이유는 중국에는 다양한 정책을 비롯한 여러 가지 변수가 있기 때문이다. 예를 들면 대학교 졸업자의 경우 만 24세까지 현역 징집 대상으로 규정되는 경우도 있다. 중국은 원칙적으로는 '의무병역제도'를 운용하고 있다. 헌법에 따라 모든 남성은 군대에 가야 하는 것이다. 그러나 실제 현실은 '모병제'로 운영되고 있다.

현재 통계상 현역 중국 인민해방군의 규모는 230만 명 정도이다. 그런데 의무병역제도, 즉 징병제를 하게 되면 중국은 약 2천 만 명의 병사들을 감당해야 한다. 국방비나 군 시설 등 여러 측면에서 문제가 발생할 수밖에 없다. 또한 중국은 워낙 군 입대를 원하는 장정이 많기에 모병제 만으로도 충분히 군 유지가 가능하다. 농촌 남성들은 자기가 태어난 곳을 벗어나고 싶어서, 군대에 갔다오면 취직에 도움이 될 것 같아서, 조국을 지키겠다는 애국심 등 이유도 많다.

그럼에도 중국이 '헌법'에서 의무병역제도를 명시하고 있는 이유는 모든 중국 국민들에게 나라를 위해 국방의 의무를 다해야 한다는 것을 상기시키기 위함이다. 또한 전쟁이 발발하면 언제든 국가의 부름에 따라 앞장서서 참전해야 한다는 의미도 가지고 있다.[29]

---

29) 중앙일보(2018.4.12.), 모병제 or 징병제, 중국의 병역 제도는?

중국의 병역은 제도상으로는 의무병제를 채택하고 있다. 병역법 제1조 및 제4조는 모든 중국 국민은 헌법 제55조 및 병역법의 규정에 따라 민족, 종족, 직업, 출신성분, 종교 및 교육수준과 관계없이 모두 병역의 의무를 지는 것으로 규정하고 있다. 중국 병역제도의 기본원칙은 의무병제와 지원병제의 결합, 민병과 예비역을 상호 결합한 것으로, 병역의 의무는 중국 인민해방군과 중국 인민무장경찰부대 및 민병조직을 통해 이루어진다. 병역은 현역과 예비역으로 구분하며, 병역행정은 국무원 및 당 중앙군사위원회의 지도하에 국방부에서 담당한다. 중국에서 병역의무는 원칙적으로는 모든 국민에게 있으나, 기본적으로 18세 이상의 남성에 해당한다. 당해 년도 12월 31일까지만 18세가 된 남성은 모두 현역병 징집 대상자로 신체검사 및 등록을 해야 한다. 당해 년도에 징집되지 않은 경우 22세 이전까지는 현역병 징집 대상자로 분류하며, 군은 필요한 경우 여성이나 만 18세가 되지 않은 남녀 국민도 현역병으로 징집할 수 있다. 해당자는 각 급 병역 기관의 계획에 따라 기초 심사 및 신체검사를 받고 등록함으로써 징집에 응한 것으로 본다. 해당자가 가정의 유일한 노동력인 경우는 징집을 보류할 수 있고, 수사 및 구속 중이거나 형(刑) 집행 중인 경우도 징집하지 않는다.

　　의무병의 복무기간은 2년이며, 본인의 지원과 상급기관의 비준에 의해 지원병, 즉 사관(士官, 한국의 부사관에 해당)으로 전환할 수 있다. 사관의 최소 복무기간은 3년이며, 특별한 사유가 없는 한 복무기간은 30년, 연령은 55세로 제한한다. 민병은 직접 종군하지 않고 생업에 종사하는 군사조직을 가리킨다. 현역복무 중인 경우를 제외한 18세에서 35세의 남성은 민병에 편입되어 예비역으로 복무한다. 한편 대학 등 고등교육기관의 학생은 재학기간 동안 반드시 규정된 군사훈련에 참가해야 한다. 학교에서의 군사훈련은 교육부와 국방부에서 담당하는 것으로, 특히 단기집중훈련은 현역 군인을 파견하여 교내 군사훈련기구와 공동으로 훈련을 실시한다. 중국은 실제 현역으로 복무하지 않고 예비역으로 편입하여 군사훈련을 받는 것으로 병역의 의무를 다할 수 있다는 점에서 우리의 의무병제와는 차이가 있다. 기타 대체복무제도는 존재하지 않으며 현역이 아닌 예비역으로 편입되어 군사훈련을 받는 것으로 병역을 마쳤다고 해서 불이익은 없다. 이는 매년 인민해방군에서 필요로 하는 인원보다 더 많은 인원이 군에 지원을 하기 때문에 강제징집의 필요성이 적기 때문으로, 군에 지원함으로써 얻을 수 있는 혜택들이 적지 않고 특히 후커우의 변경 등의 우대는 소득격차가 극심한 중국의 실정에서 농촌 출신 군인들에게 큰 매력이 되기 때문이다.30)

▌ 천진빈해외사대학 재학생들의 방학 중 교내 군사훈련 모습 ▌

자료: 김동하 ⓒ 2014.

30) 한국법제연구원(2009), 중국 병역법의 주요내용, 「최신외국법제정보」. 2009년 제1호.

바링허우들이 입대하는 이유는?

이처럼 실질적인 모병제인 중국에서 군대를 가면 누릴 수 있는 혜택이 무엇일까? 첫째 안정적인 급여가 보장된다. 급여는 매년 물가상승률을 고려하여 인상되고 있다. 공개된 자료에 따르면 2021년 의무사병의 1차 연도에는 매월 1천 위안 내외가 지급되며, 2차 연도에는 1100위안 내외가 지급된다. 의무복무 기간 2년을 채우고 제대할 경우, 제대금(퇴직금)으로 3만위안 내외를 지급한다. 2년간의 의무복무기간을 마치면 부사관으로 승진할 수 있다. 하사 월급은 5500위안 퇴직금은 18만 위안 내외, 중사 월급은 7000위안 퇴직금은 35만위안 내외, 고급 부사관 월급은 8500위안 퇴직금 65만위안 내외로 알려졌다. 중국 군대의 경우, 병원, 학교, 휴양 등 복지시설이 우수한 편이어서 이런 복지제도까지 고려할 경우, 일반 중소기업 대우보다 월등히 높은 수준이다.

군인이 되면 공산당에 입당할 수 있는 자격이 주어진다. 공산당이 집정하고 있는 국가에서 공산당원이 된다는 것은 자신의 발전을 위한 어떤 조건보다도 강한 메리트이다. 대학생들은 방학 중에 받는 군사훈련으로 실제 의무병역을 면제하는 절차를 거치게 된다. 군사훈련 기간은 학교와 지역에 따라 각기 다르나 통상 4주 이내이다. 또한 최근처럼 미국 혹은 대만과의 긴장이 고조되면 기간이 더 늘어나기도 한다. 중국 인민해방군 입대를 위한 신체조건은 우리 나라보다 더 까다롭다고 알려졌다.[31]

바링허우 젊은이들의 입대 동기는 무엇일까? 이러한 궁금증을 해결

---

31) 시사중국어사 공식 블로그(2018.5.31.), 중국의 군대는 의무일까? 중국 인민해방군.
https://m.blog.naver.com/chinasisa/221288561211

하기 위해 학위논문을 검색하던 중 바링허우 군인 400명을 대상으로 진행한 설문자료를 발견할 수 있었다. 장쉐위안(2012)의 조사 결과를 보면 58.7%가 가족과 나라를 지키기 위해서라고 답을 했고, 18.5%가 자신의 경력 관리를 위해서라고 답을 했다. 또한 17.9%는 취업에 도움이 되기 위해서라고 답을 했다. 위 설문조사는 2011년 9월, 중국 내 모 부대의 바링허우 장교와 사병을 대상으로 진행되었으며, 400명 중 351개의 유효한 설문 분석 결과였다. 이 중 공산당원은 56.4%였으며, 본과 이상 학력 소유자는 48.1%, 전문대 이상 23.9%, 고교 이하는 22.5%에 불과했다. 이중 여성은 30.2%에 달했다. 또한 장교는 39.9%, 사병은 60.1% 수준이었다.

2008년 베이징 올림픽 이후부터 부상한 신애국주의가 이후 계속 중국 사회 안팎에서 고취된 깃을 고려할 때, 현역 군인 신분으로 설문조사에 응했던 36.4%가 개인적 이유(취업, 경력관리 등)로 입대한 것으로 답을 한 것은 다소 이례적인 결과로 판단된다. 이 역시 본고에서 살펴볼 바링하우의 가치관이 반영되었음을 알 수 있다.

〈표〉 당신의 입대 동기는?

항목	빈도수(건)	점유비(%)
가족과 국가를 지키기 위해	206	58.7
경력 관리를 위해	65	18.5
취업에 도움을 받기 위해	63	17.9
분명하지 않음	17	4.8
합계	351	100%

자료: 장쉐위안(2012), 80后관병의 사상교육대책연구, 심양건축대학, 학위논문. p.23.

같은 설문 조사에서는 또 왜 공산당에 입당하려는지(혹 입당하려 했는지)를 질문했다. 이중 34.4%는 공산주의를 믿기 때문이라고 답을 했지만, 개인의 목적(더 좋은 취업기회, 더 좋은 성장기회 포착)이 이유임을 밝힌 응답자도 9.4%(33명)나 있었다. 이는 바링허우의 솔직한 모습을 반영한다.

〈표〉 당신은 왜 공산당에 입당하려 하는가?

항목	빈도수(건)	점유비(%)
공산주의를 믿기 때문	121	34.4
자신을 발전시키고 인민을 위해 봉사하기 위해서	194	55.3
더 좋은 취업기회를 확보하고 이후에 더 좋은 발전 기회를 포착하기 위해	33	9.4
내 주위가 모두 당원이라서, 입당후 생각할 예정	3	0.9
합계	351	100%

자료: 장쉬위안(2012), 80后관병의 사상교육대책연구, 심양건축대학, 학위논문. p.30.

주링허우 군인들

그렇다면 주링허우 군인들의 가치관은 어떠할까? 2014년 길림성의 수도 장춘시(인구 908만 명) 소재 군인 400명을 대상으로 한 설문조사 결과(우천옌, 2014)의 경우, 먼저 조사에 응한 군인 중 38%는 농촌 62%는 도시 출신이었으며, 89%는 독생자녀였고 11%는 그렇지 않았다.

돈에 대한 이들의 가치관을 보면 돈이 곧 권력이라고 보는 주링허우 군인들은 절반(50%)을 차지하고 있었다. 또한 이들 중 39%는 돈과 행복이 연관이 있다고 믿고 있었다. 2010년 9월, 센카쿠 열도를 둘러

싸고 중일 양국간에 경제 전쟁[32])이 벌어졌다. 이 시기 중국 군대에선 항일 정신교육이 고취되었으며, 이러한 근거로 본 설문조사에서도 '만약 일본과 전쟁을 해야 한다면?' 이라는 질문이 주어진 것으로 판단된다. 그 응답을 보면 주도적으로 전방에 나간다는 답변은 22%였으며, 명령은 복종하지만 앞서 나서지 않는다는 답변은 51%에 달했다. 또한 후방에 남기를 원한다는 답변도 19%에 달했고, 심지어 제대를 요구한다는 답변도 8%가 나왔다. 이러한 결과를 근거로 해당 논문의 저자는 주링허우 군인들에 대한 강력한 전투정신 함양을 요구한 바 있다.

현재 (2014년) 군인의 생활 상태에 대해서는 만족한다는 답변이 82%나 되었으며, 군대 대우에 대해서는 아주 만족한다 및 보통이라는 답변이 43%였고, 불만족이라는 답변은 16%에 불과했다. 이는 대우나 처우면에서 중국 군대가 주링허우의 수준에 맞는 대우를 해주고 있음을 짐작하게 한다. 반면 신병들이 마음대로 외출을 하거나 외박을 나갈 수 없는 상황에 대해 68%가 반감을 가지고 있는 것으로 조사되었으며, 28%만이 군인이라면 당연한 현상으로 받아들이고 있었다. 이는 주링허우 군인들이 갖는 '군인 정신'이 어떤 상태인지 여실히 보여주는 결과이다. 부대 장병이 승리할 것이라는 신념에 영향을 주는 요인으로는 무기나 장비 같은 하드웨어가 36%로 응답되었으며, 강한 적군의 상태, 부대 훈련수준, 지휘관 소질 같은 소프트웨어가 나머지 64%를 점유하고 있었다. 주링허우 군인들은 스트레스를 받을 때 무려 절반(50%)이 가족을 먼저 찾는다고 답을 했으며, 그 다음이 전우(39%),

---

32) 일본명 센카쿠 열도, 중국명 댜오위다오(釣魚島)는 타이완과 일본 오키나와 제도 사이에 5개의 무인도와 3개의 암초로 이루어진 무리섬이다. 현재 일본이 실효 지배하고 있으나, 중일 양국이 서로의 영토로 주장하고 있다. 2010년 9월, 일본경찰이 센카쿠 열도 주변에서 불법조업을 하던 중국인 어부를 체포하자 반발한 중국정부가 석방을 요구하며 일본에 무역제재를 가했다. 이후 중국은 중국인의 일본관광을 금지하고 중국산 희토류 광물의 對일본 수출을 중지하는 등 무역·경제전쟁이 벌어졌다.

지휘관(7%) 순으로 나타났다. 이러한 결과에 대해 강한 전투력을 유지하는데 장애요인으로 저자는 지적했다. 좌절을 느낄 때 26% 주링허우 군인들은 어떻게 할지 모르는 것으로 조사되었다.

〈표〉 주링허우 군인들에 대한 설문 문항과 답변

(단위: %)

설문 항목	아주 그렇지 않다	그렇지 않다	보통	그렇다	아주 그렇다
현대 사회에서는 돈이 곧 권력을 의미한다.	4	18	28	38	12
돈과 행복은 직접 관련이 있다.	12	19	29	31	8
	주도적으로 전방으로 나간다	명령을 복종하지만 나서지는 않는다	후방에 남기를 원한다	제대를 요구한다	
만약 일본과 전쟁을 해야 한다면?	22	51	19	8	
	아주 만족	비교적 만족	불만족	아주 불만족	
현재 군인의 생활 상태는?	29	53	11	7	
	아주 반감	약간 반감	군인이라면 당연한 현상	상관없음	
신병이 마음대로 외출하거나 외박할 수 없는 상황에 대한 느낌은?	23	45	28	4	
	무기, 장비	강한 적군의 개입	부대 훈련수준	지휘관 소질	
부대 장병이 승리할 것이라는 신념에 영향을 주는 요인은?	36	25	21	18	
	전우	지휘관	가족	자신	
스트레스를 받을 때 찾는 사람은?	39	7	50	4	
	완전히 느낌	항상 느낌	어쩌다 느낌	잘 모르겠음	절대 느끼지 않음
좌절을 느낄 때 어쩔줄 모른 적이 있는가?	7	19	47	8	19

자료: 우천옌(2014), 90后사병전투정신배양연구, 장춘이공대학, 학위논문. pp.10~15.

공산주의에 대한 믿음

앞서 신애국주의 트랜드도 살펴보았지만 과연 바링허우들은 중국 공산주의에 대해 어떠한 생각을 가지고 있을까? 다소 민감한 문제이 기는 하나 관련된 설문조사 결과를 찾을 수 있었다. 루위안위안(2012) 은 바링허우 3,015명에 대한 설문조사를 실시했는데 '공산주의를 믿는 가?'라는 질문에 24.2%는 아주 믿는다, 32.5%는 비교적 믿는다, 중립 37.1%, 아주 안 믿는다 0%, 무응답 6.1%라는 결과를 보인바 있다. 이 결과만 놓고 본다는 바링허우의 56.7%는 공산주의를 신뢰하고 있다 고 볼 수 있다. 하지만 나머지 43.3%는 그렇지 않은 셈이니, 신애국주 의 트랜드가 적어도 바링허우에서는 주류(主流)가 아닌 것으로 단언할 수 있는 근거가 된다.[33]

'중국 특색의 사회주의는 공통의 이상(理想)'이라는 우회적인 질문에 31.4%가 아주 찬성, 36.1% 비교적 찬성, 29.1% 중립, 0.2% 아주 반 대, 3.3%가 무응답이라는 결과를 보였다. 필자가 이 질문에 대한 답변 의도를 추측해보자면 지금의 중국 현황, 즉 정치는 사회주의이나 경 제는 시장경제라는 상황에 대한 답변일 것이다. 즉 60.5%의 바링허우 가 현재의 중국 상황에 만족을 나타내고 있는 셈이어서 앞선 질문, 즉 공산주의의 믿음보다는 다소 높은 신뢰도임을 알 수 있다.

앞선 장쉬위안(2012)의 설문결과는 바링허우 군인들에게 공산당 입 당 이유를 물었으며, 마젠팡(2013)은 이미 공산주의 청년단에 입단한 바링허우, 주링허우에게 공산당 입당 동기를 물은 바 있다. 마젠팡은 산서성에 있는 6개 대학 재학생을 대상으로 한 설문결과(유효 설문 1695

---

33) 루위안위안(2012), 80后신세대사회주의핵심가치체계인정연구, 하남사범대학, 학위논문, p.23.

건 중 1500건 분석에 사용)를 사용했는데, 이들 중 47.7%는 남자, 52.3%는 여자였다. 도시 후커우 소유자는 60.3% 농촌 후커우 소유자는 39.7%였으며, 이들 중 독생자녀는 33.5%였다. 공청단원은 92%였으며, 정식 공산당원은 4.4%였다.

먼저 설문조사 대상인원들에게 공산당에 입당할 의향이 있냐고 물었을 때 바링허우는 76%, 주링허우는 75.6%가 입당할 의향이 있다고 답변했다. 이는 본 설문조사 응답자의 92%가 중국공산주의청년단(공청단) 단원임을 고려할 때, 반드시 공산당에 입당하기 위해 대학 재학 시절에 공산당이 운영하는 청년조직인 공청단에 입단하는 것은 아님을 알 수 있다. 입당 동기를 묻는 질문에 '내 미래 발전의 도움'을 선택한 바링허우는 36.3%, 주링허우는 38.5%여서 주링허우가 더욱 개인의 발전과 중국 정치상황을 결합시키고 있었다. 반면 '조국과 인민을 위한 봉사'를 선택한 비중은 주링허우가 1.8%포인트 높아, 이 결과만 놓고 본다면 주링허우 역시 바링허우 사이에서 크게 고취되었던 신애국주의 경향을 나타낼 수 있다고 판단된다.

〈표〉 바링허우, 주링허우들의 공산당 입당 동기

(단위: %)

	80허우		90허우	
공산당에 입당할 의향이 있는가?	76		75.6	
	내 미래 발전에 도움이 될 것 같아	조국과 인민에 봉사하기 위해	정치적 신념
80허우 입당동기	36.3	34	20.7
90허우 입당동기	38.5	35.8	20.9

자료: 마젠팡(2013), 80后90后대학생사상현황비교연구, 산서농업대학, 학위논문. pp.6~18.

양사오칭(2015)의 설문결과에서도 비슷한 수준을 확인할 수 있었다.

10개 대학생 2,795명에 대한 조사 응답자 중 남자 44.8%, 여자 55.2% 였으며, 이 중 공산당원은 15.4%였다. 성장환경을 보면 도시가 45.3%, 농촌이 54.7% 수준이었다. 공산당에 입당할 것인가를 묻는 질문에 71.1%가 입당을 원했으며, 23.1%는 일반적임, 5.8%는 원하지 않는다고 답을 했다. 입당 동기를 묻는 질문에는 개인의 발전에 유리할 것 같아라고 답을 한 빈도가 34.7% 수준이었으며, 공산주의에 대한 신념은 51.1%로 가장 높았다. 특이한 점은 주변 친구들이 적극적으로 입당을 하는 것을 보고 본인이 트랜드(조류)에 떨어지는 것 같아 입당하려한다는 답변도 5.6%에 달했다. 이는 주링허우에서만 볼 수 있는 공산당 입당 동기로 꼽을 수 있다.

〈표〉 주링허우들의 공산당 입당 동기

(단위: %)

	원한다	일반	원하지 않는다	
공산당에 입당을 원하는가?	71.1	23.1	5.8	
	공산주의에 대한 신념	개인의 발전에 유리해서	주변 친구들이 입당해서	기타
공산당 입당 동기는?	51.1	34.7	5.6	8.6

자료: 양사오칭(2015), 90后대학생주류의식형태인정연구, 하남사범대학, 학위논문. pp.18~24.

공청단

China's MZ Generation and Future

공청단(共青团)은 중국공산주의청년단(Communist Youth League of China)의 약칭인데, 공산당의 청년조직이다. 중국공산당의 인재 양성소 역할을 하며, 14세 이하 유소년 조직인 중국소년선봉대의 활동을 관리한다.

1922년 5월 중국사회주의청년단이라는 명칭으로 설립되었다. 중국공산당 내부에 공청단 출신의 고위 인사들이 많아지면서, 이들 인사에게 단파(团派, 퇀파이)라는 별칭이 붙여졌다. 단파의 가장 대표적인 인물은 현 정부 바로 전에 중국을 통치했던 4세대 지도자인 후진타오 전 주석이다. 공청단은 14세에서 28세의 젊은이들로 구성되었으며, 28세가 된 회원은 간부직을 맡지 않는 한 조직을 떠나야 한다. 공청단의 조직 체계는 중국공산당의 조직체계를 본 딴 것이며, 리더인 제1서기는 중국공산당 내 핵심 기구인 중앙위원회의 구성원이다. 공청단 조직은 중앙서기처, 중앙사무처 아래 10개 부서, 51개 처로 구성돼 있다. 직속단위 20개, 성급 조직 39개를 갖고 있다. 중국청년보 등 2개의 신문사, 출판사, 영화사, 여행사는 물론 중국청년정치학원이라는 대학까지 있는 거대 조직이다.

공청단을 이끌어가는 제1서기 1명과 여러 명의 서기가 있다. 이들 서기는 장관급으로 향후 중국 정치지도자 그룹으로 성장이 예정돼 있는 사람들이다. 공청단은 5년에 한번 전국대표대회를 개최해 새 지도부를 선출한다. 공청단의 단원은 2008년 말 기준으로 7585만 8000명이며 이 중 여성은 45%, 학생은 51%를 차지하고 있다. 또 기층조직은 283만 6000개로 전국 곳곳에 공청단이 조직돼 풀뿌리 공산주의를 전파하는 역할을 하고 있다. 공청단의 입단은 만14세 이상이면 가능하다. 입단은 추천인, 상급조직의 심사와 비준을 통해 성사된다. 그러나 현재 중학교 졸업생의 반 이상, 고교 졸업 시에는 대부분 단원이 된다. 공청단 소속의 특별한 조직인 소년선봉대는 아동들이 사회주의와 공산주의를 학습하는 학교다. 6세부터 13세 아동들을 대상으로 하고 있는데, 현재 1억3000만 명의 단원이 있다. 소년선봉대는 일반적으로 담임이 지정해 가입을 하게 된다. 소년선봉대의 조직은 소대, 중대, 대대와 같이 군대식으로 조직돼 있다. 소년선봉대에 1억 3000만 명, 공청단에 7500여 만 명, 이 둘을 합치면 2억여 명의 거대한 그룹이 공산주의 전파자 역할을 한다. 지금의 공청단 단원들은 어려움을 모르고 자라난 세대로서 국가에 대한 강한 자부심을 갖고 있다. 따라서 이들은 신애국주의를 표출하는 통로 역할을 하기도 한다.34)

---

34) 한국교육신문(2012.10.26.). '차세대 리더 예약, 공산주의청년단'

자료: www.gqt.org.cn

탕핑과 공청단

'청년은 국가의 혼이다 — 리다자오'

'중국이 혁명선봉대를 대량 육성한다면, 중국 혁명 임무는 순조롭게 해결될 것이다 — 마오쩌둥'

'우리는 미래의 당이고, 미래는 청년들의 것이다 — 블라디미르 레닌'

시진핑 국가주석이 2022년 5월 10일, 베이징 인민대회당에서 열린 중국 공산주의청년단(공청단) 창립 100주년 기념식에서 인용한 중국 공산주의 운동 선구자 리다자오(李大釗), 중국 공산당 혁명 지도자 마오쩌둥, 러시아 공산주의 지도자 블라디미르 레닌의 발언들이다. 시진핑 주석은 중국 청년운동 선봉대, 당의 충실한 조수, 믿을 만한 예비군으로, 청년들을 이끌어야 한다고 공청단의 역할을 강조했다. 중화민족 대부흥이라는 중국몽 실현을 위해 분투하는 게 신시대 중국 청년들이 화답해야 할 중대한 과제라며 중국몽 실현의 임무를 공청단에게 부여했다. 시진핑 주석은 중국 공산당은 선봉대, 공청단은 돌격대, 소년선봉대는 예비부대라며 당·공청단·선봉대 가입은 청년들이 정치진보를 위해 추구하는 인생삼부작(人生三部曲)임을 강조했다.

　중국 공산당 창당 이듬해인 1922년 설립된 공청단은 2022년에 100주년을 맞았다. 공산당 산하 최대 청년 조직으로, 청년들에게 사회주의 이념을 교육·전파하는 역할을 하며, 공산당 미래 지도자 양성소로도 불린다. 후진타오 전 국가주석, 리커창 총리, 왕양 정협 주석 등이 공청단 출신 지도자다. 2021년 말 기준 단원 수는 7371만5000명으로 공산당 청년 사업의 핵심 역할을 담당하고 있다. 공청단 주력군은 1990~2000년대 출생한 주링허우, 링링허우이다. 중국이 애국주의와 민족주의 교육을 강화한 환경에서 성장해 애국심으로 무장한 게 특징이다. 최근엔 치솟는 집값, 실업률, 과잉 경쟁으로 무기력증에 빠진 청년들의 사기를 진작시키고 혁명 사상으로 무장시키라는 임무가 주어졌다. 최근 중국 청년들 사이에서는 상문화(喪文化, 아무리 노력해도 현실에 좌절하며 결국 상실감을 느끼는 것), 포시(佛系, 모든 일에서 해탈한듯 무덤덤한 자세로 삶을 사는 것), 탕핑(躺平, 의욕을 잃고 드러눕다)에 이어 바이란(擺爛, 고의로 경기에서 지는 행위, 될 대로 되라는 식의 삶의 방식)이라는 말까지 나올 정도로 무기력증이 만연하다.[35]

　14~28세를 대상으로 하는 공청단원은 2021년 말 기준 7372만 명으로 집계됐다. 2012년 말 8990만 명에서 1619만 명이나 줄었다. 10년간 중국공산당 당원이 약 1000만 명 늘어난 것과 비교된다. 기층

---

35) 아주경제(2022.5.10), 중국몽 실현의 돌격대, 시진핑 공청단 100주년 연설.

단조직은 359만 개에서 367만 7000개로 늘어났다. 조직력은 강화됐지만 인기가 식었단 얘기다. 공청단의 약화에는 중국 청년층의 무기력증이 한몫했다는 시각도 있다.

산시성 공산당 선전부는 웨이보 계정에 "#00허우는 말로는 탕핑을 말하지만 실제로는 적극적"이라는 해시태그로 토론을 촉발했다. 많은 네티즌이 댓글에서 실제도 탕핑한다며 취업난, 996(아침 9시부터 밤 9시까지 주6일 근무), 봉쇄 일변도 방역에 대한 불만을 쏟아냈다. 한 네티즌은 '일반 젊은이가 법을 지키면서, 집·자동차·결혼·육아처럼 자신의 능력 범위를 넘어서는 소비를 거부하고, 대신 획득감과 만족감을 추구하겠다는 것이 무슨 문제인가'라고 반문했다.

탕핑은 주링허우, 링링허우가 집과 차를 사지 않고, 결혼하지 않고, 아이 낳지 않고, 소비하지 않으며, 최저 생존 기준만 유지해 타인을 위한 돈벌이 기계나 착취당하는 노예가 되기를 거부하는 소극적 반항을 말한다. 한국의 '5포 세대(취업·결혼·연애·출산·내집 마련 포기)'의 중국식 버전인 셈이다. 이 신조어는 2021년 봄부터 사회적으로 반향을 불렀다.

공청단이 이의 해결을 위해 나섰다. 허쥔커(賀軍科·53) 공청단 제1서기는 진정한 탕핑은 극소수다. 쉬지 않고 분투하는 젊은이가 다수라고 주장했다. 그는 '국가는 탕핑이 드러낸 문제 해결을 고도로 중시한다. 교육·취업·결혼·육아 등 난제 해결에 정책적 역량을 강화하고 있다'고 강조했다. 이는 중국정부가 탕핑이 의미하는 사회 문제를 인식했다는 것을 의미한다.

한편, 탕핑처럼 공청단도 쇠퇴하고 있다. 공청단 1인자(제1서기)가 미래 중국 지도자가 되던 공식이 시진핑 시대에서 깨어졌기 때문이다. 후야오방(胡耀邦, 1915~1989) 전 총서기 이래 후진타오(胡錦濤·80) 전 주

석 → 리커창(李克强·67) 총리 → 후춘화(胡春華·59) 부총리 → 루하오(陸
昊·55) 자연자원부 장관으로 이어진 공청단 제1서기 계보는 약화됐다.
현 중국의 3대 권력기반인 상하이방(장쩌민 전 주석과 관계된 정치세력)·태
자당(혁명 1세대 자손들)과 대등하게 경합했던 공청단의 영광은 과거의
일이 된 것이다.36)

■ 베이징 도심에 있는 중국몽 선전물 ■

자료: 김동하 ⓒ 2018.

중국몽과 주링허우

시진핑 시대 가장 많이 듣게 된 키워드 중 하나가 중국몽(Chinese

---

36) 중앙일보(2022.5.5.). 청년들 "드러누워 살겠다" … 엘리트 산실 中공청단의 쇠락.

dream, The dream of China)이다. 2012년 11월 29일, 시진핑 총서기는 국가박물관에서 '부흥의길(复兴之路)' 전시회에 참관하여 '중화민족의 위대한 부흥을 실현하는 것은 중화민족의 근대 이래 최고의 위대한 꿈'이라며 '중국몽'에 대해 언급하였다. 중화민족의 부흥이라는 것은 국가 부강, 민족의 진흥, 인민의 행복을 실현하는 것이고, 이것을 통해 중국특색 사회주의를 완성하는 것이 목표이다. 현재 '중국몽'은 시진핑 정부의 통치 사상이다.

중국은 '두 개의 100년' 중 하나는 이미 맞이하였고, 이제 나머지 하나를 기다리고 있다. 첫 번째는 1921년 7월 23일에 창당한 중국공산당 창당 100주년인 2021년이고, 또 하나는 중화인민공화국 건국 100주년인 2049년이다. 시진핑은 2021년에 1인당 GDP 1만달러를 초과한 중국이 중산층을 의미하는 '소강사회'를 건설했음을 선언했고, 이어 2049년까지 '부강, 민주, 문명, 조화'가 어우러진 사회주의 현대화 국가의 건설을 목표로 세웠다. 즉 사회주의 현대화 국가, 강국 건설과 소강사회 건설로 중국몽을 실현하겠다는 것이다. 이는 다른 의미로는 2050년까지 중국을 세계 1위의 강대국으로 부상시키겠다는 목표이다.

그렇다면 중국의 주링허우들은 중국몽에 대해서 어떠한 생각을 가지고 있을까? 리위안징(2017)은 중국 내 전역에 분포한 16개 대학 재학생에 대한 1468건에 대한 설문조사 결과를 분석했다. 이들 중 남자가 42.3%, 여자 57.7%였으며, 독생자녀는 49.6%였다. 가정 소재지 기준으로 도시가 45.3%, 농촌이 54.7%였다. 또한 이들 중 공산당 당원은 13.6%, 공청단 단원은 80.6%였다.

설문 응답자 중 52.2%는 중국몽을 달성하기 위해 노력해야 한다고 답을 했으며, 1.8% 만이 실현될 가능성이 없다고 보았다. 29.4%는 잘 알고는 있지만 실현될지에 대해서는 유보적인 입장을 취했다. 실현

가능성 없음, 모름, 나와 상관없다 등 부정적 답변을 한 경우는 총 18.4%에 달해 적지 않은 비중의 주링허우들은 중국몽에 대해 그다지 찬동하지 않고 있었다.

〈표〉 주링허우 대학생들의 '중국몽'에 대한 판단

설문 문항	응답자 수(명)	빈도(%)
잘 모르겠다.	107	7.3
정치구호일뿐 나와 상관없다.	136	9.3
기본적인 내용은 알고 있으나 실현될지는 잘 모르겠다.	432	29.4
아주 좋은 개념이다. 우리가 노력하여 공통 이상(理想)을 성공시켜야 한다.	766	52.2
공상이다. 실현될 가능은 없다.	27	1.8
합계	1468	100

자료: 리위안징(2017), 90后대학생사회책임의식배양연구, 서남교통대학, 학위논문. p.101.

▌ 시진핑 주석과 중국몽을 디자인 한 컵(광둥 장먼시 쇼핑몰) ▌

자료: 김동하 ⓒ 2017.

중국 MZ세대와 미래
China's MZ Generation and Future

중국은 공평한가
주링허우의 부에 대한 인식
사회적 책임감
독생자녀와 비독생자녀간의 사회 의식 차이
주링허우 대학생들의 인생 목표는?
네이쥐안
주링허우는 인터넷을 얼마나 신뢰할까?
1자녀 가정과 2자녀 가정의 가치관, 생활방식 비교
독생자녀 1인이 부양해야 할 노인은 6명

심리와 가치관

심리와 가치관

중국은 공평한가

우리나라 젊은이들이 얼마나 공정에 대해서 중요시 여기는가는 본
고 한국의 MZ세대 부분에서 살펴보았다. 과연 중국의 주링허우들은
공정에 대해서 어떠한 시각을 가지고 있을까? 이에 대해서 옌전(2015)
의 설문 결과를 살펴보자. 장사이공대, 중남임업과기대, 성남학원 3곳
주링허우 대학생을 대상으로 이루어진 635건의 설문조사 중 47.2%가
남자, 52.8%가 여자였다. 공산당원은 13.4%, 공청단 단원은 82.8%
였다.

먼저 설문 대상 51.8%는 공평이라는 개념과 가치에 대해서 안다고
답을 했으나, 잘 모른다고 답을 한 학생들도 43.5% 되었다. 이는 중국
중·고교 과정에서 공평이라는 개념에 대해 교육을 받을 기회가 없었
음을 의미한다. 반면에 공평이라는 관념을 수립해야 하는 가에 대한
질문에는 85%가 필요하다고 대답을 하여, 대학 재학 중 공평하지 못
한 상황에 직면하고 그 필요성을 인식했음을 알 수 있다. 옌전은 논문

에서 '빈부 격차' '성적 차별' 등을 대학생들이 대학교 내에서 경험한 불공평한 현상으로 예를 들은 바 있다.

중국정부는 2003년 후진타오 정부부터 '조화로운 사회건설'이라는 슬로건 아래 빈부격차, 도시와 농촌간 격차를 해소하기 위해 노력해 왔다. 이전 덩샤오핑 정부 시절 선부론(개혁개방을 한 도시부터 먼저 잘살게 한 후, 부를 농촌과 내륙으로 파급)식 발전방식을 균부론(모두 잘살게 하는 정책) 으로 진환함을 의미한다. 이와 관련하여, 중국의 조화로운 사회를 위 해 공평은 중요한가라는 질문에 96.4%가 아주 중요하거나 중요하다 고 답을 했다. 또한 개인의 발전을 위해 공평이 중요한가 라는 질문에 도 93.7%가 아주 중요하거나 중요하다고 답했다. 이러한 결과를 놓고 볼 때 주링허우 대학생들이 사회에 진출하는 시대에 '공평'은 가장 중 요한 화두가 될 것이라는 판단이다.

〈표〉 주링허우 대학생들의 '공평'에 대한 인식

(단위: %)

	안다	잘 모른다	모른다
공평에 대해서 알고 있는가?	51.8	43.5	4.7
	필요	불필요	잘모름
정확한 공평 관념을 수립해야 하는가?	85	5.2	9.8
	아주 중요	중요	중요하지 않음
조화로운 사회를 위해 공평은 중요한가?	50.1	46.3	3.6
개인의 발전에 공평은 중요한가?	43	50.7	6.3
	높은 수준임	아주 낮음	중등 수준
중국사회 관리감독 체제에 대한 평가는?	3.6	39.2	57.2
	불합리가 존재	합리적임	일부분 불합리함
중국 사회제도에 대한 평가는?	47.2	8	44.7

자료: 옌전(2015), 90后 대학생공평관연구, 장사이공대학, 학위논문. pp.20~34.

그렇다면 공평을 관리감독해야 할 중국 사회 시스템에 대한 주링허우의 평가는 어떨까? 중국 사회 관리감독 체제에 대한 평가를 묻는 질문에 관련 직능부서가 관리 감독과 처벌을 잘하고 있다는 답변이 3.6%에 불과했다. 반면 관리감독과 처벌이 결핍되어 있어 그 수준이 아주 낮다는 평가는 39.2%에 달했다. 또한 어떤 방면에는 관리감독이 이루어지나, 어떤 곳에서는 잘 이루어지지 않고 있다는 답변은 57.2% 수준이었다. 따라서 과반수 이상의 주링허우들은 공평 실현을 위한 지금의 중국사회 관리감독 시스템이 전혀 작동하고 있지 않다고 보고 있었다.

이 모든 상황을 포함한 중국 사회제도의 합리성을 묻는 질문에 대해서 47.2%는 불합리함이 존재한다고 답을 했고, 44.7%는 일부가 불합리하다고 답했다. 중국 사회가 합리적이라는 답변은 8%에 불과했다. 이 설문 결과만 놓고 본다는 주링허우 세대가 보는 중국 사회는 불합리한 제도를 가지고 있었다.

주링허우의 부에 대한 인식

바이원리(2009) 설문 결과에 따른 주링허우 대학생들의 부에 대한 인식을 살펴보자. 동 설문조사는 하북성에 소재한 3개 대학 재학생 2천 명을 대상으로 진행된 결과이다. 먼저 설문대상 중 57%의 주링허우들은 어떤 것은 돈으로 살 수 없다고 판단했다. 또한 돈이 없더라도 다른 것으로 부유할 수 있다는 대답도 22%에 달했다. 이러한 답변 경향은 재부(財富)와 인생과의 관계를 묻는 질문에도 일관되게 나타난다. 인생은 재부보다 중요하다고 한 답변이 67%나 달했기 때문이다. 반면,

일생 추구할 가장 중요한 목표로 재부를 꼽은 답변은 13%에 불과했다.

재산은 무엇을 소유한 것인가 라는 질문에 44%가 사업이라고 답변하여 자신의 창업 열망 의지를 알 수 있었다. 또한 자유로운 생활이라고 답변한 결과는 18%에 달해 소위 워라벨(work-life balance)을 통한 균형있는 직장 생활을 원하고 있음을 나타냈다. 반면, 높은 사회적 지위와 성공, 소비수준을 높일 수 있는 능력으로 답한 결과는 31%에 달해 낮은 수링허우가 명예와 같이 눈에 보이는 성공의 척도를 위해서 부를 쌓을 수 있음을 보여주었다.

위법적 수단으로 쌓은 부에 대해서 주링허우 과반수 이상인 52%는 자신은 물론 남에게 위해가 가는 위험한 방법으로 보았으나, 제일 빠른 방법으로 부자가 되는 길로 답변한 빈도도 22%나 되어 중국 사회에서 위법적인 수단으로 부를 축적한 이들을 보는 그릇된 시각이 적지 않음을 방증하였다. 아울러 크게 비난한 일이 못된다는 답변이 9%, 사회에 환원하면 위법도 상관없다는 답변이 17%나 되어, 앞선 세 가지 질문에 대한 답변을 더하면 무려 48% 정도가 축재(蓄財·재테크)에 따른 도덕적 해이 혹은 모럴 해저드(moral hazard)에서 자유롭지 못함을 나타내고 있었다.

어떤 방식으로 부자가 될 것이냐라는 질문에 17%는 인간관계를 잘 구축해서 남의 도움을 받아 부자가 되겠다는 생각을 하고 있어, 자신의 노력으로 이루겠다는 답변과 비교하여도 적지 않은 비중을 나타내었다. 반면 창업을 나서겠다는 적극적인 답변은 8%에 불과했다.

<표> 주링허우의 부에 대한 인식

구분	설문 문항	빈도(%)
돈에 대한 시각	돈이 없으면 아무것도 할 수 없다	2
	돈이 없더라도 나는 다른 걸로 부유할 수 있다	22
	어떤 것들은 돈으로 살 수 없다	57
	돈이 충분하다면 모든 빈곤은 해결 된다	19
재부(財富)와 인생에 대한 시각	인생은 재부보다 중요하다	67
	일생 추구할 목표는 재부이며, 이는 성공을 의미한다	13
	빈손으로 왔다가 빈손으로 가는 것이 인생이다	5
	하루 세끼에 따뜻한 방이면 풍족하다	15
재산은 무엇을 소유한다는 의미인가?	사업	44
	자유로운 생활	18
	높은 사회적 지위	15
	다른 사람을 도울 수 있는 능력	7
	소비 수준을 높일 수 있는 능력	7
	성공	9
위법 수단으로 쌓은 부는?	제일 빠른 방법으로 부자가 되는 길	22
	남과 자신에게 위해를 가하는 일	52
	크게 비난할 일이 못 된다	9
	부자가 된 후 사회에 환원한다면 위법도 상관없다	17
어떤 방식으로 부자가 될 것인가?	열심히 공부해서 취득한 지식과 기술을 실천해서	25
	재학 중 아르바이트, 투자, 장사 등으로 경험을 축적해서	50
	인간관계를 잘 구축하여 이후 인생 경로를 쉽게 닦아놓아서	17
	창업을 통해	8

자료: 바이윈리(2009), 90后 대학생재부관, 하북사범대학, 학위논문. p.5~11.

사회적 책임감

독생자녀들이 대부분인 바링허우, 주링허우에 대한 사회적 책임감에 대해 의문을 표시하는 것이 중국 사회의 통념이다. 그렇다면 과연 설문조사는 어떻게 나왔을까? 먼저 장구이민(2012)[1]의 설문 결과를 보면 독생자녀 대학생들의 42.9%가 자신을 둘러싸고 있는 중국 사회가 개인의 가치를 사회의 가치보다 더 중시하는 것으로 답을 했다. 또한 51.8%의 독생자녀 대학생들은 날로 강해지는 개인주의가 중국의 전체적인 사회의식으로 자리잡을 것으로 보았다. 따라서 독생자녀들에

〈표〉 독생자녀 대학생들의 사회책임감에 대한 의식

당신이 느끼는 중국 사회의 사회책임감 상태는?	빈도(%) 복수응답	적극적으로 사회 공익활동에 참가하겠습니까?	빈도(%)
개인의 앞날은 중시, 사회 이상은 경시	64.3	참가하겠지만, 적극적으로 활동하지는 않는다	26.8
개인의 가치는 중시, 사회 가치는 경시	42.9	참가하지 않을 것이다	0
날로 강해지는 개인주의가 전체적인 사회의식을 대체할 것임	51.8	참가할 것이며, 아주 적극적으로 활동할 것이다	51.8
개인의 이익은 중시, 사회 이익은 경시	58.9	당시 상황을 보고 결정할 것이다	21.4
사회도덕과 법치 관념이 상실되었음	28.6		
무감각한 자기팽창과 현실적 열등의식	42.9		
주인공 의식의 상실	16.1		

자료: 장구이민(2012), 독생자녀대학생사회책임감문제연구, 하얼빈이공대학, 학위논문. p.20.

1) 동 설문조사는 흑룡강성 내 15개 대학교 내 독생자녀 대학생을 대상으로 이루어졌으며, 총 255개의 유효한 설문 결과가 분석에 사용되었다. 이 중 남학생이 53.3%, 여학생이 46.7%였다.

게 개인주의는 중요한 사회의식임을 알 수 있다.

반면, 51.8%의 독생자녀 대학생들이 사회 공익활동에 아주 적극적으로 참여할 것이라고 답을 해 이러한 사회의식에도 불구하고 본인들의 목소리를 내는데 주저하지 않음을 나타내고 있다.

독생자녀들은 사회에 대한 책임감을 얼마나 느끼고 있을까? 리허우란(2014)2)의 설문조사 결과에 따르면 44.2%의 독생자녀들이 국가에 대한 책임감을 느끼고 있었으며, 59.7%의 독생자녀들은 사회에 대한 책임감도 인지하고 있었다. 복수응답이기는 하나 독생자녀들이 사회 및 국가에 대해 책임감을 느끼고 있다는 빈도는 중국사회의 통념을 벗어나는 큰 비중임을 알 수 있다. 또한 미래 부모를 어떻게 모실 거냐는 질문에 대해 80%의 응답자가 자신의 주변에 두고 직접 돌본다고 답했다. 이는 자신의 가정에 책임감을 느낀다는 빈도(82.9%)와 유사한 수준을 나타내고 있음을 알 수 있다.

한편 리허우란(2014)의 설문결과 역시 독생자녀 대학생들이 사회 공

〈표〉 독생자녀의 사회에 대한 책임감

당신은 어디에 책임감을 느끼는가?	빈도(%) 복수응답	미래 부모를 어떻게 모실 것인가?	빈도(%)
내 자신에게만	90.1	근처에 두고 직접 돌봄	80
타인에게도	79.6	전문 요양사가 돌봄, 나는 정기적으로 방문	16
내 가정에	82.9	고급 양로원에서 모심	0.1
사회에	59.7	매월 효도금을 드려서 부모의 물질적 수요를 만족시켜드림	3.9
국가에	44.2		

자료: 리허우란(2014), 독생자녀대학생책임감배육경로연구, 중경공상대학, 학위논문. p.16.

---

2) 동 설문조사는 386건이 분석결과에 사용되었으며, 이 중 51.3%는 남자, 48.7%는 여자였음. 또한 독생자녀는 46.9%, 비독생자녀는 53.1%였음.

익활동에 적극 나설 의향이 있음을 방증한다. 자연재해가 발생했을 경우, 자원봉사를 나갈 것이냐라는 질문에 17.7%가 직접 현장에 나가서 자원봉사를 할 것이라고 답을 했고, 6.6%는 헌혈을, 71.8%는 여러 방식의 의연금(기부 물품)을 낼 것이라고 답했다. 마음 속으로 기도만을 할 것이라는 소극적인 답변은 3.9%에 불과했다.

독생자녀와 비독생자녀간의 사회 의식 차이

쟈오신후이(2017)는 호북성 7개 현, 시, 구에 소재한 57개 교육기관(초등학교, 중학교)에 대한 방대한 설문 조사를 통해 독생자녀와 비독생자녀간의 사회 의식 차이를 분석한 바 있다. 먼저 동 설문조사는 총 5612건이 분석에 사용되었으며, 이 중 74.8%가 초등학교, 25.2%가 중학교를 대상으로 이루어졌다. 설문조사 시기와 학령을 고려할 때, 본 설문조사의 주요 대상은 링링허우(2000년대 출생자)와 주링허우이다.

먼저 연구자는 '선생님이 하는 말은 항상 옳은가?'라는 질문을 던졌는데, 이를 통해 피설문자들의 비판 의식의 척도를 가늠하고자 했다. 이에 대해 독생자녀는 85%가 항상 옳지는 않다고 답을 한 반면, 비독생자녀들은 이보다 4.4%포인트 낮은 80.6%가 같은 답을 했다. 이 결과만 놓고 본다면 사물에 대해 비판의식을 가지고 이를 기반으로 창조적일 수 있는 성향을 더 많이 가진 쪽이 독생자녀들이라고 판단된다.

본인에게 가장 영향을 많이 끼친 사람에 대한 질문에 독생자녀는 35%가 가족을 꼽은 반면, 비독생자녀는 29.3%에 불과했다. 이는 집안에 하나로 자라난 독생자녀들이 가족에 대한 영향이 더 큼을 보여주는 방증이다. 중국 내 일반적인 교육학 설문조사 결과에서는 학생에 가장 영향을 끼치는 계층으로 교사가 항상 가족보다 앞서 꼽혔다. 실제 본 설문조사의 비독생자녀들 역시 선생님을 35.7%, 가족을 29.3%로 꼽은 바 있다. 그러나 독생자녀는 이와 상반된 결과를 나타낸 것이다. 또 하나 주목할 점은 소위 스타(유명인)들의 영향력이 독생자녀에게는 그다지 크지(9.1%) 않음을 알 수 있다. 따라서 본서 경제와 소비 챕터에서 살펴본 바링허우·주링허우에게 영향을 끼치고 있는 왕홍(인플루언서)은 소비에만 국한됨을 짐작할 수 있다.

〈표〉 독생자녀와 비독생자녀간의 사회 의식

(단위: %)

	선생님이 하는 말은 항상 옳은가?	
	항상 옳다	항상 옳지는 않다
독생자녀	15	85
비독생자녀	19.4	80.6
	자원봉사활동을 참가해 본 적이 있는가?	
	있음	없음
독생자녀	26.3	73.7
비독생자녀	14.2	85.8

	사회실천 활동 참여를 원하는가?				
	매우 원함	비교적 원함	중립	그다지 원하지 않음	전혀 원하지 않음
독생자녀	63.4	18.3	11.6	4.6	2.1
비독생자녀	50.4	21.8	17.1	6.5	4.2

	본인에게 가장 영향을 많이 끼친 사람은?				
	가족	선생님	친구(학우)	스타(유명인)	기타
독생자녀	35	34.7	18.5	9.1	2.6
비독생자녀	29.3	35.7	16.7	14.7	3.5

자료: 쟈오신후이(2017), 독생자녀와 비독생자녀의 사회실천활동참여비교연구, 화중사범대학, 학위논문. p.22~30.

사회실천 활동을 더 적극적으로 원하는 쪽은 독생자녀가 훨씬 더 많았으며 비교적 원하는 답변까지 합친 결과로도 독생자녀는 81.7%, 비독생자녀는 72.2%라는 차이를 보였다. 실제 독생자녀 중 26.3%가 자원봉사활동에 참여해 본적이 있었으나, 비독생자녀들은 14.2%에 불과했다. 이는 이들 두 계층의 사회활동 참여 의식이 실제 행동에 그대로 반영됨을 보여주고 있다.

챠오쉐민(2014)3)의 설문결과는 독생자녀와 비독생자녀간의 남녀 역할에 대한 인식을 보여준다. 먼저 노동이 필요한가 라는 질문에 독생자녀는 50.8%가 일하기를 원했으나, 비독생자녀는 82.5%가 일하기를 원해 월등히 높은 수준을 나타내었다. 연구자가 설문대상자 중 비독생자녀 30명에 대해 심층 인터뷰를 진행한 결과를 보면, '회사 몇 군데 이력서를 내었으나 회신이 없었고 부모들도 회사를 다니라고 재촉하지 않아 한 1년 천천히 향후 진로에 대해서 생각을 해본다는 의견'이 다수였다. 이들 피인터뷰자 대부분은 졸업 후 직업을 갖거나 갖지 않는 것은 순전히 개인의 자유라고 생각하고 있었다. 이들 중 일부는 본인이 은둔형 외톨이를 뜻하는 히키코모리(ひきこもり. 중국어로는 칩거족·蟄居族 혹 쟈리둔·家里蹲)라고 생각하고 있었고, 부모님이 동의한다면 아무 일도 하지 않고 편히 집에 머무르고 싶다는 의견을 내기도 했다.

실제 노동은 반드시 수행해야하는 의무인가? 라는 질문에 독생자녀의 27.3%만 그렇다고 답을 했으며, 비독생자녀는 43.9%로 두 배 가까운 차이가 났다.

갈등 해결과 관련하여서는 "다툼이 있을 경우 어떻게 해결할 것인가?"에 대한 질문에 독생자녀들은 본인이 주동적으로 화해에 나서겠

3) 동 설문은 18~40세를 대상으로 이루어졌으며, 총 251건이 분석에 사용되었다. 이 중 남성이 53.4% 여성이 46.6%였으며, 독생자녀 67.7% 비독생자녀가 32.3%였다. 또한 미혼 53%, 결혼 34.3%, 이혼 12.7%였다.

다는 비중이 15.2%에 불과했고, 비독생자녀들은 38.4%에 달했다. 또한 화해를 부모나 타인에게 의존하겠다는 비중도 비독생자녀는 25.7% 수준인데 독생자녀는 44.6%에 달해 자발적인 갈등 해결 능력이 아주 부족함을 드러냈다.

이러한 차이는 독생자녀들의 결혼관에도 투영된다. 본 연구설문 중 "부부 관계가 좋지 않을 경우, 같이 살아야 될 필요가 있는가?"라는 질문에 64.1%의 독생자녀들은 같이 살 필요가 없다고 답을 한 반면, 비독생자녀들의 답변은 43.6%에 그쳤다. 2010~2013년 4년간 중국 민정부 통계자료를 보면 이 기간 중국의 이혼율은 점차 늘어나고 있는데 2012년 한 해는 이혼율이 결혼율을 앞선 적도 있었다. 다른 연구자의 독생자녀와 비독생자녀 간 이혼율을 보면 독생자녀의 이혼율이 비독생자녀에 비해 36% 높았으며, 베이징시 선무구 법원이 같은 해 처리한 이혼 건수 중 독생자녀 비율은 34.7%에 달했다.[4]

연구자는 13명의 이혼 및 기혼자에 대한 심층 인터뷰를 통해 부부의 갈등이 해결되는 경우에는 일반적으로 남성 쪽이 잘못을 인정하는 경우가 많았으며, 갈등이 심해질 경우에는 서로 일정기간 별거(아내는 처가, 남편은 본가)를 거친 것으로 나타났다.

가사를 어떻게 분담할 지에 대한 질문에 비독생자녀는 공평하게 분담하자는 비중이 56.8%로 가장 많았으나, 독생자녀들은 상대방이 전담해야 한다는 답이 46.5%로 가장 높았다. 이 결과만 놓고 보면 독생자녀들이 이룬 가정은 가사 문제에서부터 갈등이 시작될 것 같아 보인다. 또한 결혼 후 춘절(설)에 어디를 먼저 방문해야 하는가 라는 질문에도 자신의 부모집부터 방문하겠다는 비중이 독생자녀는 32.5%에 달해 가장 높았으나, 비독생자녀들은 18.2%에 그쳤다. 비독생자녀들

---

4) China Daily(2013.6.20.).

〈표〉 독생자녀와 비독생자녀간의 남녀관 및 노동관

(단위: %)

	일하기를 원하는가?			
	적극 원함	기본적으로 원함	그다지 원하지 않음	원하지 않음
독생자녀	15.1	35.7	38.4	10.8
비독생자녀	19	63.5	15.9	1.6
	노동은 반드시 수행해야 하는 의무인가?			
	그렇다	그렇지 않다	반드시 그렇지는 않다	
녹생자녀	27.3	21.1	51.6	
비독생자녀	43.9	20.6	35.5	
	다툼이 있을 경우, 어떻게 해결하는가?			
	본인이 자발적으로 화해하려 한다	상대방이 주동적으로 화해하도록 한다	부모나 기타 구성원이 화해를 위해 나선다	
독생자녀	15.2	40.2	44.6	
비독생자녀	38.4	36.9	25.7	
	가정 잡무(가사)는 어떻게 나눠야 하는가?			
	주로 내가 전담	주로 상대방이 전담	공평하게 분담	
독생자녀	7.6	46.5	40	
비독생자녀	25.9	17.3	56.8	
	결혼 후, 춘절(설)에는 누구 집에 방문해야 하는가?			
	내 부모	상대방 부모	부부끼리 보냄	양가 모두 방문
독생자녀	32.5	16.4	28.7	22.4
비독생자녀	18.2	25	24.3	33.5

자료: 챠오쉐민(2014), 중국독생자녀신분의무관연구, 서남정법대학, 학위논문. p.15~23.

은 양가 모두 방문으로 답한 비중이 33.5%로 가장 높은 수준을 나타 냈다. 이러한 설문결과들만 놓고 볼 때 독생자녀들의 이혼율은 향후 에도 비독생자녀들 보다 더욱 높아질 것으로 예측된다.

주링허우 대학생들의 인생 목표는?

류쉬우펑(2012)은 주링허우 대학생들의 인생관에 대한 설문조사를 진행했는데 성도전자과기대학, 심천대학, 심양대학, 절강사범대학, 화중과기대학에 재학 중인 대학생 1,053명에 대한 설문 결과를 분석에 사용했다. 이 중 남성 40.6% 여성 59.4%, 독생자녀 47.2% 비독생자녀 52.8% 수준이었으며, 대학교 1학년부터 4학년까지 균등하게 참여했다. 설문조사를 통해 도출한 인생목표는 총 40개 항목이었다.

이 중 10위 안에는 주로 건강한 신체, 가정화목, 사업성공, 결혼, 마음의 평화, 우정, 사랑 등 개인과 가족의 행복과 관계된 키워드가 인생목표로 선정되었다. 특이한 점은 '강한 나라'가 11번째 인생목표로 꼽힌 점인데, 남학생은 6위로, 여학생은 14위로 꼽았다. 이는 국가에 대한 주링허우 대학생들의 가치관을 설명하는 요인 중 하나이다. 또한 비교적 사회성을 강하게 띠는 인생목표 키워드를 꼽아보면, 세계평화(15위), 사회안정(16위), 자유민주(17위), 국민의 행복(23위), 사회봉사(24위), 공동부유(33위) 등을 꼽을 수 있다.

<표> 주링허우 대학생들의 인생목표

인생목표	전체 순위	남학생 순위	여학생 순위	인생목표	전체 순위	남학생 순위	여학생 순위
신체건강	1	1	1	사회에서 인정받기	20.5	21	20
가정화목	2	2	2	평등호혜(win-win)	22	22.5	22
사업성공	3	3	4	국민의 행복	23	25.5	21
성공적인 결혼	4	5	3	사회봉사	24	24	25
편한 마음가짐	5	8	5	자녀들의 성공	25	30.5	24
진정한 우정	6	7	7	추앙을 받는 인물	26	20	35
편한 생활	7	9.5	6	타인을 위한 삶	27	22.5	33
진정한 사랑	8	4	12	평온과 안정	28	30.5	26
자주적인 독립	9	12	9	유명해지는 삶	29	28	29
다채로운 생활	10	14	8	영원을 초월한 삶	30	27	31.5
강한 나라	11	6	14	단결 화목	30.5	32	27.5
강인한 성격	12	9.5	10	조상을 명예롭게	32	33.5	27.5
고상한 품격	13	11	13	공동부유	33	33.5	31.5
풍부한 지식	14	13	11	먹고 마시고 놀고	34	39	30
세계평화	15	17.5	15	최고의 명성 추구	35	29	38
사회안정	16	17.5	16	모두 다 아는 지명도	36	38	34
자유민주	17	15	19	창조 발명	37	35.5	37
가정 부유	18	16	18	만수무강	38	37	36
총명하고 일 잘하기	19	25.5	17	복이 자손 대대로	39	35.5	40
권력과 위세 갖기	20.5	19	23	용모출중	40	39	39

자료: 류쉬우핑(2012), 90后대학생인생관 및 인도, 화중과기대학, 학위논문. p.76.

네이쥐안

네이쥐안(内卷)은 중국어로는 안으로 말리다라는 뜻인데, 2020년 한 월간지가 선정한 10대 유행어에 선정되면서 널리 알려졌다. 중국 문예월간지 '야오원자오쯔(咬文嚼字)'가 선정했는데, 이 잡지는 1995년부터 해마다 10대 유행어를 발표하는 것으로 중국 내 명성을 얻었다. 네이쥐안의 사회적 의미에 대해서는 온라인에서 많은 공감을 받은 화웨이의 한 내부 기고문을 보자. '네이쥐안은 소모성 경쟁의 과열 현상을 뜻한다. 네이쥐안(involution)의 반대말은 곧 진화(evolution)다. 즉, 바깥이 아닌 안쪽으로의 진화로 이 단어의 뜻을 정의할 수 있다.' 다소 추상적이고 복잡한 단어의 의미 때문에 해프닝이 벌어지기도 했다. 중국 내 한 프로그램에서 중국 BAZAAR 편집장이자 스상그룹의 CEO 쑤망이 젊은이들에게 건넨 조언이 되레 온라인에서 질타를 받았다. '요즘 자주 쓰이는 네이쥐안이란 말은 곧 우리 세대 때의 경쟁 스트레스를 뜻하는 것 같아요. 요즘 젊은이들은 개개인의 욕망(목표)이 큽니다. 하지만 게으름 역시 크다는 게 문제예요. 둘 사이의 격차로부터 스트레스가 발생합니다. 꿈을 이루기 위해선 상응하는 노력이 받쳐줘야 합니다.' 댓글에서는 쑤망이 네이쥐안의 뜻을 잘못 파악했다며 비판 일색이었다. 그중 한 댓글은 '개개인의 목표가 너무 높아서 스트레스가 발생한다고? 전혀 아니다. 오히려 오늘날 젊은이들 꿈은 작고 소박하다. 그 소박한 꿈을 이루는데 필사적인 노력을 기울여야 한다. 네이쥐안은 작은 목표와 이를 위해 요구되는 큰 노력 사이의 격차 때문에 발생한다'고 했다.[5]

네이쥐안은 원래 학술용어 involution에서 유래가 되었다. 이를 사용

---

5) 중앙일보(2021.5.11.), www.joongang.co.kr/article/24054949

한 학자가 미국의 인류학자 알렉산더 골든와이저(Alexander Goldenweiser) 등 몇 명이 있지만 그중 하나를 소개하면 클리퍼드 기어츠의 「농업의 내향적 정교화(일조각, 2012. 번역서)」를 들 수 있다. 그는 인도네시아의 역사를 생태적 변화중심으로 1963년에 분석하였다. 인도네시아는 17 세기 이후 네덜란드의 식민지배를 거치면서 자바섬을 중심으로 한 내(內)인도네시아와, 여타 3개의 큰 섬을 아우르는 외(外)인도네시아라는 두 형태의 생태계로 나누어진다. 쌀 농사가 중심을 이루는 자바 섬 즉 내인도네시아의 농업을 특징짓는 것이 '내향적 정교화'(Involution)이다. 인도네시아의 벼농사 경영 형태는 완성되었지만, 그후 새로운 유형으로 발전하지 못하고 내적으로 정교화함으로써 자기파괴적이고 정적인 확장을 거듭하게 되었다는 것이다. 즉 인볼루션이라는 개념은 한 체계가 안으로 말려들어감으로써 혼란스럽게 되고 결국은 퇴행하게 된다는 의미를 가지고 있다.[6]

네이쥐안이 중국 내 학교에서 실제로 어떻게 쓰이는지는 상하이 현지에서 고교에 재학 중인 상하이저널 학생기자 김리흔(상해중학)의 기사를 인용하고자 한다.[7] '한 학생이 500자 독후감 과제를 800자를 써서 냈다면, 선생님은 그 노력을 가상히 여겨 칭찬할 것이다. 그러면 다른 학생들은 다음 숙제를 할 때 자연스럽게 500자 이상을 쓰게 된다. 어느새 500자가 기준이었던 독후감은 1000자를 넘겨야 하는 힘든 과제가 된다. 여기서 네이쥐안런(內卷人)이 등장한다. 네이쥐안런이란 어쩔 수 없이 네이쥐안에 뛰어든 사람으로, 앞서 예를 들었던 친구가 칭찬을 받은 것을 보고 그 후 독후감 1000자를 써온 학생들과 같다. 네이쥐안과 노력의 차이점은 무엇일까? 사실 이 문제로 학교에서도

---

6) 경향신문(2012.11.9), www.khan.co.kr/print.html?art_id=201211092013025
7) 상하이저널(2022.5.22.)
   http://www.shanghaibang.com/shanghai/news.php?mode=view&num=65548

논쟁이 많다. 네이쥐안은 동업자끼리 한정되어 있는 자원을 서로 가지기 위해 의미 없고 무분별한 경쟁을 하여 노력에 비해 수익이 점점 낮아지는 현상을 뜻한다. 그렇기 때문에 네이쥐안런은 경쟁에서 밀리지 않기 위해 어쩔 수 없이 효율이 낮은 노력을 반복하는 것을 의미한다. 그에 반해 노력은 오직 자기 자신만을 위한 능동적인 것이다. 본인이 한층 더 성장했으면 하는 마음에서 하는 것은 노력이지만 다른 사람의 눈치를 보며 본인이 뒤쳐질 것만 두려워하는 것은 네이쥐안이다. 2020년부터 유행한 네이쥐안이라는 단어는 어느 순간부터 본 뜻과는 다르게 노력하는 사람을 비꼬는 의도로 사용이 되기도 한다. 열심히 공부하고 있는 친구를 보며 불안해하며 너 정말 쥐안(卷)하구나 라고 말한다. 결국 네이쥐안은 경쟁이다.'

주링허우는 인터넷을 얼마나 신뢰할까?

본서에서 살펴본 바와 같이 한중 양국간의 혐오 현상은 인터넷이 그 주요 매개체였으며, 바링허우에서 시작되어 주링허우가 지금은 그 중심에 서있다고 해도 과언이 아니다. 그렇다면 주링허우는 인터넷에서 쏟아지는 각종 정보들을 얼마나 신뢰하고 있을까? 셰잉샹(2013)8)은 설문조사를 통해 주링허우 대학생들 주변의 신뢰관계에서 인터넷이 어느 정도 영향력을 끼치고 있는지를 분석하고자 했다. 먼저 인터넷에서 여러 유형의 대상을 만날 경우 얼마나 신임하는지를 물었다. 가

---

8) 양저우대학(강소성 양주시), 상해제2공업대학(상하이시), 전장고등직업기술학교(강소성 전장시), 화동정법대학(상하이시) 등 4개 교육기관에 재학중인 대학생 681명을 대상으로 설문조사를 실시했으며 이들의 평균연령은 20.7세였다. 응답자 중 남성 42.1% 여성 57.9%였다.

족은 94%의 응답자가 완전히 신임한다고 답을 했으며, 그 다음으로 높은 신임도를 보여준 대상은 친구로 81.8% 응답자기 완전신임하거나 꽤 신임한다고 답을 했다. 그냥 신임한다는 비중까지 더하면 그 신임도는 97.7%에 달한다. 특이한 점은 대학에서 알게된 학우는 완전신임이 0.4%, 꽤 신임이 2.2%에 불과했으며 일반적인 신임 비중도 36.1%에 그쳤다. 반면 학우에 대한 불신임, 아주 불신임, 절대불신임 합게는 61.1%에 달했다. 이번 설문조사 대상은 대학 1학년에서 3학년까지였는데, 1학년 비중은 40.5%, 2학년 29.4%, 3학년 30.1%였다. 다시 말하면 대학 학우는 이제 안지 1년이 되었거나 채 3년도 못되었다는 의미이다.

본서에서 중국의 대학 입시제도(가오카오)를 소개한 이유도 이러한 중국 대학생의 특성을 이해히기 위해서였다. 중국은 후커우 제도로 인해 자유롭게 전입·전출을 할 수 없다. 반드시 정부가 인정한 사유가 있어야 하는데, 국유기업 입사와 대학 입학 등이 주요 사유 중 하나이다. 따라서 중국 학생들은 초·중·고교의 경우 후커우 소재지에서 반드시 다녀야 하며 원천적으로 전학이 불가능하다. 따라서 위 설문조사에 등장한 '친구'는 같은 초·중·고 혹은 같은 지역(시 혹은 구)내 초·중·고를 함께 다닌 친구를 의미한다. 따라서 이들은 6년이나 9년 동안 혹은 12년 동안 친분을 쌓아온 '친구'일 것이다. 반면 대학은 가오카오를 친 후, 본인의 성적에 따라 전국 어느 대학이라도 지원이 가능하다. 따라서 대학 입학 후 처음으로 만난 학우는 평생 처음 만난 사람이 되는 것이다. 따라서 대학 학우에 대한 불신임도가 61.1%가 나온 것은 어떤 의미에서는 높은 수준이 아닐 수도 있다. 다음으로 선생님에 대한 신임도는 61.3%로 불신임도(38.7%)보다는 높은 수준을 나타냈다. 위 설문결과를 보면 중국 대학생들은 '친구'가 보내주는 정보를 100% 신뢰하고 그에 따라 행동하고 사고할 수 있다는 것을 의미한다.

그렇다면 이들이 온라인에서 만나는 네티즌에 대한 신뢰도는 어떨까? 네티즌이 제공하는 정보의 신뢰도를 묻는 질문에 신뢰한다는 답변은 34.2%였고, 신뢰하지 않는다는 답변은 65.8%였다. 동 설문과 정확한 연구범위를 가진 비교대상을 발견하지는 못했지만 한국 대학생의 인터넷에 대한 신뢰도(10점 만점에 5.5),[9] 이화여대 학생들의 인터넷 신뢰도 48.4%(설문문항 중 매우 신뢰한다, 신뢰한다, 조금 신뢰한다를 선택한 비중[10])와 비교해 보면 중국 대학생들의 신뢰도는 다소 낮아 보인다. 그 다음으로 네티즌 의견에 대한 신뢰도를 묻는 질문에도 비슷한 비중(33.8%)으로 신뢰한다고 답을 했다. 내가 필요할 때 네티즌이 진심으로 도와주는가에 대한 질문에는 39%의 응답자가 동의를 표했고, 안위하고 격려해준다는 응답은 이보다 높은 57.1%에 달했다. 즉 대학생들은 인터넷에서 처음 만난 네티즌을 통해 상당부분 교감하고 있는 것으로 판단된다. 반면 신뢰를 이용하여 나를 속일수도 있다는 답변은 81.9%에 달해 네티즌에 대한 의구심 또한 높음을 알 수 있다. 네티즌의 행위는 변화가 심하고 예측이 어렵다고 답한 응답자가 67.8%에 달한 것이 이러한 평가를 방증한다.

다음으로 온라인에서 사교활동 하는 이유를 묻은 질문(복수 응답)에 가장 많은 59% 응답자가 오프라인 관계를 온라인에서 유지할 목적을 들었으며, 그 다음으로 친구를 사귀고 사회관계 구성을 위해서(43.9%)를 꼽았다. 소위 '꽌시' 구성을 위해 온라인을 적극 활용하고 있음을 알 수 있다. 그 다음으로 정보 획득(37.4%)이 온라인 사교활동 이유로

---

9) 유로저널(2011.11.23.), http://eknews.net/xe/index.php?document_srl=195276&mid=kr_politics&listStyle=viewer

10) 이대학보(2017.3.20.), https://inews.ewha.ac.kr/news/articleView.html?idxno=20410

<표> 대학생의 인터넷에서 신뢰 관계에 대한 설문 결과

(단위: %)

	인터넷에서 다음 유형의 대상을 만난다면 당신의 신임 정도는?					
	완전신임	꽤 신임	신임	불신임	아주 불신임	절대 불신임
가족	94	3.7	0.9	0.9	0.4	0.1
친구	5.1	76.7	15.9	2.3	0	0
선생님	0.4	17.2	43.8	28.5	8.7	1.5
대학 학우	0.4	2.2	36.1	58.4	2.3	0.4
처음 알게 된 사람	0	0.3	3.5	9.3	86.5	0.4
모르는 사람	0	0	0.1	0.6	2.1	97.2
	유형별 온라인 정보에 대한 신임도					
	아주 동의		동의	반대		아주 반대
대부분 네티즌이 제공하는 정보는 신뢰한다	1.6		32.6	61.4		4.4
대부분 네티즌 의견에 대해 신뢰한다	1.8		32.0	61.8		4.4
내가 필요할 때 네티즌은 진심으로 나를 도와준다	2.5		36.5	56.2		4.7
내가 좌절할 때 네티즌은 나를 안위하고 격려한다	2.9		54.2	39.5		3.4
네티즌은 신뢰를 이용하여 나를 속이지 않을 것이다	1.2		16.9	66.5		15.4
네티즌의 행위는 변화가 심하고 예측이 어렵다	8.5		59.3	30.4		1.8
	온라인에서 사교 활동을 하는 이유는?(복수 응답)					

트랜드를 쫓기 위해	현실 도피	자아 과시	도움이 필요해서
3.8	4.8	7.5	10.7
스트레스 해소	좋아하는 커뮤니티 활동을 위해	오락, 게임을 위해	무료해서, 시간 때우기
11.5	25.4	25.4	36.6
사상을 교류하고 정보 획득 위해	친구를 사귀고 사회관계를 위해	현실에서 알게 된 관계를 유지하기 위해	
37.4	43.9	59.0	

자료: 셰잉샹(2013), 90后대학생인터넷사교중신임관계연구, 화동사범대학, 학위논문. p.20~90.

꼽혔다.11)

　한국에서 보통 3연 하면, 지연, 혈연, 학연을 꼽을 수 있다. 그러나 중국에
서는 학연(學緣) 대신 같은 업종에 종사하는 인연을 뜻하는 업연(業緣)이 들
어간다. 왜 중국에는 학연이 없을까? 정인갑 前칭화대 교수는 중국에 동창,
동문 문화가 없는 것은 서로가 라이벌이라는 의식이 작용했기 때문일 것이
라고 주장한다. 인간은 서로 닮을수록 이해 충돌이 생기기 쉽다. 중국인은
동문이더라 하더라도 남보다 친하게 느껴지지 않는다. 같은 직장이나 서로
연관되는 부서에 있을수록 그들의 관계는 더욱 냉랭하다. '먼 자와 사귀고
가까운 자는 경계하라(遠交近攻)'라는 기원전 270년 전국시대 책략가 범저(范
雎)의 외교전략은 현대 중국 동창에게도 적용된다.12) 중국에 없는 동창 문화
는 '1가정 1자녀 정책'에 의해 영향을 받은 것으로 판단된다. 모든 가정에
하나 뿐인 중학생, 고등학생들은 친구를 친구로 보기 보다는 경쟁자로 보았
을 개연성이 크다. 같은 대학교를 졸업한 친구를 같은 기업에서 다시 마주치
는 경우, 반가움 보다는 단 한 명만 승진이 가능한 과장 자리를 놓고 경쟁해
야 할 경쟁자로 연상되는 것이다. 이러 맥락에서 지연으로 맺어진 같은 고향
사람들은 라이벌 관계가 될 가능성이 약하다. 따라서 학연보다는 지연이 더
중시 받게 되는 것이다.

---

11) '꽌시'는 관계(關係)의 중국어 발음으로 relationship(관계), friendship(우정), con-
　　nection(왕래·연계), exchange(거래) 등으로 해석된다. 어떤 대상과 혈연관계가 없다
　　면, 지연·업연·학연 등을 배경으로 도움을 주고받은 후, '꽌시'를 만든다. 이를 통해
　　일상 및 사회생활 혹은 사업상 이익을 취할 수 있으며, 이를 목적으로 구축하는 인간
　　관계 혹 네트워킹이다. '꽌시'가 있는 그룹은 그렇지 못한 그룹이나 그 구성원에게 배
　　타적으로 행동한다.
12) 정인갑(2002),「중국문화.COM」, 다락원, 121~122쪽

1자녀 가정과 2자녀 가정의 가치관, 생활방식 비교

중국은 1979년부터 엄격한 1가정 1자녀 정책을 실시했지만 1982년 부터 농촌 지역에서는 2자녀를 허용하고, 2011년부터는 부모 모두 외동자녀이면 둘째를 허용하는 등 중국 가정에 둘째가 늘어나기 시작했다. 이후 중국 사회학 전문가들도 과연 한 자녀 가정과 두 자녀 가정의 자녀들이 어떠한 가치관과 생활 방식을 가지게 되는지 궁금해하면서 관련 연구들도 시작되었다.

린뎬이(2020)[13]는 귀주성 귀양시에 소재하는 두 자녀 가정 150곳을 대상으로 한 자녀였을 때와 둘째를 출산했을 때 가치관의 변화를 조사했다. 먼저 '둘째를 낳고나서 가정이 행복이 늘었냐'는 질문에 72.6%가 긍정을 27.4%가 부정으로 답했다. 둘째를 낳고 달라진 교육관을 묻는 질문인 '조기 교육에 관한 견해'에 대해 한 자녀 때 찬성 의견이 49.3%에 달했으나, 두 자녀 때는 42.5%로 줄었으며, 반대 의견은 15.1%에서 24.7%로 더 큰 폭으로 늘었다. 아울러 '자녀와 부모간의 소통은 평등해야 하는가'라는 질문에는 한 자녀때 동의율은 76.7%였으나, 두 자녀 때는 90.4%로 늘었다. 결국 두 자녀 가정이 되면서 한 자녀에 대한 과다한 교육열과 관심은 현저히 줄어든 것으로 판단된다.

둘째 출산 이후 부부간의 감정을 묻는 질문이 여럿 있었는데, 먼저 응답자의 40.4%가 감정이 좋아졌다고 답을 했으며, 그렇지 않다는 답변은 7.6%에 불과했다. 또한 둘째 출산 후 배우자와 교류가 늘었다고

---

13) 부모 연령대는 21~50세, 평균연령은 35.6세였다. 응답자 학력은 초등학교 이하 31.5%, 고교 24.7%, 전문대 이상 43.8%이었으며, 직업은 가정주부 24.7%, 프리랜서 21.2%, 서비스업 종사자 13.7%, 전문직 3.4%, 사무직 10.3%, 노동자 및 생산직 16.4% 순이었다. 가구 연평균 수입은 20~25만 위안이었다.

44.5%가 답했다. 이는 둘째 출산이 부부 관계에도 긍정적인 요인이 된 것으로 보인다. 중요한 일을 결정할 때 주도권을 묻는 질문에는 둘째 출산 이후 부인의 주도권이 다소 올라간 결과(8.9% → 9.6%)를 나타냈다. 또한 부부간 의논해야 된다는 답변도 상승(61% → 65.8%)하여 둘째 출산 이후 남편의 독단적인 결정이 줄어들었음을 나타냈다. 부부간 대화 주제의 변화를 묻는 질문에는 첫째 출산 후 자녀 교육 문제가 58.9%였으나 둘째 출산 후에는 61%로 상승했고, 첫째 출산 후 인생 계획에 대한 대화가 30.8%를 차지했으나, 둘째 출산 후에는 노인 부양에 대한 대화 주제가 26%로 새롭게 등장했다.

둘째 출산 후에는 가정의 저축 목표에도 변화가 있었다. 첫째 출산 후에는 1순위의 교육이 46.6%를 차지했으나 둘째 출산 후에는 36.3%로 떨어졌고 2순위로 밀려났다. 반면 첫째 출산 후 1순위에서 29.5%를 차지했던 주택마련이 둘째 출산 후에는 30.8%로 증가하였고, 보험 역시 30.8%로 증가하여 가족이 늘어나면서 주택 및 보험 등 책임감이 증가했음을 보여준다. 또한 3순위 기타 항목에 둘째 출산 후에 '자녀들의 결혼 비용' 항목이 새로 등장하기도 했다.

자녀가 늘어나면서 부부만이 외출하는 빈도는 줄어들었고(5.5% → 2.7%), 아이와의 동반 외출도 줄어들었으며(54.8% → 43.8%), 이에 반해 집에서 휴식하는 비중(11% → 22.6%)은 늘어났다. 결국 두 아이에 대한 양육 부담이 부부의 휴식 시간을 뺏고 있음을 보여준다.

끝으로 가족 구성원이 늘어나면서 가정 내 갈등이 증폭되고 심지어 폭력이 생성됨을 보여주었다. 배우자간 다툼시 이를 해결하는 방안을 묻는 질문에는 한쪽이 수긍할 때까지 언쟁을 한다는 비중이 12.3%에서 18.5%로 늘어났으며, 특히 폭력으로 해결한다는 응답도 1.4%에서 3.4%로 증가했다. 반면 서로 상의해서 해결한다는 답변은 56.8%에서

53.4%로 줄어들었다. 이는 중국 사회가 다자녀 가정으로 변신함에 따라 가정불화와 이에 따른 가정폭력이 늘어날 수도 있는 개연성을 보여준다 할 것이다.

〈표〉 중국 두 자녀 가정의 가치관 및 생활방식 변화 설문 결과

(단위: %)

	자녀들의 조기 교육에 대한 의견은?				
	아주동의	동의	일반	반대	아주반대
한 자녀 때	17.1	32.2	35.6	13	2.1
두 자녀 때	10.3	32.2	32.9	22.6	2.1
	자녀와 부모간 소통은 평등해야 하다고 생각하는가?				
	아주동의	동의	일반	반대	아주반대
한 자녀 때	27.4	49.3	15.8	6.2	1.4
두 자녀 때	32.2	58.2	3.4	6.2	0
	가정에서 중요한 일을 결정할 때 주도권은 누구에게 있나?			
	남편	부인	부부 의논	기타
한 자녀 때	27.4	8.9	61	2.7
두 자녀 때	21.2	9.6	65.8	3.4

	둘째를 출산한 후, 배우자와의 감정은 좋아졌는가?					
	아주동의	동의	일반	반대	아주반대	모르겠음
응답률	9.6	30.8	44.5	5.5	2.1	7.5

	둘째를 출산한 후, 배우자와의 교류는 늘었는가?		
	늘었다	감소했다	변화 없음
응답률	44.5	26.7	28.8

	자녀 출산 후 부부간 주요 대화 주제는?(복수 응답)			
	자녀 교육	가사 관련 사항들	인생계획	노인 부양
한 자녀 때	58.9	36.3	30.8	-
두 자녀 때	61	37	-	26

당신이 저축을 하는 이유는?								
1순위			2순위			3순위		
교육	주택 마련	보험	교육	사업	생활	생활	사업	기타
한 자녀 때	46.6	29.5	20.5	41.8	20.5	20.5	49.3	17.1	15.1
두 자녀 때	36.3	30.8	30.8	49.3	15.8	15.1	41.8	16.4	15.8

	교육 (1순위)	주택 마련	보험	교육 (2순위)	사업	생활	생활 (3순위)	사업	기타
한 자녀 때	46.6	29.5	20.5	41.8	20.5	20.5	49.3	17.1	15.1
두 자녀 때	36.3	30.8	30.8	49.3	15.8	15.1	41.8	16.4	15.8

배우자와 휴식을 취하는 방법은?					
	부부만 외출	아이와 외출	집에서 휴식	휴식 활동 없음	기타
한 자녀 때	5.5	54.8	11	20.5	8.2
두 자녀 때	2.7	43.8	22.6	23.3	7.5

배우자와 다툼이 있을 경우, 해결 방법은?					
	서로 상의	냉전	언쟁(한쪽이 수긍할때까지)	폭력	기타
한 자녀 때	56.8	19.2	12.3	1.4	10.3
두 자녀 때	53.4	17.8	18.5	3.4	6.8

자료: 린롄이(2020), 귀양시독생자녀가정과 비독생자가정변화연구, 귀주대학, 학위논문. p.21~41.

독생자녀 1인이 부양해야 할 노인은 6명

중국이 등장한 지 100년이 되는 2049년에 세계 제1의 강대국이 되겠다는 시진핑 주석의 '중국몽'에 대한 가장 큰 방해 요인은 최근 전방위적인 갈등을 겪고 있는 미국도 아니고, 통일 문제로 무력충돌까지 우려된 대만도 아니며, 중국과 국경을 맞대고 영토문제로 전쟁까지 경험한 인도도 아니다. 바로 날로 늘어나고 있는 노인들이다.

중국의 독생자녀를 설명할 때 사용하는 키워드가 있다. 바로 식스 포켓 신드롬(Six Pocket Syndrome)이다. 홀로 태어난 독생자녀 하나를 위해 부모, 조부모, 외조부모 6명의 어른들이 과잉보호(6명 주머니에서 나오는 물적·심적 지원과 관심)를 한다는 의미이다. 이러한 과잉보호를 받는 독생자녀를 중국에서는 '소황제'라고 불렀다. 이제 소황제가 성장하여 날로 늙어가는 6명의 부모, 조부모를 부양할 시기가 된 것이다. 국가는 고령화 문제를 해결하기 위한 사회보장 시스템(의료·양로)에 들어갈 거대한 재정 부담으로 성장동력을 잃을 것이며, 소황제였던 독생자녀 젊은이들은 국가가 커버해 주지 못하는 부분에 대해 자신의 수입 대부분을 6명 노인 케어를 위해 지출해야 할 것이다. 이는 독생자녀들의 소비력 저하로 이어져 중국 성장의 방해요인으로 작용할 것이 분명하다. 이들 가정을 중국에서는 노인부양 관점에서 '421가정'이라고 하는데, 4명의 노인과 2명의 부부 그리고 1명의 손자를 의미한나.

먼저 중국의 고령화 상대를 진단해 보자. 현재 중국의 고령화율은 14.2%(65세 이상, 2021년 기준)이며 생산연령인구는 이미 2014년 이후 감소세로 전환되었다. 참고로 세계 평균 고령화율은 9.3%(2020년, UN), OECD 평균은 17.5%(2020년, OECD)를 나타내고 있다. 중국 인구 중 고령층 비중이 빠르게 증가하면서 중국은 이미 고령화 사회(2000년)를 넘어 고령 사회(2021년)로 진입했다. UN은 65세 이상 인구의 비중에 따라 고령화사회(7% 이상~14% 미만), 고령 사회(14% 이상~20% 미만), 초고령 사회(20% 이상)로 분류한다. 중국의 고령화는 미국·영국 등 서구사회에 비해 매우 빠르게 진행 중이며 한국·일본 등 동아시아 국가들과 비슷한 수준이다. 특히 생산연령인구(15~64세)가 감소하면서 그동안 중국의 경제성장을 견인했던 풍부한 노동력의 이점이 줄어들고 노동의 성장에 대한 기여 정도도 지속적으로 하락하는 추세이다.

중국의 생산연령인구는 2013년 10.1억 명을 정점으로 감소하고 있으며, 비중도 2010년 74.5%를 정점으로 하락(2021년 9.7억 명, 68.3%)했다. 이에 따라 GDP 성장에 대한 노동기여도 역시 1990~1999년간 2.1%포인트에서, 0.9%포인트(2000~2009년), 0.8%포인트(2010~2019년)로 하락하고 있다.

먼저 스하오옌(2018)[14]은 현재 독생자녀 가정의 노인 부양 상태를 설문조사를 통해 분석한 바 있다. 먼저 부모 케어에 대해 걱정 여부에 대한 질문에 다자녀 가정은 27%가 근심하고 있다고 답했으며, 독생자녀 가정은 80.4%가 걱정을 하고 있다고 답했다. 이 항목만 놓고 보더라도 중국 독생자녀 가정의 미래 가장 큰 근심거리는 부모 케어가 될 수밖에 없다는 판단이다. 실제, 부모들에게 '고독감을 느끼고 있는가'

[그림] 연령대별 중국의 인구 구성(1990~2021년)

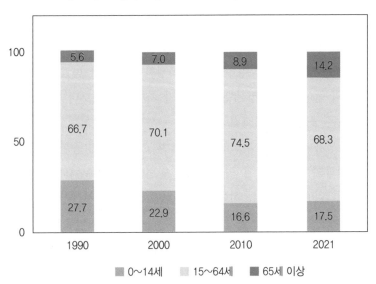

자료: 국가통계국, 중국통계연감(2022).

14) 흑룡강성 쑤이펀허시(인구 21만 명) 독생자녀 가구 100호와 비독생자녀 가구 100호에 설문이 진행되었으며, 이중 197건이 분석에 사용되었다. 이들 가구는 모두 부모가 생존해 있었고 연령대는 다자녀 가정의 경우 65세 이상이 66%를 점유했으며, 독생자녀 가정은 36%를 점유하고 있었다.

라는 질문에 대해 독생자녀 가정의 부모들은 78.4%나 고독감을 느끼고 있다고 답을 했으며, 다자녀 가정은 17%에 불과했다.

〈표〉 주요 국가 인구고령화 진행 속도(1990~2021년)

국가	고령화 사회	고령 사회	고령화 → 고령사회 진입 시간
중국	2000년	2021년	21년
한국	2000년	2018년	18년
일본	1971년	1995년	24년
미국	1942년	2014년	72년
영국	1930년	1975년	45년

자료: 국가통계국, 중국통계연감(2022), 한국은행(2022.4.8) 국제경제리뷰.

부모들의 주요 수입원 중 퇴직금에 의존한다는 답변은 독생자녀 가정이 63%, 다자녀 가정이 59.1%로 독생자녀 가정이 높았다. 이는 설문대상의 독생자녀 가정 부모 연령대가 다자녀 가정보다 현저하게 젊어서 최근 중국에서 비교적 완벽하게 구성되어진 사회보장 시스템 혜택을 독생자녀 가정의 부모가 더 많이 받고 있음을 방증한다. 반면 부모 본인들의 근로수입에 의존한다는 답변이 21.6%(다자녀 가정), 15%(독생자녀 가정)나 되었다. 이들은 사회보장 시스템에서 분리된 인원으로 볼 수 있을 것이다. 국가가 지급하는 노령연금에 만족하는 비율은 20.4%에 불과했고, 60%가 불만을 표시했다.

부모들의 건강 상태는 다자녀 가정의 경우 아주 좋거나 비교적 좋음이 28%였고, 독생자녀 가정은 25.8%로 일정 수준의 차이를 보였다. 부모 부양의 형태나 구성에 따라 건강에까지 영향을 미치고 있음을 보여준다. 다자녀 가정의 경우, 18%가 자녀들 1명 이상과 부모가 같

〈표〉 흑룡강성 쑤이펀허시 독생자녀 및 비독생자녀 가정의 부모 부양 현황

(단위: %)

	부모 연령 구조		
	55~60세	61~65세	65세 이상
다자녀 가정	16	18	66
독생자녀 가정	56.8	7.2	36

	부모의 주요 수입원			
	부모의 근로	퇴직금	자녀들 효도금	배우자 제공
다자녀 가정	21.6	59.1	12.1	7.2
독생자녀 가정	15	63	19	3

	부모는 국가가 주는 노령연금에 만족하고 있는가?				
	만족	비교적 만족	중립	비교적 불만	불만
독생자녀 가정	10.05	10.32	20.67	26.44	33.52

	부모의 건강 상태는?				
	아주 좋음	비교적 좋음	일반	비교적 나쁨	나쁨
다자녀 가정	6	22	36	26	10
독생자녀 가정	7.2	18.6	34	36.1	4.1

	부모와 같이 살고 있는가?		
	예	아니오	
다자녀 가정	18*	82	*자녀들 중 1인 이상과 같이 거주할 경우.
독생자녀 가정	9.3	90.7	

	향후 부모를 어떤 방식으로 케어할 것인가?		
	양로원(기관)	재택양로(지역커뮤니티)	가정에서 양로
다자녀 가정	7	23	70
독생자녀 가정	27.6	66.1	6.3

	부모가 병이 나면 누가 간호할 것인가?			
	부모 본인 혹 배우자	자녀	친척	이웃
독생자녀 가정	67.3	29.28	2.39	0.96

자료: 스하오옌(2018), 독생자녀가정양로문제대책연구, 동북재경대학, 학위논문. p.13~23.

이 살고 있었으며, 독생자녀 가정은 9.3%에 그쳤다. 향후 어떻게 부모를 케어할 것이냐는 물음에 다자녀 가정의 70%는 가정에서 케어할 것이라고 답한 반면 독생자녀 가정은 6.3%에 그쳐 극명한 대조를 보였다. 독생자녀 가정은 27.6%가 자비부담이 포함된 양로원(기관양로·机构养老)을 선택했으며, 가장 많은 66.1%는 지역 커뮤니티 중심에서 이루어지는 재택 양로(사구양로·社区养老)를 선택했다. 이는 우리의 '재가 요양'에 해당되는 양로서비스로 국가 보다는 부모 거주지 지역복지센터 주도로 이루어지며, 도시마다 차이는 있지만 대체적으로 자비 부담률이 높지 않다. 마지막으로 독생자녀 가정에만 부모가 발병시 누가 간호할 것인가를 물었는데, 자녀는 30%였고, 부모님 본인(배우자 포함)은 67.3% 순이었다.

리우징(2022)은 독생자녀 부모 2,947명과 비독생자녀 부모 5,642명에 대한 설문조사를 분석해 양로의 책임이 누구에게 있는지에 대한 두 종류 국민(독생자녀 vs 비독생자녀)들의 인식차이를 조사했다. 먼저 독생자녀들의 부모 중 가장 높은 비중인 38.5%가 주로 자녀들 책임이라고 답을 했는데, 이를 앞선 스하오옌(2018) 조사결과와 대비하여 보면, 독생자녀 자녀들은 부모를 모실 생각이 없는데, 정작 부모들은 자녀들에게 가장 많이 케어를 기대하고 있는 셈이다. 비독생자녀들의 부모 역시 46.4%가 자녀에 케어 책임이 있다라고 답을 했으며, 이는 독생자녀 부모보다 7.9%포인트 높은 수준이다. 부모 부양이 정부 책임이라는 답변은 독생자녀 부모가 높았으며(2.44%포인트), 노인 본인 책임이라는 답변은 비독생자녀 부모들이 다소(1.78%포인트) 높았다.

독생자녀 부모들의 답변만을 대상으로 노인부양 책임소재에 대해 분류를 해보면 농촌 후커우 독생자녀 부모들이 도시 후커우 소지자들보다 자녀 책임이라는 답변 빈도가 높았다. 남자 아이를 둔 독생자녀 부모가 여자 아이를 둔 부모보다 자녀 책임이라는 답변 빈도가 높았다. 가정 경제 수준을 놓고 보면 잘사는 가정일수록 자녀에게 케어를 책임지려하는 경향이 낮았다. 마지막으로 기본양로보험(우리의 노령연금에 해당)의 가입 여부도 현저하게 부모 부양의 책임 소재에 영향을 미치고 있었다. 보험 가입자의 자녀 의존도는 35.8%였으나, 미가입 부모는 50.7%가 자녀에게 케어를 의존하려 했다.

〈표〉 부모 부양(케어) 책임에 대한 인식

(단위: %)

		주로 정부 책임	주로 자녀 책임	주로 노인 본인 책임	정부·자녀·노인의 균등한 책임	합계
독생자녀의 부모(%)		17.58	38.45	8.01	35.97	100%
비독생자녀의 부모(%)		15.14	46.35	9.79	28.72	100%
독생자녀 부모들의 인식 구분						
		주로 정부 책임	주로 자녀 책임	주로 노인 본인 책임	정부·자녀·노인의 균등한 책임	합계
후커우 구분	농촌	11.99	52.34	4.29	31.37	100%
	비농촌	21.74	28.08	10.78	39.4	100%
자녀 성별	여	20.47	34.97	9.15	36.01	100%
	남	15.71	41.08	7.27	35.94	100%
가정 경제 수준	평균 이하	19.7	39.24	6.75	34.31	100%
	평균	15.97	38.54	8.54	36.94	100%
	평균 이상	16.13	33.87	11.29	38.71	100%
기본양로 보험 가입여부	미가입	15.87	50.67	4.4	29.03	100%
	가입	17.95	35.81	8.79	37.46	100%

주: 2017년에 이루어진 중국사회현황종합조사(중국사회과학원 사회학연구소) Data 활용.
자료: 리우징(2022) 독생자부모양로책임관념 및 영향요인연구, 산동재경대학, 학위논문, pp.24~35.

중국 MZ세대와 미래
China's MZ Generation and Future

직업관과 노동 가치관

직업관과 노동 가치관

주링허우가 회사에서 원하는 것들

정쉐옌(2010)은 설문조사 중 노동집약형 기업에서 근무하는 A사 주
링허우 직원들이 원하는 항목을 추출한 바 있다. 그 결과를 보면 중국
내 사업을 진행하는 우리 기업들에게 시사하는 바가 있다고 판단되어
본고에서 아래와 같이 표로 정리해본다. 동 기업은 종사자 500명 이
상 규모의 대형전자제품 제조사이며, 동 설문은 주링허우 재직자 829
명에 대해서 진행되었다.

선정된 항목을 구분해 보면, 복지와 인사관리 분야가 가장 많았고,
그 다음으로 연수 및 교육훈련과 안전에 대한 요구가 다수였다. 복지
분야에서는 쾌적하고 안전한 기숙사 환경을 원하고 있었으며, 그 다
음은 식당 품질의 수준 제고가 언급되었다. 특이한 점은 직원 자녀들
의 현지학교 입학에 따른 문제 해결이 제시되었는데, 이는 본고에서
도 설명한 바 있는 농민공 문제와 연관된다. 즉 노동집약적 제조업에
서 근무하는 일반직원의 대부분은 농촌에서 유입된 농민공 출신으로

〈표〉 A사 90허우 직원들이 만족도 제고를 위해서 회사에 원하는 사항

구분	선정된 항목	구분	선정된 항목
복지	기숙사에 일률적으로 에어컨 설치	인사관리	우수 사원에 대한 QC, R&D 부서 이동기회 부여
	기숙사 내 운동장, 실내 오락실 필요		소원수리 우편함 제도 도입
	여름철 식당 내 피서용 수박 제공		생산부 직원의 별도 표식 착용을 통한 통일감 제고
	매월 생일자 생일 축하 활동		가 과(부서)별 SNS 커뮤니티 설치(QQ)
	기숙사 내 긴이 식당(취식) 공간 마련		우수 사원 귀향제도 도입
	기숙사 반장 제도 도입		직원 대상 심리검사 실시 및 전문가 강의 개설
	직원 휴식실 마련 및 스낵 제공		생산부 기술경진대회 실시
	춘절 연회 개최 및 상품 제공		주임급 직원의 기숙사 순찰제도 도입
	직원 자녀 현지 학교 입학에 따른 문제 해결(농민공 자녀)		일반 직원의 중간간부 전환제도 도입
	직원 내부용 복지 상점 마련(할인 구매)		각 부시별 좌담회 개최
	회사 내부 인터넷 게시판 개설(BBS)		직원의 미래 설계 지원(생애주기 계획)
	혹서기 생산라인 근무자에게 아이스음료 제공		매주 부서별 직원 연수 실시
	미혼자를 위한 배우자 소개(미팅) 프로그램 도입		국가 노동규정에 따른 엄격한 추가근무 수당 지급
	분기별 직원 야유회 및 회식 실시		직원별 담당 대리 상담 제도 마련
	식당 내 의견함 설치 및 직원 의견 반영		주1회 휴식 보장
연수, 교육 훈련	신입 대리(담당) 직원 자격 제고를 통한 직원 양성제도 마련	안전	안전요원의 적극적인 직원 무단횡단 방지를 통한 산업재해 예방
	분기별 대리, 조장 능력제고 위한 연수실시		사무실 및 기숙사 출입인원에 대한 인식 카드 착용으로 인한 안전사고 방지
	신입직원 멘토 제도 필요		회사 내 의무실 설치, 작업장 내 긴급 구호물품 비치
	직원 입사전 교육(OJT)제도 필요		품질·환경과 관련된 직업안전제도 도입
	전문적인 엔지니어링 양성 제도 도입		
	제조 부서별 각종 연수 과정 마련		

주: 위 항목들은 응답자들이 회사가 해주었으면 하는 항목들 중 만족도 60% 이상을 기록한 것들임.
자료: 정쉐옌(2010), 중국노동밀집형기업90后직원격려연구, 무한과기대학, 학위논문. p.43~44.

이들의 자녀가 회사 현지에 있는 학교에 입학하기 위해서는 회사의 보증(재직 확인) 및 추가 비용을 부담해야 한다. 직원들은 이에 대한 문제 해결을 원하고 있는 것이다.

다음으로 인사관리 분야에서 특이한 점은 직종 전환을 강력하게 원한다는 점을 꼽을 수 있다. 즉 일반 생산라인 근무 직원으로 입사했음에도 본인의 능력을 인정받는다면, 보다 근무 환경이 안전한 R&D, QC(품질관리) 부서로 전환 배치될 수 있는 제도 수립을 원하는 것이다. 이에 더 나가 일반직원들이 간부로 승진할 수 있는 교육 및 연수제도를 회사가 마련해주길 원했다. 연수·교육 훈련 분야에서는 본인이 가진 기술을 끊임없이 업그레이드 하여 가치를 높여주는 일(훈련, 연수)을 회사가 제공해주길 원했으며 이를 위한 멘토-멘티 제도도 원하고 있었다. 마지막으로 안전분야에서는 회사 경비에 주력하는 안전요원이 산업재해 예방 역할까지 확대하여 주길 원했다.

주링허우의 직무몰입도

직무란 직책이나 직업상에서 책임을 지고 담당하여 맡은 일을 뜻하며 몰입이란 깊이 파고들거나 빠진 상태를 말한다. 직무몰입(Job Involvement)의 개념은 직무가 자신의 생활에 중심적인 관심이 될 때, 자신의 직무에 적극적으로 참여하고자 할 때, 직무성과가 자존감에 영향을 미칠 때, 직무성과를 자아개념과 일치하게 느낄 때의 4가지 측면으로 분류할 수 있다.[1] 이러한 직무몰입은 조직의 성과와 밀접한

---

1) 임상호(2016), 국가직무능력표준(NCS) 적용이 직무 몰입도에 미치는 영향, 「산업진흥연구」 1권 1호, pp.13~18.

관련을 맺고 있다. 명확한 목표가 설정되어 있고, 수행하는 활동의 효과를 즉시 확인 가능하며, 직무의 난이도와 자신의 능력이 부합한다면 직무몰입을 경험하고 이를 통해 성과를 향상시킬 수 있다.

직무몰입도를 중국어로는 경업도(敬业度. Work Engagement)라고 표현한다. 직원 경업도는 조직과 직원 간의 관계의 특성을 정성적, 정량적으로 이해하고 설명하도록 설계된 기본 개념이다. 중국에서 '경업(자신의 직무를 존중하는)'하는 종사자는 자신의 일에 전념하고 열정을 가지고 조직의 평판과 이익을 높이기 위해 적극적으로 행동하는 사람으로 정의된다. 헌신적인 직원들은 조직과 그 가치에 대해 긍정적인 태도를 가지고 있다. 이에 비해 불경스러운 직원은 최소한의 업무를 하거나 회사의 업무 성과와 평판을 적극적으로 손상시키는 직원으로 평가된다.

그렇다면 주링허우들의 경업도는 어떤 수준일까? 먼저 바이밍진(2016)의 중국 맥도날드 매장과 사무실에서 근무하는 주링허우 직원들 808명에 대한 회귀분석 결과를 보면, 직속상관, 자원은 직무몰입도에 영향을 미치지 못하고 있었으며, 명예, 인정, 복지, 월급, 직업발전 기회 등 5개 요인만이 영향을 미치고 있었다. 그중에서도 명예, 월급, 직업발전 기회가 가장 큰 영향을 발휘하고 있었다.[2] 즉 주링허우들은 월급이라는 경제적 요인 외에도 회사 내에서 발전기회를 확인할 수 있어야 직무몰입이 일어났다.

루졘충(2018)은 에너지(발전) 회사인 동북능원공사에 종사하는 주링허우 직원 206명(남 71.4%, 여 28.6%)에게 설문을 통해 직무몰입도와 관

---

2) 바이밍진(2016), MCD공사90后종업원직무몰입도상승연구, 동북대학, 학위논문. pp. 33~37. 본 논문을 위한 설문조사 대상(808명) 현황을 보면, 남자 47%, 여자 53%였고, 주요 직위는 고객서비스 및 브랜드 매니저(31%), 생산운영 매니저(50%)가 주된 응답자였다. 학력은 전문대 72%, 본과 이상이 28% 수준이었다.

련한 여러 요인들의 만족도를 조사하였다. 조사결과를 보면 월급, 복지 관련 만족도는 가장 높은 방면, 직무와 직업발전 및 훈련 관련 만족도는 낮은 수준을 보였다. 개별 회사의 사정에 따라 해석을 해야 하는 사안이기는 하나, 항목별로만 놓고 보면, 주링허우 직원들은 소위 가정과 업무간의 균형을 맞추는 워라벨(work-life balance)을 중시하고 있음을 알 수 있었고, 내가 받는 보수와 복지제도가 공평하고 합리적

〈표〉 동북능원공사 90허우 직원 직무몰입도 현황

구분	항목	평균점수
직무	나는 내 업무 내용과 직무 책임을 분명히 알고 있다.	2.90
	회사는 나에게 일정한 권한을 주어 업무를 완수하게 한다.	1.98
	내 업무 내용은 비교적 풍부하다	2.14
	나는 융통성 있게 업무를 분장하여 가정과 균형(work-life balance)을 맞출 수 있다	2.40
	내가 종사하는 업무에서 나의 능력과 지식을 충분히 발휘하고 있다.	2.40
	나는 내 업무 가치를 알고 있고, 동시에 작업 중 만족하고 있다.	2.03
	소계	2.31
월급, 복지	전체적으로 내 월급에 만족한다	2.46
	다른 회사와 비교하여 우리 회사의 복지제도에 만족한다	2.38
	기타 직무 혹 동일 직무를 수행하는 다른 직원과 비교하여 내 월급과 복지 수준은 공평하고 합리적이다.	2.51
	소계	2.45
직업 발전과 훈련	회사는 나에게 직업생애 관리를 제공하고 있으며, 도움이 된다.	1.70
	회사는 필요한 직업 훈련을 제공하고 있다.	3.20
	직원은 회사 내부에서 평등한 승진이 가능하며, 직업발전 기회를 획득할 수 있다.	1.90
	나는 회사가 제공하는 직업발전과 승진에 아주 만족한다.	2.10
	소계	2.23

자료: 루젠충(2018), 동북능원공사 90后직원경업도조사연구, 석하자대학, 학위논문. p.24.

인지에도 많은 관심을 가지고 있었다. 또한 회사가 필요한 직업훈련
은 충분하게 제공하여 직무에 도움이 되고 있으나, 정작 자신의 발전
과 퇴사 후 발전을 위해 필요한 직업생애 관리를 받지 못하는데 큰 불
만을 표출하고 있었다.

노동에 대한 가치관

중국은 1949년에 노동자와 농민이 공산혁명으로 건설한 나라이다.
그렇다면 주링허우 대학생들의 노동에 대한 가치관은 어떨까? 정인평
(2016)[3]은 쓰촨성과 충칭시 내 5개 교육기관에 재학 중인 대학생을 대
상으로 설문조사를 진행했다. 먼저 '노동은 돈을 벌기 위해서인가?' 라
는 질문에 51.5%가 동의를 했으며, 23.5%가 동의하지 않았다. 또한
'돈이 있다면 노동을 하지 않아도 되는가?' 라는 질문에 11.8%가 동의
를 표시했으며, 76.6%가 동의하지 않았다. 이 두 가지 항목만 놓고 보
면 주링허우 대학생들은 돈과는 관계없이 노동의 필요성을 인식하고
있는 것으로 보인다. '행복을 얻기 위해서 반드시 노동을 해야 한다'는
질문에는 79.4%가 동의를 표시했으며, '재산을 얻기 위해 반드시 노동
해야 한다'는 질문에는 이보다 조금 높은 85.2%가 동의했다.

노동의 가치를 묻는 질문의 경우, '환경미화원과 과학자의 노동을
같이 보느냐'는 질문에 무려 81.3%가 동의를 표했다. '노동은 귀천(고
귀하고 천함)이 없다'는 질문에도 78.4%가 동의를 표했다. 또한 '육체 노

---

3) 서남대학(중경시), 서남교통대학(사천성 성도시), 서남사범대학(중경시), 광동잔장교육
학원(광동성 잔장시), 사천대학(사천성 성도시) 등 5개 교육기관에 재학 중인 대학생
912명에 대해 설문조사가 진행되었다. 응답자 중 남성 33.3% 여성 66.7%였고, 공산당
원 12.4%, 공청단원 82.5%였다. 농촌 거주자 32.3% 도시 거주자 67.7%였으며, 독생자
녀는 40.1% 비독생자녀는 59.8%를 점유하고 있었다.

동은 고생만 하는 것'이라는 질문에는 17.3%만이 동의를 표했다. 이는 '노동은 영광이다'라는 항목에 81.7%가 동의한 것을 보아도 주링허우 대학생들은 노동의 가치를 높은 수준에 놓고 있음을 알 수 있다. '수익활동과 공익활동이 충돌하면 공익을 선택할 것이냐'는 질문에 34.2%가 동의를 표했다. 다만 '불로소득은 챙피한 일이다'라는 질문에는 62%만 동의를 표해 나머지 응답자들은 노력하지 않은 소득도 있을 수 있음을 인정한 것으로 판단된다.

다만 농본공상말(農本工商末), 즉 '농업이 중요하고 공업과 상업이 그 다음이다'와 같이 노동의 가치에 등급을 주어 차별하는 전통적인 사상은 주링허우 대학생들에게도 영향을 미치고 있었다. '육체를 쓰는 노동자는 머리를 쓰는 노동자에게 지배당한다'는 문항에 65%가 동의를 표했으며, 반대 의사는 14%에 불과했다. 이와 관련하여 '공무원도 돈을 벌수 있다'라는 질문에 38.3%가 동의를 한 것은 주링허우들의 바뀐 노동관을 보여주는 방증이다. 일반적으로 중국에서 공무원은 인민(국민)을 위해 봉사하는 직군으로 인식되어 왔기 때문이다.

요즘 세태를 반영하는 질문 중 하나는 '부모에게 의지하여 독립하지 않는 캥거루 족 현상은 이해가 된다'라는 질문에 39.4%가 동의를 표했다. 또한 요즘 인기 연예인, 유튜버, 셀러브리티 등이 부를 축적하는 현상인 '대중의 유명세를 얻어 성공하는 것은 효과가 있다'라는 질문에는 12.2%만 동의를 하고, 50.2%는 반대를 표해 반감을 드러내었다. 이는 불로소득이 챙피하다고 답한 비중이 62%인 것과 연관지어 보면 유명세를 이용한 것은 노력하지 않고 부를 얻는 것과 동일시 한 것으로 판단된다.

〈표〉 주링허우 대학생들의 노동관

(단위: %)

설문 항목	매우 동의	비교적 동의	중립	비교적 반대	반대
노동은 돈을 벌기위해 하는 것이다.	12.5	39	24.9	18.6	4.9
돈이 있다면 노동을 할 필요가 없다.	4.7	7.1	11.5	34.1	42.5
노동은 인류가 존재하고 발전하는 기초이다	56.6	36.6	5.6	1.2	0
행복을 얻기 위해서는 반드시 노동을 해야 한다	37.2	42.2	13	5.4	2.2
재부(財富)를 얻기 위해서는 반드시 노동을 해야 한다	41.6	43.6	9.8	1.6	3.4
육체노동은 고생만 하는 것이다.	3.8	13.5	20.9	39.4	22.4
노동은 학습 시간을 잡아먹는다	7	10.3	20.1	40.6	22
가사 일은 어른들의 몫이다.	2.6	3.6	8.4	31.3	54.1
수익활동과 공익활동이 충돌하면 공익을 선택한다	10.2	24	44.1	15.1	6.6
노동은 영광이다	45.3	36.4	13.8	2.7	1.8
불로소득은 창피한 일이다	32.6	29.4	24.1	9.5	4.4
십여년간 무료봉사를 하는 모범 노동자의 성과는 가치가 있다	26.1	34	23	12.2	4.7
환경미화원의 노동과 과학자의 노동은 동일하게 영광스럽다	47.4	33.9	12.2	5	1.5
미래에 유명해지지 않더라도 일반 노동자가 될 것이다	23.5	37	25	10	4.5
노동은 분류만 될 뿐 그 귀천은 없다	46.3	32.1	11	6.5	4.1
육체를 쓰는 노동자는 머리를 쓰는 노동자에 의해 지배당한다	27	38	21	10	4
일 잘하는 것보다 시집 잘가는 것이 더 좋다	5.4	15.8	26.9	27.1	24.8
BMW 타며 고생할 지언정, 자전거 위에서 즐겁게 살지는 않겠다	3.5	7.4	18	29.1	42
캥거루족(부모에 의지) 현상은 이해가 된다	14.7	24.7	29.8	27.4	3.4
일을 위해 자신을 돌보지 않는 행위는 장려해야 한다	3.8	5.9	11.4	28.5	50.4
공무원도 돈을 벌 수 있다	12.3	26	32.9	18	10.8
대중의 유명세를 얻어 성공하는 것은 효과가 있다	2.4	9.8	37.6	32.8	17.4

자료: 정인평(2016), 90后대학생노동관교육연구, 서남교통대학, 학위논문. p.74~108.

주링허우의 이직 이유

한편, 취업에 대한 시각을 묻는 질문에 바링허우 대학생의 56.7%는 '일단 본인의 요구에 맞는 직장을 찾아 근무를 해보고, 입사 후 본인의 기대에 못 미칠 경우 재취업에 나서겠다'는 의향을 보인 반면, 주링허우는 46%만 이러한 방식을 선택했다. 반면, '일단 기본적인 생활이 가능한 아무 직장이나 찾은 후에 끊임없이 본인이 원하던 이상적인 직업을 탐색하겠다'라는 대답은 바링허우 대학생이 26.2%인 반면, 주링허우 대학생은 31.7%에 달했다. 이 설문결과만 놓고 볼 때 주링허우의 입사후 이직률이 더 높을 것이라는 추론이 가능하다.[4]

2016년 중국 전국기업의 평균 이직률은 18.9%를 기록한 바 있다. 이 수치는 2008년 이후 최고치를 기록한 것이며, 이직 직원 중 바링허우는 그 비중이 80%에 달했다. 바링허우와 주링허우에게 이직 사유를 묻는 마오루이린(2019) 면접 조사 결과를 보면, 현재 본인이 담당한 업무 내용에 불만이거나 본인의 직업 계획과 맞지 않은 직장에 다닌다는 이유가 58.6%로 가장 많았다. 그 다음으로 많은 빈도 수(52.2%)의 답변은 기업 내 내가 성장할 공간에 제약이 있다는 이유였다. 세 번째 이유는 적절한 대우(월급 및 복지)를 꼽았다. 동 면접은 90명을 대상으로 면접이 이루어졌으며, 이 중 남성 58.7% 여성 41.3%, 바링허우 35.6% 주링허우 64.4%, 미혼 60.3% 기혼 39.7%, 근무연수 3년 이하 34.8%, 3~5년 41.3%, 5년 이상 22.9%였다.

그렇다면 바링허우, 주링허우들은 어떤 형태의 인센티브를 어떻게 받고 싶을까? 마오루이린(2019)은 설문조사를 통해 이들이 원하는 인센티브 유형을 도출했다. 17개로 분류한 인센티브 요인 중 바링허우

---

4) 바이원리(2009), 90后대학생재부관, 하북사범대학, 학위논문. p.10.

(단위: %, 복수 응답)

질문 항목	빈도
현재 업무 내용에 불만이 있으며, 본인의 직업 계획과 맞지 않음	58.6
기업 내 내가 성장할 공간에 제약이 있음	52.2
기업의 보수와 복지가 경쟁력이 없음	49.7
기업의 관리방식과 기업문화에 동의하기 어려움	33.6
연수 기회가 적으며 개인 능력을 제고할 공간이 작음	27
워라벨이 맞지 않음. 추가근무와 출장이 많음	21.5
평가 시스템이 공정하지 않음. 인센티브가 없음	21.2
복잡한 사내 인간 관계 때문에	12.8
기타 혹은 스카우트 회사의 제안으로 인해	3.6

자료: 마오루이린(2019), 80后90后지식형직원격려책략연구, 서안과기대학, 학위논문. p.24.

들은 업무 성취감을 1순위로 꼽았으나, 주링허우는 승진을 1순위로 꼽았다. 또한 바링허우들은 간부 소질, 승진, 업무 안정성, 자신의 업무를 인정하는 것, 업무 분위기를, 주링허우들은 업무 안정성, 업무 성취감, 복지, 자신의 업무를 인정하는 것, 간부 소질, 현금 보너스(동률 6위)를 2~6순위로 꼽았다. 가장 큰 차이점은 주링허우는 복지와 현금 보너스를 바링허우보다 더 중요하게 생각한다는 점이었다. 동 설문은 533건을 분석 대상으로 하였으며, 이 중 남성 53.66% 여성 46.34%, 독생자녀 33.39% 비독생자녀 66.61%, 미혼 54.22% 기혼 45.78%, 근무연수 3년 이하 42.59% 3~5년 26.08% 5년 이상 31.33%였다.

<표> 바링허우 주링허우 직원들이 원하는 보상 체계

격려 요인	바링허우 순위	주링허우 순위
안정적 업무	4	2
업무 강도	13	16
자주적인 업무	16	14
도전적인 업무	17	17
업무 성취감	**1**	2
풍부한 업무	15	15
능력 발휘	13	11
업무 인정	5	5
간부 소질	2	6
관리자 지위	10	8
복지	7	4
연수 학습	12	13
근무 분위기	5	8
승진	3	**1**
보수	8	10
업무 지원	10	11
현금 보너스	9	6

주: 항목에 대한 평균치 중 동점은 동 순위로 처리함.
자료: 마오루이린(2019), 80后90后지식형직원격려책략연구, 서안과기대학, 학위논문. p.29.

회사 유형별 이직 이유

먼저 인터넷 기업에 근무하는 주링허우 이직 사유를 살펴보자. 뤼츠쉔(2020)은 인터넷 기업에 근무하는 주링허우 338명에게 설문조사를 통해 이직 이유를 분석했다. 이들 중 남성은 51.5% 여성은 48.5% 였고, 싱글이 23.7% 기혼자 및 동거 중 76.3%였다. 전문내 14.8% 본과 67.2% 석사 13.9% 박사 4.1%로 전체 응답자의 학력이 제조업 구성원 대비 높은 수준을 보였다. 근무연한을 보면 6개월 이하 22.8% 6개월~1년 31.4%, 1~2년 19.2%, 2~3년 17.8%, 3년 이상 8.9%로 인터넷 기업의 특성을 그대로 반영하고 있다. 매월 수입 구조를 보면 1~1.5만 위안 구간이 35.2%로 가장 많았고, 그 다음이 3~6천위안 구간(18.9%)이었다. 이외에도 3천 위안 이하 3.8%, 6천~1만 위안 16.6%, 1.5~2만 위안 15.1%, 2~2.5만 위안 6.2%, 2.5만 위안 이상 4.1% 수준이었다. 이러한 임금 수준은 본고에서 분석대상으로 든 기타 제조업 기업들의 임금수준과 비교할 때 평균 두배 이상 높은 수준이다. 또한 기술직이 69.5% 사무직이 30.5% 비중이었다.

이들이 꼽은 가장 큰 이직 이유는 승진에 대한 희망이 없기 때문(75%)이었으며, 그 다음으로는 임금 및 처우 불만족(70%)이었다. 응답자의 절반 이상이 꼽은 이유 중 제조업의 설문결과에서 보이는 높은 빈도 수 유형과 눈에 띄게 다른 점은 먼저 워라벨 균형 유지가 불가능(68%)을 들 수 있다. 워라벨은 일과 삶의 균형이라는 의미인 'Work-life balance'의 준말이다. 인터넷 기업에 다니는 주링허우들이 세 번째로 중요하게 생각하는 가치가 워라벨임이 본 설문결과를 통해서 확인되었다. 또한 너무 잦은 야근 요구와 휴식 시간을 무시한 채 수시로 업무에 투입되는 것도 65%가 이직 사유로 꼽았다. 이 항목 역시 워라벨과 연관되어 보인다. 부서장 혹 상급자의 견디기 힘든 질책(60%)도 제조업 설문조사와 비교하여 다소 높은 빈도와 순위를 나타내고 있다.

반면 저우홍샤(2018)의 설문조사 결과는 중국 제조업 기업에 근무하는 주링허우의 이직 원인에 대해서 설명해준다. 저우홍샤는 대만투자

<표> 인터넷 기업의 주링허우 직원들이 꼽는 이직 사유

(단위: %, 복수응답)

항목	빈도(%)	항목	빈도(%)
미래에 승진 희망이 없을 때	75	실제 담당업무와 입사시 지원업무와 불일치	43
임금 및 대우 불만족	70	회사 및 부서의 미래가 불투명	37
워라벨 균형 유지가 불가능해서	68	본인 직무와 무관한 일을 항상해야 함	32
너무 잦은 야근, 수시로 업무 투입	65	문제를 직면할 때 부서의 지원이 없음	26
조직 내 본인의 가치실현 불가능	60	스카웃 제의	26
부서장 혹 상급자의 견디기 힘든 질책	60	가족 문제 (이성 친구의 외지 거주 등)	21
조직 내 소통 불능	53	유학, 대학원 진학	16
본인 전문 기술의 향상 불가능	52	완벽한 연수 프로그램 부재	11
본인 노동과 회사 대가의 불일치	43		

자료: 뤼츠쉔(2020), 인터넷업계90后지식형직원이직영향요인연구, 중국광업대학, 학위논문. p.34~44.

기업인 A사를 대상으로 설문조사를 실시했으며 이 회사는 전자부품을 제조하는 회사로 직원은 2,076명, 2016년 매출액은 7,000만 달러를 기록한 바 있다. 이중 생산직 직원은 1,911명이고, 이 중 주링허우는 63%로 다수를 점유하고 있었다. 이중 분석에 사용된 설문결과는 242건이었고 이 중 남성 29.3% 여성 70.7%로 여성 근로자 비중이 많았다. 이들의 근무연한을 보면 6개월 이하 35.95% 6~12개월 57.02% 1~3년 6.61% 3년 이상 0.4% 수준이었다. 이 현황만 보더라도 일반 제조업의 평균 근무 연한이 극도로 짧은 것을 알 수 있다. 이들의 학력은 중학교 졸업 49.17%, 고교 졸업(직업고 및 실업고 포함) 43.8% 전문대 이상 6.2% 수준이었다.

〈표〉 제조업의 주링허우 직원들이 꼽는 이직 사유

분류	항목	빈도(%. 복수응답)	순위
기업과 업무 관련	숙박, 음식 문제	40.08	8
	업무 외부 조건 환경 문제	35.12	10
	힘든 업무 강도 및 피로도	42.15	4
	동료와의 불화	15.7	17
	상급자와 불화	8.68	21
	기업 내부 관리 문제	27.69	13
	기업 문화 문제	42.15	4
	연수, 승진 문제	33.47	11
	급여 복지 문제	46.69	2
	본인 지위가 낮고 신임과 존중을 못 받아서	49.59	1
개인 원인	신체 건강 문제	18.6	16
	개인의 직업 발전을 위해	42.56	3
	더 좋은 직장에서 근무하기 위해	15.29	18
	인사평가에 대한 불만	22.31	15
사회 환경	유사한 취업 기회가 많아서	41.74	6
	현재 업무에 대한 사회적 지위 불만	40.5	7
	가정 내 파경	23.97	14
이직 후 단기간 선택은	기타 제조업 기업에서 유사한 업무가 있어서	28.1	12
	비제조업 기업에서 근무하고자	35.54	9
	창업	12.81	20
	기술 연수를 받기 위해	15.29	18
	가정에서 가족을 돌보기 위해	8.26	22

자료: 저우홍샤(2018), A제조기업생산직90后직원이직원인분석관리대책연구, 남창대학, 학위논문. p.14~28.

이들이 첫 번째로 꼽은 이직 사유는 남들로부터 신임과 존중을 받지 못해서(49.6%)이며, 다음이 급여·복지 문제가 이직 사유(46.7%)였다. 그 다음으로는 개인의 직업발전을 위해(42.6%), 힘든 업무 강도(42.2%)와 기업문화 문제(42.2%. 동률)였다. 또한 지금 다니는 회사와 유사한 취업 기회가 많아서(41.7%) 언제든지 회사를 떠나도 비슷한 직장을 구할 수 있는 점도 이직 사유였다. 사회 환경 중 높은 빈도를 보인 항목은 생산직에 대한 사회적 편견(40.5%)이었다. 의외로 주링허우들이 이직 이유로 꼽은 숙박 및 음식문제(40%)는 앞선 이유들 보다 높지 않았다.

주링허우 공무원 만족도

중국도 공무원들은 소위 '철밥통'이라고 불리우는 안정적이며 보수적인 조직이다. 그렇다면 이들 조직에서 일하고 있는 주링허우들의 의식 구조는 어떨까? 탕쟈오(2020)는 인구 537만 명이 거주하고 있는 쓰촨성 달주시(达州)에 근무하는 주링허우 공무원을 대상으로 보상 및 격려체계에 대한 설문조사를 실시 한 바 있다. 2019년 8월말 기준 달주시의 주링허우 공무원은 9천명이며, 이는 전체 공무원의 37%를 점유하고 있는 수치이다. 이들의 평균 연령은 27세이고 대학 본과이상 학력 보유자는 60% 이상을 차지했다. 분석에 사용될 설문결과는 254건이며, 이 중 남자가 35.04% 여자 64.96%였고, 미혼자가 47.64% 기혼자 52.36%로 구성되어 있었다.

이들에게 보상 및 격려체계에 대한 14개 항목에 대한 만족도를 물었으며, 아주 만족한다는 빈도가 가장 높은 항목은 동료간 관계가 꼽혔다. 반면, 아주 불만족 빈도가 가장 높은 항목은 업무 스트레스가 꼽혔으며, 그 다음이 승진의 공평성이었다. 아주 만족과 비교적 만족을 더한 만족도가 높은 항목으로는 근무 조건과 환경 그리고 관리 현황이 1,2위로 꼽혔으며, 비교적 불만과 아주 불만을 더한 불만도가 높은 항목으로는 승진의 공평성과 상벌규정이 1,2위로 꼽혔다. 설문 결과를 종합하면, 주링허우 공무원들은 안정적인 공무원 근무 환경과 관리 시스템에는 아주 만족을 하고 있으나, 그들의 상급자가 내리는 평가 시스템과 그에 따른 승진 체계는 공평하지 않다고 보고 있는 것이다.

그렇다면 과연 이들은 승진을 하는데 어떤 점이 중요한 요인으로 보고 있을까? 응답자(복수응답)의 과반수 이상인 53.8%가 업무 실적을 꼽았지만, 소위 '꽌시'라고 불리는 네트워크 능력과 배경도 34.3%나 꼽혔으며, 게다가 연공서열식의 능력과 무관한 경력도 27.7%나 승진에 필요한 요인으로 꼽았다. 그렇다면 쓰촨성 달주시의 연공서열 현상, 즉 능력이 없더라도 승진을 시키는 현상(중국어로 룬쯔파이베이 '论资排輩'라고 함)이 얼마나 심할까? 이 질문에 75.2%의 응답자가 아주 심하거나 비교적 심하다고 답했다. 그 결과, 응답자의 14%만이 공무원 생활이 미래가 있다고 보았으며, 65%는 의구심을 가지고 있었고, 21%는 어떠한 믿음도 없다고 답을 했다. 결국 이들은 민간기업에서 스카우트 제의가 올 경우, 바로 이직한다고 답한 경우가 70%에 달했다.

실제 COVID-19 장기화로 국가공무원들의 직업 만족도가 급격히 떨어지고 있다. 팬데믹 장기화가 정부 재정 악화를 초래하면서 공무원 월급이 대폭 줄어든 데다, 코로나로 인해 업무는 폭증한 탓이다. 미국 뉴욕타임스에 따르면, 베이징 등 주요 도시에서 실시하는 하급 공무원 채용시험(2023년 1월)에 구직자 260만 명이 몰렸다. 채용 인원은 3만7100명으로 경쟁률이 70대 1에 달한다. 높은 경쟁률을 뚫고 간신히 공무원 시험에 합격해도, 직업 선택을 후회하는 사례가 늘고 있다. 지난 3년 간 엄격한 제로 코로나 정책을 시행하면서, 하급 공무원

<표> 쓰촨성 달주시 주링허우 공무원 보상과 격려체계 설문 결과

(단위: %)

	평가 관련 만족도 조사				
	아주 만족	비교적 만족	중립	비교적 불만	아주 불만
전체적인 업무에 대한 평가	5.51	22.83	42.91	25.2	3.54
월급과 복지	5.12	16.93	51.97	18.11	7.87
근무 조건과 환경	11.02	35.04	40.16	9.84	3.94
직위와 책임 구분(업무분장)	9.06	16.14	48.82	18.9	7.09
관리 현황	7.87	31.1	40.16	12.99	7.87
상하급자 관계	11.42	18.11	37.01	25.98	7.48
동료간 관계	14.17	20.87	38.98	20.87	5.12
감독 시스템	7.87	20.87	20.87	38.98	11.42
승진 제도	12.99	24.02	22.83	33.86	6.3
승진의 공평성	1.97	7.87	14.17	53.94	22.05
학습 기회	11.81	16.93	33.07	27.95	10.24
자신의 능력발휘 가능성	9.06	18.11	27.17	38.98	6.69
업무 스트레스	5.91	11.81	29.92	27.17	25.2
상벌 규정	7.09	18.9	18.9	40.94	14.17

공무원 승진에 중요한 요인은?(답변 2개 선택)					
업무실적	청렴, 자율	네트워크, 배경(꽌시)	업무능력	경제력	정치성향
53.76	47.23	34.28	27.98	27.65	9.1

당신이 속한 부서의 연공서열 현상이 심한가?(능력이 없더라도 고참부터 승진)				
아주심함	비교적 심함	중립	비교적 적음	없음
27.75	47.45	21.21	2.19	1.4

당신이 보는 공무원 생활의 미래는?		
믿음이 충분함	약간 의문이 듦	어떠한 믿음도 없음
13.89	65.23	20.88

만약 기업에서 스카우트 제의가 온다면?		
바로 사직하고 이직함	일단 공무원을 유지하고 본다	과감히 거절하고 공무원으로 남는다
69.98	10.95	19.07

자료: 탕쟈오(2020), 90后공무원격려문제와 대책연구, 사천농업대학, 학위논문. pp.16~25.

들은 봉쇄 정책에 항의하는 시민들의 불만을 받아내는 신세가 됐기 때문이다.

　팬데믹 여파로 중국 내수 경기가 침체하면서 지방정부들 재정이 악화된 탓에 급여는 삭감됐다. 2022년 6월 일부 지역에선 재정 건전성을 높이기 위해 공무원 급여부터 줄였다. 홍콩명보는 상하이·선전·항저우 등 주요 도시 수십 곳이 재정 부족과 COVID-19 재원 마련을 이유로 공무원 연봉을 30~50% 깎았다고 전했다. 상하이는 고위 공무원 연봉이 35만 위안에서 2022년 20만 위안으로, 일반직군 연봉도 24만 위안에서 15만 위안으로 감소했다. 성과급도 전부 취소됐다. 뉴욕타임즈는 '백지 혁명' 세대인 중국 청년층이 이데올로기에 입각한 획일적인 업무, 상명하복식 공무원 문화에 매력을 느끼지 못하면서 공무원에 대한 인식이 바뀌고 있다고도 전했다.5)

중국 공무원의 연공서열 현상

China's MZ Generation and Future

　중국 공무원 승진 제도의 문제점을 이야기 할 때 항상 등장하는 키워드가 룬쯔파이베이(论资排辈)이다. 사회현상을 대변하는 신조어인 셈인데, 연륜을 논해서 선후배를 줄세운다는 뜻이다. 더 쉽게 풀어보면 '짬밥을 기준으로 계급을 매긴다'고 할까. 중국 공산당 간부들이 주로 보는 전문잡지인 링다오커쉐(领导科学)6) 2021년 5월호에서 내린 논평은 다음과 같다. 일부 당정 조직에서 연공서열 현상이 나타난다. 연차가 오래된 동지들은 오랜 경력을 자랑하며 조직이 수년간 자신의 업무에 대해 긍정적 평가를 해주길 바란다. 고연차 동지들을 봐주기 위해 특히 연령구조가 높은 지도부는 직급승진을 보상으로 간주하고 능력과 실적을 무시한 연공서열식 인사를 한다. 정년퇴직을 앞둔 노간부들이 적극적으로 직급 승진을 요구하는데, 직급이 올라가면 정년

---

5) 중앙일보(2023.1.4) https://www.joongang.co.kr/article/25131082

을 앞당길 수 있기 때문이다. 이들의 빈 자리에는 젊고 유능한 간부가 들어온다. 그러나 승진 후 높아진 처우에 따라 예산은 낭비되고 정당한 보상과 격려 시스템이 없어진다. 승진해야 될 사람이 승진 못하는 구조는 젊은 간부들의 불만을 양산한다. 승진한 노간부는 하기 '쉬운 일'만 찾아다니고, 책임만 늘어난 젊은 후임자는 업무 스트레스만 받는다. 일을 많이 하건 적게 하건 모두 승진할 수 있는 조직에서는 다음과 같은 잘못된 신념이 생기게 된다. '되도록 일을 안하는 게 최선이고, 안할수록 실수는 작아지며 승진에 유리하고, 버티기만 하면 승진은 저절로 된다.'

주링허우가 원하는 인사 평가 제도

쟝사오톈(2016)은 TS사에 근무하는 주링허우 직원을 대상으로 평가 및 보상체계에 대한 설문조사를 실시했다. 분석 대상은 60건이었으며 이 중 남자 63% 여자 37%, 근무연한은 1년 미만 5%, 1~3년 40%, 3~5년 55% 였다. 총 29개 세부 항목 중 '내가 원하는 보상체계'의 상위 순위에 든 항목을 보면, 다른 회사보다 높거나 동일한 임금 수준, 성취감 획득, 주위 동료와의 양호한 협력 정신, 본인 능력을 제고할 수 있는 환경, 급격한 승진이나 탈락이 없는 평탄한 승진 체계 등을 1~5 순위로 꼽았다.

또한 연구자가 4개로 나눈 보상 체계 분야(임금복지, 업무환경, 가치실현, 인간관계) 중 가치 실현 세부 항목에 가장 앞선 순위들이 많이 포진된 것(주링허우들이 회사에 원하는 것)은 대체적으로 '본인의 가치를 인정받고

---

6) 周巍·楊幸玉(2021), 公务员职务与职级并行的落实困境与化解策略, 「领导科学」 2021年 5月.

실현하는데' 있음을 알 수 있다. 또한 바링허우 이전 세대들이 중시했던 퇴직 이후의 삶을 기업이 보장 해주는 것에 대해서 주링허우들은 그다지 관심을 기울이지노 중시하지도 않았다.

<표> 주링허우 직원들이 원하는 보상 체계

구분	세부 항목	순위	구분	세부 항목	순위
임금, 복지	시장경쟁력이 있는 임금 수준	1	가치 실현	업무 내용과 본인의 선호도 관계	18
	공평하고 투명한 임금제도	12		본인 능력 제고	4
	풍부하고 합리적인 보너스	3		성취감 획득	2
	생활과 연관된 충분한 복지	20		사회 공헌감 획득	17
	생활 수준제고가 가능한 보조금(수당)	21		동료나 상사의 칭찬과 인정	8
업무 환경	편한 사무실 근로 환경	6		합리적인 직업생애주기 관리	8
	완벽한 용품이 구비된 사무실	23		회사와 나의 가치관 동일성	10
	양호한 기업 분위기	16		독립된 본인의 작업공간과 기회	7
	양성하기 좋은 부하, 책임감이 강한 상사	11		업무 외 생활과 시간적 여유	14
	합리적인 업적 평가체계	18	인간 관계	주위 동료와 양호한 협력 정신	2
	업무 내용과 환경의 안정성	27		동료간 업무 외 스트레스 부재	26
	명확한 직업발전 단계(등급)	13		건강한 경쟁 관계	25
	양호한 회사의 발전 전망	22		도움이 되는 정보를 나눌 수 있는 분위기	28
	퇴직 이후의 일정한 보장	29			
	직원 잠재력 개발을 위한 교육 시스템	15			
	평탄한 회사 직위 등급	5			

주: 항목에 대한 평균치 중 동점은 동 순위로 처리함.
자료: 장샤오톈(2016), TS회사90后지식형직원격려요인연구, 화북수리수전대학, 학위논문. p.26.

주링허우 의대생들의 직업관

리톈아오(2015)는 의대생 853명을 대상으로 주링허우 의대생의 직업
관에 대해 설문조사를 한 바 있다. 중국의과대학, 심양약과대학, 대련
의과대학, 요녕의과학원 등 4개의 의대에 재학 중인 의대생을 대상으
로 했다. 현재 중국 내에는 44개의 의과대학이 있다. 응답자 중 남자
51.34% 여자 48.66%였으며 이들은 19~24세였고, 출생연도는 1990년
에서부터 1995년까지 분포했다. 우리나라는 의대 6년 후 국가고시를
통해 의사면허를 취득하고, 인턴 1년 레지던트 4년 후 전문의 자격을
취득하게 된다. 중국의 경우 일반적으로 5년제 본과를 졸업하면 개업
의사 자격시험(执业医师考试)을 볼 수 있다. 이후 자격을 갖춘 병원에서
4년간의 임상과정 및 임상경력을 취득하면 우리의 전문의에 해당되는
의사중급자격시험(医师中级职称考试)에 응시할 자격이 주어진다.

먼저 이들 의대생들에게 졸업후 어느 지역에 취업을 하고 싶냐고
물었다. 67.4%는 대도시를 원했으며, 23.2%는 중등도시라고 답했다.
반면 소도시는 2.5%에 불과했으며, 농촌이라고 답한 응답자는 단 한
명도 없었다. 졸업 후 직장(병원)을 선택하는 기준을 물었는데, 가장
많이 답변을 한 것이 좋은 대우와 복지혜택이 있는 곳이었고, 그 다음
이 진학(대학원) 기회를 주는 곳이었다. 세 번째는 사회적으로 수요가
있거나 사회공헌을 할 수 있는 곳을 꼽았다. 어떤 병원에 취업하고 싶
은가라는 질문에는 56.2%가 중국 병원 체계에서 최고 수준의 임상병
원에 해당되는 3급-갑 병원을 56.2%가 꼽았으며, 보통공립병원은
28.6%, 민영병원 6%, 민간의원 2.1% 순이었다.[7]

---

7) 중국 병원은 3개 분류(1·2·3급), 10개 등급으로 나뉜다. 난치병을 다루는 1급병원, 예
방의료 및 의료인 교육을 담당하는 2급병원, 지역 내 진단·치료 등 의료서비스를 제공
하는 임상병원이 3급병원이다. 이들은 규모(인원·시설)를 기준으로 갑·을·병으로 나

중국 의료계가 우리나라와 가장 다른 점 하나는 유독 다른 직업을 찾는 의사, 간호사가 많다는 점이다. '2018의료인재구직취업조사보고'[8]에 따르면 2017년 기준으로 조사 대상자(9,617명 의료 종사자) 중 16%의 의사가 다른 직업으로 전환을 생각하고 있으며, 2018년 조사에서는 그 비중이 18.4%로 늘어난 것으로 나타났다. 실제 의료업계를 떠난 의사, 간호사 비중은 9.6%였다. 이들이 이직하려는 이유는 첫째가 막대한 업무량에 따른 스트레스였고, 둘째가 낮은 임금이었다. 2018년 조사결과 8.1%만이 본인의 월급에 만족하고 있었고, 17.9%는 불만족 상태였다. 2017년 의사 연평균 수입은 9.6만 위안(약 1,920만원)이었는데, 2018년에 조사한 이들의 기대 수입은 15.8만 위안(약 3,160만원)으로 실제 수입과 2배의 차이가 났다. 의료인 중 20%는 매월 8일 이상 야간 당직을 하고 있었으며, 30%는 매주 11시간 이상의 추가근무를 하고 있었다. 이들 중 절반은 추가근무 시간이 20시간이나 되었다.[9] 설문조사에서도 졸업생이 의사가 되지 않고 다른 곳에서 종사하는 이유를 물었는데, 65.4%가 생명을 다루어야 하는 직업 난이도를 꼽았고, 낮은 안전감(36.5%), 많은 스트레스(38.6%), 적은 대우(23.2%)가 그 다음으로 꼽혔다. 이중 낮은 안전감은 최근 중국 내에서 빈번하게

뛰며 갑급이 최고 수준이다. 응답자 56.2%가 꼽은 3급-갑 병원은 우리의 대형 종합병원에 해당된다. 보통공립병원은 도나 광역시에 설치된 공립의료원에 해당되며, 민영병원은 민간이 설치한 종합병원이고, 민간의원은 우리의 개인의원에 해당한다.

8) 2018医疗人才求职就业调研报告. https://www.cn-healthcare.com/article/20190316/content-515886.html?from=mail

9) 중국 의사의 수입은 얼마나 될까? 최신 뉴스(2022.10.15)를 보면 중국에서도 평균임금이 가장 높기로 유명한 선전시(홍콩과 인접한 광동성 도시)에 위치한 홍콩대학 선전병원의 경우, 의사 연봉이 40만 위안(약 8천만원)에서 시작하며 평균 연봉은 50만 위안(약 1억원)이다. 하지만 이는 예외적인 경우고, 일반적으로 병원에 소속된 전문의는 월평균 2~4만 위안이며, 교육과정을 겸하는 일반의(계약직)는 월 5~6천 위안 수준이다. 방금 의대를 졸업한 실습생은 월 2천 위안을 받기도 한다. https://baijiahao.baidu.com/s?id=1746718544913011446&wfr=spider&for=pc

일어나고 있는 환자의 의료인에 대한 폭력 때문이었다고 연구자는 밝히고 있다.

중국이 시장경제를 본격적으로 시작한 것은 1994년인데 2000년까지만 하더라도 일반 직장인과 의사와의 월급차이가 크지 않았다. 따라서 의사들이 진료중에 촌지(중국어는 홍바오)를 받는 것은 당연시 되어 왔으며 지금도 중국 의료계의 문제로 남아 있다. 그 폐해가 얼마나 심각한지는 의대생의 본 설문결과를 통해서도 확인할 수 있다. 홍바오와 약품 리베이트에 대한 견해를 묻는 질문에 의대생의 27.3%는 '수고한 대가이니 당연히 받아야 한다'라고 답을 했고, 쌍방이 원하는 정상적인 상황이라고 답한 것도 18.5%나 되었다. 중국 의대생들의 45.8%가 이를 당연히 여기고 있는 것이다. 이는 이들이 의대에 입학하기 전 중국 내 의료기관에서 이러한 촌지를 경험했기 때문이라고 생각된다. 반면 이보다 작은 42.2% 만이 모럴 해저드(도덕적 해이)라고 지적하며 받으면 안된다는 답변을 했다.

끝으로 의대생들에게 직업의 가치를 물었는데 사회가치의 실현 혹은 사회적 의무를 부담하는 것이라는 답변은 9.3%에 불과했고, 45.5%가 생존을 위해서로 답했으며 존엄과 지위가 있는 것으로 답한 응답자는 16.2% 수준이었다.

<표> 주링허우 의대생의 가치관 조사 결과

(단위: %, 건)

당신은 졸업 후 어디에 취업하기를 원하는가?(%)				
대도시	중등도시	소도시	농촌	모름
67.4	23.2	2.5	0	6.9
당신이 향후 직장(병원)을 선택하는 기준은?(건, 복수 응답)					
대우, 복지	진학 기회 제공	좋은 업무환경	직업 안정성, 적은 스트레스	사회수요, 사회공헌여부	생활이 편리한곳
703	644	333	159	536	412
어떤 병원에 취업하고 싶은가?(%)				
3급-갑 병원	보통공립병원	민영병원	민간의원	모름
56.2	28.6	6	2.1	7
졸업생이 의사가 되지 않고 다른 분야에서 종사하는 이유는 무엇인가?(%, 복수응답)				
많은 스트레스	적은 대우	낮은 안전감	큰 직업 난이도	기타
38.6	23.2	36.5	65.4	18.9
홍바오(촌지)와 약품 리베이트에 대한 당신의 견해는?(%)			
수고에 대한 대가로 받아도 된다	쌍방이 모두 원하는 정상적인 상황	모럴해저드(도덕적해이) 여서 받으면 안 된다	답하기 불편함
27.3	18.5	42.2	12
당신이 생각하는 직업의 주요 가치는?(%)				
생존·생리수요의 만족	존엄·지위가 있는 것	개인의 재능발휘, 자아가치실현	사회의무 부담, 사회가치 실현	잘모름
45.5	16.2	24.3	9.3	4.7

자료: 리롄아오(2015) 90后의학생직업관연구, 요녕의학원, 학위논문, pp.19~32.

참고문헌

■ 고영근·김동하(2010), 『중국 상관습과 지역별 비즈니스 환경』, 부산외대 출판부.

■ 곽복선·김동하·서창배·김형근·장정재(2014), 『중국경제론(1판)』, 박영사.

■ 김동하 외·한중경제포럼(2001), 『차이나 쇼크』, 매일경제신문사.

■ 김동하(2001), 중국 서부대개발 정책이 한국기업에 주는 시사점, 「중국연구」 제27권, pp.487-508.

■ 김동하(2002), 『바이 차이나 2005 마스터플랜』, 시대의창.

■ 김동하(2003), 중국 경제발전 과정에서 본 샤오캉의 의미, 「중국학연구」 제25집, pp.549~570.

■ 김동하(2004), 중국 중산층의 부상과 그 특징 및 규모, 「중국학연구」 제27집, pp.309~324.

■ 김동하 외·서울신문 특별취재팀(2005), 『중국의 미래를 읽는다』, 일빛.

■ 김동하(2009), 중국의 녹색 GDP 등장과 공무원 고과에 대한 영향, 「중국학연구」 제50집, pp.765~787.

■ 김동하(2010), 최근 중국의 노동쟁의에 따른 공회의 역할 변화에 관한 연구, 「중국학연구」 제53집, pp.209-237.

■ 김동하(2010), 중국 사회보험법 제정과 그 정책적 함의, 「중국학」 제37집, pp.279-300.

■ 김동하·안병국(2010), 중국 사회보장제도 개혁이 기업에 미치는 영향, 「한중사회과학연구」 제8권 3호, pp.25-48.

■ 김동하(2010), 『위안화 경제학』, 한스미디어.

■ 김동하(2011), 『차이나 소프트파워』, 도서출판 무한.

■ 김동하(2011), 중국 NGO 현황과 제도 연구, 「중국학」 제40집, pp.479~508.

■ 김동하(2012), 『현대중국경제와 통상제도(1판)』. 부산외대 출판부.

■ 김동하(2012), 중국 사회보장제도의 행정단위별 수립 체계 연구, 「한중사회과학연구」 10권 4호, pp.79~102.

■ 김동하(2012), 중국의 도시간 통합화에 관한 연구, 「중국연구」 56권, pp.3~25.

■ 김동하(2013), 『마윈』, 성공신화.

■ 김동하(2013), 『차이나 머천트』, 한스미디어.

■ 김동하(2013), 『중국지리의 이해(1판)』, 부산외대 출판부.

■ 김동하 외(2014), 『차이나 인사이트』, 산지니.

■ 김동하 외·성균중국연구소(2014), 『차이나핸드북(개정증보판)』, 김영사.

■ 김동하(2015), 홍콩의 센트럴 점령 시위를 통해서 본 일국양제 고찰, 「한중사회과학연구」 13권 4호, pp.1~24.

■ 김동하(2015), 중국기업의 사회적 책임 제도화 체계 분석 연구, 「경영컨설팅연구」 15권 4호, pp.79~92.

■ 김동하(2017), 『화교 역사·문화 답사기 I』, 마인드탭.

■ 김동하(2018), 중국의 지능정보사회를 위한 교육분야 규범화에 대한 연구, 「중국학」 62집, pp.243~266.

■ 김동하·오혜정·이창준·신재은(2019), 『차이나 키워드 100』, 시사중국어사.

■ 김동하(2019), 『현대중국경제사-5개년 경제계획을 중심으로』, 차이나하우스.

■ 김동하·김동영·최현구(2021), 중국의 5G 정책 확산에 관한 연구-이동통신에서 산업인터넷을 중심으로, 「중국지역연구」 8권 3호, pp.65~96.

■ 안토니오 인코르바이아·알레산드로 리마사 [김효진: 역](2006), 『천유로세대』, 예담출판사.

■ 서울대학교 통일평화연구원(2019), 「북한주민 통일의식(2018)」.

■ 서울대학교 통일평화연구원(2022), 「북한사회변동 2012-2020」.

■ 신재용(2021), 『공정한 보상』, 홍문사.

■ 장정재(2018), 중국 20·30세대 新소비 트렌드와 부산의 대응, 「BDI정책

포커스」339호(2018.6.11.), 부산발전연구원.

■ 한국은행(2022.4.8.) 인구구조 변화가 중국경제에 미치는 영향, 「국제경제리뷰」제2022－6호.

■ 형요·원재연(2015), 동북지역출신 바링허우세대에 대한 사례연구, 「중국학논총」제49집, pp.315~344.

본문 내에서 명시한 참고문헌(단행본, 논문, 연구리포트, 학위논문, 정기간행물, 신문, 인터넷 검색자료 등)은 여기 '참고문헌' 부분에서 서술을 생략하였습니다.

본문 작성에 참고한 필자의 단행본, 논문, 연구리포트 등은 별도로 본문 내 각주에 표기하지 않고 이곳 '참고문헌' 부분에서 일괄 명기 하였습니다.

저자소개

김동하

김동하는 한·중 수교(1992) 이후 유학1세대로 칭화대학(淸華大學) 경제학연구소에서 석사과정을 마쳤다. 1997년 귀국 후 한국외환은행 경제연구소에서 중국금융·투자환경에 대해 연구했다. 2000년부터는 포스코경영연구소(POSRI)에서 중국산업에 대해 분석하였으며, 민간연구기관으로서는 최초로 중국에 설립된 POSRI베이징사무소 대표로 파견(2005~2007)되어 현지에서 실물경제 연구에 주력했다. 한국외국어대학교에서 국제경제학 박사학위를 취득하였고, 2009년부터는 부산외국어대학교 중국학부 교수로 재직 중이다.

중국금융과 산업에 대한 연구 능력을 기반으로 '중국의 경영전략', '차이나 머천트', '중국 거시경제정책과 철강산업', '현대중국경제와 통상제도', '중국경제론(공저)', '현대중국경제사' 등을 집필했고, 2012년에는 「위안화 경제학」으로 제30회 정진기언론문화상을 수상했다. 지역학 연구를 토대로 한 저서에는 '마윈', '중국지리의 이해', '차이나 소프트파워', '중화경제권의 이해', '화교역사·문화답사기1', '차이나 키워드 100(공저)' 등이 있다.

글로벌지식융합학회, 대한중국학회 부회장을 역임했으며, 동북아경제학회, 한중사회과학학회, 중국지역학회 등에서 임원으로 활동하며 중국경제·산업 및 지역학 관련 논문들을 발표하였다. 중국 주요 산업(철강·자동차·조선·가전)분야에서 실물·연구·현지 경험을 고루 갖추고 균형 잡힌 시각을 보유한 학자 중 하나이다.

중국 MZ세대와 미래

초판발행	2023년 4월 30일
지은이	김동하
펴낸이	안종만·안상준
편 집	탁종민
기획/마케팅	정성혁
표지디자인	이수빈
제 작	고철민·조영환

펴낸곳   (주) **박영사**
서울특별시 금천구 가산디지털2로 53, 210호(가산동, 한라시그마밸리)
등록 1959. 3. 11. 제300-1959-1호(倫)

전 화	02)733-6771
f a x	02)736-4818
e-mail	pys@pybook.co.kr
homepage	www.pybook.co.kr
ISBN	979-11-303-1734-2 93320

정 가   24,000원